막힌 사회와 그 비상구들

이대환·방민호·한 준·김원섭·김왕배·배은경·강원택

박태준미래전략연구총서 11

막힌 사회와 그 비상구들

이대환·방민호·한 준·김원섭·김왕배·배은경·강원택

아시아

| 책을 펴내며 |

포스텍 박태준미래전략연구소는 현재 한국사회 내부의 곳곳에 가로놓인 분절과 단절을 시대적 과제로 규정하고, 지난해 막바지에 그 실태 진단과 해결 방안에 대한 우리 젊은이들의 다양한 목소리를 한데 모아 『비상구는 이쪽이다』라는 단행본을 펴냈다. 그 책을 출간할 때 "이미 우리의 귀에 익숙해질 대로 익숙해진 청년실업, 저성장, 저출산과 고령화, 양극화, 사회 안전망, 젠더 갈등, 세대 갈등, 이념 갈등, 정치개혁 등 중대 현안들은 밝은 미래로 나아갈 앞길을 가로막은 장벽"이라 하지 않을 수 없다며 "『비상구는 이쪽이다』는 곧이어 출간할 『막힌 사회와 그 비상구들』의 전주(前奏) 또는 서장(序章)"에 해당된다고 밝혀두었다.

박태준미래전략연구총서 제11권 『막힌 사회와 그 비상구들』은 한국사회 내부의 분절과 단절이 얼마나 심각한 사회적 중증인가를 정확히 진단하여 당대를 더불어 감당해나가는 시민들이 공감대를 형성할 수 있는 해법을 제안하고, 더 나아가 사회 구성원으로서 개인이라는 인간에게 왜 정신과 물질에 대한 균형감각과 조화의식이 요구되는가의 문제를 존재의 근원적 시선으로 성찰한 책이다.

방민호 교수의 에세이 「'물질주의'에 관하여」는 물질주의의 근원을 탐구해 물질주의와 정신적 가치의 사이에 실체로 버텨선 '벽'을 비춰주고 있으며, 한준 교수의 「한국사회의 계층 양극화」, 김원섭 교수의 「한국 노동사회의 갈등: 내부자–외부자의 복지정책」, 김왕배 교수의 「세대갈등과 인정 투쟁」, 배은경 교수의 「한국사회의 젠더와 젠더갈등: 청년세대를 중심으로」, 강원택 교수의 「더 나은 한국사회를 위한 분절문제와 해소방안: 이념갈등」은 제목 그대로 오늘의 한국사회 내부에 견고하게 가로놓인 '벽'들과 그것을 뚫고 밝은 미래로 나아갈 '비상구'를 가리키는 에세이들이다. 한편, 우리 연구소 연구·자문위원인 이대환 작가는 프롤로그 「왜 '막힌 사회'와 '비상구들'인가?」에서 기획의 시대적 의미와 수록 에세이들을 조명한 데 이어 물질과 정신의 균형·조화를 추구하는 삶을 살아가야 하는 인간 조건의 본질을 탐색하고 있다.

박태준미래전략연구소는 『막힌 사회와 그 비상구들』의 연구와 집필에 참여해주신 일곱 분께 깊은 감사를 드리며, 이 책이 오늘의 한국사회가 안고 있는 버거운 과제들에 대한 해법 궁구에 일조하게 되기를 바랄 따름이다.

2019년 2월

김승환 포스텍 박태준미래전략연구소장·대학원장

차례

이대환 작가, 박태준미래전략연구소 연구·자문위원

왜 '막힌 사회'와 '비상구'인가?

'막힌 사회'란?
'비상구'를 어떻게?
다시 '인간'이란 무엇인가?

| 프롤로그 |

왜 '막힌 사회'와 '비상구'인가?

'막힌 사회'란?

제국주의, 1차 세계대전, 볼셰비키혁명, 파시즘, 2차 세계대전…. 피의 목록으로 점철된 20세기 전반기, 그 '극단의 시대'를 유대 종족의 지식인으로 살아간 칼 포퍼(1902~1994). 그는 히틀러의 유대인 박해를 피해 뉴질랜드로 망명한 시절에 『열린 사회와 그 적들』을 집필해 고전적 명저의 반열에 올려놓았다. '플라톤을 가둬버린 촘촘한 비판의 그물'로도 읽히는 그 책을 한국어로 옮기고 번역서에 해설을 쓴 이한구는 포퍼의 '열린 사회 open society'와 '닫힌 사회 closed society'를 이렇게 정의하고 있다.

> 포퍼는 열린 사회를 닫힌 사회와 대립적인 성격으로 규정하며, 우리가 인간으로 살아갈 수 있는 유일한 사회라고 정의한다. 열린 사회만이 개체주의의 원리에 입각해 있는 사회로서 전체주의에 대립되는 개인주의 사회이며, 사회 전체의 급진적인 개혁보다는 점진적이고 부분적인 개혁을 시도하는 점진주의의 사회이다.

> 포퍼가 정의한 닫힌 사회는 불변적인 금기와 마술 속에 살아가는 원시적인 부족사회이다. 닫힌 사회의 특징은 국가가 크든 작든 시민생활의 전체를 규제하려 드는 점이다. 닫힌 사회에서는 개인은 무엇이 옳고 그른지에 관해 전혀 독자적인 판단을 내릴 수가 없는 반면에, 국가만이 개인들의 판단에 대해 대답을 제시할 권리를 갖게 된다.(칼 포퍼, 『열린사회와 그 적들』, 이한구 옮김, 민음사, 1982, 278~279쪽)

포퍼는 '닫힌 사회'를 붕괴시킨 가장 큰 요인으로, 다시 말해 '열린 사회'를 만들어낸 일등 공신으로 '해상교통의 발달과 상업의 발달'을 지목한다. 물론 자본주의체제가 구축되는 시대의 대표적 상징으로서 '해상교통'과 '상업'을 내세웠을 테지만, 근년 들어 자본주의의 기운이 조금씩 꿈틀대는 것으로 알려진 북한을 유일의 예외로 빼내버리면 전지구적으로 자본주의 전일 체제가 구축된 2019년 새해의 인류사회에서, 더구나 온갖 현란한 IT 융합기술이 숨가쁘게 발광하고 이른바 SNS가 태풍 같은 여론몰이마저 간단히 해치우며 누구의 신상이든 탁탁 털어낼 수 있는 한국사회에서 '열린 사회'란 말은 '산소'처럼 의식되지 않아도 좋은 개념어인 동시에 '닫힌 사회'란 말은 어느 언저리에 얼씬거릴 수조차 없을 듯하다. 한국사회는 틀림없이 '열린 사회'다. 열리고 또 열려서 아주 활짝 '열린 사회'다. 가령, 정치권력의 공간에서 극비리에 모종의 짬짜미를 꾸민다 하더라도 그 비밀이 어떻게 어디로 새나가서 언제 불난리나 물난리처럼 사회적 이슈로 솟아날지 몰라 전전긍긍해야 하는 사회가 바로 오늘의 한국사회이다.

그럼에도 불구하고 현재 한국사회는 이상하게도 '열리지 못한 것' 같은 심각한 병증에 시달리고 있다. 각종 진단서에는 분절, 단절, 갈등, 대립, 차별 등이 굵은 글씨로 앞머리에 적혀 있다. 세대 간 분절, 세대 내 단절, 계층이동 단절, 젠더 갈등, 소득 양극화 심화, 이념 대립, 정규직과 비정규직

차별, 청년취업 절벽…. 지금도 거의 아우성 수준으로 회자되는 그 말들은 우리 사회 곳곳에 '벽'이 가로놓여 있다는 뜻이다.

SNS가 여론을 지배하는 세상에서 '벽'이라니? 얼른 의아해질 수밖에 없다. 왜 의아해지는가? 이유는 간단하고 분명하다. 본디 그것은 '쌍방 소통의 귀재'라는 상찬과 기대를 한몸에 받았기 때문이다. 만약 SNS가 '쌍방 소통의 귀재' 역할을 제대로 해왔고 또 그리하고 있다는 가정을 해보면, 한국사회 곳곳에 장대하고 견고한 비가시(非可視) '벽'이 생겨나지 않았을지도 모른다. 그러나 우리의 SNS는 언론의 지원을 받아가며 그 '벽'을 더 높게 더 단단하게 쌓아올리는 중이다. '이념 갈등과 대립의 벽'이라는 기준을 놓고 최근의 한 사례만 살펴봐도 쉽게 이해할 수 있다.

홍준표의 '홍카콜라'가 있고 유시민의 '알릴레오'가 있단다. SNS를 활용하는 그러한 '일방적 결집의 정치세력화'를 바람직하게 여기지 않아서 한 번도 접속해보지 않았으니 '있단다'라고 표현해야 옳겠는데, 두 유튜브의 경쟁과 대결을 부추기는 선정적인 보도에 열을 올린 언론들의 전언에 따르면, 홍카콜라가 20만으로 일등을 유지하고 있었지만 '알릴레오'가 등장하기 바쁘게 가뿐히 50만을 넘겨 단숨에 홍카콜라를 압도했다. 앞으로 머잖아 홍카콜라는 50만이 되고 알릴레오는 100만이 된다고 치자. 또는 그걸 훌쩍 더 넘어선다고 치자. 그 숫자가 올라가는 것은 무엇을 의미하는가? 안 그래도 둘 사이에 이미 장대하고 견고하게 가로놓여 있는 '벽'이 더 높아지고 더 단단해진다는 뜻이다. 보수와 진보 사이의, 우파와 좌파 사이의, 자유한국당과 더불어민주당 사이의, 반문세력과 친문세력 사이의 보이지 않는 '벽'이 더 높아지고 더 단단해져서 드디어 도저히 허물 수 없는 '벽'으로 변해간다는 뜻이다. 홍카콜라를 뛰게 해주는 SNS, 알릴레오를 날게 해주는 SNS, 이들 사이에 어떤 '쌍방 소통'이 있는가? 양쪽에 똑같이 이른바 '댓글 달기'라는 사이버공간을 제공해준다고 상상해보자. 이쪽에서 저쪽으로 들어가든 저쪽에서 이쪽으로 들어가든 '쳐들어가는' 공격밖에 없을 것이다. 단순한 '일방'도 아니고 거의 노예적인 전사처럼 그냥 "돌격 앞으로!". 차라리 '비아냥거림'은 얌전해보일 것이다.

사람살이에 벽은 있어야 한다. 벽이 없으면 안 된다. 벽이 있어야 방이 생기는 것이다. 방이 있어야 나의 공간이 만들어진다. 나의 공간, 벽으로 만든 나의 공간은 소중하다. 방은 삶의 필수 공간으로 휴식과 재충전, 안락과 사랑의 쉼터인 것이다. 벽이 없으면 방이 없으니 벽도 소중하다. 그러나 문이 없는 방은 숨이 막힌다. 곧 그 방은 감옥으로 바뀐다.

한국사회의 보이지 않는 '벽'들은 벌써 '방'들을 만들어뒀다. 분절의 저편에서, 단절의 저편에서, 갈등의 저편에서, 대립의 저편에서, 차별의 저편에서 자기들만을 위한 공간, 자기들끼리만 어울려 노닐 수 있는 공간을 갖춰놓았다. 유유상종이란 말이 있다. 이것은 유구한 세월 동안 '사람됨이 비슷비슷한 사람들끼리 서로 어울려 지내기를 좋아한다'는 뜻으로 통용되었다. 하지만 오늘의 한국사회에서 그것은 분절과 단절을 내포하는 말로 변하고 말았다. 언어가 시대상을 반영하는 원리가 예외 없이 적용된 것이기도 하겠지만, 이제 그 말은 '같은 계층끼리, 같은 계급끼리, 같은 신세끼리 논다'는 뜻으로 굳어지고 있다. 보이지 않는 '벽'이 만들어놓은 '방' 안에서 자기들끼리 '배타적이고 이기적으로 논다'는 뜻이다. '방'과 '방' 사이에 통로도 없다. 아니, 통로는 있을 필요가 없다. 매우 넓은 그 '방'에는 아예 '문'이 없기 때문이다. 특히 윗'방'에서는 아랫'방'에 관심을 기울이지 않으려 한다. 혹시나 아랫'방'에서 윗'방'으로 올라올세라 사닥다리도 멀찌감치 치워버렸다.

열리고 또 열려서 아주 활짝 열린 한국사회 내부의 곳곳에 인간의 눈에는 드러나지 않게 가로놓인 '벽', 이편과 저편을 배타적이고 이기적으로 갈라버린 '벽'을 '심각한 막힘'으로 규정하지 않을 수 없다. 그 벽, 그 막힘의 이름을 이 책은 '막힌 사회 blocked society'라 매긴다. 물론 '열린 사회' 내부의 곳곳에 가로놓인 '벽'을 가리키는 사회적 개념어로 등록해도 좋은 말이다. 신생, 성장, 소멸의 길을 걷는 언어의 세계에서 '막힌 사회'는 갓 태어난 언어다. 그러나 언어의 신생은 관심사가 아니다. '열린 사회' 내부의 '벽'을, '심각한 막힘'을, 이것이 만든 분절과 단절의 '막힌 사회'를 지금 여기의 우리는 어떻게 할 것인가?

'비상구'를 어떻게?

열리고 또 열려서 아주 활짝 '열린 사회'인 한국사회 내부의 곳곳에 드러나지 않는 '벽'으로 가로놓인 분절, 단절, 갈등, 대립, 차별의 근원에는 무엇보다 '물질의 문제'가 큼직한 부분을 차지하고 있다. '물질의 문제'란 말을 '소득의 문제'라 바꾸든 '경제의 문제'라 바꾸든 '복지의 문제'라 바꾸든 '불평등의 문제'라 바꾸든 또 다른 말로는 '돈의 문제'라 할 수 있다. 이 '돈의 문제'가 인간의 생각과 생활을 지배하는 상황에서는 그것을 물질주의, 숭금주의, 배금주의, 물신주의라 불러도 좋다. 이 책에서 방민호는 '물질주의'라 호명하고 있다.

인간은 운명적으로 물질의 문제에서 벗어날 수 없다. 인간 개체가 육체와 정신의 완전한 합일로 이뤄진 존재로서, 육체는 곧 물질이다. 남성이 뽐내는 근육질이든 여성의 아름다움을 자아내는 각선미든 그 육체는 지방, 단백질, 섬유질 따위 유기물로 구성된 것에 불과하다. 토마스 만의 장편소설 『마의 산』도 여체의 특정 부위에 대해 한낱 "지방 덩어리"라고 시니컬하게 쏘아붙이는 장면이 나온다. 인간 개체의 존재 자체가 물질을 떠나서는 존재할 수 없으니 인간 조건의 문제에서 '물질의 문제'는 심각한 문제로 대두될 수밖에 없는 것이다. 이러한 관점에서 보면, 두말할 나위 없이 다른 동물이나 식물, 다시 말해 무릇 생명체는 물질의 문제에서 벗어날 수 없는 운명에 갇혀 있다. 다만 인간은 그들에겐 없다고 알려진 복잡하고 오묘한 '정신'(의식구조)을 소유하고 있고 '사회'를 형성하고 있기 때문에 그 꼴값을 하느라 '물질'에 관한 난해한 문제도 떠안게 되었다.

인간의 '정신'은 인간의 '사회' 내부에서 어쩔 수 없이 '비교'를 의식하고 시행한다. 이 '비교'는 분발의 촉매제이기도 하지만 '불만'의 자극제이기도 하다. '비교'의 시선이 필연적으로 직시할 수밖에 없는 '불평등'의 문제가 사회적 차원에서 구조적으로 고착할 때, 그것은 사회 내부의 '벽'으로 가로놓인다. '벽'의 다른 이름이 분절, 단절, 갈등, 대립, 차별이며, 이들은 '열린 사회' 내부의 '심각한 막힘'이 되어 '막힌 사회'를 만들어간다. '벽'의 그림자는, '막힌 사회'의 그늘은 그 벽을, 그 막힘을 뚫고 나가려는 모든 인간의 내면에 불만과 저항의식 또는 낙담과 절망의식으로 쌓여간다.

탈속의 경지를 거닐지 못하는 절대다수의 인간은 '비교'의 일상을 살아가며 그들 중 소수만이 자신의 '정신'을 '생의 근원'에 대한 응시나 천착에 활용한다. 생의 근원에 대한 응시와 천착, 이것이 인문학의 존재적 근거이고 숙명적 시선이다. 인간은 어디서 와서 어디로 가는가? 인간은 어떻게 살아야 인간답게 사는 것인가? 이 질문에 대한 사유와 궁구에서 인문학은 탄생하고 성장했다.

이 책에서 방민호는 「'물질주의'에 관하여」를 통해 인간은 좀 더 깊이, 좀 더 자주 '생의 근원'을 응시하는 삶을 살아가야 한다는 역설에 귀착한다. 그 도정에는 파스칼의 『팡세』, 마르크시즘, 우리의 『해방전후사의 인식』과 『해방전후사의 재인식』, 토마스 홉스의 『리바이어던』, 도산 안창호의 '유정'과 춘원 이광수의 '무정', 그리고 사도 바울의 세계를 예리한 눈으로 찬찬히 탐방한다. '물질주의'에 대한 성찰은 『막힌 사회와 그 비상구들』에서 연역의 시발이며 귀납의 종착이 되어야 한다.

인간의 정신은 공동체 내부에서 거의 본성적으로 작동하는 '비교' 의식의 결과로써 '불평등'에 대한 불만을 일으켜 세우는 한편, 그것을 사회적 문제로 대두시켜 구성원들이 '사회'의 본질적 문제로 인식하게 해준다. 어떤 공동체가 더 나은 공동체인가? 보다 더 불평등을 최소화하여 보다 더 인간다운 삶을 영위할 수 있는 사회는 어떤 사회인가? 그 변화의 길은 무엇인가? 어떤 제도를 어떻게 혁파하고 어떤 제도를 신설해야 하는가? 이러한 질문들이 그것이다.

이 책은 인간이 정신에 의거해 반드시 수행해야 하는 '사회의 본질적 문제'에 대한 해법을 찾기 위해 오늘의 한국사회 안으로 깊숙이 파고 들어간다. 한준의 「한국사회의 계층 양극화」, 김원섭의 「한국 노동사회의 갈등: 내부자—외부자의 복지정치」, 김왕배의 「세대갈등과 인정 투쟁」, 배은경의 「한국사회의 젠더와 젠더갈등: 청년세대를 중심으로」, 강원택의 「더 나은 한국사회를 위한 분절 문제와 해소 방안: 이념갈등」 등이다.

이들 에세이는 제목 그대로 '열린 사회'인 한국사회 내부의 '심각한 막힘', 즉 한국사회 내부에 가로놓인, 눈에 띄지 않는 '벽'들을 실상 그대로 드러내주고, 그 벽들에다 '비상구'를 뚫을 수 있는 방안도 모색해본다. 그래서 『막힌 사회와 그 비상구들』이라 명명했다. 물론 포퍼의 『열린 사회와 그 적들』에서 차용해온 것이다. '열린 사회' 내부의 분절, 단절, 갈등, 대립, 차별이라는 '벽'에다, 그 '심각한 막힘'에다 어떻게 '비상구'를 뚫을 것인가? 출입구도 안 보이는 자기들끼리만의 '방'에다 어떻게 '문'을 만들 것인가?

「한국사회의 계층 양극화」에서 한준은 노동시장의 이중구조 심화, 소득불평등과 자산불평등의 상관성, 세대 내 불평등과 세대 간 불평등의 고착화를 살펴본다. 그의 시선이 포착한 그것들은 한국사회 내부의 실체적 '벽'들이다. 눈에 드러나지 않는 '막힌 사회'다. 한국의 노동시장에서 안정적이고 중산층 수준의 소득을 누릴 수 있는 정규직 대기업의 노동조합에 속한 사람들은 전체 노동자의 8%에도 못 미치는 반면에 비정규직은 전체 노동자의 32%, 중소기업은 전체의 87%를 넘는다. 30% 넘는 노동자들이 비정규직으로 일하고 있다. 정규직 대비 비정규직의 임금 비율은 2012년 56.6%까지 높아졌으나 2015년에는 54.4% 수준으로 떨어졌다. 비정규직은 정규직에 비해 겨우 절반을 조금 넘는 수준의 임금을 받으며 일하고 있는 것이다. 그러나 설상가상이다. 소득불평등에 자산불평등이 겹쳐진다. 이러한 이중적 복합요인의 불평등은 계층이동의 기회를 거의 원천적으로 봉쇄하고 있으며, 더구나 그것은 '개천에서 용 났다'는 말이 담지하고 있던 '교육에 의한 신분상승 또는 계층이동'의 사다다리도 거의 없애버린 실정이다.

만약 경제성장이 빠르고 사회이동의 기회가 열려 있는 사회라면 상속받은 부가 없더라도 자신의 노력으로 부를 축적할 수 있는 기회가 개방될 것이다. 하지만 경제성장이 둔화되거나 사회이동의 기회가 막힌 사회라면 스스로 부를 축적할 기회는 줄어들면서 상속받은 부는 더욱 중요한 비중을 차지하게 된다. 저축보다 부의 이전이 훨씬 더 중요해지고 그렇게 축적된 부의 불평등이 높아진다면, 그 사회에서는 능력주의가 약화되고 양극화 위험이 증대하게 된다. 이러한 상황에서 나쁜 조사결과가 나오는 중이다. 한국사회에서 전통적으로 사회경제적 지위의 세습을 낮추는 역할을 했던 교육이 최근 들어 다시 조선시대처럼 세습을 강화하는 역할을 하고 있다는 것이다. 이 '막힌 사회'에 어떻게 '비상구'를 만들 것인가? 그가 제시한 몇 가지 방안들에는 다음과 같은 견해도 포함돼 있다.

현대사회에서 사회적 이동에 가장 중요한 요인의 하나는 교육이다. 많은 사회학, 교육학, 경제학 연구들은 사회적 불평등이 자녀의 교육불평등을 가져오고 그로 인해 불평등의 대물림이 발생한다고 지적한다. 사회적으로 교육불평등을 줄이는 노력은 그동안 주로 의무교육 확대, 고등교육 입시정책 및 장학금 지원에 집중되어 왔다. 하지만 고등교육에만 치중된 교육불평등 완화는 유년기 교육불평등의 지속적 효과를 강조하는 최근 연구들에 따르면 사회적 이동을 위한 정책적 개입은 빠를수록 좋다. 한국에서도 보다 빠른 시점에서 학교를 통해 저소득층의, 그리고 부모로부터 지원을 충분히 받지 못하는 아동들을 위한 실효성 있는 교육 지원정책이 충분히 이루어져야 한다.

「한국 노동사회의 갈등: 내부자–외부자의 복지정치」에서 김원섭은 노동시장의 이원주의와 복지이원주의의 재생산이 불평등의 구조적인 '벽'을 더 높게 쌓아올리는 데 밀접한 영향을 끼친다는 사실을 직시한다. 주지하다시피 1997년 12월에 들이닥쳤던 외환위기사태(IMF사태)는 한국사회 전반의 기존 체제를 강력한 지진처럼 뒤흔들었다. 당연히 한국의 노동시장에도 엄청난 변화를 초래하여 해고의 유연성을 담보하는 비정규직을 양산하면서 정규직과 비정규직으로 이원화하였다. 남성 전일제 정규직노동자 집단으로 구성된 내부자와 여성, 청년, 시간제 비정규직으로 구성된 외부자 간의 이원화가 심화되고, 특히 기업 기반으로 구성된 노동조합체제는 내부자와 외부자 간의 연대가 이루어지기 어려운 구조를 굳히게 되었다. 기업 기반의 노동조합체제 하에서 대기업노동조합이 외부자를 배제하는 이유는, 내부자 집단이 누리는 혜택과 권리를 배타적으로 보호하는 데 편리하고 이기적으로 유지하는 데 유리하기 때문이다. 이 '심각한 막힘', 즉 노동시장의 이원화는 복지제도의 이원화라는 또 하나의 '심각한 막힘'을 불러오게 되었다. 사회보험제도 중심으로 구축된 한국의 복지제도에서는 사회보험제도의 프로그램이 노동시장의 지위를 그대로 재생산하는 방식으로 운영되니 피할 수 없는 문제였다. 이러한 구조 속에서 노동시장에 참여하지 못하는 비취업자들은 원천적으로 사회보장의 적용에서 제외되며, 취업자들 중에도 보험료를 안정적으로 납입하지 못하는 자영업자, 비정규직, 여성, 청년, 저소득 근로자들은 사회보험에 가입하더라도 노후 생활을 보장받을 만한 조건으로 가입하지 못하게 된다. 노동시장의 이원주의 구조는 그렇게 복지이원주의 구조를 초래했다. 노동시장의 소득불평등을 상쇄해야 할 복지제도에도 이원주의가 재생산되는 구조에서는 소득불평등의 확대를 막을 수도 피할 수도 없다. 이 견고한 '벽'에다 어떻게 '비상구'를 뚫을 것인가? 모든 시민의 보편적 참여권을 특징으로 하는 시민권적 복지국가를 어떻게 만들 것인가? 이 질문에 대한 정책적 이념적 대답들이 기다리고 있을 테지만 '배타적이고 이기적인 자기들끼리만의 방'에서 놀고 있는 내부자 집단과 개개인에게 '인간은 어떻게 살아야 하는가?', '어떤 사회가 더 인간다운 삶을 보장하는 사회인가?'라는 질문을 자신의 정신 활동에서 주요 맥락으로 갖춰야 한다는 윤리적 요청을 하지 않을 수 없을 듯하다.

「세대갈등과 인정 투쟁」에서 김왕배는 세대갈등을 촉발한 주요 사건에 관한 온라인 공론장의 담론을 분석한 결과를 바탕으로, 세대갈등이 공정성 담론을 포함하는 과정에서 개인과 국가 사이의 대립이라는 이분화된 프레임을 형성해 가치 중심의 첨예한 정치적 담론으로 확대되는 양상을 보여주고, 그것이 특정 세대(20~30대)가 기성세대에 의해 희생을 강요당한다는 담론으로 확장되며, 이 담론의 근저에는 구조화된 항구적 불평등에 대해 비판의식과 거부의식이 있다는 것을 실증적으로 확인해준다. 국가 공동체 민족 담론을 중심으로 정치화된 세대와 그 이후의 다른 방식으로 정치화된 세대를 갈라놓는 '벽'이 존재하는 것이다. 어떻게 소통의 '비상구'를 뚫을 것인가? '최소의 협의와 합의'에 이르는 인정 투쟁을 다시 소환하고 있다. 세대에 대한 인정은 역사와 나의 관계에 대한 성찰이고, 그 성찰능력이 공감이니, 교육과 사회화를 통한 공감의 훈련과 공감능력의 활성화를 주문한다. 젊은 세대끼리만의 '방'에 모여서 노인세대를 '틀딱, 노인충, 기생충, 철부지' 따위로 비하하고 조롱하고 혐오하는 일방의 소통은 노인세대가 인내하고 감당하고 극복해온 시대적 고난에 대한 공감 및 공감교육의 결핍에서 비롯되었듯이, 이와 마찬가지로 전쟁을 방불케 하는 취업전선에 내몰린 젊은 세대를 노인세대끼리만 '버릇없는 놈들, 형편없이 나약한 놈들'로 몰아세우는 일방의 소통도 공감 및 공감교육의 결핍 문제에 연결돼 있는 것이다. 그러나 무시를 극복하는 인정은 단순히 주관적인 감정의 상태만으로 끝나는 것이 아니라는 점을 분명히 밝혀둔다.

> 인정의 과정은 자원분배의 정당성과 연관되어 있다. 실질적인 자원(참여, 권력, 명예, 부, 일자리, 삶의 기회, 교육 등)을 '정당'하게 배분하는 제도적 차원의 통로를 제공함으로써 신뢰와 연대가 가능할 때 인정의 진정한 결과가 산출된다. 고령화시대와 청년실업시대에 각 세대에 적정한 삶의 기회와 물적인 자원이 배분되어야 한다.

「한국사회의 젠더와 젠더갈등: 청년세대를 중심으로」에서 배은경은, 향후 한국사회에서 심각해질 갈등에 대해 우리 20대 청년세대가 50.5%라는 압도적인 비율로 '젠더갈등'을 꼽았다는 최근의 한 조사 결과에 주목하고 젠더에 대한 오해의 고정관념에 갇혀 있던 우리 사회에서 젠더갈등이 대두된 과정과 실태를 들여다본다. 한국사회에서는 젠더(gender)란 '생물학적 성(sex)'이 아니라 '사회적 성'이라고 정의한 뒤에도 '남성'이라는 젠더와 '여성'이라는 젠더가 따로 있는 것처럼 생물학적 성별과 등치시켜버리는 '잘못된 상식'이 통용되고 있다. 이래서는 젠더갈등을 제대로 이해할 수 없으니 우선적으로 젠더가 사회구조 속에서 다양한 '사회적 분절'과 얽히고설켜 작동하는 방식을 살펴봐야 한다. 그러나 젠더갈등을 남성과 여성의 구분과 분절로 여기는 고정관념이 너무 두터운 상황에서는 그것을 사회적 분절, 다시 말해 '열린 사회' 내부의 '심각한 막힘'으로, '막힌 사회'의 증증으로 진단하지 못하는 오류를 범하기 쉽다. 이러한 가운데 어느덧 젠더갈등은, 오늘의 한국사회가 봉착한 불안과 전망 부재의 현실을 나타내는 기표로 굳어진 '같은 청년세대' 내부의 분절이라는 더욱 심각한 양상을 드러내 보인다. 젠더 질서의 재구성 과정에서 일어나는 다양한 파열음이 청년세대 내부의 남녀대립 구도를 더욱 악화시킨 실상을 들여다본 배은경은 이렇게 지적한다.

> 여성들이 목소리를 내고 문제를 제기하는 상황이 되고서도 '청년세대'를 남성의 문제로 보면서 여성을 배제하는 상상력은 바뀌지 않았다. 한국사회의 주류 담론은 젊은 여성들을 일방적으로 여성혐오의 피해자로 여기거나, 혹은 반대로 '남성혐오'를 내면화한 문제 집단으로 간주하였으며, 젊은 남성들과 마찬가지로 취업난과 경쟁에 시달리고 거기에 더해 주로 젊은 여성들을 향하는 성적 대상화와 각종 성차별을 이겨내며 매일의 삶을 꾸려가는 사람들로 여기지 않았다. 이런 담론 속에서 청년 여성들은 사회문제의 원인이거나, 혹은 문제 그 자체인 집단으로 여겨졌다. 사회문제를 체현하고 그로 인한 고통에 맞서면서 다양한 사회적·정치적 행위성을 발휘하는 주체로 여겨지지 않은 것이다.

젠더갈등, 청년세대 내부의 분절, 이 위험한 '벽'에다 마치 전광석화의 메스로 핵을 적출하는 것처럼 정확한 '비상구'를 만들 수는 없는가? 고정관념화 되어 있는 젠더관계의 모델, 그리고 한국사회의 다양한 제도와 장면들 속에 여전히 녹아 있는 성차별적 관행들을 탈피하고 더 유연한 젠더의 모델을 상상하게 만드는 '새로운 상식의 사회화'가 급선무다.

「더 나은 한국사회를 위한 분절 문제와 해소 방안: 이념갈등」에서 강원택은, 한국사회 내부의 이념 갈등은 정치엘리트 집단이 정권을 획득하기 위한 수단으로 그 갈등을 사유화해 증폭시킨 측면이 크고, 일반 국민의 생각이 이념집단에 따라 크게 갈라졌기 때문이 아니라 정치권의 이념적 극화 현상이 일반 국민에게 영향을 미쳤기 때문이라는 견해에 동의한다. 지역갈등이 이념갈등처럼 비춰지는 환시 상태도 마찬가지다. 지역주의 갈등에 근거해 있는 주요 두 정당 간 대립에 두 정당 간 약간의 이념적 격차가 그대로 투영되었고, 여기에 세대 간 갈등과 단절이 덮쳐져서 정치적 이슈에 따라 사회가 분열되고 이념집단 간 갈등이 고조되는 상황이 반복되어 온 것이다. 어느 사회든 종종 갈등의 이슈가 발생할 수밖에 없지만, 유난히 한국사회에서는 비정치적이고 비이념적인 이슈에도 정파적인 이해관계가 개입하여 이념 갈등이나 대립과 같은 양상으로 치닫도록 만들어버린다. 쉽게 말하면, 학자들이 언필칭 '엘리트 집단'이라 표현했지만 우리 국민은 가장 신뢰할 수 없는 집단으로 생각하는 정당세력들이 주도해나가는 한국정치의 후진적 구조가 저급한 이념 갈등을 확대하고 재생산한다는 것이다. 이를 부정할 국민은 결코 많지 않을 듯하다.

어떻게 대응할 것인가? 실상의 전개와는 다르게 알려져 있는 이념갈등의 구조에는 어디쯤에다 어떤 '비상구'를 만들어야 그 해소의 효율성을 크게 높일 수 있겠는가? 주요 두 정파가 양분하는 정당정치의 문제, 대통령제를 근간으로 중앙집중화 되어 있는 승자독식 구조의 정치체제 문제를 주목하게 된다. 정치적 이해관계에 따라 재생산되는 측면이 크다고 할 수밖에 없는 한국사회의 이념갈등과 양극화를 효율적으로 해소하기 위해서는 대립되는 두 정파(정당) 간의 차이를 좁히고 공통점을 찾아내 양측을 매개해줄 정치적 중간세력을 육성해야 하는데, 그 현실적 방안의 하나는 승자독식의 선거제도를 개혁하는 일이다. 이러한 시각에서는 현재 한국 정치권이 갑론을박 이기적으로 논의하고 있는 '연동형 비례대표제'가 '국회의원 정수의 최대 억제'라는 국민감정을 다독여줄 묘수를 찾아낸다면 설득력 갖춘 대안으로 자리잡을 수 있을 것이다.

다시 '인간'이란 무엇인가?

오늘의 한국사회에서 문학, 역사, 철학은 어디에 있는가? 인문학의 수난시대, 궁핍시대라는 말이 회자되는 가운데 과학기술이 호출하는 '융합'의 자리에 간신히 양념처럼 껴들고 있는 실정이다. 대학의 철학과, 사학과, 문학과 등이 지리멸렬한 쇠퇴의 길로 접어든 지는 오래되었다. 학문으로서 인문학의 수난과 궁핍은 사회를 살아가는 인간의 삶으로부터 그것이 떨어져 나갔다는 사실을 그대로 드러내는 증거이기도 하다. 자기 손바닥도 채우지 못할 글 조각들로 사유와 논의와 견해를 마쳐버리는 이른바 SNS의 여론몰이 위력을 목도하는 인문학자들은 전대미문의 현상에 대해 모종의 의구심을 품고 '극단적인 풍조'라 한다.

한국사회의 특성을 진단하여 '극단적'이란 병증을 부과한 경우에는 적어도 세 가지의 뚜렷한 증상을 발견했을 것이라고 생각된다. 첫째는 충동적이고 감정적어야 한다. 둘째는 배타적이고 이기적이어야 한다. 셋째는 정신적인 가치를 지나치게 경시하고 있어야 한다.

어느 정도 충동적일까? 하나의 척도가 SNS다. '쌍방 소통의 귀재'라는 기대를 모았던 그것은 사용자의 손가락에 집중된 충동적 감정이나 감성과 어우러져 특히 여론몰이 전투에서는 노예적 전사와 견줄 만한 공격성을 유감없이 발휘한다. 이것이 초래한 폐해 사례들을 한국사회는 이미 충분히 경험했다. 그리고 배타적이고 이기적이라는 문제는 '벽'이 만든 '방' 안에서, '문'도 내지 않은 '방' 안에서 '자기들끼리만 논다'는 것인데, 이는 앞에서 짚어보았다. 세 번째의 진단, 즉 정신적 가치를 지나치게 경시하고 있다는 것은 물질주의에 매몰되고 있다는 것과 같은 뜻이다. 방민호의 「'물질주의'에 관하여」로 돌아가 다시 '인간이란 무엇인가?'라는 본질적인 질문을 받아들 차례이다.

파스칼, 마르크스, 토마스 홉스, 한국 근대사를 중심으로 인간 존재의 본질에 대한 탐색을 거친 방민호는 도산 안창호(1878~1938)의 '유정한 사회'를 위한 정의돈수(情誼敦修), 이 '정의'에 주목한다.

> 情誼는 친애와 동정의 결합이외다. 친애라 함은 어머니가 아들을 보고 귀여워서 정으로써 사랑함이요 동정이라 함은 어머니가 아들의 당하는 苦와 樂을 자기가 당하는 것 가티 녀김이외다. 그리고 敦修라 함은 잇는 情誼를 더 커지게 더 만하지게 더 두터워지게 한다 함이외다. 그러면 다시 말하면 친애하고 동정하는 것을 공부하고 연습하여 이것이 잘 되어지도록 노력하자 함이외다.

안창호가 '섬메'라는 필명으로 1926년 6월 《동광》에 발표한 산문 「무정한 사회와 유정한 사회—정의돈수의 의의와 요소」의 한 부분이다. 당대의 한국사회는 무정한 사회이며 이에 반해 당대의 서구사회는 유정한 사회라고 판단했던 이 글을 놓고 방민호는 다음과 같이 읽어낸다.

> 정의는 자식을 귀여워하는 친애의 마음이자 자식의 고통을 괴로워하는 동정의 마음이다. 자식을 향한 어머니의 지극한 사랑 같은 마음을 북

돋우고 갈고 닦을 때만 한국사회는 무정하지 않은 유정 사회, 곧 情誼 넘치는, 사람 살 만한 세상이 될 수 있다는 것이다. 이 안창호의 생각을, 필자는 한문 수학에서 기독교로 나아간 그의 역정을 고려하여 情誼로 표현된 동양적, 한국적인 '인정'의 논리에 서양 기독교 또는 가톨릭의 '피에타' 사상을 결합시킨 것으로 이해하고자 한다. 그는 한학의 토양 위에서 기독교 사상의 근저에 놓인 어머니의 사랑을 접합시킴으로써 조선이 나아갈 사회와 그에 다다르는 방법을 새롭게 제시하고자 한 것이다.

'근대적 인간으로의 개조'가 유행 사상처럼 사회적으로 널리 전파되어 '개조주의'를 형성했던 시대에 안창호가 제시한 '정의의 인간'은 어떤 인간이었는가? 방민호는 이렇게 판단한다.

> 안창호의 '인간'은 근대와 문명을 동일시하는 시각이나 이 지상적 세계의 '행복'을 지선의 것으로 간주하는 세계관과는 어딘지 모르게 격차가 있어 보인다. 만약 근대가 자본주의이고 이 자유주의적 자본주의를 지탱하는 것이 인간의 이기심이라면 안창호의 인간은 아담 스미스의 인간도, 토마스 홉스의 인간도 아닌, 차라리 파스칼과 같이 이 지상적 삶이 결코 영원할 수 없음을 깨닫고, 신체와 정신과 자비의 삶이 서로 차원을 달리하여 존재한다는 것을 믿어, 물질과 육체에 부속된 정신의 삶이 아니라 물질과 육체가 중요한 만큼이나, 아니 그보다 더 인간은 정신의 삶을 추구해야 한다고 믿는 인간에 가까울 것이다.

여기서 다시 '인간이란 무엇인가'라는 근원과 본질을 응시하게 된다. 인간의 정신은 인간사회를 살아가면서 일상으로 '비교' 의식을 작동해야 하는 환경에 부단히 노출될 수밖에 없거늘 과연 '정신의 삶'을 추구하는 '삶'

이 어느 수준에서 가능한 것인가? '비교'는 불평등에 대한 인식과 불만을 자극하기 마련이라 했지만, 만약 그러한 정신(의식)을 인간이 갖고 있지 않다면 또는 인간에게서 그것을 제거하게 된다면, 인간사회를 통치하는 어느 국가의 어떤 정권도 소득불평등이니 복지불평등이니 골머리를 썩이지 않을 것이다. 오늘의 한국사회가 대체적으로 정신의 가치를 존중하지 않는 세태라는 확신을 갖고 있다면, 그 판단의 근저에는 '오늘의 한국사회를 극단적인 풍조가 지배하는 사회'라고 진단할 때의 세 가지 병증들 중에 '정신적인 가치를 지나치게 경시하고 있다', 다시 말해 '지나치게 물질주의적이고 숭금주의적이고 상업주의적이다'라는 것이 포함되기 마련이다. '나에게 돈이 되지 않으면 하지 않는다', '나에게 득이 되지 않으면 하지 않는다'라는 자본주의의 철칙을 모든 가치의 최상위에 모셔놓은 사회가 한국사회라는 것이다. '지나치게 물질주의'라고 했지만 '지나치게'를 특별히 취급할 필요가 있다. '지나치게', 이 말은 여기서 균형의 어그러짐과 조화의 일그러짐을 함의하고 있기 때문이다.

인간은 물질과 정신의 합일이 완성된 존재라는 말을 앞에서 해뒀지만, 균형과 조화—물질과 정신의 균형과 조화를 주요 문제로 다루는 자리에서는 '인간이란 무엇인가?', '인간이란 어떤 존재인가?'라는 질문에 대한 대답을 전제해야만 한다.

인간은 생물적 존재다. 인간은 생을 마쳐야만 하는 운명, 욕망에서 벗어날 수 없는 운명을 타고났다는 뜻이다. 인간은 사회적 존재다. 인간이 '비교' 의식을 작동할 수밖에 없는 동시에 공동체 문제를 의식할 수밖에 없는 조건이다. 인간은 정치적 존재다. 타자와 관계를 어떻게 맺을 것인가? 이 문제의 자리다. 인간은 타자와 관계 맺기에서 신묘해 보일 정도로 능소능대의 재간을 발휘한다. 이타적인가 이기적인가. 배타적인가 연대적인가. 이것은 차후의 관점이다. 인간은 영성적 존재다. 인간이 '정신'의 존재라는 뜻이다. 욕망과 이성, 이기와 이타, 배타와 연대를 결정하는 의식과 행위는 어느 수준의 영성적 존재인가에 따라 결정된다.

그러나 또 다른 문제를 지적하지 않을 수 없다. 인간의 내면에서 생물적 존재, 사회적 존재, 정치적 존재, 영성적 존재라는 것이 저마다 '벽'을 치고 따로따로 '방'을 만들어 떨어져 있는가, 아니면 그것들이 유기적으로 결합돼 있는가? 만약 그것들이 인간의 내면에서 저마다 벽을 치고 저마다 딴 방을 차지하고 있다는 가정을 해본다면, 균형감각과 조화의식은 처음부터 아무짝에도 쓸모없는 공염불이다. 나는 에세이 「한국소설의 현실유기에 대한 한 작가의 생각」에서 인간의 존재방식에 대해 이렇게 말했다.

> 인간은 어떤 존재인가? 생물적 존재이며, 사회적 존재이며, 정치적 존재이며, 영성적 존재다. 그러나 어떤 개인도 어느 하나의 존재로 살아가지 않는다. 다시 말해 욕망의 화신 같은 존재에게도 악마 같은 존재에게도 그를 둘러싼 현실의 관계망이 있기 마련이며 양심이 있기에 아주 짧은 순간에라도 슬픔과 연민을 느끼는 영성적 존재일 수밖에 없다. 돈과 권력과 건강을 완벽하게 소유한 개인이 사회적, 정치적 존재로서 최상의 극진한 대우를 받으며 살아간다 하더라도 그는 생물적 존재이므로 죽음을 예견하고 죽음을 두려워할 수밖에 없으며 그것이 영성적 존재를 자극하여 종국에는 허무주의로 빠질 가능성마저 열려 있다. 그러니까 지상에 존재했거나 존재하는 모든 개인에게서 생물적, 사회적, 정치적, 영성적 존재의 영역을 분리할 수 없다. 소설이라는 유기체 조직에서 구성, 인물, 주제라는 요소를 따로 분리할 수 없도록 그것들이 유기적으로 얽혀 있는 것과 마찬가지로, 모든 개인의 삶에도 그 존재의 영역들이 유기적으로 얽혀 있는 것이다.(이대환, 『프란치스코 교황 그리고 무지개』, 아시아, 2015, 119쪽)

그렇다면 오늘의 한국사회를 '지나치게 물질주의적이고 숭금주의적이고 상업주의적이다'라고 진단한 자리에서 '한국사회'를 '개인'으로 환치한 경우에 과연 한국사회의 그 보편적 인간형은 어떤 진단서를 받아 쥐게 되겠는가? 나는 에세이 「생물적인, 너무나 생물적인」에서 이렇게 말했다.

요즘 한국사회에는 자기 내면에 심각한 고장을 일으킨 개인이 흔해 보인다. '생물적 존재'로만 살아가려는 인간형이 압도적으로 넘쳐난다는 뜻이다. 개인의 내면에 사회적 존재, 영성적 존재의 집이 없어졌거나 너무 작아졌고 조그맣게 남았다 해도 그 왜소한 것마저 '생물적 존재'가 짓누르고 있다는 뜻이다. 한국사회는 개인의 내면적 왜곡이 사회적 문화적 왜곡으로 이어지는 가운데 생물적 존재의 인간형을 주류적 인간형으로 떠받드는 실정이다.

'생물적 존재'란 무엇인가? 다른 말로 바꾸면 '욕망의 덩어리'다. 어떡하든 돈을 많이 벌어야겠다는 욕망, 어떡하든 건강하게 오래 살겠다는 욕망, 어떡하든 육체적으로 섹시해 보여야겠다는 욕망, 어떡하든 신나게 섹스를 해야겠다는 욕망, 어떡하든 몸에 좋다는 음식을 구해먹겠다는 욕망……. 이것들이 인간을 휘어잡는 것은 인간이 운명적으로 '생물적 존재'인 탓이다.

생물적 존재로서의 욕망들이 잘못된 것인가? 그렇지 않다. 인간이 당연히 추구할 권리이며, 인생에서 매우 중요한 즐거움의 목록이기도 하다. 그러나 문제는 기형(畸形)이라는 데 있다. 생물적 존재, 사회적 존재, 영성적 존재로서의 가치관이 조화를 이뤄야 할 개인의 내면에서, 둘은 말라죽는 터에 하나만 비대해진 심각한 기형을 주목해야 한다. 한 인간의 내면에서 생물적 존재의 집이 비대해지면, 그를 지배하는 것은 이기주의다. 욕망의 덩어리 속에는 이기주의가 뱀처럼 똬리를 틀고 있어서

그것을 자꾸만 탐욕으로 부추긴다.(위의 책, 27~28쪽)

『막힌 사회와 그 비상구들』의 기획 의도는 열리고 또 열려서 아주 활짝 '열린 사회'인 오늘의 한국사회 내부의 곳곳에 가로놓인 '벽'에다 소통의 '비상구'를 만들어보자는 데 맞춰져 있었다. '사회'란 말이 불거져 보이듯 이 책은 인간의 본질, 인간의 근원을 탐구하기보다는 사회적 문제들을 해소하여 더 인간다운 삶을 담보할 수 있는 사회로 나아가기 위한 '오늘의 한국사회 진단서' 구실을 해보자는 것이었다.

인간이 물질과 정신의 완전한 합일로 이뤄진 존재인데다 인간들이 이뤄놓은 사회가 인간의 정신에 항시적으로 '비교'를 자극할 수밖에 없으니 모든 사회적 불평등을 최소화하기 위한 제도적 개혁은 끊임없이 시행되어야 한다. 단지 그것마저도 '돈'의 문제에 얽매일 위험이 상존한다는 사실에 유의해야 한다. 사회적 불평등의 문제를 단순히 '돈의 문제'로만 치부하는 인간도 최상위 소득계급의 '문' 없는 '방'에서 소득과 복지의 양극화 따위에는 아예 무관심하여 자기들끼리만 즐거운 인간과 마찬가지로 '문' 없는 물질주의의 '방'에 갇힌 존재다. 양자가 본질적으로는 다르지 않은, 생물적 존재로서만 비대해진 기형의 인간이다. 인간은 물질의 문제에서 벗어날 수 없지만 정신적 차원의 삶, 영성적 존재로서의 삶도 추구하면서 '물질주의로 기울어지지 않고 욕망과 영성이 균형과 조화를 이루는 삶'을 일상의 지표로 삼을 수 있어야 한다. 물론 사회적 불평등을 최소화하는 근원적 동력을 인간에게서 찾아내려 한다면, 이 역시 영성적 존재로서의 인간을 중시하는 삶의 태도와 그에 따른 개인의 가치관에 의지할 수밖에 없다.

존 듀이(1859~1952)는 말했다. "양심은 현존하는 부조리에 대한 사회질서의 개조를 위해 적극적인 노력의 회전축이 될 때 비로소 그 의미가 있다." 이것은 양심의 발로가 사회적 정의의 실천으로 나아가야 한다는 말이다. 양심은 인간이 영성적 존재라는 가장 소중한 증거이다.

니콜로 마키아벨리(1469~1527)는 『군주론』에서 갈파했다. "실제로 어떻게 살고 있는가의 문제는 어떻게 살아야만 하는가의 문제와는 대단히 거리가 멀기 때문에 무엇을 해야만 하는가의 문제에 매달려 무엇이 실제로 행해지는가의 문제를 소홀히 하는 사람은 자신의 보존보다 파멸을 훨씬 빠르게 배우게 된다." 이 말의 '사람'을 굳이 지도자나 통치자로 바꿀 필요는 없다. 오늘의 한국사회를 살아가는 인간으로서 '열린 사회' 내부의 '심각한 막힘'에 대해, 눈에 드러나지 않는 '벽'에 대해, 그 '막힌 사회'에 대해 반드시 문제의식을 품어야 하되 그보다 더 시급한 것이 '해결을 위한 실천'이라는 충고쯤으로 받아들이면 알맞을 듯하다. 다만 나는 '사람'을 '지도자'나 '통치자'가 아니라 '당대를 함께 살아가는 사람들'로 바꿔놓고 싶다.

인간은 어디서 왔는가? 찰스 다윈(1809~1882)의 『종의 기원』이 신(神)의 피조물로서의 인간 존재를 확실히 부정한 뒤로는 아무도 주목받을 만한 대답을 내놓지 못하고 있다. 정답이 제출되는 그날에는 현재 인간사회에서 수난과 궁핍에 허덕이고 있는 인문학의 장례를 거행해도 좋을 테지만, 그 질문에는 관심조차 기울이지 않는 한국사회 내부의 곳곳에 가로놓인 '벽'을 더 공고히 하려는 사람들, 배타적이고 이기적인 공고화를 통해 '자기들끼리만의 방'을 더 안전하게 고수하려는 사람들은 포퍼가 말한 '열린 사회의 적들'일 가능성이 높아 보인다. '적'이라는 호명을 거슬려 한다면 '닫힌 사회의 기수들'이라 불러도 되겠지만, 그래도 그들을 위한 마지막 하나의 기도(企圖)는 남는다. 인간의 본질, 삶의 근원에 대해 그들도 최소한 하나만은 하루빨리 깨닫게 되기를 기대하는 기도이다. 그 하나의 '깨달음'으로 향하는 출발선은 '인간은 어디로 가는가?'라는 질문이다. 빈부격차와 상관없이 모든 남녀노소가 정답을 확실히 알고 있다. '인간은 죽음으로 가는' 것이다.

2014년 2월 프란치스코 교황이 〈다보스 포럼〉이라는 '소득 최상위 1% 대부호 세계인'의 휘황찬란한 축제무대에 참으로 성가신 메시지를 보낸 적이 있었다.

> 인간은 부(富)를 창조해야 하지만 부에 의해 지배돼서는 안 된다. 부의 불평등으로 인해 고통받는 가난한 사람들을 구해내야 한다. 평등에 대한 요구는 경제성장보다 더 중요하며, 인류 최상의 비전이다. 더 평등한 분배, 더 나은 고용과 복지를 위한 결의, 체제와 과정이 필요하다.

2019년 새해 벽두의 문재인 정부가 청와대로 경제계 거두들을 불러 모으고 언론들이 정초의 어설픈 퍼포먼스처럼 보여줬다시피 열리고 또 열려서 아주 활짝 '열린 사회'인 한국사회에서 '경제성장과 평등문제'는 불가분의 상호작용 관계로 맞물려 있어 어느 일방이 아니라 '쌍방의 문제'로 풀어나갈 수밖에 없는 통치적 과업인데, 2014년 그때 나는 프란치스코 교황의 메시지에 메아리를 보내듯이 「자본주의, 어디서 와서 어디로 가는가」라는 에세이에서 이렇게 피력하고 있었다.

> 헌법이 보장한 기회균등은 평등의 기본조건에 불과하다. 그 기회균등에는 경쟁과 세습이 부단히 야기하고 조장해온 불평등의 광포(狂暴)한 광폭(廣幅)을 조정할 능력이 없다. 그것을 적절히 길들이고 좁혀주는 '체제'를 어떻게 실현할 것인가?
>
> 만약 현재의 불평등 구조가 더 나빠지고 더 고약해져서 99% 대다수가 '자본주의는 진화해왔듯이 앞으로도 진화할 것'이라는 믿음과 기대를 팽개치는 경우에는 역사관에 박제돼야 할 '피의 혁명'이 다시 피 끓는 심

장을 장착할 수도 있다. 이것은 누구보다 '똑똑한' 슈퍼리치들이 잘 아는 역사의 원리다. 또한 그들은 호메로스가 『일리아드』에서 '생물 중에서 자신의 죽음을 의식하고 그로 인해 고통을 느끼는 단 하나의 존재가 인간'이라 했던 것도 잘 기억할 것이다. 그들이 잘 모르는 것은 '인생은 나그네 길'이라는 소박한 허무주의이고, 그들에게 너무 부족한 것은 '인간은 지구의 하숙생에 불과하다'라는 소박한 허무주의의 감성이다.

인생은 나그네길, 어디서 와서 어디로 가는가? 이 소박한 허무주의의 감성은, 비유를 하자면, 프란치스코 교황이 소망하는 그 체제의 묘목(苗木)을 어떤 풍우(風雨)와 한설(寒雪)에도 꺾이지 않는 거목(巨木)으로 키워낼 숱한 잔뿌리와 같은 것이다. 비록 하찮게 여겨질지 몰라도 그것을 인간의 영혼 속에 깃든 사랑과 연민에 견줄 만한 장면이 없지 않다. 자본주의, 어디로 가야 하는가? 이 질문을 외면하고 회피하는 슈퍼리치들의 소유욕을 축소하여 그만큼 더 사회적 안녕과 인간적 미덕을 확대하려는 '조용한 대화'에서는 그것이 사랑과 연민을 뛰어넘는 설득력을 자아낼 수도 있다. 모든 개인의 삶을 평등의 자리로 환원하는 유일의 절대가 죽음이기에.(위의 책, 15~16쪽)

허무주의의 사유와 감성은 당연히 죽음에 대한 인식에서 나오는 것이다. 인간의 오랜 마을에 노거수들처럼 늠름하게 자리잡은 인문학과 종교가 뿌리를 붙박은 대지라 불러도 손색없을 죽음은 인간에게 허무주의의 사유와 감성을 일깨울 뿐만 아니라, 더 나아가 물질주의에 사로잡힌 인간들이 '열린 사회' 내부의 곳곳에 막아놓은, 드러나지 않는, 견고하고 장대한 '벽'에다 '비상구'를 뚫기 위한 정신의 도구로 전화할 수 있다. 어쩌면 물질주의를 숭배하거나 물질주의에 지배당하거나 물질주의에 억압당하는 '생물적 존재'로서 인간에게 사회적 존재로서 윤리의 가치, 정치적 존재로서 관계의 가치, 영성적 존재로서 정신의 가치 들을 다함께 옹호하게 해주고 그것들의 균형과 조화를 중시하게 해주는 최후의 보루인지 모른다. 사회적 불평등을 최소화하려는 인간사회의 오랜 비원은 인간이 제정하고 운영하는 제도만으로는 해결될 수 없다. 그래서 인간의 근원에 대한 질문은 그것을 이뤄내려는 모든 해법과 실행의 시발이며 종착일 수밖에 없을 것이다.

방민호 서울대학교 국문학과 교수, 문학평론가

‘물질주의’에 관하여

1. 『팡세』, 유한과 무한, 인간
2. 마르크시즘, 자연사적 인간, 그리고 해방
3. 『해방 전후사의 재인식』, 식민지 근대화론, ‘족류-상징주의’
4. 이기적 인간, 『리바이어던』, ‘무정한 세상’
5. 안창호, 바울, 그리고 ‘회심’을 위하여

'물질주의'에 관하여

1. 『팡세』, 유한과 무한, 인간

한 편의 글을 쓸 때 최선을 다해야 한다. 어떤 부분은 다음 글을 위해 남겨 둘 여유가 우리에게는 없다. 삶이 내일을 필연으로 예비해 두지 않기 때문이다.

필자가 파스칼(Blaise Pascal, 1623.6.19.~1662.8.19.)에 대해 관심을 갖게 된 것은 오래 되지 않았다. 인간은 생각하는 갈대라는 말을 누가 모르겠는가. 『팡세(Pensées)』(1670)에 다음과 같은 문장이 있다. "인간은 자연에서 가장 연약한 한 줄기 갈대일 뿐이다. 그러나 그는 생각하는 갈대이다. ……인간은 자기가 죽는다는 것을, 그리고 우주가 자기보다 우월하다는 것을 알기 때문이다. 우주는 아무 것도 모른다."(블레즈 파스칼, 『팡세』, 이환 옮김, 2003, 213쪽) 하지만 파스칼 따위는 중고등학생 시절의 한 때 감상적 관심 정도로 치부하고 마는 것이 한국적 풍토다. 필자 또한 대학에 들어가 카뮈를 잊듯이 파스칼을 잊었다. 입문조차 하지 않고 버려둔 것이다.

몇 년 전 한 시인이 자기 얘기를 들려주었다. 그는 정식 교육이라고는 변변히 받은 것이 없었지만 오랫동안 시를 써왔고 공사장에서 일하다 떨어져 척추 뼈가 부러지는 생사의 고비를 넘은 뒤로 가톨릭에 입교하여 독실한 신앙인으로 살아가고 있었다. 젊은 날에 그가 부유하지 못했을 것은 정한 이치, 서울에 물난리가 나던 1980년대의 어느 여름에 그는 제주도에서 막일을 하고 있었다. 아내에게서 전화가 걸려 왔다. 한강 물이 넘쳐 반지하 셋방에 밀려들고 있다는 것이었다. 하던 일을 팽개치고 서울로 올라와 보니 과연 신혼살림을 꾸린 중랑구 한강변 셋방이 물에 완전히 잠겨 버렸다. 절망감 속에서 혹시라도 건져낼 가재도구가 없는지 집안으로 들어간 그의 눈에 뜨인 것은 가난한 생활 중에도 애지중지 아끼던 책장 하나. 거기 빼곡히 들어차 있던 책들이 모조리 물에 잠긴 채 오로지 맨 윗단에 꽂혀 있던 책들만 간신히 수몰을 면한 상태였다. 그러나 이 책들조차 마음껏 가지고 나올 수는 없는 형편, 시인은 자신이 가장 아끼던 책 한 권만 집어 들고 하마 젖을세라 팔을 번쩍 치켜들고 물을 헤쳐 나왔더라는 것이다. 이 시인은 그 책이 파스칼의 '로아네 남매에게 보내는 편지'였다고 했다. 책을 움켜쥔 한 쪽 팔을 치켜들고 물을 헤쳐 나오는 근육질 사내의 모습이란 상상만으로도 아름답다 하지 않을 수 없다. 이야기를 듣고 돌아와 몇몇 중요한 도서관과 인터넷 헌책방에 들어가 『로아네 남매에게 보내는 편지』라는 제목의 책을 찾았지만 보이지 않았다. 오랜 세월이 흘러 시인이 뭔가 착각했을지도 몰랐다. 대신에 『파스칼 서한집』이라는 책이 두 번 출판된 적이 있어 당장 둘 다 주문을 하자 며칠 후 책들이 배달되어 왔다. 그 안에 「로아네 남매에게 보내는 편지」라는 글이 들어 있었다.

그렇게 해서 파스칼은 실로 오랜만에 필자에게로 돌아왔다. 「로아네 남매에게 보내는 편지」의 내용은 흔히 '호교론'이라고 해서 기독교를 옹호하는 내용을 담고 있는 것처럼 보였지만, 그러한 기독교적 논리의 형식에 실린 삶에 대한 사유라는 철학 본연의 질문은 세속적 삶의 순환 회로 속에 물들어 있던 필자로 하여금 새로운 심정의 세계에 들어서게 한 것이다.

한국의 한 파스칼 연구자에 따르면 『팡세』로 널리 알려진 파스칼은 "금욕의 성자"(이환, 『파스칼 연구』, 민음사, 1980, 17쪽)였다. 어려서부터 명석했던 그는 불과 16세에 원추곡선론을 펼치고, 19세에 계산기를 발명하고, 토리첼리 진공 실험에 관한 논리를 탐구하여 공기 압력과 진공에 관한 이론을 발전시켰다고 했다.

놀라운 천재적 과학자였던 파스칼은 1954년 "결정적인 회심"(위의 책, 16쪽)을 하게 된다. 그는 1946년에도 이미 한 번의 회심이 있었다고 한다. 나는 이 회심(回心, conversion)이라는 말을 새롭게 음미해 보게 된다. 회심이란 사전적으로는 마음을 돌이켜 다른 마음을 갖게 되는 것을 가리킨다. 우리는 이 말을 일상적으로는 잘 사용하지 않지만 그렇다고 아주 낯설다고도 말할 수 없다. 전통적으로 불교에서는 이 말을, 나쁜 길에서 벗어나 좋은 마음을 갖게 되는 것이나 욕망을 따르는 삶으로부터 떠나 불법에 귀의하고자 마음먹는 것을 의미해 왔다. 회심곡이라는 게 있어, 무명(無明) 세계, 온갖 집착으로 세속 세상을 헤매는 사람들을 삶에 대한 깊은 깨달음으로 이끌어 내고자 한다. 서산대사 휴정의 한글 가사 회심곡도 있었다. 국악인 김영임의 회심곡은 곡절 많은 삶을 마감하고 저승으로 향하는 망자의 이야기를 그녀 특유의 구성진 음색에 실어 들려준다.

파스칼의 회심은 루시앙 골드만의 저작에 분석되어 있는 바, "숨은 신"(Deus absconditus)을 향해 마음을 돌이킴을 의미한다.(루시앙 골드만, 『숨은 신-비극적 세계관의 변증법』, 송기형·정과리 옮김, 여강출판사, 1984, 48~49쪽) 루시앙 골드만은 파스칼의 "숨은 신"을 가리켜 그의 시대의 "비극적 세계관"을 가장 극적으로 대변하는 개념이라고 말한다. 필자가 파스칼의 『팡세』를 새로 접한 것은 민음사판 세계문학전집으로 나온 것으로 다소 대중적인 판본이다. 여기 392-(206)이라고 번호가 붙은 단장에서 파스칼은 말한다. "이 무한한 공간의 영원한 침묵이 나를 두렵게 한다."(『팡세』, 213쪽) "무한한 공간의 영원한 침묵"이라는 말은 이 문장을 읽는 이의 가슴을 새로운 충격으로 격동시키는 점이 있다. 파스칼은 자기 앞에 놓인 '물질적' 세계의 무한한 연장, 또는 무한히 확장되는 '물질적' 세계를 본다. 그의 눈앞에 놓인 이 '가시적' 세계는 아무 말 없이 그를 지켜보기만 한다. 이것이 전부라면 그는 '모든 것' 앞에 놓여 있는 한 인간일 것이다. 그러나 이 세계는 모든 것인가? 다시 말해 전체인가? 송기형과 정과리에 의해 번역된 『숨은 신』에서 루시앙 골드만은 아마도 이환이 번역한 것과는 판본이 다른 『팡세』의 단장 559번 대목을 인용해 소개한다. "…… 전체를 모르고 부분들을 아는 것은 부분들을 상세히 모르면서 전체를 알려는 것과 마찬가지로 불가능한 일이다."(『숨은 신-비극적 세계관의 변증법』, 8쪽) 만약 이 가시적인 세계가 그것을 포괄하는 더 큰 전체의 일부일 뿐이라면 우리는 이 가시적인 세계에 대해서도 영원히 알 수 없을 것이다. 더 큰 전체 속에서 이 부분이 어떤 의미와 맥락을 할당받았는지 모르는 상황인 것을, 어떻게 그것을 안다 할 수 있단 말인가. 아마도 파스칼의 "숨은 신"은 곧 어떤 감지할 수 없는 '전체'에의 명명법에 해당하는 것이라고도 말할 수 있을지 모르겠다.

이와 관련하여 필자는 미키 기요시(三木清, 1897.1.5.~1945.9.26.)의 파스칼 논의에 주목하지 않을 수 없다. 미키는 제국 시대 일본의 철학자로서 자신의 첫 저서를 파스칼에 관한 연구로 장식한 바 있다. 1926년에 출간된 『파스칼의 인간 연구』는 모두 여섯 개의 장으로 이루어져 있고, 그 가운데 앞의 두 장이 『팡세』를 위해 바쳐진 것이다. 이 책의 서문에서 그는 자신의 파스칼론이 그의 기독교적인 논리에 관한 것이 아니라 그가 신이라는 명제에 도달하기 위해 고찰한 인간에 관한 것이라고 했다. 『파스칼의 인간 연구』를 한국어로 번역한 윤인로에 따르면 미키는 서양 철학과 동양적 선을 결합시키고자 한 일본 교토학파의 니시다 기타로(西田幾多郎, 1870.6.17.~1945.6.7.) 등의 영향 아래서 새로운 철학을 탐구해 나갔다. 나중에 그는 마르크시스트를 인간학적 사상으로 간주하는 맥락에서 좌파 사상에 경사되었고 일제 말기에는 경시청에서 탈주한 사상범을 도왔다는 이유로 체포, 수감되어 패전 이후에도 풀려나지 못하고 옥사하게 된다. 이러한 그를 철학의 길에 들어서게 한 것은 앞에서 언급했듯이 독일 칸트 철학을 동양화'시켜' 수용한 니시다 기타로였지만 그의 스승 가운데에는 독일에 유학하여 신칸트주의를 공부한 하타노 세이치(波多野精一, 1877.7.21.~1950.1.17.)도 있었다. 일부 설명들에 의하면 하타노 세이치는 종교철학자로 알려진 듯한데, 필자는 이광수를 연구하면서 교토로 가기 전에 와세다 대학에 몸담고 있던 칸트 철학 전공자로 그를 접했다. 그는 도쿄제대 철학과를 칸트의 『순수이성비판』 서문에 관한 논문으로 졸업하고 1900년 와세다 대학 전신인 도쿄 전문학교 강사가 되었으며, 1904년부터 1906년에 걸쳐 독일의 베를린대학, 하이델베르크대학 등에 유학하고 1917년에 교토대학으로 적을 옮겨서는 1918년에 『실천이성 비판』을 공역으로 출간하기도 했다.(방민호, 「「문학이란 하오」와 『무정』, 그 논리 구조와 한국 문학의 근대 이행」, 《춘원연구학보》 5, 2012, 224~225쪽) 미키 기요시는 그러한 하타노의 학생의 한 사람으로 스승과 마찬가지로 독일에 유학, 하인리히 리케르트 및 마르틴 하이데거에게서 강의를 듣고 프랑스로 옮겨 가 있는 동안에 파스칼의 『팡세』를 새롭게 접하여 강렬한 인상에 사로잡히게 된다. 파리의 하숙방에서 대부분을 썼다는 『파스칼의 인간 연구』가 바로 그 소산이었던 바, 이 책은 모두 여섯 개의 장에 나누어 파스칼의 인간론을 논의하고 있다. 그 제4장 '세 가지 질서'에서 미키는 파스칼의 유한·무한에 관한 시각을 다음과 같이 소개한다.

> 무한한 큼과 무한한 작음은 산술이나 기하학이나 역학이 취급하는 존재에 관한 원리일 뿐만 아니라, 파스칼에 따르면 실로 모든 존재, 따라

서 또한 인간적 존재의 방법을 규정하는 개념이다. 각각의 존재는 모두 그 존재가 속한 차원에 있어서 무한히 큰 것과 무한히 작은 것—왜냐하면 각각의 차원에는 그 각각의 큼과 작음이라는 두 개의 무한이 있기 때문에—의 중간에 존재한다. (중략) 무한의 원리는 직접적으로 저 두 개의 무한의 존재를 긍정하는 것이 아니라 오히려 절대적으로 존재하는 것으로서의 유한의 존재를 부정하는 것을 지향하고 있다. 무한은 두 개의 상반된, 함께 도달할 수 없는 극한 사이에서의, 무한대와 무한소 사이에서의 말하자면 끝나지 않는 운동을 일컫는다. 모든 것은 허무와 전체 사이의 중간에 있는 존재이고, 이 중간의 영역을 여기저기로 운동시키는 존재이다. 무한은 무엇보다 존재의 운동성을 표현한다. 그런데 이 운동은 조금도 정지하지 않는, 즉 끝으로 가까이 가면서도 결코 그 끝에 도달하지 않는 운동이다. 스스로 그렇게 운동하는 존재로서 그처럼 운동하는 다른 존재 속에서 자기를 발견하는 인간 존재의 상대성은 불안이다. 그런 까닭에 무한은 특히 의식적인 존재의 불안을 표현한다.(미키 기요시, 『파스칼의 인간 연구』, b 출판사, 2017, 122~123쪽)

미키에 따르면 파스칼은 인간이란 존재를 무한소와 무한대 사이에서 운동하는 '유한적' 존재로 인식했고 바로 그와 같은 인간적 삶의 차원을 넘어서는, 그것과는 비연속적인 무한의 차원을 상정하고자 했으며, 인간적 차원과 무한의 차원 모두를 포괄하는 '전체'에의 사유를 추구하고자 했다. 그리고 바로 이 사유의 길에 신으로 향하는 의지가 가로놓여 있다.

우리의 정신은 육체 안에 던져져 있고 그 안에서 수, 시간, 공간을 발견한다. 정신은 이것들에 대해 논하고 이것들을 자연, 필연이라 부른다. 그리고 그 이외의 것을 믿지 못한다.

무한에 하나를 더해도 조금도 무한을 증가시키지 않는다. 무한한 길이에 한 자를 더해도 마찬가지다. 유한은 무한 앞에서 소멸되고 순전한 무가 된다. 우리의 이성도 신 앞에서 마찬가지이고 우리의 정의도 신의 정의 앞에서 그러하다.

(중략)

그러므로 우리는 유일한 것의 존재와 본질을 안다, 우리도 마찬가지로 유한하고 넓이를 가지고 있기 때문이다. 우리는 무한한 것의 존재는 알지만 그 본질은 모른다. 우리처럼 넓이는 있어도 우리처럼 한계는 없기 때문이다. 그러나 우리는 신의 존재도 본질도 모른다, 신은 넓이도 한계도 없기 때문이다.(블레즈 파스칼, 『팡세』, 이환 옮김, 2003, 180쪽)

유한·무한에 대한 논의를 신의 존재에 연결시키는 위의 대목은, 파스칼이, 인간의 삶이 유한의 차원 안에 갇혀 있으며 그 바깥으로 한 치도 나아갈 수 없음을 뼈저리게 인식함으로써 무한으로서의 신의 존재에 대한 '믿음'으로 나아가고 있음을 보여준다. 인간은 언제까지나 유한 속에 머물러 있으며 따라서 자신을 부분으로 포괄하는 전체에 대한 진정한 앎을 확립할 수 없다. 이것이 곧 합리주의자들의 사상의 근거인 이성의 본질적 한계라 할 수 있다.

『팡세』를 통하여 파스칼은 사람들을, 인간 (이성)의 궁극적 한계와, 이를 초월하여 존재하는 신의 존재에 대한 깨달음으로 이끌어 내고자 한다. 그는 말한다. 신은 우리에게 당신의 모습을 좀처럼 보여주지 않는다고. 그러나 신은 영원히 모습을 감추고 있는 것만은 아니며, 아주 이따금씩 자신의 존재를 나타냄으로써 우리들의 세계가 이 무한으로서의 전체에 포괄되어 있음을 알게 해 준다고.

317-(586) 만약 어둠이 전혀 없다면 인간은 자기의 타락을 느끼지 못할 것이다. 만약 빛이 전혀 없다면 인간은 구원을 바라지 않을 것이다. 그러므로 신이 어느 정도 숨어 있고 또 동시에 어느 정도 드러내 보이는 것은 우리에게 정당할 뿐만 아니라 유익하다. 자기의 비참을 모르고 신을 아는 것이나 신을 모르고 비참을 아는 것은 다 같이 위험하기 때문이다.

(중략)

319-(559) 만약 신이 전혀 나타나지 않는다면 이 영원한 결여는 모호한 것이 될 것이고, 그래서 모든 신성의 부재와 연결되기도 하고 또 인간이 신을 알 수 없는 무자격과도 연결될 것이다. 그러나 신은 항상은 아니더라도 때때로 나타남으로써 이것은 모호함을 제거해 준다. 신은 단 한 번이라도 나타나면 영원히 존재한다. 그러므로 여기서 결론지을 수밖에 없는 것은 신은 존재하고 또 인간들이 신에게 합당하지 않다는 것이다. (위의 책, 172쪽)

바로 위에서 언급한 신의 존재 '증명'에 관한 이야기는 널리 알려져 있고 반복해서 해석이 시도되는 부분이기도 하다. 루시앙 골드만은 『팡세』의 이 대목을 파스칼을 모르던 시대의 생철학자 루카치의 견해에 연결 지어 해석하고자 했고, 그럼으로써 새롭게 규정된 파스칼적 장세니즘의 '비극적 세계관' 속에서 무한으로서의 신은 영원히 침묵한 채 "인간과 그의 운명의 놀이, 신이 관람하는 놀이"(『숨은 신-비극적 세계관의 변증법』, 50쪽)를 대면하기만 한다. 그런 의미에서의 인간의 비극은 바로 "인간이 대답을 갖지 못하는 고뇌어린 질문의 세계"(이환, 『파스칼 연구』, 민음사, 1980, 79쪽)라 할 수 있다. "숨은 신은 〈언제나 현존하며 언제나 부재하는〉 신이다."(『숨은 신-비극적 세계관의 변증법』, 49쪽) "이것이 비극적 세계관의 중심

사상이다."(위의 책, 50쪽) 이 "비극적 신은 가치 있는 유일한 삶이란 〈본질〉과 〈전체성〉의 삶이라는 것을 깨우쳐 준다."(위의 책, 52쪽)

반복하여, 가치 있는 유일한 삶이란 〈본질〉과 〈전체성〉의 삶일 수밖에 없다. 파스칼은 천재적 귀족으로서 그 자신이 누리는 지적 날카로움과 물질적 풍요로움으로도 세속적 삶의 차원에 끝내 사로잡혀 있을 수밖에 없는 인간적 현실에 대한 처절한 깨달음 속에서 신성을 향한, 신에의 믿음을 향한 목숨을 건 '내기'로 나아간다. 이 처절한 '회심'은 필자를 사로잡는다. 우리 또한 파스칼적 회심이 필요한 것은 아닐까. 그가 자신을 송두리째 던져 신의 제단에 엎드린 것은 이 세속적 세계의 "위락"으로는 진정한 구원을 얻을 수 없으리라는 깨달음 때문이었을 것이다. '나' 자신의 행복이 잠시 찾아올 수 있다 하더라도 그것은 인간의 근본적인 비참을 잠깐 동안 잊을 수 있게 해주는 마취제에 불과하다. 파스칼은 썼다. "……이 숱한 비참에도 불구하고 인간은 행복하기를 바라고 또 행복하기만을 바란다. 그리고 또 행복하기를 바라지 않을 수도 없다. 그러나 어떻게 할 것인가. 진정 행복하기 위해서는 죽지 않고 영원히 살 수 있어야 한다. 그러나 이것이 불가능하자 인간은 이것을 생각하는 것을 스스로 막기로 작정했다.".(블레즈 파스칼, 『팡세』, 이환 옮김, 2003, 136쪽) "사람은 죽음과 비참과 무지를 치유할 수 없으므로 자기의 행복을 위해 이것들을 생각하지 않기로 작정했다."(위의 책, 137쪽) 자기 당대의 무사태평한 당대인들을 향한 파스칼의 이 진단은 그의 시대만의 문제였다고 할 수 있을까? 파스칼이 제기한 신의 선택, 신에의 간구는 분명 기독교적인 절대자에의 귀의와 같은 것이라 말할 수 있다. 그러나 오늘의 필자에게 파스칼의 내기와 회심은, 육체적인 삶, 현세적 행복, 물질적 풍요를 향한 이 시대 사람들의 열광적인 내달림에 대한 속 깊은 성찰의 한 형식을 제공해 주는 것처럼 보인다. 파스칼처럼 우리 또한 우리 자신에게 물을 수 있어야 한다. 영원히 살 수 있는가? "위락"으로써 우리의 삶이 본질적으로 '비참하다'는 것, 덧없다는 것을 가릴 수 있겠는가?

2. 마르크시즘, 자연사적 인간, 그리고 해방

사실, 루시앙 골드만이 『숨은 신』을 쓴 전략은, 작가 또는 문제적 개인의 정신이 그 사회의 시대정신에 맞닿아 있고 다시 그 정신은 그 시대의 사회 계급이 처한 상황을 '투영'한다고 하는 일종의 '유물변증법적' 준칙을 파스칼(및 라신느)에 적용한 것이었다고 할 수 있다. 파스칼은 마르크스가 비판해 마지않던 기독교를 극력 옹호한 사람인 것을, 루시앙 골드만은 그의 장세니즘조차 시대적 환경의 산물임을 논의함으로써 역설적인 효과를 거두려 한 것이다. 장세니즘은 예수회와 일련의 논쟁을 거치며 프랑스에서 이단적인 위치를 점하게 되지만, 세속적 참여를 극단적으로 거부하고 오로지 신에 귀의하는 내세적 삶을 지향하면서 당대의 지식인들에게 깊은 영향력을 행사했다. 이러한 장세니즘의 대표자 격인 파스칼을 17세기 프랑스 사회의 사회 계급적 및 그들의 세계관의 구조 속에서 포괄함으로써 루시앙 골드만은 마르크시즘의 분석적 능력을 입증하려 했다.(이환, 『파스칼 연구』, 민음사, 1980, 87~91쪽) 이러한 의도 때문에 이 문제적인 저작도 그 살을 거두어 내면 토대와 상부구조의 관계에 대한 마르크스의 교의가 뼈대로 드러나는 양상을 띠게 된다. 마르크스는 널리 알려진 「정치경제학 비판 서언」에서 이를 다음과 같이 정식화 했다.

> ……즉 인간은 그들 생활의 사회적 생산에서 그들의 물적 생산제력의 일정한 발전수준에 조응하는 일정한, 필연적인, 그들의 의사와는 무

관한 여러 관계, 생산관계를 맺는다. 이들 생산 관계 전체가 사회의 경제적 구조, 현실적 토대를 이루며, 이 위에 법적이고 정치적인 상부구조가 세워지고 일정한 사회적 의식형태들이 그 토대에 조응한다. 물적 생활의 생산양식이 사회적, 정치적, 정신적 생활과정 일체를 조건 짓는다. 인간의 의식이 그들의 존재를 규정하는 것이 아니라, 반대로 그들의 사회적 존재가 그들의 의식을 규정하는 것이다. 사회의 물적 생산제력은 어떤 발전단계에 이르면 그들이 지금까지 그 안에서 움직였던 기존의 생산 여러 관계, 또는 이것의 단지 법률적 표현일 뿐인 소유제관계와 모순에 빠진다. 이들 관계는 생산제력의 발전 형태들로부터 질곡으로 전환된다. 그러면 사회혁명의 시기가 도래한다. 경제적 기초의 변화와 더불어 거대한 상부구조 전체가 조만간 변혁된다. 그러한 변혁들을 고찰함에 있어서는 언제나 경제적 생산제조건의 물적인, 자연과학적으로 엄정하게 확인될 수 있는 변혁과, 인간들이 그 안에서 이 갈등을 의식하게 되고 해결하는 법률적, 정치적, 종교적, 예술적 또는 철학적, 간단히 말해 이데올로기적 제 형태의 변혁을 구분해야 한다. 한 개인이 어떤 사람인가를 그 자신이 무엇을 생각하느냐에 따라 판단하지 않듯이 그러한 변혁기를 이 의식으로부터 판단할 수는 없으며 오히려 이 의식을 물적 생활의 제 모순으로부터, 사회적 생산제력과 생산 제관계 사이의 주어진 갈등으로부터 설명해야 한다. 한 사회구성체는 그 내부에서 발전의 여지가 없을 정도로 생산제력이 발전하기 전에는 멸망하지 않으며, 새로운 보다 높은 생산 제관계는 그들의 물적 전제조건들이 낡은 사회 자체의 품에서 부화되기 전에는 결코 대신 등장하지 않는다. 따라서 인류는 그가 해결할 수 있는 과업만을 제기한다. 자세히 관찰해 보면 과업 자체가 그 해결의 물적 제 조건이 이미 주어져 있거나 또는 적어도 생성 과정에 처해 있는 곳에서만 출현하기 때문이다.(마르크스, 『정치경제학 비

판을 위하여』 개정판, 김호균 옮김, 중원문화, 2017, 9~10쪽)

이 '정식'은 인간의 삶의 총체를 생산력과 생산관계라는 두 변증법적 대립물로 구성되는 생산양식에 기초하여 형성되는 것으로 본다는 점에서 파스칼과는 전연 다른 총체를 제시한다. 그의 절대적인 신관에서 드러나듯이 파스칼은 인간적 차원의 삶은 그 자체로는 절대로 총체를 구성할 수 없다고 생각했다. 전체를 알지 않고서는 부분 또한 알 수 있다고 말할 수 없음은, 유한한 존재로서의 인간은 그것을 초월하여 존재하는 무한으로서의 신을 인식할 수 없고 때문에 인간은 자신의 삶의 차원의 의미도 영원히 정확히는 인식할 수 없음을 의미한다. 반면에 마르크스의 총체는 이 지상적 인간의 삶만을 근거로 하여 구성된다. 인간은 "그들의 의사와는 무관하게", 즉 그들의 의식을 통과하기 전에, 먼저 자연적으로, 물적 생산력의 발전단계에 조응하는 생산관계를 맺는다. 그리고 이 의식을 통과하기 전에 먼저 '결정'되는 생산관계가 인간의 삶의 "토대"를 이룬다. 그는 생산관계라는 "현실적 토대" 위에 "법적이고 정치적인 상부구조"가 구축되고 "일정한 사회적 의식형태들"이 다시 그 위에 들어선다. 그러므로 "인간의 의식이 그들의 존재를 규정하는 것이 아니라, 반대로 그들의 사회적 존재가 그들의 의식을 규정하는 것이다." 의식을 이렇게 물적 토대 위에 구축되는 이차적, 심지어 '부차적인' 기제로 묘사함으로써 인간은 비로소 자연이라는 총체의 유기적 일부가 된다. 이러한 자연사로서의 사회 변화 역시 의식이 먼저 작동해서가 아니다. 인간의 총체적 삶의 물적 토대를 이루는 생산력과 생산관계의 갈등이 먼저 고조되고 이러한 '위기' 상태가 "법률적, 정치적, 종교적, 예술적 또는 철학적"인 "이데올로기적 제형태"에 '이차적으로' 투영됨으로써 사회혁명은 비로소 도래한다.

다른 하나의 글에서 마르크스는 이러한 자연사로서의 인간의 삶에 있어서 물적 토대에 대한 의식의 이차성을 보다 정교하게 설명해 나간다. 헤겔 관념론에 대한 비판을 함축한 이 대목에서 마르크스는 구체와 추상이라는 용어를 사용하여 17세기 경제학자들과 자신의 정치경제학적 방법론상의 차이를 논의한다. 그들은 한갓 추상으로서의 '인구'에서 출발하여 '계급'으로, 다시 '계급'을 구성하는 '임노동', '자본' 등으로, 더 단순한 개념으로 나아갔다. 그러나 이러한 방법은 구체적인 것을 파악하는 충분한 방법이라 할 수 없다. 그는 이와 달리 "상상된 구체성으로부터 갈수록 미세한 추상들로" 나아가 이로부터 다시 "수많은 규정과 관계의 풍부한 총체성"으로서의 '구체성'에 도달하는 방법을 제안한다.

> 후자가 분명히 과학적으로 올바른 방법이다. 구체적인 것은 그것이 수많은 규정들의 총괄, 다양한 것들의 통일이기 때문에 구체적이다. 따라서 구체적인 것은 비록 그것이 실재적 출발점이고 따라서 직관과 표상의 출발점이라고 할지라도, 총괄 과정, 결과로서 현상하지 출발점으로 현상하지 않는다. 첫 번째 경로에서는 완전한 개념이 추상적 규정으로 증발했다. 두 번째 경로에서는 추상적 규정들이 사유의 경로를 통해 구체적인 것의 재생산에 이른다. 이러한 방식으로 헤겔은 현실적인 것을 자체 속에서 총괄되고, 자체 속으로 침잠하며, 자체로부터 운동해 나오는 사유의 산물로 파악하려는 환상에 빠진 반면, 추상적인 것으로부터 구체적인 것으로 상승해 가는 방법은 사유가 구체적인 것을 점취하고, 이를 정신적으로 구체적인 것으로 재생산하는 방식일 뿐이다. 그러나 결코 구체적인 것의 생성 과정 자체는 아니다. (중략) 따라서 이해하는 사유가 실재적 인간이고, 이해된 세계 자체가 비로소 현실적인 세계가 되는 의식에서 범주들의 운동은 세계를 그 결과로 낳는 실재적인 생산 행위로서 현상한다. 이는 사유 총체성, 사유 구체성으로서의 구체적

총체성이 사실상 사유의, 이해의 산물인 한에 있어서는 옳다. 그러나 직관과 상상의 밖에서 또는 위에서 사유하고 스스로 잉태되는 개념의 산물이 아니라, 직관과 상상을 개념들로 가공한 산물이다. 두뇌 속에서 사유의 총체로 현상하는 바와 같은 전체는 세계를 유일하게 가능한 방식으로 점취하는 사유하는 두뇌의 산물인데, 이 방식은 세계의 예술적, 종교적, 실천적이고 정신적인 점취와는 상이하다. 즉, 두뇌가 사변적, 이론적 상태에만 있는 한에 있어서, 현실적 주체는 여전히 두뇌 밖에서 자립적으로 존속한다. 따라서 이론적인 방법에 있어서도 주체, 즉 사회는 전체로서 항상 표상에 어른거리고 있어야 한다.(칼 맑스, 『정치경제학 요강』, 백의, 2000, 71~72쪽)

여기서 마르크스는 사유는 현실 속에 존재하는 "구체적인 것의 재생산"에 지나지 않는 것임을 주장한다. "구체적 총체성"은 "직관과 상상의 밖에서 또는 위에서 사유하고 스스로 잉태되는 개념의 산물이 아니라, 직관과 상상을 개념들로 가공한 산물"이다. 이러한 방식으로, 파스칼이 인간 전존재를 걸고 육체적 죽음에 대한 인식을 딛고 절대적 신에의 귀의를 통한 영원한 삶을 꿈꾸었다면 마르크스는 그 초월 대신 현세 속에서의 해방을 구상한 사람이었다.

그러나 해방 및 한국전쟁 이래 한국사회에서 이 마르크시즘은 제도적인 학문으로서는 본격적, 심층적으로 탐구되거나 실험된 적이 없었다 해도 과언이 아니다. 잔혹한 전쟁으로 인해 한국에서는 마르크시즘 독서가 엄격히 제한되었기 때문에 시대가 경과하면서 이에 대한 신비주의적, 물신적 숭배가 은밀히 점증해 간 반면 이를 학문적으로 엄격히 다루는 경향은 그에 반비례하여 '자기검열'적으로 억제되었다. 자유로운 독서와 지적 논의가 제약된 곳에서 학문적 풍요로움을 기약할 수 없음은 물론이지만 그렇다 해서 한국판 마르크시스트들의 지적 무능력 또는 나태가 변명될 수 있는 것도 아니라는 사실이 또한 인정되어야 한다. 이러한 한국적 마르크시즘의 취약성이 가장 극명하게 드러난 때는 바로 1980년대 중반~1990년대 전반의 시기다. 1980년대 초중반에 걸쳐 한국에서 마르크시즘은 마르크스, 레닌, 루카치, 그람시 등의 저작을 은밀히 회람하고 번역, 지하 출판하는 과정에서 자유롭고도 창조적으로 담론들을 새롭게 생성시켜 나가는 대신 몇몇 주요 사상가의 논의를 교과서적으로 수용하고 그 내용을 한국적 상황에 연역적으로 적용하는 수준에서 소화해 나갔다. 제도적으로 인정되지 못한 독서와 연구는 이론적 탐구를 제약하는 면이 있지만 그렇다 해도 한국의 마르크시스트들은 마르크시즘 '준칙화' 된 원리들을 날카롭게 정사하는(scrutinize) 태도를 보여주지도 못했고, 이 사회의 풍토에 맞게 이론적 원리들을 창조적으로 구체화 한 새로운 마르크시즘을 실험해 오지도 못했다.

이러한 이론적 '지체'가 가져온 폐해는 컸다. 무엇보다, 한국 마르크스주의는 구소련이나 중국, 북한 등의 교조화 된 마르크시즘을 이른바 정통 마르크시즘으로 이해하고 레닌 등이 『프롤레타리아 혁명과 배신자 카우츠키』 등에서 설파했듯이 독일 사회민주당을 중심으로 한 제2인터내셔널의 수정주의를 죄악시하면서 동구권과 다른 사회주의를 구상해 나간 서구 마르크스주의에 대해 어떤 진지한 탐색도 보여주지 않았다. 이와 같은 교조적 태도는 "마르크스주의적 문제에서의 정통성이란 오로지 방법에만 관련된다."(게오르그 루카치, 『역사와 계급의식』 4판, 박정호·조만영 옮김, 거름, 2005, 64쪽)라고 하면서도, 그 "정통성은 변증법적 마르크스주의 속에서 올바른 연구방법이 발견되었으며, 이 방법은 오직 그 창시자들(마르크스와 엥겔스)의 정신에 따라서만 확장, 확대, 심화될 수 있다는 과학적 확신"이고, "그 방법을 극복하거나 '개선'하려는 모든 시도는 결국 천박화, 진부함, 절충주의로 귀착되어 왔고, 또 그럴 수밖에 없었다는 과학적 확신"이라 한 게오르그 루카치의 단계에서부터 충분히 준비되고 있었다고 할 수 있다. 1980년대의 한국에서는 대학과 같은 제도권에서 서구 마르크스주의에 대한 이론적 탐색이 일부 모색되지 않은 것은 아니었으나 마르크시즘이 본래 실천적 사상이라는 점을 고려하면 지나치게 소극적인 차원에 머물러 있었다고 해야 한다. 구소련 중심의 동구권 사회주의 '세계 체제'가 붕괴된 지금 이 정통 마르크스주의 체제가 나치즘과 유사한 '국가 사회주의'의 변형태 가운데 하나였음을 의심하는 사람은 아주 적고, 영국 신좌파 이론가 가운데 한 사람인 알렉스 캘리니코스는 관료와 국가의 결합물로서의 노멘클라투라 계급이 소비에트 국가자본주의 체제의 특수한 '자본가'로 기능한다고 논의한 사실도 있다. 그는 노멘클라투라가 주도한 스탈린주의 아래의 소비에트 체제를 일종의 국가자본주의로 규정하면서 '본래'의 마르크시즘이 지향하는 사회주의와 구별하고자 하였으나, 이와 같은 분리 시도의 전도는 밝지만은 않다.(알렉스 캘리니코스, 『역사의 복수』, 백의, 1993, 32쪽 및 39쪽) 노멘클라투라란 "공산 체제의 당/국가의 고위직 또는 어느 정도의 직급 이상을 포함하는 사실상의 정치 경제 엘리트의 핵심"으로서 "같은 사회적 지위에 있으면서 동일한 가치체계와 일치된 행동을 하는 사람들이 속해 있는 공산주의 체제의 지배그룹이다."(윤덕희, 「체제 전환과 노멘클라투라의 변신—동유럽과 러시아의 비교」, 《세계지역연구논총》 13, 1999, 281쪽) 그런데 만약 이와 같이 노멘클라투라가 지배하는 소비에트 사회주의가 전체주의의 한 유형인 국가 사회주의 체제의 변형물일 따름이라면 소련이나 중국, 북한 등을 사회주의적 이상의 모델로 '상상'했던 1980년대 좌파 학생운동 및 노동운동의 난점은 더욱 크게 부각된다.

필자는 1984년에 대학에 들어온 이른바 386세대의 한 사람이다. 교육제도는 한 사회의 지적 풍토를 변화시키기에 충분한 힘을 갖는다. 이 386세대가 중고등학교를 거쳐 대학에 들어간 시대는 대체로 제5공화국의 고교 평준화 정책과 맞물리는 까닭에 예를 들어 학생들은 철학이든 문학이든 깊이 있는 독서와는 거리가 먼 성장과정을 거쳐 대학에 들어오기 일쑤였다. 1980년대 후반 한국의 학생운동, 그리고 노동운동은 그들이 토대로 삼고 있던 마르크시즘의 취약성과 더불어 그 운동 주체들이 전반적으로 인문학적 소양 결핍을 앓고 있었다는 점 때문에도 그 성숙, 발전에 큰 어려움을 겪어야 했다.

1980년대 중반을 전후로 하여 대학에 진학한 386세대는 중고등학교 시절에는 앞에서 간략히 언급했듯이 카뮈나 사르트르, 파스칼, 헤르만 헤세나 도스토예프스키 같은 범 실존주의 사상을 피상적으로 섭렵했을 뿐이었고 이러한 토대 위에서 일본어 번역본으로부터의 중역이나 임의적인 편집, 간략화에 기초한 사상 서적들을 무분별하게 소화해야 하는 상황을 맞이했다. 지적 무능력이나 태만을 변명하기 위함이 아니라 그들이 처했던 당대 사회의 지적 상황이 그러했다는 것이다. 이러한 상황에서 1980년대 학생운동은 NLR, NDR, PDR 등 혁명 방법론의 차이는 있을망정 대체로 민주주의 혁명과 사회주의 혁명을 연속적으로 구상하면서 이 이행 과정에서 국가가 부르주아 계급에 대한 프롤레타리아 계급 독재의 수단이 되어야 한다는 '영구혁명론'적 사유를 공유하고 있었다. 이들은 마르크시즘에 대한 '교과서'적 이해로부터 억압적인 국가의 기능을 회의하고, 인간의 자발성, 능동성을 옹호하고자 한 아나키즘을 원천적으로 거부하며, 프롤레타리아 계급이 주도하는 민중적 계급동맹을 통해 민주혁명을 거쳐 국가 주도의 사회주의 체제를 건설해야 한다고 믿었다. 이로부터, 제5공화국이라는 야만적인 전체주의 체제에 대한 비판적 인식에 토대를 둔 민주주의 운동이 의식화되면 될수록 또 다른 형태의 전체주의를 '무의식적으로' 지지하는 역설적인 양상이 나타났다. 그들이 민주혁명 이후에 올 더 민주적인 사회주의 체제라 상상했던 소비에트는 그런 사회와는 거리가 전연 멀었던 것이다.

다음으로, 1980년대에 대학생 사회에 광범위하게 수용된 마르크시즘은 인간에 대한 경제주의적, 물질주의적 이해 방식을 확산시키는 결과를 낳았다. 중고등학생 시절 동안 '실존은 본질에 선행한다.'와 같은 사르트르의 『존재와 무』의 명제를 중심으로 인간 개체의 실존적 상황에 주목하는 '개체주의'적 사상에 몰두했던 이들이 대학생이 되면서 그와 대칭되는 '집합주의'적 사상의 대표라 할 마르크시즘에 경사된 것이다. 그러나 그들이 수용한 마르크시즘은 서구 마르크시즘처럼 구조주의나 포스트구조주의의 시험을 통과한 복잡한 것이 아니라 앞에서 언급한 것과 같이 마르크스에서 레닌으로 이어지고 루카치 등에 의해 보충된, 단선적 괘선을 정통으로 삼는 마르크시즘이었다. 이 마르크시즘은 개체 혹은 개인에 대한 사유가 결핍된, 표현 그대로의 '사회주의' 사상이다. 그들은 사회적 존재가 사회적 의식을 결정한다는 명제를, 계급, 계급의식, 계급투쟁의 논리를, 사회주의 혁명의 숭고함을 믿었으며, 사랑하기 위해 투쟁해야 한다고, 계급적 투쟁이야말로 인류적 사랑의 가장 극적인 표현 형태라고 생각했다. 어느 시대나, 어떤 사상이나 숭고한 대상을 설정하지 않고는 체계와 지속을 담보 받을 수 없는 법이다. 마르크시즘에서 그것은 관념화 된 프롤레타리아 및 프롤레타리아 의식이었다. 루카치는 "그들은 자신의 상황 속에 집약되어 있는, 오늘날 사회의 모든 비인간적 생활 조건을 폐기하지 않고서는 그들 자신의 생활 조건을 폐기할 수 없다."(『역사와 계급의식』, 91쪽)라고 한 마르크스의 『신성가족』의 일절을 되풀이해서 말한다. 또한 그는 "오직 프롤레타리아트의 의식만이 자본주의의 위기에서 벗어날 길을 보여줄 수 있다."(『역사와 계급의식』, 168쪽)라고도, "프롤레타리아트는 자기를 지양함으로써, 곧 자신의 계급투쟁을 끝까지 수행하여 계급 없는 사회를 성취함으로써 비로소 스스로를 완성한다."(『역사와 계급의식』, 175쪽)라고도 썼다. 1980년대의 학생운동은 루카치의 이런 언설들을 믿었다. 프롤레타리아는 현실의 비참에도 불구하고 숭고한 역사적 사명을 짊어진 존재로 믿어졌다. 프롤레타리아는 1980년대의 국가독점적인 자본주의와 이 경제적 토대를 지탱하는 전체주의 체제에 맞서 싸울 수 있는 계급들의 전위였고, 마침내 다가올 해방의 그날에 최후로 자기 자신마저 해방시킬 계급이었다. 그러나 이 프롤레타리아 계급이라는 것이 자본주의 생산 양식이라는 물적 토대의 한 대립 축을 가리키는 개념이라면 이 경제적 계급의 해방에 인류적 이상의 모든 것을 거는 방식은 '내기'로서는 지나치게 협소한 가능성에 너무 많은 판돈을 거는 행위일 수도 있지 않을까.

마르크스는 존재로부터 의식이 결정된다고 보았고 따라서 존재의 해방이 의식의 해방조차 결정할 수 있다고 보았다고 말할 수 있다. 그러나 이 '경제적' 존재와 의식의 해방이 과연 인간 '전체'의 '총체적인' 해방이 될 수 있는가는 매우 미심쩍다. 1980년대 '급진적' 학생운동의 노선을 따라 국가독점자본주의를 폐절할 수 있다면 인간은 해방될 수 있는가. 정치경제학적 혁명의 강령들을 가지고 인간 해방 또는 인간 구원이라는 오래된 문제를 해결할 수는 없을 것 같은데, 그럼에도 불구하고 이 시대의 학생운동을 통과한 386세대들은 정치경제학적 문제 해결을 사회문제 또는 인간 문제의 해결에 근사한 것으로 사유하는 체질을 쉽게 포기하지 않았다. 필자가 보기에 이러한 노선은 그들이 대항해 싸우고자 한 독점자본주의 체제의 지배 논리와 어떤 점에서 '공모적'이다. 둘 모두에서 물질과 육체는 삶의 근본적인 관건이 된다. 더 많은 물질을 더 잘 나누어 가질수록, 더 작은 육체적 고통과 더 많은 육체적 '위락'으로 인간은 행복해질 수 있다.

3. 『해방 전후사의 재인식』, 식민지 근대화론, '족류-상징주의'

지난 2006년 두고두고 논란이 된 책이 출간되었다. 『해방 전후사의 재인식』(이하 『재인식』)이라는 이름을 가진 이 논문 모음집은 그 제목이 가리키듯이 1979년에 출간되어 1980년대 내내 넓고 깊은 영향력을 행사한 『해방 전후사의 인식』(이하 『인식』)의 논리 체계를 다분히 의식하고 겨냥하면서 편집된 것이었다. 편집자들은 『인식』이 한국인들의 현대사 인식에 큰 영향을 미쳐 왔음에 유의하면서 "『인식』이 드러낸 두 가지 문제점, 즉 민족 지상주의와 민중혁명 필연론이 우리 역사 해석에 끼친 폐해에 대한 우려를 담"(박지향·김철·김일영·이영훈 편, 『재인식』, 책세상, 2006, 13쪽)아 내고자 했다. 편집자들을 대신하여 머리말을 쓴 박지향은 예의 "민족 지상주의" 비판을 향해 날카로운 비판을 가한다. 그에 따르면 "민족주의는 본래 배타적이고 폭력적인 이념"으로서 "굳이 배타적일 필요가 없는 혈육이나 고향에 대한 애정과 구분된다."(『재인식』, 13쪽) 이 문장들 앞에서 필자는 잠시 고개를 갸웃거리게 되는데, 왜냐하면 "혈육이나 고향에 대한 애정"만큼 배타적인 애정도 따로 없을 것이라 생각하기 때문이다. 특히 한국에서 이 문제는 지극히 심각한 것이, 이른바 "혈육"에 관한 배타적 애정 문제라면, 1922년에 출생하여 십 대의 성장기를 일본에서 보내고 해방과 더불어 한국에 돌아왔던 작가 손창섭은 한국의 혈연 중심적 가족주의가 얼마나 문제적인지를 그의 장편소설들을 통하여 뚜렷하게 부각시켜 놓고 있으며, "고향"에 대한 배타성 문제라면 한국 정치가 박정희 정부 이래 오늘날까지 오도된 지역주의를 상수 삼아 왜곡되어 온 바탕에는 특히 영남 지역민을 중심으로 한 지역 패권주의가 가로놓여 있음을 부인할 수 없고, 더 나아가 이 어긋한 '애향심'에서라면 호남이나 충청 같은 다른 지역의 사람들도 결코 만만하다고만은 할 수 없을 것이기 때문이다. 편집자들을 대표하여 서술자는 "민족 지상주의"에 대한 비판을 좀 더 밀고 붙인다. 그에 따르면 "민족 지상주의"로는 "고난의 우리 현대사를 제대로 인식하고 과거로부터 교훈을 얻을 수 없"는 바, 왜냐하면 이 이념은 "우리 민족은 대단히 우수한데 다른 나라 때문에 나라가 망하고 식민 지배와 민족 분단의 비극을 겪었다고 주장하는 것은, 역사에서 아무 것도 배우지 말자는 주장과 다르지 않"기 때문이다. "우리는 남 탓하기 전에 우리 잘못이 무엇이었나를 자성해야 하고, 그럴 때 우리가 참으로 많은 것을 잘못했음을 깨닫게" 된다. (위의 책, 13~14쪽) 서술자가 논의하고 있는 "민족 지상주의"가 무엇인가는 이 책이 겨냥하고 있는 『인식』을 살펴보아야 하겠지만, 그러나 1979년에 편집되어 1980년대 내내 영향력을 행사한 시리즈 저작물에 대한 비판이 곧 『재인식』 저자들의 논리의 정합성을 증명해 주지 않음은, 한국 독점 자본주의와 전체주의 체제에 대한 혁명적 비판을 주장한 1980년대 학생운동의 논리가 비판되는 대상의 '부정의'에도 불구하고 옳을 수 없었던 점을 통하여 '방증된다'고 할 것이다. 다시 말해 이 저술의 올바름은 이 모음집이 겨냥하는 『인식』 저자들의 결핍됨이나 그릇됨에 의해서가 아니라 그 자신의 논리의 올바름을 통하여 증명되어야 한다.

백여 년 전 과연 한국인들은, 우리의 선배들, 선조들은 무엇을 잘못했으며 어떤 점에서 부족한 것이었을까? 서술자는 말한다. "국가의 생존이 걸린 절체절명의 순간에 위정자들은 무엇을 했는지, 사회 지도층은 또 무슨 노력을 했는지에 생각이 미칠 때 우리는 분노하지 않을 수 없다."(위의 책, 14쪽) 필자는 그런 점에서라면 『인식』의 저자들 역시 똑같이 당대의 "위정자들"이나 "사회 지도층"에 대한, 표현은 충분하거나 적절치 않아 보이지만 "분노"를 품고 있었을 것이라 생각한다. 한국의 개항 전후에서 한일합병에 이르는 구한말의 역사는 한국인이라면 언제라도 다시 돌아가 성찰해야 할 역사적 가능성의 상실의 시대였다. 이 시대를 체계적으로 조명한 김영작의 『한말 내셔널리즘 연구』(청계연구소, 1989)는 1884년의 갑신정변, 1894년의 동학농민운동과 갑오경장, 1994년의 러일전쟁을 당대의 조선과 동아시아 국제 관계에서 아주 중요했던 결절점들로 설명한다. 1876년 강화도 조약을 통한 개항에서 1884년 갑신정변까지는 팔 년의 간격이 있었지만 나머지 사건들은 각각 십 년씩 떨어져 있어 구한말 역사를 간명하게 이해할 수 있게 한다. 이 저술을 쓴 사람에 따르면 당시의 한국인들은 독립 국가를 유지한 채 근대국가로 나아갈 수 있는 가능성이 없지 않았으나, 수백 년 조선 역사를 통해 축적되다 못해 힘이 다한 낡은 제도와 권력을 제때 개혁하지도 못하고 때마침 숨 가쁘게 변화해 가던 국제적 환경에도 슬기롭게 대처하지 못함으로써 마침내 1905년 을사조약에 이어 1910년 경술국치라는 역사적 파국에 처하지 않을 수 없었다. 저자의 논의에 따르면, 비록 힘의 우위를 통하여 조선 개국을 이끌어 내기는 했으나 갑신정변을 전후로 한 시기의 일본은 아직 조선에 대한 본격적인 침탈을 시도할 만한 내적 정황을 가지고 있지 못했다. 동학농민운동이 일어난 1894년에도 일본은 1885년에 청나라와 체결한 톈진 조약을 빌미 삼아 조선에 들어와 농민운동을 좌절시키고 일본식 제도 개혁을 이끌어내기는 하였으나 여전히 국제적 압력을 이겨낼 만큼 강하지는 못하였으므로 김홍집 내각을 중심으로 한 새로운 가능성은 사라지지 않았다. 그러나 1994년의 러일전쟁에 와서는 모든 것이 달라졌다. 일본이 영국의 방해로 수에즈 운하를 통과하지 못하고 멀리 아프리카 희망봉까지 장장 34,000km를 에돌아 기진맥진 상태에 빠진 러시아 발틱 함대를 대한해협에서 최후로 격퇴하고 나자 어떻게든 독립에의 길을 개척해 나가려던 조선의 운명은 만사휴의가 된다.

강화도 조약에서 한일합병이 이르기까지의 34년은 일제 강점기의 35년 기간만큼이나 긴 시간인데 이 기간에 전개된 역사적 행정에 대해서 필자는 그야말로 새로운 인식이 필요하다고 생각한다. 많은 경우 이 기간은 한국인들이 외세에 의해 일방적으로 침탈당한 과정, 외세가 강요한 서구적 근대화를 수동적으로 수용해 나간 과정으로 인식되는 경향이 짙다. 그러나 구한말의 이 시대는 숱한 약점에도 불구하고 자립적 근대화를 추구한 수많은 역동적 흐름들을 끌어안고 있으며, 위로부터든 아래로부터든 치열하게 대두된 이 역동적 흐름들이 좌절, 분쇄되는 과정을 거쳐서야 비로소 한국인들은 일제의 강점 아래 들어가게 된다. 이 시기의 한국인들은 남들보다 우수할 것도 자랑스러울 것도 없으나 어떤 창조성도, 능동성도 없이 수동적으로 시대에 끌려갔다고만 할 수는 없다. 또는 당시 제국주의 세계체제는 그렇게 가혹한 힘의 법칙 아래 작용하는 법이어서 한국인들이 좀 더 단결하지도 못했고, 좀 더 지혜롭지도 못했으며, 좀 더 눈을 크게 뜨고 세계사의 격변을 냉철하게 보지 못했기에 외세의 지배 아래 들어간 것이었다. 그뿐이다. 좀 더 들어가 말한다면 구한말의 사회 계급 계층적 지형도 속에서 자주적 근대화를 이루고자 한 사람들의 힘은 구체제를 유지하고자 하는 사람들의 힘도, 외세에 의지해 힘을 가지든 근대화를 이루든 하려던 사람들의 힘도 능가할 수 없었을 뿐이다. 이러한 시각은 필자가 앞에서 잠깐 언급했던 알렉스 캘리니코스의 논의를 통하여 보다 명료하게 표현될 수도 있다. 그는 『역사와 행위 Making History』(1988)라는 저술에서 "구조가 행위를 강압하지만 동시에 구조는 행위 주체에게 구조적 능력을 부여함으로써 행위자로 하여금 구조를 변동시킬 수 있게 한다는 이론"(김용학, 「옮긴이 서문」, 『역사와 행위』, 사회비평사, 1997, 13쪽)을 제시하고자 한다. 복잡한 논의를 거쳐 그가 도출한 결론 가운데 하나는 다음과 같다.

> 구조는 인간이 가지고 있는 능력 중 중요한 부분을 결정짓는 것이기 때문에 사회이론에서 결코 배제할 수 없는 역할을 수행한다. 나는 에릭

올린 라이트의 용어를 빌려서 이것을 구조적 능력이라고 부른다. 구조적 능력이란 생산관계 속에서 어떠한 위치를 점하고 있느냐에 따라 행위자가 가지게 되는 능력을 말한다. 이러한 견지에서 구조를 바라보게 되면 구조를 개별 행위나 집합 행위에 대한 제약이라고 보는 생각과는 결별하게 되며, 행위자가 그 안에서 자유롭게 행동할 수 있는 틀을 제공하게 된다. 구조 속에서 행위자들이 점하는 위치가 그들에게 열린 가능성의 범위를 제한하기는 하지만, 그들은 여전히 자신의 목표를 특정한 방향으로 추구할 수 있는 기회를 가진다. (중략) 서로 다른 종류의 자원들, 즉 물질적, 문화적, 조직적인 자원들은 행위자들이 생산관계 속에서 어떤 위치를 점하느냐에 따라서 이용이 가능하기도 하고 그렇지 않기도 한 것이다. 구조가 사회이론 속에서 중요해지는 것은 자원 그 자체로서가 아니라, 사람들이 그 자원을 이용할 수 있느냐 없느냐를 결정짓는 요소로서인 것이다.(알렉스 캘리니코스, 『구조와 행위』, 김용학 옮김, 사회비평사, 1997, 381~382쪽)

필자는 이 논자의 논의를 전적으로 신뢰하는 편은 아니지만 역사 행위에 있어 구조와 '행위주체'의 관계를 다룬 이 저서는 많은 시사점을 던져주는 것으로 보았다. 구한말의 한국사회 역시 새롭게 전개되는 동아시아 세계체제, 즉 역사적 '구조' 속에서 당대 한국인들이라는 '행위 주체'가 무엇을 얼마나 할 수 있었는가에 관한 문제를 새롭게 검토해 보도록 한다. 중화주의 제국 청나라가 쇠퇴하고 일본이 서구 문물을 재빨리 수용하여 새로운 힘을 키워 나가는 상황에서 미국을 비롯한 서구 열강들은 한국 문제보다는 중국이나 필리핀 같이 더 많은 이익을 가져다 줄 '먹잇감'에 관심을 가지고 있었다. 한국인들의 역량이라는 것도 추상적인 말에 지나지 않고 『재인식』의 서문 작성자가 언급한 "위정자"니 "사회 지도층"이라는 것도 여러 갈래로 나뉘어 있는 이상 단순하게 쓸 수 있는 말은 아니지만, 그들까지 포함해서 당대의 한국인들이 이 변화하는 세계 체제의 구조적 장에 적응하고 상황을 타개해 나가는 데는 실패했다고 보아야 한다. 이것은 엄연한 역사적 사실이다. 이를 두고 『재인식』의 저자들이 겨냥하고 있는 "민족 지상주의"가 우리 민족은 우수한데 다른 나라 때문에 식민 지배를 당하고 민족 분단을 겪었다고 주장한다면 그것도 잘못이겠지만, 반대로 그것을 "우리 잘못"으로만 돌리는 것도 당대의 세계사적 국면에 대한 제대로 된 판단이라고는 볼 수 없다. 이 저자들의 생각처럼 "민족주의는 본래 배타적이고 폭력적인 이념"인가에 대해서는 많은 반론이 있을 수 있겠지만 조선이 국권을 상실하던 시대는 분명 제국주의화 한 민족주의가 다른 나라의 다른 사람들의 "인권과 자유"(『재인식』, 14쪽)를 말살하려 든 "배타적", "폭력적" 광풍의 시대였으며, 3·1운동이 보여주듯이 한국인들은 국권을 빼앗긴 후에도 이 세계사적 흐름에 맞서 권리를 회복하고자 하는 노력을 포기하지 않았다. 이러한 노력들이 일제의 태평양전쟁 패전에 의한 1945년 8·15 해방에 이르기까지 좀처럼 성공에 다다를 수 없었던 것은 '행위 주체'로서의 한국인들의 무능력이나 "잘못"에만 책임이 있는 것이 아니라 그 시대에 한반도를 둘러싼 지정학적 환경과 세계열강들의 각축이라는 '구조'가 그들의 값진 행위들을 심대하게 제약한 탓이 컸다고 보아야 한다. 이것이 바로 위에서 캘리니코스가 말한 바, "구조 속에서 행위자들이 점하는 위치가 그들에게 열린 가능성의 범위를 제한"한 경우에 해당한다고 할 것이다. 이는 다음 장에서 필자가 분석적으로 다루게 될 이광수와 안창호의 '민족 개조론'과 관련된 문제이기도 하다. 이 문제는 과연 한국사회가 물질주의적 근대주의를 넘어 새로운 사회를 구상할 수 있는가에 관련되어 있다.

『재인식』의 저자들은 숫자가 많지만, 이 가운데 앞에서 박지향이 언급한 "민족 지상주의"의 시각을 기각하면서 구한말에서부터 동시대에 이르는 한국사를 문명사적 시각에서 재구성할 것을 논의한 이영훈의 글은 제목에서부터 『인식』의 역사관에 대한 전면적 비판을 의도하고 있다. 이를 위해 그는 "직업으로서의 역사학"(『재인식』, 32쪽)이라는 것을 이야기하는데, 그것은 "대중의 역사의식, 곧 그 집단적 기억 체계에 대한 객관적이고 냉정한 관찰력"(『재인식』, 32쪽)과 "사료가 뒷받침되지 않은 주장은 어떠한 것이라도 삼갈 줄 아는 절제력"(『재인식』, 36쪽)에 의해 뒷받침되고, "공정한 배심 능력과 엄한 징벌 능력을 갖춘 고급문화의 연구자 사회"(『재인식』, 38~39쪽)를 필요로 한다고 했다. 필자는 역사가는 아니기 때문에 이 요구들이 막스 베버의 『직업으로서의 학문』(1918)에서 영감을 얻은 학문적 태도에 관한 것이라면 함께 동의할 수 있는 항목들이라고 생각한다. 사실 단지 역사학에서만 아니라 한국에서의 학문은 여러 면에서 공정성과 책임성을 얼마든지 더 요청해야 하는 상황일 것이며, 그때그때의 대중적 관심사나 기호에 치우치지 않는 학문적 냉철함을 가져야 한다는 것도, 또 논의를 상상적 고안물로 채워가지 않고 자료를 충분하고도 성실하게 섭렵하고 취사선택해야 한다는 것도 모두 필요한 덕목들이라 할 수 있다. 그러나 논자가 "냉철한 관찰력"이 필요함을 말하면서 "역사가가 할 수 있는 일"이란 "오로지 드러내는 일일 뿐", "대중의 집단적 기억 체계로서 역사라는 것이 어떻게 생겨난 것인지를 드러낼 뿐"이라고 말할 때, 필자는 모든 학문의 '비극적' 운명은 그가 말한 것과 달리 사실을 그대로 드러낼 수 없다는 데 있다는 것, 오로지 해석 행위를 통해 사실일 것이라고 추정되는 '그 무엇'을 향해 접근해 갈 수밖에 없다는 데 있다는 것을 새삼스럽게 상기하게 된다. 학문을 하는 사람 누구도, 역사가라 하더라도 순 객관적 관찰자일 수 없음은 『재인식』이 출간된 이후 이 저작에 내장된 '이데올로기'에 관한 숱한 이야기들을 통하여 이미 '입증'되었다고 할 수 있다. "사료"를 취급하는 데 있어 엄정한 태도가 필요하고 "사료"를 떠난 주장을 함부로 펼치지 않는 "절제력"은 무조건 중시되어야 하지만 동시에 어떤 사료의 취급 행위도 해석 행위를 수반하지 않을 수 없음은 『인식』의 저자들뿐 아니라 『재인식』의 저자들도 무조건적으로 수용해야 할 사항일 것이다. 돌이켜 보면 『인식』의 저자들 또한 그 책이 출간된 1979년의 상황에서 기존의 통설과는 다른 시각을 자신들의 새로운 자료를 통하여 제시하고자 했던 것이고, 그로부터 오랜 시간이 흘러 취급할 수 있는 자료의 양과 질이 과거와는 몰라볼 정도로 나아진 시대에 씌어진 『재인식』의 저자들도 그들이 취사선택한 자료에 입각한 해석 행위를 통하여 자신들의 의식을 형성하고 또 전달하고자 한 것이다.

그러므로 진실로 자료를 어떻게 취급할 것인가 하는 문제는 중요하다 하지 않을 수 없다. 이와 관련하여 주목되는 것은 다음과 대목인데, 이는 『재인식』이 출간된 시기를 전후로 하여 근 현재에 이르기까지 줄곧 학문적 쟁점이 되고 있는 한국에서의 '민족'의 형성 문제에 관련되어 있다.

> 앞의 백두산 이야기는 오늘날 한국인들을 정신적으로 결속하는 최대 공약수로서 '민족'이라는 것이 실은 생겨난 지 얼마 되지 않은 것임을 넉넉히 시사하고 있다. 이미 여러 차례 지적된 바이지만 '민족'이라는 단어는 1904년 러일전쟁 이후 일본에서 수입된 것이다. 조선시대에는 '민족'이나 동일한 뜻의 다른 말이 없었다. 말이 없었음은 오늘날 그 말이 담고 있는 한국인들의 집단의식이 조선시대에는 없었거나 다른 형태의 것이었음을 이야기하고 있다. '민족'이라는 말이 대중적으로 널리 유포된 것은 1919년 최남선이 지는 〈조선독립선언서〉를 통해서였다. '민족'이라는 한국인의 집단의식도 그렇게 20세기에 걸쳐 수입되고 나름의 유형으로 정착된 것이다. 두 말할 것도 없이 주요 계기는 일제의 식

민 지배로 인한 한국인들의 소멸 위기였다. 그에 따라 한국인들은 공동 운명의 역사적 문화적 공동체로 새롭게 정의되었고, 그렇게 한민족은 일제의 대립물로서 성립했다. 민족 형성에 요구되는 신화와 상징도 일본의 것들을 의식하면서, 그에 저항하거나 그를 모방하면서, 새롭게 만들어졌다.(이영훈, 「왜 다시 해방 전후사인가」, 『재인식』, 32~33쪽)

위에서 논자는 '민족'이라는 어휘가 러일전쟁 이후에 일본에서 수입된 말이라 하는데 비교적 최근의 다른 논의에 의하면 이러한 논의와 비슷한 시기에 발표된 또 다른 논문은 '민족'이라는 말이 한국에서 쓰이게 된 과정을 보다 복잡하게 설명한다. 그에 따르면, 민족이라는 말의 "대한제국으로의 전파는 메이지 일본으로부터의 직접적인 회로가 아니라 중개자를 매개로 하는 간접적인 회로를 중심으로 이루어졌는데, 이 회로를 통하여 들어온 논의는 메이지 일본의 그것보다 민족 개념에 압도적인 중요성을 부여하는 형태로 구성되어 있었다."(강동국, 「근대 한국의 국민·인종·민족 개념」, 《한국동양정치사상사연구》 5권 1호, 2006, 19쪽) 즉 한국에서 '민족' 논의는 직접적으로는 중국의 량치차오(梁啓超, 1873.1.26.~1929.1.19.)의 『신민설』(1902~1903)에 자극받은 것이었는데, 여기서 그는 민족주의란 "각지의 종족을 같이하고 언어를 같이하고 종교를 같이하고 습속을 같이하는 사람이 서로를 동포와 같이 보고 독립자치하기에 힘써 완비된 정부를 조직함으로써 공익을 도모하고 타민족을 제어하는 것"(위의 논문, 20쪽에서 재인용)이라고 한다. 이 논자는 구한말 조선에서 민족 개념이 부상하는 과정의 '차별성'을 일본과 중국, 한국의 각기 다른 사정을 들어 깊이 있게 조명하는데, 이는 호미 바바의 저서 제목이기도 한 '문화의 위치'라는 시공간적 차이가 불가피하게 야기하는 차별성에 관심을 갖고 있는 필자에게 매우 흥미로운 대목이다. 그러나 필자는 이 차별성이 '모방'과 '차이화'라는 타자

지향적인 행위를 통해서만 구축되는 것으로는 보지 않는다는 점에서 호미 바바와는 시각을 달리 한다. 호미 바바의 『문화의 위치』는 뛰어난 저작이기는 하지만 프로이트주의, 라캉주의가 포스트콜로니얼리즘적 의제를 향해 '착종적으로' 뒤섞여 들어옴으로써 그 해방적 담론으로서의 지위를 약화시키는 면이 크다. 그런데 「왜 다시 해방 전후사인가」의 저자 역시 위의 인용 대목이 보여주듯이 한국에서의 '민족' 의식 및 민족주의 발흥을 오로지 제국주의적 타자로서의 일본으로부터의 "수입" 및 "모방"으로만 설명하고 있는 것은 아닌가 하는 의문을 버리지 못하게 한다. 필자의 견지에서 이러한 '해석'은 그와 다른 논의를 참고할 때 '사실'에도 부합하지 않으며, 특히 "수입"과 "모방"과는 다른 차원의 새로운 창조 내지 '접합적' 창조의 계기를 외면하고 있다고 말할 수 있다. 앞에서 언급한 강동국의 논문 「근대 한국의 국민·인종·민족 개념」은 조선 후기에서 구한말에 이르는 시기에 한국인들이 국민, 인종, 민족이라는 말을 어떻게 변전시키거나 전유해 갔는지 치밀하게 설명한다. 이러한 과정을 참고하면 한국에서 '민족'이라는 말은 영어의 'nation'을 먼저 번역한 일본의 '민족'과도 내포가 같지 않고 나아가 유럽의 'nation'과도 함축이 같지 않다. 사실, 지금도 한국인들은 '민족'이라는 말을 빈번히 사용하지만 그 함의는 서구인들이 사용하는 'nation'과는 여러 면에서 다르다고 할 것이다. 이는 마치 문학에서 서구의 'novel'이라는 말을 '소설'이라는 말로 번역해 들이기는 했지만 동양 전통적인 '小說'의 전통이 뿌리 깊게 작용하고 있는 탓에 오늘날 우리가 쓰고 있는 '소설'이라는 말이 서양의 'novel'과는 아주 다른 뉘앙스들을 내포하고 있는 것과 같은 이치라 할 것이다.(방민호, 『문학사의 비평적 탐구』, 예옥, 2018, 44~68쪽)

더 나아가 필자는 「왜 다시 해방 전후사인가」의 논자가 당연한 것처럼 사용하고 있는 '민족'이라는 개념이 사실은 '민족'에 대한 근대주의적 개념에 지나지 않을 수도 있음을 검토해 보고자 한다. 한 논문은 이 근대주의적 민족 관념에 대해 다음과 같이 설명한다.

> 근대주의란, 기본적으로 역사학과 사회학의 구세대들의 입장인 원생주의(Primordialism)와 영존주의(Perenialism)를 거부하면서 '18세기 서유럽'이라는 시간과 공간을 중심으로 민족과 민족적 정체성 그리고 민족주의를 설명하는 관점이다. 근대주의자들은 민족의 출현을 근대국가의 형성과 결부 지으면서 민족의 정치적·경제적 요소들을 강조하고 있다. 이러한 관점에서는 민족과 민족주의가 아주 최근의 현상으로 간주되고, 그것들의 인위성, '발명', '상상'과 같은 요소들이 강조된다. 또한 근대주의는 기본적으로 전근대와 근대 사이의 단절성을 강조하면서, 민족이란 본디 근대의 산물로 출현한 것이므로, 탈-근대 시대에 이르게 되면 필연적으로 소멸될 것으로 파악한다.(김지욱, 「민족과 민족주의에 대한 역사학적 접근방식—족류 상징주의(Ethno-symbolism)를 중심으로, 《숭실사학》 31, 2013, 359쪽)

여기서 말하는 "원생주의"란 민족이라는 것이 아주 고대에서부터 형성되어 왔다는 시각을 말하며, "영존주의"란 또 민족이라는 것이 사라지지 않게 계속해서 존재하리라고 보는 관점이다. 이러한 시각들을 기각하면서 민족, 즉 'nation'은 유럽에서의 18세기에 자본주의적인 이행과 새로운 국가 형성을 매개로 성립되었다고 보는 것이 민족에 관한 "근대주의"적 관점이라는 것이며, 위 논문의 논자는 이러한 시각이 특히 1960~1970년대의 연구에서 주류적 시각을 차지하게 되었으며, 이를 극복하고자 한 새로운 흐름이 바로 애서니 스미스(Anthony D. Smith)의 "족류 상징주의(Ethno-symbolism)" 같은 논의들이 나타나게 되었다고 논의한다. 사실,

「왜 다시 해방 전후사인가」의 저자를 포함한 『재인식』의 논자들은 바로 이 근대주의적 시각을 따르는 것으로 보이는데 그렇다면 이것은 일종의 학문적 지체 현상의 일종이라고도 극언할 수 있다는 말일까? 그렇게만 볼 수 없는 것은 '근대주의'와 이 '족류-상징주의'라는 것이 민족에 대한 개념 차이를 넘어서 이를 가공, 작동시키는 데 따르는 각각의 동기와 이념적 배경을 거느리고 있는 것으로 판단되기 때문이다.

앤서니 스미스는 민족 또는 민족주의라는 것을 근대의 산물로 보고 그 폐해를 주장하는 점에서 사회주의자들과 자유주의자들은 공통된 견해를 가지고 있다고 말한다.(앤서니 스미스, 『세계화 시대의 민족과 민족주의』, 이재석 옮김, 남지, 1997, 202쪽) 또한, 반대자들은 민족주의가 논리적으로 일관성 없는 논리를 기반으로 삼고 있고, 필연적으로 극단적, 배타적, 폐쇄적이고 개인의 독립성, 다양성, 인권을 부정하며, 또 불안정할 뿐만 아니라 분할적인 지정학적 상황을 야기한다는 이유들을 들곤 하지만 그 상당한 부분들은 민족주의에 인위적으로 덧씌워진 것이라 한다.(위의 책, 202~210쪽) 민족주의를 부정 일변도로 보는 시각을 거절하는 앤서니의 논의는 근대주의적 민족론을 넘어서는 국면으로 나아간다. 그의 족류 상징주의에 대한 논의에 따르면 그는 "민족과 민족주의가 근대적인 현상임을 인정하면서도, 그것이 결코 無에서 출현한 것이 아니라 전-근대 시기, 심지어 고대 시기로까지 소급되는 역사적 연속성을 가진다고 주장한다. 스미스는 그러한 민족의 원형이 되는 집단을 '족류(ethnie)'라고 불렀으며, 그것이 민족이 형성되는 과정에서 정체성, 신화, 전통, 상징물 등을 제공했음을 보여주고 있다."(김지욱, 앞의 논문, 360쪽) 이와 같은 앤서니의 논의는 필자에게는 근대주의의 민족(주의) 논의보다는 훨씬 논리 정합적인 것으로 여겨지는데, 이는 단순한 지식 이해의 차원이라기보다 필자로 하여금 이광수 등을 비롯한 한국현대문학과 관련된 역사 인식 문제들을 다루어 본 경험을 환기시키기 때문이다.

2000년대 들어 역사학계의 이영훈이나 박지향 같은 논자들이 근대주의적 민족론을 통해 이른바 식민지 근대화론으로 넓게 명명될 만한 시각을 확산시켰던 것과 맥락을 같이 하여 국문학계에서도 이른바 '신라의 발견' 논쟁이라고 할 만한 주목할 만한 논의가 있었음을 확인할 수 있다. 『신라의 발견』(동국대학교출판부, 2008)이라는 논문 모음집의 저자들 가운데 한 사람은 '통일신라' 담론이 "근대에 새롭게 '발명'된 담론"(윤선태, 「통일신라의 '발명'과 근대 역사학의 성립」, 《신라문화》 29, 2007, 127쪽)이라고 하여 베네딕스 앤더슨의 『상상의 공동체(reflections on the origin and spread of nationalism)』(1983)가 한국 학계에 '수입'된 이후 열렬하게 전개된 '발명'론을 따르면서, 한국에서의 민족주의라는 것은 일본의 '근대' 조선사학자 하야시 타이스케(林泰輔, 1858~1922)의 저술 『쵸센시(朝鮮史)』(1892)에서 "최초로 확인"(위의 논문, 같은 쪽)되는 통일신라 개념에서 '배운' 것이라 한다. 이에 관한 반론은 특히 김흥규의 『근대의 특권화를 넘어서—식민지 근대성론과 내재적 발전론에 대한 이중비판』(2013)에 잘 나타나 있거니와, 그 요점은 하야시의 저술에 실린 통일신라 담론은 기실 김부식의 『삼국사기』(1145)와 서거정이 편찬한 『동국통감』(1485)의 역사 기술을 "짜깁기"한 것임을 밝히면서 한국인들의 민족 또는 민족주의 담론을 일본 민족주의의 수입, 모방으로 보는 시각을 역사적 논거들을 들어 기각하는 데 있다.(방민호, 「'신라의 발견' 논쟁에 붙여」, 『문학사의 비평적 탐구』, 예옥, 2018, 472쪽, 참조) 흔히 김부식의 『삼국사기』는 일련의 '민족주의' 사학자들에 의해 사대주의 그득한 저술로 폄하되곤 하지만 그가 신라 무열왕-문무왕-신문왕으로 이어지는 '일통삼한'의 시대를 저술한 태도는 이 저술을 단순하게만 평가할 수 없게 하는 면이 있다. 특히 문무왕 법민의 역사를 서술한 부분은 다른 두 왕의 시대보다 훨씬 긴데 그것은 그가 사서로서는 '이례적으로'

당나라 장수 설인귀와 문무왕 사이에 오간 서신을 '전문'으로 실어 놓았기 때문이며, 이는 삼국통일의 과정에서 문무왕 법민이 처했던 곤경과 이를 극복하고 '일통삼한'으로 나아간 고투의 과정을 드라마틱하게 보여주려 했기 때문인 것으로 판단된다. 그리고 이와 같은 태도는 일통삼한을 이룬 세 왕과 적어도 김부식의 시대에 이미 민족이라는 말은 없었을지언정 세 나라를 하나의 '공동체'로 간주하는 시각이 대두되고 있었음을 방증해준다. 비록 미완에 그친 신채호(1880.11.7.~1936.2.21.)의 『조선사』(=『조선상고사』)에 나타나는 '민족사'에 대한 담대한 사적 구상이 아니더라도 한국에서의 '민족' 또는 '민족주의'가 앤서니 스미스의 논의처럼 유구한 역사적 연원을 가지고 있음을 가늠할 수 있게 한다. "족류적 민족 공동체의 개념은 '민족'을 역사와 문화를 공유하는 공동체로 파악하는 것이며, 그 구성원들은 계보적인 유대, 토착적인 족류사의 전통, 지방어, 관습 그리고 종교와 같은 종교들로 연결되어 있다고 본다."(김지욱, 앞의 논문, 372쪽) 그리고 이러한 맥락에서 「왜 다시 해방 전후사인가」의 저자가 말하는 민족(이나 민족주의) 개념, 그로부터 구한말 일본의 민족 개념 수입이 있기 전의 한국인들에게서 민족 관념은 발견되지 않는다는 식의 판단은 '공민적'(civic) 개념을 전제로 삼고 비서유럽 지역에서 광범위하게 발견되는 족류적(ethnic) 개념의 민족 공동체들을 간과 내지 외면하는 근대주의적 관행을 따른 것에 불과하다고 평가할 수도 있을 것이다.(김지욱, 위의 논문, 371쪽)

4. 이기적 인간, 『리바이어던』, '무정한 세상'

앞에서 논의한 '신라의 발견' 논쟁을 통하여 김흥규가 논박하고자 한 '식민지 근대화론'이라는 것이 「왜 다시 해방 전후사인가」의 저자에게서 전형적인 형태로 간취된다고만은 할 수 없다. 민족주의와 마찬가지로 식민지 근대화론 또한 넓은 스펙트럼을 가지고 있고 논자에 따라 강조점이 일정하다고만은 할 수 없다. 그러나 이들에게서 공통적으로 발견되는 논리적 지표들이 없지 않을 텐데, 그 주요한 표징 가운데 하나는 일제의 식민 지배로 인해 한국인들은 그들의 의도와 관련 없이 '아이러니하게도' 민족을 형성하고, 민족주의를 키울 수 있었으며, 서구에서의 근대가 이미 확보한 여러 지표들을 나누어 가지는 등 많은 '이득'을 볼 수 있었다고 주장한다는 점이다. 일제 강점기 아래서의 한국인들의 소득 수준이 향상되고 식량 소비가 늘고 영양 상태가 좋아졌으며 일상생활에서의 소비와 휴가를 즐길 수 있었다는 논의는 그러한 '이득'의 연장선상에서 설명될 수 있는 요소들일 것이다. 이러한 이득의 내용들은 대체로 '토대'로서의 경제적 향상과 그에 따른 '상부구조'로서의 여러 정신생활 면에서의 향상들로 묘사되곤 한다. 이러저러한 여러 통계와 자료를 통하여 식민지 근대화론은 한국의 식민지화가 한국인들과 한국사회의 근대화를 촉진했다고 객관적으로 평가할 수 있다고 보며, 이러한 이득들을 외면한 채 배타적 민족주의에 함몰되어 일제 강점과 분단에서 부정적 측면 및 손실만을 발견하면서 불행할 뿐만 아니라 정당하지 못했던 것으로 '상상된' 과거와 싸우려는 부질없는 시도는 거두어 들어야 한다고 주장한다. 필자는 어쩔 수 없이 이러한 논의들의 이면에 육체적, 물질적, 경제적 인간 이해가 작용하고 있다고 생각하게 되는데, 「왜 다시 해방 전후사인가」의 한 부분에서 식민지 근대화론을 떠받치고 있는 인간관의 일단을 엿볼 수 있다.

> 내가 머리에 그리고 있는 문명사에서 출발점은, 그리고 언제나 다시 돌아오게 되는 마음의 고향은 분별력 있는 이기심을 본성으로 하는 호모 에코노미쿠스 homo economicus, 그 인간 개체이다. 인간은 이기

적인 동물이며, 이기적이기 때문에 도덕적이다. 도덕적이기 때문에 협동하며, 협동하기 때문에 문명을 건설한다. 현대의 진화론적 생물학에서 배운 이 같은 단순 명료한 몇 가지 명제들이 내가 이야기하고 싶은 문명사의 기초를 이루고 있다.

(중략)

마지막으로 그렇게 출발한 한국의 현대사에 대한 평가로 이 글을 마무리한다. 북한의 수령 체제와 재분배 경제는, 일제가 남긴 공업화의 유산으로 나름의 경쟁력을 구가하다가, 1970년대부터 문명사의 막다른 골목으로 접어들었다. (중략) 다름 아니라 '민족과 혁명의 이중주'가 울려 퍼지는 가운데 인간 정신의 자유가 철저히 말살되었기 때문이다. 그렇게 북한의 수령 체제는 처음부터 인간 본성에 거슬리는 반문명이었다.

(중략)

반면에 남한의 민주주의와 시장경제는 온갖 잡동사니 문명소들이 뒤엉켜 출발이 심히 불안정했지만, 인간 본성인 자유와 이기심이 한껏 고양되는 가운데, 한반도에서 문명사가 시작된 이래 최대의 물질적, 정신적 성과를 축적했다. 이 대조적인 현대사를 역사의 신 클리오는 처음부터 알고 있었다. 왜냐하면 그녀의 손에 들린 역사의 잣대는 자유와 이기심을 눈금으로 하기 때문이다. 어리석고 고집이 센 인간들 가운데서도 역사가 그러한 잣대로밖에 발전하지 않음을 익히 한 소수의 선각자들이 있었다. 민주주의와 시장경제의 토대에서 대한민국이라는 국가를 세우는데 공이 컸던 사람들이다. 그들의 나라 세우기가 처음부터 '정의'였던 것은 그들이 선택한 체제 원리로서 민주주의와 시장경제가 현대 인류가 공유하는 기나긴 문명사의 경험에서 '정의'였기 때문이다.(『재인식』, 55~63쪽)

이 대목이 포함된 「왜 다시 해방 전후사인가」의 5장 '대안으로서의 문명사' 부분은 토마스 홉스의 『리바이어던』(1651)과 아담 스미스의 '이기심'과 리처드 도킨스의 『이기적 유전자』 등을 접합시켜 한국 현대사 해석에 적용하려는 노력으로 특징지어지며 이러한 접합 과정은 물론 비판되어서 안 될 뿐 아니라 장려할 만한 것이다. 학문이란 본래 그래야만 발전할 수 있기 때문이다.

먼저, 「왜 다시 해방 전후사인가」의 문명사관은 토마스 홉스의 『리바이어던』으로부터도 상당한 영감을 받고 있다고 할 수 있는데, 이 원래의 『리바이어던』은 절대 왕권을 이론적으로 뒷받침하기 위해 쓰였던 만큼 '정치 국가' 없는 인간의 자연 상태를, "만인에 대한 만인의 전쟁"(토마스 홉스, 『리바이어던』, 동서문화사, 1988, 131쪽)으로 요약하고, "인간은 평화와 자기 방어를 위해 그가 필요하다고 판단하는 한, 또한 다른 사람들도 모두 그럴 경우에는 만물에 대한 이 권리를 기꺼이 포기하고 자신이 타인에게 허락한 만큼의 자유를 갖는 것으로 만족해야 한다."(위의 책, 136쪽)라고 논의한다. 나아가 이로써 나타나는 "공통권력은 그들을 외적의 침입이나 서로의 침해로부터 방위함으로써 안전을 보장하고, 그들이 스스로의 노동과 대지의 산물로 일용할 양식을 마련하여 만족스런 삶을 살 수 있도록 하기 위한 것"(위의 책, 176쪽)이라 한 『리바이어던』의 논조는 국가(commomwealth)라는 '괴물'을 너무 이상적으로 그리고 있다는 위화감을 갖게 한다. 사실, 모든 역사가 보여주건대, 국가는 임박한 전쟁을 방지할 수도 없었고, 국가와 주권자와 다중(multitude)들의 관계를 평화롭게 유지시켜 주지도 못해왔다. 필자는 홉스의 『리바이어던』이 쓰인 그 시대에 바다 건너편에서는 파스칼이 장차 『팡세』에 수록될 사색들을 섬세하게 축조해 나가고 있었음을 여기서 상기해 본다. 『리바이어던』의 머리말에 나타난 거대한 '바다괴물'의 모습은 지상에서 "인간의 기술에 의해서"(위의 책, 16쪽) 창조된 것들 가운데 가장 위대한 것처럼 보이며 한시라도 그 작동을 멈추면 안 되는 "인공적 생명"(위의 책, 같은 쪽)의 담지체인 것처럼 보인다. 그러한 '괴물' 국가에 의해 주도되는 문명이 과연 자연인을 보호하고 방어할 수 있을까? 이 바다 괴물의 "안에서 주권은 온몸에 생명과 운동을 부여하므로 이는 곧 인공의 혼이며, 위정자와 그 밖의 사법 행정 관리는 인공 관절에 해당한다. 상벌은 모든 관절과 팔다리를 주권자와 연결시켜 그 의무 수행을 위해 움직이도록 하므로 자연인의 몸에서 신경이 하는 일을 맡는다. 구성원 저마다의 부와 재산은 인공인간의 체력이다. 국민의 복지는 그의 업무이며 그가 알고 있어야 할 내용들을 제시하는 고문관들은 기억인 셈이다. 공정과 법률은 인공의 이성이자 의지이며, 화합은 건강, 소요는 질병, 그리고 내란은 죽음이다."(위의 책, 같은 쪽) 『리바이어던』에 대한 최근의 한 논의는 이 '신체의 정치학'(=바디 폴리틱)이 왕당파 전체주의자로서뿐 아니라 개인주의적 자유주의자로서의 홉스의 면모를 재해석하게 해준다고도 한다.(김태진, 「홉스의 정치사상에서 신체의 문제—'신체'(body)와 '인격'(person) 사이의 아포리아」, 《한국정치학회보》 51권 1호, 2017, 30쪽) 그러나 『리바이어던』이 주권을 온몸에 생명과 운동을 부여하는 "인공의 혼"으로 비유할 때 필자가 이 신체의 비유에서 떠올리는 것은 일제 말기의 천황제 파시즘이나 북한의 국가사회주의 체제가 모두 국가 체제의 정점에 놓인 자를 '뇌수'로 표현하고 있다는 사실이다. 사실, 일제 강점기의 총독부 권력에서 해방 이후 북한의 노동당 정권이나 남한의 자유당 정권으로 나아가는 과정은 전체주의 국가의 강압적, 공포적 체제 메커니즘에 아감벤적 의미에서의 '벌거벗은 생명'들이 포획, 통제, 관리되는 과정이 아니었다고 어떻게 강변할 수 있을까 생각한다. 전체주의의 등급에 양적이거나 질적인 차이는 있었다 할지언정 이 '체제들'이 모두 거대한 바다괴물이었음은 객관적이고도 냉정한 관찰에 의해 인식될 수 있는 사실(史實)이 아니었던가.

그러나 이 체제들은 시각 여하에 따라서는 옹호될 수도 있다. 「왜 다시 해방 전후사인가」의 저자가 상상하는 "문명사"의 출발점, "언제나 다시 돌아오게 되는 마음의 고향"은 "호모 에코노미쿠스 homo economicus, 그 인간 개체"라는 것이다. 이 '경제적 인간'이 앞에서 보았듯이 "분별력 있는 이기심을 본성으로" 삼는다 한 것은 아담 스미스의 『도덕 감정론(The Theory of Moral Sentiments)』(1759)인 것으로 보이는데, 이 아담 스미스의 "이기심(selfishness)"에 관하여 최근의 한 논문은 그가 이기심을 무조건적으로 용인한 것이 아니라 "타인의 감정과 행위의 적정성을 판단하는 기준"으로서의 "동감(sympathy)"이라는 "공평한 관찰자(impartial spectator)"에 의해 조율된 이기심만을 가치 있는 것으로 판단했다고 주장한다.(임일섭, 「애덤 스미스 구하기: 좋은 목적 나쁜 방법」, 《경상논총》, 35권 1호, 2017, 23쪽 및 24쪽) 즉, "스미스는 자기 이익 추구가 그 자체로서 용납되거나 거부되는 것이 아니라 '공평한 관찰자'로 표현되는 사회적으로 합의된 기준에 따라 동감할 수 있는 수준이냐에 의존한다는 것을 역설한 것이다. 즉 자기 이익에 대한 스미스의 견해가 사회 일반의 도덕 감정을 있는 그대로 설명한 것이지 그것을 넘어서는 정도까지 자기 이익을 추구하는 것을 옹호하는 새로운 윤리적 기준을 제시한 것이 아니라는 것이다."(위의 논문, 26쪽) 필자는 「왜 다시 해방 전후사인가」의 저자가 제시한 "분별력 있는 이기심"이 이러한 범주에서 크게 벗어난 것이 아니기를, 일탈의 뉘앙스가 짙게 나타나고 있음을 감지하는 중에도 애써 기대한다.

「애덤 스미스 구하기」의 논자에 따르면 주류 경제학은 기본적으로 인간을 이기적인 존재로 본다고 하면서도 아담 스미스가 말한 이기심을 추구하는 인간은 고립된 개체로서의 인간이 아니라 사회적 존재로서의 인간이며 이 점에서 주류 경제학의 원천 모델로서의 개인주의적 인간이란 아담 스미스에게서가 아니라 제레미 벤담에게서 유래한다고 논의한다.(위의 논문, 18쪽 및 27쪽) 이와 관련하여 필자가 오래 전에 읽었던 알렉스 캘리니코스의 공리주의 논의는 시사하는 점이 있다. 그는 마르크스가 제레미 벤담을 비판했던 대목을 상기시키면서 그가 공리주의적 행위 이론에 반대했던 것은, 그것이 "근대의 '프티 부르주아'를 '정상적 인간'으로 취급함으로써 인간의 질적으로 다양한 능력과 성향, 그리고 그에 따른 '다양한 관계들'을 '유용성이라는 단 하나의 관계'로 동질화시키고 있으며, 그럼으로써 '인간 본성 일반'이 무엇인지를 왜곡하고 있다는 데"(알렉스 캘리니코스, 『역사와 행위』, 김용학 옮김, 사회비평사, 1997, 200~201쪽)에 이유가 있었다고 논의했으며, 나아가 인간 행위 주체의 특징 중의 하나는 단순한 욕구 외에 2차적인 욕구를 가지는 데 있다는 논의를 소개하기도 한다. 그에 따르면 찰스 테일러라는 이론가는, 인간은 '약한 평가' 외에 '강한 평가'를 내릴 수 있는 능력이 있으며, "둘 사이의 결정적인 차이점은 '약한' 평가에서는 어떤 것이 좋다고 판단되기 위해서는 그것이 욕구된다는 것만으로 충분하지만, 강한 평가에서는 '선'이라는 기준이 개입하거나 또는 어떤 다른 평가적인 용어가 개입하게 되므로 욕구된다는 것만으로는 충분치 않다"(위의 책, 201~202쪽)라고 했다는 것이다. 나아가 "강한 평가를 하는 사람은 주체의 존재 양식까지를 성찰의 대상으로 삼는다. 동기나 욕구는 단순히 행위의 결과에 이끌린다는 의미뿐만 아니라 이러한 욕구가 어떠한 종류의 삶이나 주체에 속하는가를 함축하기 때문에 중요하게 된다."(위의 책, 202쪽) 여기에까지 다다르면 필자는 경제학이 그리는 인간 모델로서의 '이기적 인간'이라는 것이 인간의 삶에 대한 전면적이면서도 총체적인 모델이 될 수 있는가에 관해 되짚어 보아야 한다고 생각하게 된다.

한편, 한국현대문학 연구 쪽에서 식민지 근대화론은 매우 자주 이광수의 소설이나 논설의 담론들을 그 유력한 근거 자료로 채택하곤 한다. 이러한 논의들에 따르면 「민족개조론」(《개벽》, 1922.5)은 그가 사회 진화론적,

'우승열패'론적 진화론 사상을 수용한 징표라고 이해되며, 그의 장편소설 『무정』(《매일신보》, 1917.1.1.~6.14)은 「민족개조론」이나 문학론 「문학이란 하오」(《매일신보》, 1916.11.10.~23) 등에 나타나는 '근대화 담론' 또는 서양 근대의 '번역 수입'론을 소설적으로 표현한 것으로 독해되곤 한다. 「민족개조론」에서 이광수는 "개조라는 말이 만히 유행되는 것은 개조라는 관념이 다수 세계인의 사상을 지배하게 된 標"라고 주장하면서, "그러나 오늘날 조선 사람으로서 시급히 하여야 할 개조는 실로 조선민족의 개조"일 것이라고 주장했다.(이광수, 「민족개조론」, 《개벽》, 1922.5, 18쪽 및 19쪽) 이와 같이 개조의 시급성을 논의하면서 이광수는 이어 문명론에 입각한 인간 개조를 논의해 나간다. 그에 따르면 "원시민족, 미개민족의 목적의 변천은 오즉 자연한 변천, 우연한 변천이로되 고도의 문명을 가진 민족의 목적의 변천은 의식적 개조의 과정"(위의 책, 20쪽)이며, 그들은 "자기의 속도를 측량"하고 "생활의 목적을 확립"해야 한다.(위의 책, 같은 쪽) 민족적 "자각과 판단"을 가진 민족은 이미 "고도의 문화력"을 가진 민족이며 그것이 없는 민족은 "멸망"에 든다는 이광수의 논의는 그의 장편소설들, 특히 『무정』, 『재생』, 『흙』, 『사랑』 등이 당대의 유행이었던 진화론뿐 아니라 그 변형태로서의 퇴화론까지도 심도 있게 섭렵한 소산이라는 한 논의를 환기시킨다.(와다 토모미, 『이광수 장편소설 연구』, 예옥, 2014, 168~189쪽) 이 논의에 따르면 특히 "이광수는 「민족개조론」에서 race regeneration 담론 가운데 하나인 'positive methods', 즉 적극적 인종개조를 논의했다. 이 방법은 표준 이상의 걸출한 개인의 증식을, 개인으로서 실행 가능한 범위를 넘어서는 사회적 통제를 통해 지향하는 것이었다." 그렇다면 이광수가 「민족개조론」에서 제시한 민족 개조는 어떤 내용을 갖는 것일까?

이것을 다시 줄여 말하면 덕·체·지의 三育과 부의 축적, 사회 봉사심의 함양이라할 수 잇습니다. 조선민족 중에 이러한 사람이 만케 하자, 그리하야 마츰내는 조선민족으로 하여곰 참되고, 부즈런하고, 신의 잇고, 용기 잇고, 사회적 단결력 잇고 평균하게 부유한 민족이 되게 하자 함이외다. 불행히 현재의 조선인은 이와 반대외다. 허위 되고, 공상과 공론만 즐겨 나타하고 서로 신의와 충성이 업고 臨事에 용기가 업고 이기적이어서 사회 봉사심과 단결력이 업고 극히 빈궁하고, 이런 의미로 보아 이 개조는 조선민족의 성격을 현재의 상태에서 정반대 방향으로 방면을 변환하는 것이라 할 수 잇습니다. 개조주의자가 생각하기에 현재의 조선 민족성을 그냥 두면 개인으로나 민족으로나 열패자가 될 수 밧게 업스니 이를 구원하는 것은 오즉 그 반대방향을 가르치는 개조가 잇슬 뿐이라 합니다.(이광수, 「민족개조론」, 《개벽》, 1922.5, 56쪽)

그는 이와 같은 개조를 위해 "개조 동맹"(위의 책, 66쪽)을 제안하는데 이것이 수양동맹회(1922.2)를 거쳐 수양동우회(1926.1)로 나아가게 됨은 많은 이들이 아는 사실이다. 이광수의 장편소설 『무정』은 「민족개조론」의 문명개화론, 사회진화론적 개조주의와 맥락을 같이 하는 것으로 해석된다. 이와 같은 맥락에서 빈번하게 인용되는 것은 삼랑진 수해 직후에 주인공 형식과 세 명의 여성이 함께 앉아 미래를 기약하는 다음의 대목이다.

저들에게 힘을 주어야 하겠다. 지식을 주어야 하겠다. 그리해서 생활의 근거를 안전하게 하여주어야 하겠다.

"과학! 과학!"

하고 형식은 여관에 돌아와 앉아서 혼자 부르짖었다. 세 처녀는 형식을 본다.

"조선 사람에게 무엇보다 먼저 과학을 주어야겠어요. 지식을 주어야

겠어요."

하고 주먹을 불끈 쥐며 자리에서 일어나 방안을 거닌다.

"여러분은 오늘 그 광경 보고 어떻게 생각하십니까."

이 말에 세 사람은 어떻게 대답할 줄을 몰랐다. 한참 있다 병욱이가,

"불쌍하게 생각했지요."

하고 웃으며,

"그렇지 않아요?"

한다. 오늘 같이 활동하는 동안에 훨씬 친하여졌다.

"그렇지요. 불쌍하지요! 그러면 그 원인이 어디 있을까요?"

"물론 문명이 없는데 있겠지요. 생활하여 갈 힘이 없는데 있겠지요."

"그러면 어떻게 해야 저들을…… 저들이 아니라 우리들이외다……. 져들을 구제할까요?"

하고 형식은 병욱을 본다. 영채와 선형은 형식과 병욱의 얼굴을 번갈아 본다. 병욱은 자신 있는 듯이,

"힘을 주어야지요! 문명을 주어야지요!"

"그리하려면?"

"가르쳐야지요! 인도해야지요!"

"어떻게요?"

"교육으로! 실행으로!"

영채와 선형은 이 문답의 뜻을 자세히는 모른다. 물론 자기네가 아는 줄 믿지마는 형식이와 병욱이가 아는 이만큼 절실하게, 단단하게 알지는 못하다. 그러나 방금 눈에 보는 사실이 그네에게 산 교훈을 주었다. 그것은 학교에서도 배우지 못할 것이요, 대 웅변에서도 배우지 못할 것이었다.(이광수, 『무정』 123회, 《매일신보》, 1917.6.11)

수재를 만나 무기력한 난민으로 전락해 버린 사람들을 보며 형식과 세 사람의 여성은 그들을 구제해야겠다고, 힘을 주어야겠다고, 문명을 주어야겠다고 생각한다. 그들을 "교육"과 "실행"으로 "인도"하여 새로운 삶을 향해 나아가도록 해야 하겠다는 이 장면의 결의에 찬 모습은 사회 진화를 믿는 계몽주의자로서의 작가 이광수의 내면세계를 잘 보여주는 듯하다. 최근 몇 년 간에 걸쳐 『무정』의 이 '문명개화론'을 보다 깊이 보려는 움직임들이 있었고 이와 같은 맥락에서 필자 역시 이 작품의 마지막 회 연재분에 주목해야 한다고 생각했다. 그곳에서 작가 이광수는 고아로 성장한 경성학교 영어선생 형식이 옛 은인의 딸 영채를 저버리고 선형과 약혼하여 미국으로 공부하러 떠나게 되는 이 '무정'한 이야기의 결말을 '유정'한 세계에의 꿈으로 장식하고 있다.

> 아아, 우리 땅은 날로 아름다워 간다. 우리의 연약하던 팔뚝에는 날로 힘이 오르고 우리의 어둡던 정신에는 날로 빛이 난다. 우리는 마침내 남과 같이 번적하게 될 것이로다. 그러할 수록에 우리는 더욱 힘을 써야 하겠고, 더욱 큰 인물…… 큰 학자, 큰 교육가, 큰 실업가, 큰 예술가, 큰 발명가, 큰 종교가가 나야 할 터인데, 더욱더욱 나야 할 터인데, 마침 금년 가을에는 사방으로 돌아오는 유학생과 함께 형식, 병욱, 영채, 선형 같은 훌륭한 인물을 맞아들일 것이니 어찌 아니 기쁠까. 해마다 각 전문학교에서는 튼튼한 일꾼이 쏟아져 나오고 해마다 보통학교 문으로는 어여쁘고 기운찬 도련님, 작은아씨들이 들어가는구나. 아니 기쁘고 어찌하랴.
>
> 어둡던 세상이 평생 어두울 것이 아니요, 무정하던 세상이 평생 무정할 것이 아니다. 우리는 우리 힘으로 밝게 하고, 유정하게 하고, 즐겁게 하고, 가멸게 하고, 굳세게 할 것이로다.

기쁜 웃음과 만세의 부르짖음으로 지나간 세상을 조상하는 『무정』을 마치자……. (이광수, 『무정』 126회. 《매일신보》, 1917.6.14)

여기서 작가의 목소리를 대변하는 화자는 총독부의 무단통치가 심각하던 당대의 시대환경이 무색할 만큼 희망찬 미래에의 꿈을 이야기하며 이를 무정한 세상에서 유정한 세계에의 이월이라는 명제로 요약하고 있다. 결국 이를 통해서 보면 『무정』은 지식인 형식이 기생으로 몰락한 영채를 버리는 것과 같은 '무정'한 생존 논리와 생리가 지배하는 당대 세계, 즉 현대 세계에 머무르지 말 것을, 영채와 같은 구세계의 사람, 헐벗은 사람, 여성, 민중도, 형식이나 선형과 같이 복된 삶을 부여받은 사람과 함께 어우러져 살 수 있는 새로운 세계를 꿈꾸고 있는 작품이라고 할 수 있다. 필자는 이를 진화론적 우승열패의 문명관을 넘어서는 '무정·유정'의 사상으로 명명하고자 하는데, 그렇다면 이러한 사상을 이광수는 어디에서 찾아 자신의 것으로 만들 수 있었던 것일까?

5. 안창호, 바울, 그리고 '회심'을 위하여

평북 정주 출생인 이광수와 평양 인근 대동군 출생의 안창호(1878.11.9.~1938.3.10.)는 어려서 서당에서 한문을 익힌 후 서울로 가 신학문을 익히고 각각 일본과 미국으로 유학했다는 공통점이 있다. 이광수보다 14년 선배인 안창호는 7, 8세부터 십 년 동안 한문 공부를 했고 서울로 '올라가' 선교사 언더우드가 세운 구세학당에서 공부한 후 더 큰 포부를 안고 미국으로 떠났다. 독학으로 공부하던 그는 낯선 타향에 일하러 온 한국인들의 삶을 새롭게 이끌겠다는 결의를 한 후 리버사이드라는 곳에 한국인들만의 이상촌을 건설하는 경험을 통해서 조선 독립, 흥사단 운동, 이상촌 운동을 건설에 매진하게 된다. 최근에 필자는 안창호와 이광수의 만남에 주목하면서 그들의 만남이 이광수가 2·8 유학생 독립선언서를 기초하고 상하이로 떠난 직후에 시작된 것은 아니었다는 사실에 주목한 바 있다. 안창호와 이광수의 만남은 안창호가 을사조약 직후 국권 상실의 위기에 처한 조선의 독립을 위해 운동을 펼치러 귀국하던 1907년경 일본 도쿄에서 이루어졌다. 서북 출신의 대선배 안창호의 연설과 행동에 깊은 감명을 받은 이광수는 이후 안창호의 무실역행 사상을 자신의 것으로 받아들이고 메이지 중학 유학생의 신분으로 방학을 이용하여 신민회 안악 지부에서 주최한 야학 활동에 참가하기도 했고, 한일합병을 앞두고 해외로 재차 망명을 떠나기 직전의 안창호를 서울에서 비밀리에 접촉한 후 남강 이승훈의 정주 오산학교 선생으로 일하기도 했다. 이와 같은 맥락에서 이광수는 상하이에서 흥사단 원동지부에 가입, 임시정부 활동을 하기 오래 전부터 안창호의 준비론적 사상의 맥락에 서 있었다고 볼 수 있으며, 비록 안창호의 만류를 뿌리치고 귀국하기는 하였으나 귀국 후 그의 '첫' 문필활동이라 할 수 있는 「민족개조론」은 넓게 보아 안창호의 '개조' 사상의 차원에서 해석할 수 있을 뿐 아니라 특히 글 속에 등장하는 "이제 나의 말하는 민족개조의 근본은 懋實과 力行의 사상이외다."(《개벽》, 1922.5, 55쪽)라든가, "그럼으로 민족의 개조는 반듯이 懋實에 始한다 함이니 허위의 죄의 대가가 멸망인 것과 懋實의 덕의 보상이 갱생인 것을 따끔하게 자각할 것이외다."(위의 책, 59쪽)라는 문장들을 통하여서도 이를 확인할 수 있다.

그런데 이러한 안창호의 산문 가운데 하나로 '섬메'라는 필명으로 쓴 「무정한 사회와 유정한 사회—정의돈수의 의의와 요소」(《동광》, 1926.6)라는 것이 있다. 여기서 안창호는 이광수의 유정·무정 사상의 '원본' 격이라 할 자신의 독특한 '무정·유정'론을 개진한다. 이 글에 따르면 당대의 한국

사회는 무정한 사회이며 이에 반해 서구 사회는 유정한 사회다. 이 강렬한 대비법에 일본이라는 중개항이 누락되어 있음에 일단 주목할 필요가 있다. 그는 이 무정한 사회가 유정한 사회로 나아가려면 정의돈수(情誼敦修)하는 태도가 필요하다고 했는데, 이는 正義가 아닌 情誼, 즉 서로 깊이 친애하는 마음의 관계가 필요하다고 보았다. 글 중에서 그는 이 정의돈수에 관하여 다음과 같이 설명하고 있다.

> 情誼는 친애와 동정의 결합이외다. 친애라 함은 어머니가 아들을 보고 귀여워서 정으로써 사랑함이요 동정이라 함은 어머니가 아들의 당하는 苦와 樂을 자기가 당하는 것 가티 녀김이외다. 그리고 敦修라 함은 잇는 情誼를 더 커지게 더 만하지게 더 두터워지게 한다 함이외다. 그러면 다시 말하면 친애하고 동정하는 것을 공부하고 연습하여 이것이 잘 되어지도록 노력하자 함이외다.(섬메, 「무정한 사회와 유정한 사회—정의돈수의 의의와 요소」, 《동광》, 1926.6, 29쪽)

그러니까 이 정의는 자식을 귀여워하는 친애의 마음이자 자식의 고통을 괴로워하는 동정의 마음이다. 자식을 향한 어머니의 지극한 사랑 같은 마음을 북돋우고 갈고 닦을 때만 한국사회는 무정하지 않은 유정 사회, 곧 情誼 넘치는, 사람 살 만한 세상이 될 수 있다는 것이다. 이 안창호의 생각을, 필자는 한문 수학에서 기독교로 나아간 그의 역정을 고려하여 情誼로 표현된 동양적, 한국적인 '인정'의 논리에 서양 기독교 또는 가톨릭의 '피에타' 사상을 결합시킨 것으로 이해하고자 한다. 그는 한학의 토양 위에서 기독교 사상의 근저에 놓인 어머니의 사랑을 접합시킴으로써 조선이 나아갈 사회와 그에 다다르는 방법을 새롭게 제시하고자 한 것이다. 그런데 이렇게 보면 이러한 안창호의 사상을 자신의 것으로 '전유'했다고 볼 수 있는 이광수의 '민족개조론'과 안창호 본래의 개조 사상 사이에는 결코 작지 않은 거리가 있었다고도 말할 수 있지 않을까. 다시 말해 이광수는 안창호의 무정·유정의 사상을 자신의 것으로 삼으면서도 여기에 '철지난' 우승열패식의 사회진화론, 문명개화론을 결합시켜 "측량"과 "목적"을 중심으로 한 한국인들의 '개조'를 강조하고 이를 다시 '수양'과 이를 위한 동맹의 조직으로 이끌어야 한다고 본 반면, 안창호의 '무정·유정' 사상의 한가운데에는 종교적인 차원의 사랑, 그 피에타의 사랑의 정신이 자리 잡고 있었다. 안창호의 개조 사상을 분석한 논문 가운데에는 그와 이광수의 개조 사상의 차이를 논의한 것도 있어, "도산의 민족개조론이 사회개조론과 국가개조론 및 세계개조론이라는 개혁사상의 총체적 연결고리 속에서 한국 민족의 자주 독립과 근대적 발전을 추구하기 위한 올바른 민족주의론이었다면 춘원의 「민족개조론」은 민족지도자 도산의 권위를 빌어 그의 반민족적 입장을 호도하기 위해 펼친 왜곡된 사이비 민족주의론이었다."(박만규, 「도산 안창호의 개혁사상과 민족개조론」, 《역사학연구》 61, 2016, 246~247쪽)라고 날카로운 평가를 내리고 있다. 이러한 평가는 상당 부분 타당하다고 보겠지만 안창호의 개조론을 "근대적 발전을 추구하기 위한" 논리로 평가한 것은 재고할 필요가 있어 보인다. 형식이 영채를 버리고 입신출세를 추구하는 식의, 근대적 논리가 지배하는 무정한 사회에 머무르지 말 것을 주장한 『무정』의 '탈근대' 사상의 '원본' 격으로서 안창호의 '정의돈수'는 당대 유행 사상이었던 '개조주의'의 용어들을 자신의 것으로 전유하면서도 이를 제국의 지배와 폭력으로 점철된 근대화를 용인하는 논리가 아니라 그 무정한 세계를 넘어설 수 있는 사랑의 논리를 핵심으로 하는 새로운 세계를 구축하고자 했고 이것이 바로 그가 평생에 걸쳐 추구한 이상촌 건설이었다고 해야 하기 때문이다. 이광수가 측량하고 목적을 의식하는 근대적 인간으로의 개조를 이야기했다면 안창호는 그러한 인간을 넘어서는 '情誼의 인간'이라는 새로운 인간상을 제시하고자 한 것이다.

필자가 생각하기에 이러한 안창호의 '인간'은 근대와 문명을 동일시하는 시각이나 이 지상적 세계의 '행복'을 지선의 것으로 간주하는 세계관과는 어딘지 모르게 격차가 있어 보인다. 만약 근대가 자본주의이고 이 자유주의적 자본주의를 지탱하는 것이 인간의 이기심이라면 안창호의 인간은 아담 스미스의 인간도, 토마스 홉스의 인간도 아닌, 차라리 파스칼과 같이 이 지상적 삶이 결코 영원할 수 없음을 깨닫고, 신체와 정신과 자비의 삶이 서로 차원을 달리하여 존재한다는 것을 믿어, 물질과 육체에 부속된 정신의 삶이 아니라 물질과 육체가 중요한 만큼이나, 아니 그보다 더 인간은 정신의 삶을 추구해야 한다고 믿는 인간에 가까울 것이다. 미키 기요시는 "『팡세』에서 우리가 만나게 되는 것은 의식이나 정신의 연구가 아니라 오히려 구체적인 인간에 관한 연구, 즉 문자가 갖는 뜻 그대로 안트로폴로기 anthropology이다. 안트로폴로기는 인간의 존재에 관한 학문이다."(미키 기요시, 파스칼의 인간 연구, 윤인로 옮김, b출판사, 2017, 9쪽)라고 했다. 그런가 하면 "그 사상의 날카로움과 그 문체의 명석함이 뚫고 들어갈 수 없는 것은 한 가지도 없어 보인다. 그에게는 근대문학과 근대철학의 모든 장점이 결합되어 있다."(에른스트 캇시러, 『인간이란 무엇인가』, 최명관 옮김, 창, 2008, 31~32쪽)라면서 파스칼을 최대한의 수사로 추켜세운 캇시러는 "물리적인 것들은 그 객관적 속성들로써 기술될 수 있으나, 인간은 오직 그의 의식으로써만 기술되고 정의될 수 있다."(위의 책, 22~23쪽)라고도 했다.

토마스 홉스가 『리바이어던』(1651)을 쓰고 있을 때 파스칼은 자신의 죽음 뒤에 편집될 사색의 기록을 남기고 있었다. 『팡세』는 그가 세상을 떠난 후 1670년에야 책이 되어 세상에 나왔다. 과연 인간이 이 지상에서 추구해야 할 가치라는 것은 무엇인가? 무엇이 인간의 삶을 진정으로 보람되게 해줄 것인가? 필자가 이 시대 한국인들의 삶을 관찰하며 절감하는 것은 우리가 그렇게 열렬하게 추구해 온 근대적 발전이라는 것, 그 안에 도사리고 있는 '인간'에 대한 근원적 성찰이 필요하다는 '사실'이다. 세속적 신념으로부터의 회심, 그로부터 마음을 돌려 무엇인가 성스럽고 근원적인 것에 귀의해야 한다는 절박감이 이 시대를 타인들과 함께 호흡하며 살아가는 필자의 마음을 한없이 무겁게 한다. 사회주의든, 자유주의든 도구적 이성의 발현 속에서 지상선을 꿈꾸는 세속적 종교로부터 우리는 마음을 돌이켜야 한다.

마음을 돌이킨다는 이 문제 앞에서 필자는 지금 사도 바울을 떠올리고 있다. 지난 이십여 년 사이에 관심을 새롭게 갖게 된 이채로운 존재가 바로 이 바울인데, 한 번 관심을 갖게 되자마자 그는 여기저기서 모습을 바꾸어 나타나곤 했다. 처음에 그는 귄터 보른캄이라는 신학자가 쓴 『바울-그의 생애와 사상』이라는 책을 통하여 필자 앞에 모습을 드러냈다. 왜 이 책을 손에 잡게 되었을까, 하고 생각해 보면 분명히 떠오르지는 않지만 어떤 갈증 때문이었던 것이라고 생각된다. 그 무렵, 그러니까 나이 마흔 살 무렵 전후에 몹시도 갈증이 났다. 실존주의에서 마르크시즘으로, 그리고 불교로, 온갖 '포스트' 사상으로 찾아다녀보았지만 어떤 해결의 실마리가 떠오르지 않았다. 기독교나 천주교 쪽으로는 여간해서 눈 돌리지 않던 사람이 그때쯤 문득 서점에서 우연히 만난 표지가 하얀 이 책에 관심이 갔다. 지금 필자가 갖고 있는 책은 두 번째이니 그때쯤에는 하얀 표지의 책이 아니었던 것도 같다. '서론'이 무엇보다 인상적이어서 그것은 마치 신학 서적이라기보다는 국문학을 하는 사람도 꼭 읽어보면 좋은, 엄격하고 까다로운 텍스트 비평의 산 증거 같았다. 신약 성서의 정경 스물일곱 개 중에 바울의 이름으로 되어 있는 것이 무려 열세 편이나 된다는 처음 듣는 이야기로부터, 그 중에 몇몇은 바울의 권위를 빌리기 위해 이름을 가져다 쓴 것으로 판명되었지만, 바울은 초기 기독교 시대의 고민과 시험을 생생하게 보여주는 사료로서, 특히 다른 네 복음서보다도 더 신뢰성을 갖춘 사료로서 이해되어야 한다는 저자의 이야기는 아주 흥미로웠다. 말하자면 네 복음서는 바울이 살아서 겪었던 많은 문제들이 해결되었거나 잊혀진 바탕 위에서 자신들의 시대적 물음에 입각해 씌어졌다는 것이었다. 성서라는 텍스트가 신비로운 숭배의 대상 자체로서가 아니라 역사적 안목을 동원하여 뜯어보기도 해야 할 것임을 알게 되자 그리스도며 바울이 한국 기독교가 보여주는 그 끔찍하다시피 한 문제들에도 불구하고 비로소 새롭게 읽어야 할 존재가 되었다. 누구나 문장들을 쓰지만 어떤 사람의 문장은 기운이 뭉쳐져 마치 달마도처럼 그것을 읽는 사람에게 힘과 용기를, 진정한 사유를 향한 길을 열어 줄 수 있다. 저자에 따르면 이 바울의 서신들은 영의 힘과 마음의 힘이 하나로 되어 있고 지극히 경탄할 수밖에 없는 언어로 표현되어 있다고 했다. 물론 거기에는 지나치게 어렵고 과장된 경우도 없지 않지만 그럼에도 그것들은 항상 부과된 사명과 소식에 의해 잘 규제되고, 그 주인의 손에 잡혀 있는 좋은 도구 역할을 하고 있어, 그 내용이 공허한 형식으로 굳어 버리거나 듣는 이들을 단순한 설교 대상으로 만드는 경우는 없노라고 했다.(귄터 보른캄, 『바울-그의 생애와 사상』, 허혁 옮김, 이화여대출판부, 1998, 24~25쪽)

저자의 설명에 따르면 바울은 신비로운 존재였다. 그는 디아스포라 유대인, 그러니까 고향 이스라엘 지역을 떠나 지금의 터키 소아시아 지방에서 살아가던 그리스어를 쓰는 유대인이었고, 그러면서 마치 미국에 일찍 이민 간 사람들이 한국에 사는 사람들보다 더 한국적인 의식을 가지고 있듯이, 유대교의 율법에 충실한 바리새인이었다. 그러나 그는 어느 날 다메섹(다마스쿠스)으로 가는 길에 극적으로 마음을 돌이켰고 그로부터 오랜 동안을 자신에게 부여된 모든 일을 다 하면서 로마제국의 동반부를 구석구석 여행했고, 소아시아, 마케도니아, 그리스 지역에 생동하는 교회를 세우고 로마와 스페인 지방까지 전도의 계획 속에 집어넣고 있었다.(위의 책, 26쪽) 도대체 무엇이 그를 그렇게 버텨 나가도록 해주었던 것일까. 이러한 질문과 관련하여 이 책은 필자와 같은 '불신자'로서는 언뜻 이해하기 어려운 해법을 제시한다. 다소 길지만 충분히 인용해 본다.

> 돌이켜 보면, 바울에게 생의 전환을 준비해 준 것은 무엇이며, 직접 그런 생의 전환을 일으킨 것은 무엇인가 하는 물음이 절실하게 제기된다. 이 물음에는 긍정적으로 아주 단순하게 다음과 같이 대답할 수 있을 것이다. 그가 처음에 미워하고 박해한 헬레니즘 지역의 다메섹이든 혹은 다른 어떤 곳에서든- 그리스도인들과 대결한 것을 감안할 때, 돌연 다음과 같은 생각이 그의 머리에 떠올랐을 것이다. 그가 전에 유대교적 신앙의 가장 신성한 토대를 파괴한 자로 간주했고 십자가에서 죽은 것이 마땅하다고 생각했던 그 예수는 사실 누구였으며, 그의 사명과 죽음은 그와 세계를 위해 무슨 의미를 가지는가? 하는 것이다. 그의 제자들의 신앙과 증언에 의해 일깨워진 이 물음이 그에게서 아니 그의 마음 속에서 작용했다는 것은 확실히 받아들일 수 있다. 물론 그 자신은 이에 대해 아무 말도 안하고, 그에게 전환을 초래한 것은 원만한 성숙 과정이 아니라 오직 신의 절대적이고 자유로운 행위라는 것을 분명히 확인하고 있다. 여하간 다음과 같이 환상적으로 생각해 낸 가정은 거부되어야 할 것이다. 오래 전부터 그에게는 내적 분열이 싹트고 있었다는 것이다. 오래 전부터 그에게는 내적 분열이 싹트고 있었다는 것이다. 왜냐하면 그는 이른바 이미 경건한 바리새인으로서 차츰 그의 경건의 토대가 썩어 있음을 깨닫게 되었고, 높은 이상들과 율법의 엄격한 요구들에 대해 점점 커지는 불만으로 괴로워하고 있었기 때문이라는 것이다. 바울 자신의 말은 이와 반대 방향을 지시하고 있다. 십자가에 매달리고 부활한 그

리스도와의 만남 및 신의 부름이, 양심의 가책에 쫓기는, 자기 자신에 대한 불만에 의해 일그러진 사람우리가 루터에 관해 그렇게 알고 있듯이-에게가 아니라, 선택된 민족의 일원임과 신의 율법 그리고 그 자신의 義를 무한한 자랑으로 알고 있는 오만한 바리새인에게 일어난 것이다. 그러므로 자신이 경험한 생의 전환에서 신에 이르는 길을 발견한 바울은 불신자가 아니라 그 누구보다도 신의 요구와 약속들을 진지하게 받아들인, 신을 위하여 열심을 가졌던 자였다. 신은 수치스럽게 십자가에서 죽은 그리스도에 의해 이 경건한 자의 길을 차단하고, 바울이 다른 곳에서 말하고 있는 빛을 그에게 비추었다. "빛이 어두움에서부터 비쳐 나오라! 고 말한 신이 그것을 우리 마음속에서 빛나게 함으로 그리스도의 얼굴에 나타난 신의 영광을 명백히 알게 했기 때문이다."(위의 책, 57~58쪽)

위의 설명에 따르면 다메섹에서의 바울의 회심은 양심의 가책에 시달리며 고뇌하던 자의 마음 바꿈이 아니라 자신의 사상이나 신조에 대해 어떤 의심도 품지 않고 있던 자에게 찾아든 신의 빛살과 음성으로 인해 이루어진 '역사'라는 것이다. 과연 그런 방식으로 마음을 바꾸는 일은 일어날 수 있을까? 아니면 기독교적인 회심의 세계와 필자와 같은 세속인이 마음을 바꾸어 가는 방식에는 어떤 근본적인 차이가 있는 것일까? 전혀 딴판인 생각을 하던 사람이 그 생각에 대한 싫증이나 회의가 점진적으로 축적되어 가는 일 없이도 하루아침에 마음을 바꾸어 먹을 수 있을까? 이광수의 『무정』이나 그 밖의 모든 소설들 속에서 살아가는 인물들은, 문제를 '겪지' 않고는, 자신을 세류 속에 밀어 넣어 통과시키면서 벗겨내고 씻어내는 지난한 과정 없이는 새로운 생각을 받아들이기 무척이나 어려운 법임을 말해준다. 그런 방식이 아니라 정말 '은혜롭게', 기적적으로 새로운 삶을 향한 회심이라는 것을 이루어 낼 수 있는 것일까?

어느 날 바울은 지금은 세상을 떠나고 없는 작가 최인훈의 초기 소설 「라울전」(1959)을 통해서도 필자에게 다가서기도 했지만 최근의 일로서 아주 인상적이었던 것은 프랑스 철학자 알랭 바디우가 쓴 『사도 바울』이라는 책을 통해서였다. 거기서 저자는 바울을 "사건의 사상가=시인인 동시에 투사의 모습이라고 부를 수 있는 것의 한결같은 특징들을 실천하고 진술하는 사람"(알랭 바디우, 『사도 바울』, 현성환 옮김, 새물결, 2008, 13쪽)으로 인식하면서 그에 관한 이야기를 쓰기 위해 참고한 서적의 하나로 필자가 지금껏 소개했던 귄터 보른캄의 『바울』을 꼽고 있었다. 바디우가 보른캄에게 지고 있는 빚은 특히 그의 책의 「텍스트들과 콘텍스트들」이라는 장에서 잘 드러나 있어 그는 여기서 바울 서신이 신약 성서에 들어오게 된 경위를 보른캄의 텍스트 비평을 바탕에 두고 논의하고 있다.(위의 책, 65~79쪽) 그러나 필자에게 아주 흥미로웠던 장은 「주체의 분열」, 「죽음과 부활의 반변증법」, 「율법에 맞선 바울」, 「보편적 힘으로서의 사랑」 같은 장이었던 바, 여기서 그는 우리가 지극히 '자연스럽게' 받아들여 온 바울과는 다른, 그러니까 육체 사멸 이후의 영생을 약속하는 기독교의 바울과는 전혀 다른 이 지상에서의 '약속'을 이야기하는 바울을 말하고 있다. 바디우는 니체가 『안티크리스트』에서 냉정하게 평가한 바울을 자신의 방식으로 일으켜 세우려 한다.

> 바울이 "삶의 중심을 삶이 아니라 내세[저 너머], 즉 무에 두었다"고 말하는 것, 그리고 그렇게 함으로써 그가 "삶의 중심에서 삶 그 자체를 박탈해 버렸다"(『안티크리스트』, 43절)고 말하는 것은 이 사도의 가르침과는 정반대 되는 것을 주장하는 것이다. 바울에게 있어 삶이 죽음에 보복하는 것은 바로 지금 여기에서이며, 우리는 지금 여기에서 죽음의 사유

인 육체를 따라 부정적으로 살지 않고 영에 따라 긍정적으로 살 수 있다. 이전에 율법 속에 자리 잡고 있을 때는 부활이 죽음에 대한 삶의 복속을 조직했던 데 반해 바울에게서 부활이란 그것에 기반해 생의 중심이 생에 자리 잡게 해주는 것이기 때문이다.(위의 책, 121쪽)

그러니까 이 말은 바울에게 부활이 결정적인 중요성을 가졌던 것은 그것이 육체의 죽음 이후의 초월적인 영원성을 약속하기 때문이 아니라는 것이다. 해석의 전도라고나 할까. 보통 사람들은 예수의 부활을 그가 신의 아들이자 신 그 자체임을 깨닫게 해주는 것으로 이해하고 그럼으로써 죽음 이후의 영생을 가르치는 표지로 이해하는 데 반해 바디우는 바울에 있어서의 부활은 오히려 이 지상적인 삶을 영에 따라 긍정할 수 있게 해주는 표지였다는 것이다. 바디우는 바울에 있어 "그리스도라는 사건은 본질적으로 단지 죽음의 제국일 뿐인 율법에 대한 폐지"(위의 책, 165쪽)를 가리키는 것이었으며, "그리스도의 부활은 또한 우리의 부활로, 그것은 율법 하에서 주체가 자아라는 폐쇄적인 형태로 은거하고 있는 장소인 죽음을 파괴한다."(위의 책, 166쪽)라고 이야기한다. 그리고 그럼으로써 우리는 "영과 삶에 속하며 믿음에 의해 다시 세워지는 법"(위의 책, 167쪽)으로서 사랑이라는 것에 도달하게 된다.

사랑의 원리는 사유로서의 주체가 사건의 은총을 부여받을 때 이것이 주체화(믿음, 확신)이다- 죽었던 주체가 삶의 위치로 다시 되돌아온다는 것이다. 주체는 율법 쪽으로 추락했던 그것의 주체적 형상이 죄이다-힘의 속성들을 다시 회복한다. 그는 사유와 행동 사이의 현재적 통일성을 되찾는다. 그리하여 삶 자체가 보편적 법칙으로 바뀌게 된다. 율법은 모든 사람들을 위한 삶의 접합, 믿음의 길, 법을 넘어선 법으로서 회귀

한다. 이것이 바로 바울이 사랑이라고 부르는 것이다.(위의 책, 168쪽)

여기서 말하는 '바울의 사랑'이란 로마서 13장 8~10절의 내용으로 압축되는 사랑의 사상을 가리킨다. 여기서 바울은 이렇게 설파했다. "다른 사람을 사랑하는 빚 이외에는 아무 사람에게, 아무런 빚도 지지 마십시오. 남을 사랑하는 사람은 율법을 온전히 이룬 것이나 다름 없습니다. …… 사랑은 이웃에게 악을 행하지 않습니다. 그러므로 사랑은 율법의 완성입니다."(『쉬운 성경』, 아가페 출판사, 2005, 258쪽)

이렇게 해서 필자는 다시 회심에서 사랑에 이르는 길로 돌아온다. 지금 필자는 보른캄과 바디우의 바울 논의에 대한 생각 끝에 이광수의 장편소설 『사랑』의 이야기를 떠올리게 된다. 이광수는 수양동우회 사건으로 일제에 검속되어 대일협력으로 나아가기 직전에 자신의 사상의 '최고점'을 그릴 때 장편소설 『사랑』(1938~1939)을 썼다. 거기서 이광수는 불교의 자비와 기독교의 사랑이 근본에서 통하는 것임을 이야기하며 법화경 행자 안빈과 안식교도 석순옥이 육체적 사랑에 빠지지 않고 오로지 순수한 사랑에 기대어 빈자들과 병자들을 구원해 나가는 과정을 그려냈다. 사실, 불교와 기독교의 교섭사를 논의하는 흐름 가운데에는 인도 문명권과 아랍 문명권이 지리상으로도 근접해 있을 뿐 아니라 자비를 강조하는 대승불교의 성립 시기에 예수도 실존했음을 논의한 것이 있다.(방민호, 「이광수의 『사랑』과 종교 통합 논리의 의미」, 『일제말기 한국문학의 담론과 텍스트』, 예옥, 2011, 255~256쪽) 또한 다시 필자는 『회색인』에서 작가 최인훈의 내면적 주인공 독고준이 자신의 혁명을 위해서는 "시간과 사랑"이 필요하다고 이야기했던 것을 상기한다.(「'데가주망'의 논리—최인훈 장편소설 『회색인』」, 《어문논총》 67, 2016, 168~178쪽) 한쪽에서는 자본주의가, 한쪽에서는 마르크시즘이 지배하는 시대를 살아가면서 최인훈은 "사랑"이 종교적 차원 아니라 세속적 원리로 적용될 수 있는 정치를 발명하기 위해서는 그야말로 장구한 "시간"이 필요하다고 여겼다.

이 세속적 세계의 지난한 유한성 속에서 사랑을 세속적 입법으로 도입한다는 것은 차라리 불가능에 가까울 것이다. 그러나 분명 사랑은 대립과 투쟁에 지친, 물질적, 육체적, 경제적 경쟁과 개발에 지친 영혼들을 감싸 안으면서 욕망과 분란으로 점철된 이 세계에 평온과 평화의 빛을 선사할 수 있으리라. 지금 이 순간 필자는 이 세계를 살아가는 사람들이 필자까지도 포함하여 모두 다 저 다메섹의 바울처럼 자신이 지금껏 믿고 있던 교리에서 벗어나 새로운 빛과 목소리를 접하여 놀람에 떨면서 새로운 세계에 눈 뜨는 기적 가까운 일을 공상해 본다. 그런 사건이, 지금껏 자신이 해온 일에 어떤 의심도 없던 이들에게 일어나, 사람이 이 유한한 세계를 견디며 살아가기 위해서는 다른 무엇보다 사랑이, 자비가 필요하다고, 이것이 종교적 '성채'만에 기거하지 않고 세속적 입법 원리로 새롭게 설 때만 사람들은 진정한 공동의 삶을 누릴 수 있으리라고 생각하게 되는 날. 그런 날은 오지 않을 테지만 그러면서도 필자는 오지 않으면 안 된다고 새벽의 공상을 꿈꿔 보는 것이다.

그렇다. 지금 이 물질주의적 현대를 구가하면서 동시에 시달리는 한국인들에게는 지금 어떤 '회심'이 필요한 것 같다. 이 종교적 어휘가 아니고는 우리가 처한 상황의 절박감을 다르게 표현하기 어려운 것도 같다. 그러나, '이 열정적인 세계의 메아리 없는 공허는 나를 두렵게 한다.' 우리는 지금도 너무 물질적인 삶을, 육체적인 삶을 산다. 영혼으로부터, 사랑으로부터 먼 채.

한 준 연세대 사회학과 교수

한국사회의 계층 양극화

한국사회의 계층 양극화

1. 불평등과 계층 양극화

(1) 불평등과 양극화를 보는 시각

불평등은 인간사회의 형성과 함께 시작되었다. 기술발전으로 인간이 생존에 필요한 만큼의 물자를 생산할 수 있는 경제발전 수준을 넘어선 때부터 인간사회에서는 불평등이 존재해 왔다. 불평등이 인간의 역사 대부분에서 존재했지만 시대에 따라 불평등의 형태는 변해왔고 또한 불평등을 정당화하는 논리도 계속 바뀌어 왔다. 그렇다면 현재 우리가 살고 있는 근대 자본주의 사회에서 불평등은 어떤 형태를 취하며 어떤 논리에 의해 정당화되는가?

근대 자본주의 사회로서 한국사회는 과거의 신분제에 의해 지배되었던 사회와 달리 개인의 성취가 자신의 노력과 사회구조적 기회의 결합에 의존한다. 신분제에서 개인이 이룰 수 있는 성취가 상당 부분 운명적으로 타고난 신분에 의해 결정되었던 것과는 판이하게 다르다. 그런 의미에서 한국사회의 불평등은 다른 근대 사회들과 마찬가지로 계층적 불평등의 형태를 취한다고 할 수 있다. 계층 불평등을 보는 관점에는 대비되는 두 시각이 존재한다(홍두승, 구해근, 2004).

하나는 계층불평등이 사회 및 경제발전에 긍정적 결과를 낳는다는 기능주의적 시각이다. 이 시각에 따르면 불평등은 대부분 재능과 노력의 차이에 따른 보상의 격차이며 이러한 보상의 격차 덕분에 뛰어난 재능을 지닌 사람들이 노력을 계속한다는 것이다.

또 하나의 시각은 계층불평등이 사회발전을 위협할 수 있다는 갈등주의적 시각이다. 이 시각에서 불평등은 부와 권력을 지배하는 사람들이 자신들의 기득권을 지속시키기 위해 구조적 기회를 독점한 결과이다. 따라서 '기울어진 운동장'이라는 표현에서 보듯이 개인들의 재능과 노력의 결과를 성취와 연결시키는 구조적 기회가 훨씬 더 중요한 역할을 한다고 본다.

그런데 기능적 시각과 갈등적 시각이 서로 대립되는 관점으로 보이지만 사실 이들의 관점의 차이는 불평등의 수준 혹은 정도, 원천 혹은 원인과 관련이 깊다. 불평등의 수준이 매우 높지 않고 그 원인이 개인 간 차이에 기인하는 경우 기능적 시각이 보다 설득력을 갖게 된다. 개인 간 차이에 기인하는 불평등의 경우 개인의 노력에 의해 변화할 수 있는 가능성이 높다. 반면 불평등의 수준이 과도하게 높거나 그 원인이 개인 간 차이보다는 차별이나 구조적 불균형에 있는 경우 갈등적 시각의 설득력이 더 높아질 가능성이 크다. 구조와 차별에 기인하는 불평등은 지속될 가능성이 높고 세대 간에 대물림될 가능성도 높다.

그러면 한국에서 현재 문제가 되고 있는 불평등은 어떤 특성을 지니는가? 불평등 수준은 높아지는가 아니면 낮아지는가? 불평등한 지위는 개인의 노력에 의해 극복 가능한가 아니면 지속되는가? 이러한 질문들에 대해 이 글에서는 답하고자 한다. 그 과정에서 이 글은 한국의 계층적 불평등이 양극화되고 있는가라는 더 큰 질문에 대한 답을 찾고자 한다.

(2) 계층을 보는 사회 시스템의 관점

사회학에서 계층은 매우 중요한 연구 주제이자 중요한 설명의 변수이다. 근대사회에서 불평등이 앞에서 언급한 바와 같이 신분으로부터 계층으로 바뀌었다는 것은 양면적 측면을 갖는다. 한편에서는 신분과 같은 운명적 속박에서 벗어나 적극적인 노력을 통해 계층 상승을 이룰 수 있는 가능성이 생겼다는 긍정적 측면과 함께, 다른 한편에서는 쉽사리 계층적 지위의 변화가 일어나기 어렵다는 부정적 측면이 동시에 존재한다. 이러한 양면성과 관련하여 칼 맑스는 두 가지 의미의 자유가 근대사회에 존재한다고 하였다. 신분적 제약으로부터 자유롭다는 의미에서의 자유와 함께 성취를 이룰 수단을 소유하는 것으로부터 자유롭다는 의미에서의 자유이다.

〈그림 1〉 시장, 공동체, 정부의 관계

근대사회에서 계층은 근본적으로 시장에서의 지위에 의해 결정된다고 막스 베버는 주장했다. 금융 및 자산시장에서의 지위에 따라 자본을 소유하는가의 여부가 일차적으로 계층을 결정하고, 노동시장에서 유리한 위치를 점할 수 있는 지식이나 경험을 가졌는가의 여부가 이차적으로 계층을

결정한다. 이처럼 시장에서 개인 간 교섭조건의 차이가 계층을 낳기 때문에 시장에서의 거래조건이 얼마나 공정한가에 따라 계층불평등의 정당성 정도가 영향을 받는다.

근대사회에서 계층이 시장에서의 불평등한 결과이긴 하지만 사회가 전적으로 시장에 의해 지배되는 것은 아니다. 근대사회는 전반적으로 사회는 시장, 정부, 공동체라는 세 영역으로 구성되어 있는데, 이들 세 영역은 서로 다른 가치를 서로 다른 방식으로 추구하고 있다. 〈그림 1〉에서 보듯이 시장이 효율과 경쟁을 통해 혁신을 추구한다면, 공동체는 상생과 협력을 통해 질서를 추구하고, 정부는 안전과 통합을 통해 정의를 추구한다. 또한 시장과 공동체, 정부는 서로 독립적이지 않고 관련되며 중첩되는 영역을 지닌다. 예컨대 시장은 공동체의 규범과 가치가 훼손되지 않도록 공정성을 통해 신뢰를 유지해야 하며, 정부는 공동체 성원들이 배제되지 않고 참여하도록 해야 하고, 공동체 역시 투표와 납세 등 의무를 지켜야 한다. 또한 시장에 대해 정부는 적정한 규제를 가하고 분배가 왜곡되거나 악화되면 재분배를 통해 이를 해결해야 한다.

〈그림 2〉 교환, 호혜, 재분배

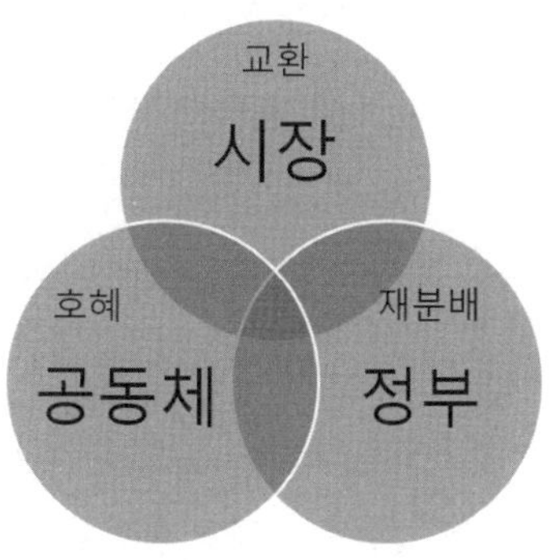

경제인류학자이자 경제사학자인 칼 폴라니는 시장과 공동체와 정부의 이러한 상호적 관계에 대해 경제가 사회에 배태되었다(embedded)고 표현하면서, 현대 자본주의 경제는 경제가 사회로부터 점점 독립하여 벗어난다고 보았다(Polanyi, 1944). 폴라니는 〈그림 2〉와 같이 시장에서는 교환(exchange)이, 공동체에서는 호혜(상부상조 reciprocity)가, 정부에서는 재분배(redistribution)가 경제적 원칙으로 작용한다고 주장하였다.

불평등은 다른 영역에서도 발생하지만 경제적 가치를 생산하고 분배하는 시장 영역에서 주로 발생한다. 혁신을 위한 경쟁과 분업에서의 역할 구분에 따라 발생하는 보상의 불평등은 기능주의적 시각에서 주장하듯이 효율성을 위한 필요악일 수 있다. 하지만 과도한 불평등은 갈등주의 시각에서 주장하듯이 격차를 심화시켜 공동체 성원 간 상생과 협력을 저해하고 갈등을 조장해서 정부가 추구하는 통합을 위협할 수 있다. 그렇기 때문에 시장에서의 1차 분배에 대해 공동체와 정부는 2차 분배를 통해서 불평등으로 인해 발생할 수 있는 문제들을 해결하려 하는 것이다.

이 글에서는 불평등을 만들어내는 한국에서의 시장의 특성과 불평등에 대한 정부의 재분배 노력이 어느 정도 성과가 있는지, 만약 그렇지 못하다면 어떠해야 하는지 등에 대해 살펴볼 것이다.

(3) 사회경제 체계의 건전성에 대한 양극화의 위협

근대 자본주의에서 가계, 기업, 정부는 경제 주체로서 각자 자신들의 역할과 기능을 맡고 있으며, 시장과 정책을 통해 서로 영향을 주고받는다. 시장에서는 개인이건 기업이건 경쟁을 통한 선택과 조정이 이루어진다. 이때 경쟁은 개인과 기업의 혁신과 노력의 동기부여를 제공함으로써 진보를 가져오는 중요한 기능을 한다.

생태계가 자연발생적 질서를 유지하듯 시장 역시 보이지 않는 손에 의해 질서를 유지한다는 것이 아담 스미스의 『국부론』 이래 고전 경제학의 출발점이었다. 이때 전제가 되는 것은 시장에 참여하는 주체들의 이기심에 기초한 동기부여와 공정한 경기의 규칙이다. 이를 아담 스미스는 그의 사회학 저술이라고 할 수 있는 『도덕정서론』에서 강조하였다.

시장에서 경쟁은 공급과 수요를 둘러싼 행위자들의 차별적 선호에 기초한 선택을 거쳐 불평등한 결과를 참여자들에게 배분한다. 이러한 의미에서 불평등은 시장의 내재적 결과인 측면도 분명히 있다. 시장의 불평등 발생에 대해 경제학자 사뮤엘 바울스(Bowles, 2012: 5)는 다음과 같은 개념적 모형에 의해 설명될 수 있다고 주장하였다.

〈그림 3〉 시장에서의 불평등 메커니즘

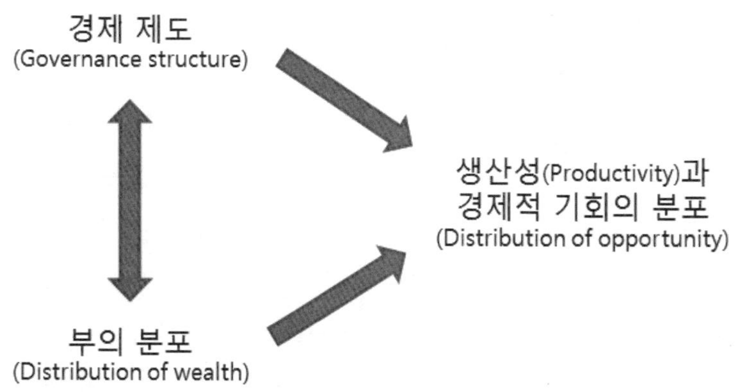

출처: Bowles, 2012: 5

위 도식에서 경제제도는 소유의 규칙, 경쟁의 형태, 경제주체들의 유인과 제약을 규제하는 규범과 관행들을 의미한다. 또한 부의 분포는 경제제도의 특성에 따라서 영향을 받으며 경제제도의 선택에도 영향을 미치는 불평등의 조건이 된다. 만약 경제제도가 공정하지 못하거나, 부의 분포가 지나치게 편파적이라면 불평등이 더욱 악화된다는 것이 이 도식의 기본적 주장이다.

이러한 측면에서 보았을 때 최근 한국 사회경제 시스템은 자기교란 위험을 지닌 과도한 불평등의 문제를 안고 있다는 우려의 목소리가 많다. 예컨대 최근 한국의 기업과 시장에서 위의 경제제도 특성들 중 분배규칙을 승자독점(winner-take-all)으로 적용하는 경우가 늘어나고 있으며, 그 결과 불평등이 더욱 증가한다고 주장한다(한준, 2001). 승자독점적 분배규칙은 도박적 요인이 작용해서 다수의 경제주체들을 참여시키지만 이들 간의 과잉경쟁에서 승자가 되지 못한 다수의 노력을 소모적으로 만들어버리는 문제를 낳는다. 요컨대 승자독점의 결과는 개인에게는 실패와 불행이 되고 사회에게는 낭비와 비효율이 되는 것이다. 대기업 취업이나 공무원 시험, 연예인 오디션에 모든 것을 거는 최근 젊은층의 행태는 승자독점 규칙에 반응하는 양상을 보인다고 할 수 있다.

또한 최근 경제제도의 취약점을 이용해서 시장에서의 경쟁을 제한하는 지대추구(rent-seeking) 행위의 증가는 기회에 대한 접근을 제한하고 불공정한 거래를 낳음으로써 불평등을 심화, 악화시킨다(Buchanan et al, 1980). 지대추구는 다양한 원천을 갖는데 기술적으로는 최근 4차 산업혁명을 주도한다고 알려진 플랫폼 비즈니스의 형태로, 제도적으로는 다양한 전문직 자격과 사업 인허가 등 기회의 독점과 제한으로, 또한 거래상에서는 권력을 이용한 약자에 대한 불공정 교환 및 교섭력을 이용한 노동시장에서의 불평등한 임금배분으로 나타난다(Weeden and Grusky, 2014).

승자독점과 지대추구를 통한 불평등의 심화 확대는 현실에 대한 안주와 희망의 포기 등으로 인해 혁신과 생산성의 장애물로 작용하며, 동기부여를 통한 노력 의지를 약화시킨다. 승자독점과 지대추구의 결과는 경제적으로는 혁신의 정체로 인한 경제 위축과 부유층만의 경제(enclave) 발달에 따른 경제의 균형과 건전성 약화, 그리고 사회적으로는 체계의 공정성과 정당성에 대한 도전과 불만의 증가, 그리고 집단간 갈등의 증가로 인한 불안정의 확대이다.

이 글에서는 위에서 살펴본 이론적 쟁점과 문제의식에 기초해서 한국사회의 불평등의 추세와 그 배경, 소득불평등과 부의 불평등과의 관계, 그리고 불평등한 위치의 변화를 의미하는 세대 내와 세대 간 이동의 현실과 가능성에 대한 인식, 그리고 양극화된 불평등의 결과로서 주관적 인식과 갈등의 발생을 살펴보고자 한다. 그동안 필자의 연구 결과와 함께 전문가들의 연구 성과를 종합함으로써 한국의 계층불평등과 양극화의 방향과 문제점, 대책에 대해 다각적으로 논의하고자 한다.

2. 소득불평등의 추이와 비교

우선 소득불평등이 그동안 한국사회에서 어떻게 변화해 왔는가를 살펴보자. 계층불평등은 그동안 사회학에서 직업 분류에 기초한 계층귀속에 기반해서 주로 논의되어 왔지만 최근 들어 직업, 특히 일반적 통계 분류에 따른 직업이 불평등의 핵심적 측면들을 보여주기 어렵다는 논의들을 수용해서 불평등을 소득계층화, 즉 소득불평등에서 출발해서 살펴보고자 한다.

(1) 소득불평등의 측정도구, 자료, 측정단위

소득불평등의 변화를 살펴보기 전에 소득불평등의 측정치를 계산하는 방식에 대해 살펴보자. 소득의 불평등한 정도는 크게 불균등, 격차, 집중,

양극화로 서로 다르게 측정된다(신광영, 2016). 따라서 이들 측정치가 정확하게 불평등의 어떤 측면들을 주로 측정하는지 이해할 필요가 있다.

우선 불균등의 측면은 로렌츠 곡선에 기반해서 모든 사람들에게 균등하게 분배된 상태(분배적 평등)로부터 벗어난 정도를 지니(Gini)계수로 계산하는 것이다. 이러한 지니계수는 최근 들어 소득의 불평등 측정에서 가장 많이 사용되는 측정치가 되었다. 격차는 집단별 평균이나 합계 간에 서로 얼마나 거리가 먼가를 계산하는 것이다. 학력수준이나 성별처럼 집단 차이가 범주적인 경우도 있고, 소득 상위 10(혹은 20)%와 하위 10(혹은 20)%처럼 분포상의 위치일 경우도 있다. 집중은 소수의 상위 집단이 전체에서 차지하는 비중을 의미한다. 소득불평등의 경우 주로 소득 1% 혹은 10%가 전체 소득에서 차지하는 비율로 측정한다. 극화는 특정 소득수준이나 특정 집단으로 사람들이 집중되는 현상을 의미하며, 양극화는 부유층과 빈곤층으로 사람들이 몰려 중간이 줄어드는 현상을 의미한다. 이때 양극화의 정도는 집단 간 거리의 증가와 집단 내 동질성 증가로 측정된다.

불균등, 격차, 집중, 양극화 모두 불평등을 측정하기 때문에 전반적으로 유사한 방향성을 가지지만 경우에 따라서는 서로 다른 방향으로 변화할 수도 있다. 예컨대 소득계층에서 중산층의 약화는 양극화에서 보다 잘 나타날 것이고, 소수 부유층의 확대는 집중에서 잘 나타날 것이다.

소득불평등의 측정치와 함께 중요한 것이 측정을 위한 자료와 측정 단위이다. 다른 측정치도 마찬가지이지만 특히 불평등 측정의 경우 자료에 따라 결과가 크게 영향을 받아 달라진다.

자료의 포괄성에 따라 표본 조사 자료는 불평등을 과소 반영할 수 있는데, 예컨대 소득불평등 측정에 많이 사용되는 가계동향조사의 경우 표본수가 10,000가구가 넘지만 고소득층의 소득이 파악되기 어려울 수 있다(김낙년, 김종일, 2013). 보다 표본 크기가 큰 가계금융복지패널조사를 이용할 경우 불평등 측정값은 더욱 높아진다. 가장 불평등 정도가 높게 나타나는 것은 전수 조사이자 측정 오차가 가장 작은 국세청 자료라고 할 수 있다.

불평등을 측정하는 기준이 되는 소득 역시 근로소득, 경상소득, 시장소득, 가처분소득, 균등화 가처분소득 중에서 어떤 소득을 이용하는가에 따라 불평등의 측정치는 달라질 수 있다. 특히 시장소득과 가처분소득을 이용한 측정치의 격차는 정부의 조세와 재정지출을 통해 불평등이 얼마나 개선되었는가를 간접적으로 볼 수 있다. 근로소득과 경상소득을 이용할 경우의 차이는 소득의 원천에 따라 불평등 정도가 다른 것이 반영된 결과로 볼 수 있다.

마지막으로 불평등의 측정 단위에 따라 불평등은 달라질 수 있다. 일반적으로 불평등의 측정 단위는 개인과 가구 중에서 하나를 선택한다. 대개의 경우에는 가구를 단위로 불평등을 측정한다. 이때 가구원 수에 따라 소득이 영향을 받을 수 있기 때문에 가구원 수를 통제한 균등화 가구소득을 이용하는 경우가 많다. 그런데 최근 들어 1인 가구가 증가하면서 가구 단위 측정과 개인 단위 측정의 경계가 모호해지고 있다. 또한 1인 가구를 제외하고 2인 가구부터 포함하는 경우와 1인 가구를 포함한 경우의 차이가 발생할 수 있다. 최근 불평등의 증가에 대한 논의에서는 1인 가구의 증가가 불평등의 중요한 원인으로 제기되기도 한다.

(2) 지수별로 살펴본 불평등 추세

지수별로 1990년부터 2015년까지 소득 불평등의 추이를 살펴보자. 다음의 〈그림 4〉는 불균등, 격차, 집중과 양극화를 각각 나타내는 지수들을 이용해서 1990년부터 2015년까지의 소득 불평등의 추이를 측정한 것이다.

먼저 지니계수로 살펴보면 가구 균등화 소득의 지니계수는 1990년대 중반부터 상승하기 시작해서 26으로부터 2010년 34까지 증가하고 이후 33.2로 떨어진 상태를 보인다. 소득 하위 10%와 상위 10%의 비율로 계산되는 격차지수 역시 1990년 6.5배에서 2010년 13.2배로 두 배 넘게 격차가 증가하였다. 하지만 2015년에는 다소 하락하여 11.9배로 나타난다. 소득분포에서 상위 10%가 차지하는 비율인 집중의 정도는 1995년 22.1%에서 계속 증가해서 2015년 25.5%까지 높아졌다. 마지막으로 소득의 양극화 정도는 1990년 0.21에서 2010년 0.29까지 증가한 이후 2015년 0.28로 큰 변화를 보이지 않고 있다.

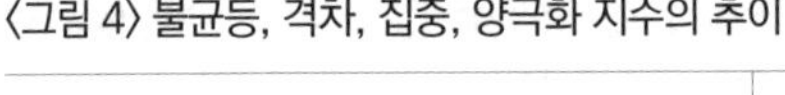
〈그림 4〉 불균등, 격차, 집중, 양극화 지수의 추이

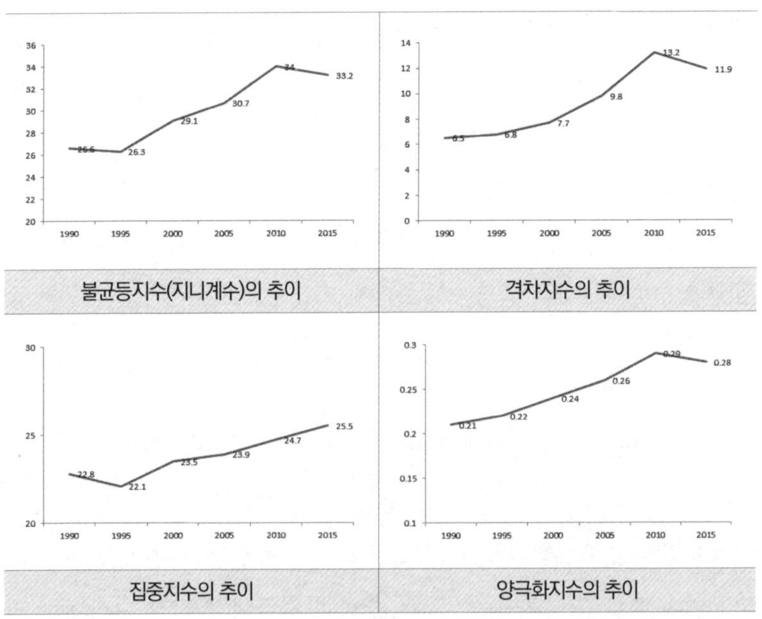

서로 다른 지수들로 측정한 한국의 소득불평등 추이는 대부분 1990년

부터 2010년까지 지속적으로 또한 가속적으로 증가하는 양상을 보이지만 이후에는 다소 주춤하거나 약화되는 양상을 보인다. 지속적으로 소득 불평등이 증가하는 추세를 보이는 것은 소득 집중의 지수이다.

(3) 국제비교로 살펴본 불평등

한국의 소득불평등 수준은 국제적으로 비교할 때 높은 편인가 아니면 낮은 편인가? OECD에서 제시하는 소득불평등지수들과 한국에 대한 김낙년(2016)의 분석 결과에 의존하여 살펴보자. 〈그림 5〉는 불균등지수와 격차지수를 이용한 비교 그래프이다. 2014년도 OECD 소득자료 DB에 따르면 한국의 가처분소득 기준 지니계수와 상위10%/하위10% 소득비율은 OECD 평균과 비슷한 수준을 보인다.

〈그림 5〉 불균등 및 격차지수를 이용한 OECD 국가들의 소득 불평등 비교

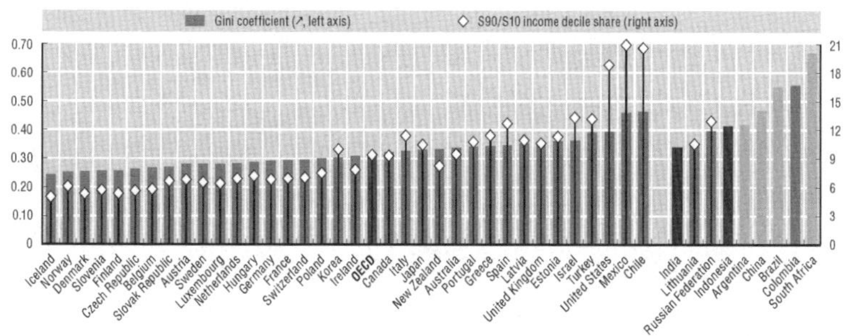

출처: OECD, Society at a glance, 2016.

OECD의 소득 DB를 이용한 소득불평등 추이의 국제비교를 보여주는 다음의 〈그림 6〉을 보면 시장소득의 경우 한국은 OECD 국가들 중에서 가장 빠른 상승세를 보이지만 여전히 가장 낮은 수준에 속한다. 그런데 세

금과 재분배 이후의 소득을 의미하는 가처분소득을 기준으로 할 경우 한국의 소득불평등은 증가세이며 앞서 본 바와 같이 OECD 중간 수준에 가깝다. 김낙년(2016a)은 OECD 소득 DB의 한국 자료가 상위 1% 소득이 과소표집된 자료인 가계동향조사 자료를 이용했기 때문에 비현실적이라고 문제점을 지적하고, 서구 나라들처럼 소득세 자료를 이용해서 자료를 보정할 것을 주장하였다. 김낙년(2016a)의 연구에 따라 한국의 소득불평등을 소득세 자료를 이용해서 계산하고 그 결과를 OECD 비교자료에 대체할 경우 국제비교의 결과는 크게 달라진다. 소득세 자료로 측정한 한국의 시장소득 기준 지니계수는 가계동향조사 자료를 이용하여 측정한 수치보다 더욱 빠르게 상승하며 OECD 국가들 중에서 하위권에 속한다. 또한 소득세 자료를 이용해서 측정한 한국의 가처분소득 기준 지니계수는 OECD 국가들 중에서 상위에 속하며 미국 다음으로 높은 수준을 보인다.

〈그림 6〉 시장소득과 가처분소득의 추이 국제비교

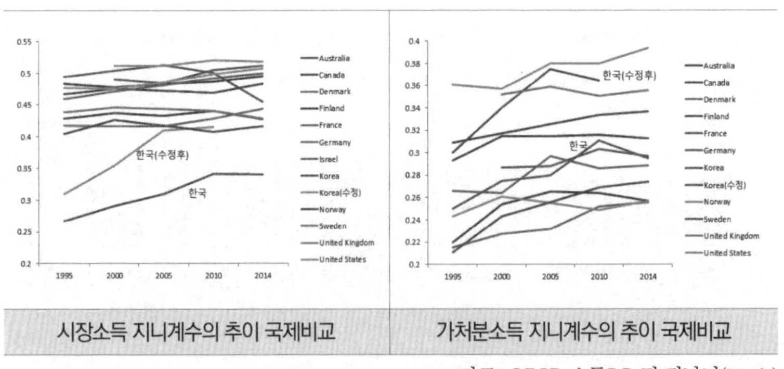

자료: OECD 소득DB 및 김낙년(2016a)

위 그래프의 의미를 해석할 때 시장소득과 가처분소득의 차이에 주목할 필요가 있다. 시장소득은 세전 소득을, 가처분소득은 세후 소득을 의미하기 때문에 결국 두 소득을 기준으로 한 지니계수의 차이는 정부의 조세와 복지 등 재분정책을 통해 소득불평등을 낮춘 정도라고 할 수 있다. 다음의 〈그림 7〉에 제시된 그래프는 〈그림 6〉의 그래프에 제시된 시장소득과 가처분소득 기준 지니계수의 차이를 국가별로 추세를 보여준다. 이 그래프에서 확인할 수 있는 것은 복지와 재분배 정책이 발달한 북구 나라들에서 시장소득과 가처분소득 기준의 지니계수의 차이가 가장 큰 반면, 자유시장 경제를 채택한 영미권의 국가들은 그에 비해 지니계수의 차이가 크지 않다는 것이다. 한편 한국을 살펴보면 시장소득과 가처분소득을 이용해서 계산한 지니계수의 차이가 비교대상인 국가들 중에서 가장 낮은 수준을 보인다. 이는 아직까지 한국에서 재분배와 복지 정책이 소득 불평등을 완화시키는 효과를 별로 거두고 있지 못하다는 것을 의미한다. 하지만 또한 주목할 점은 다른 국가들 심지어는 재분배 효과가 큰 북구에서도 재분배 효과가 최근으로 올수록 줄어드는데 비해 한국은 시장소득과 가처분소득의 지니계수 차이로 측정한 재분배 정책의 효과가 최근으로 올수록 증가한다는 사실이다.

〈그림 7〉 시장소득 및 가처분소득 기준의 지니계수 차이의 비교

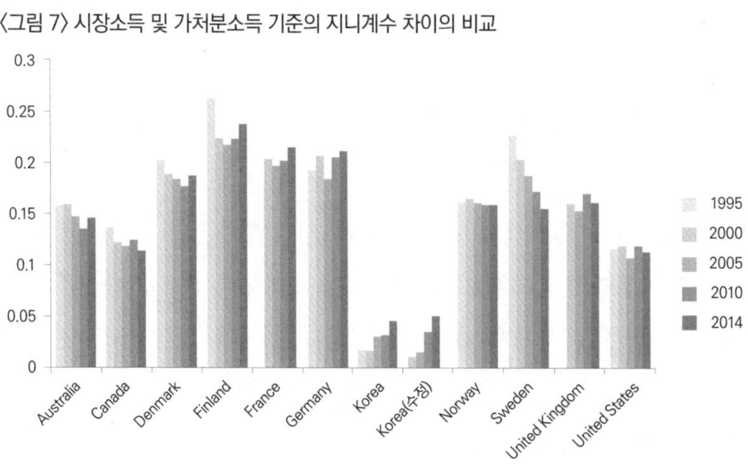

자료: OECD 소득DB 및 김낙년(2016a)

다음의 〈그림 8〉에 제시된 그래프는 가처분소득 기준으로 상위 10%와 하위 10%의 격차지수의 추이를 국제적으로 비교한 결과이다. 한국은 가처분소득 기준으로 상위와 하위 10%의 격차가 OECD 주요 국가들을 중에서 미국을 제외하고 가장 높은 수준을 보인다. 특히 1995년에는 상위 하위 10% 소득의 격차가 4배에 못 미쳐 영국, 호주, 캐나다보다 낮은 수준이었지만 2005년 이후 5배에 가까울 정도로 빠르게 높아져서 이들 나라들에 비해 앞서기 시작했다.

〈그림 8〉 격차지수를 이용한 소득불평등 추이의 국제비교

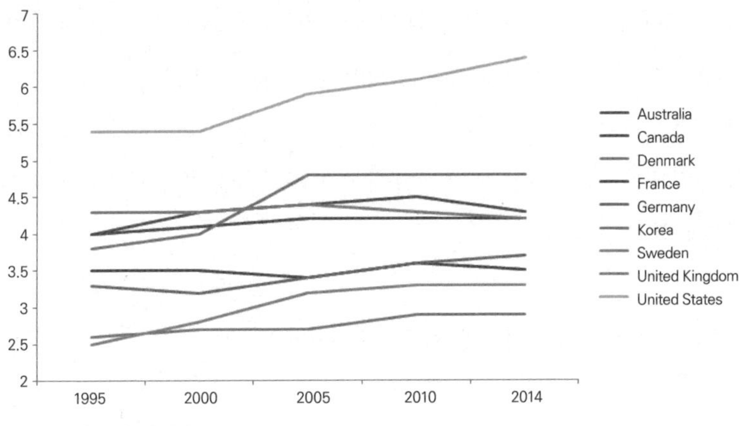

자료: OECD 소득DB

〈그림 9〉는 상위 1%의 소득이 전체에서 차지하는 비율로 측정한 소득 집중 장기추세의 국제비교 결과이다. 이 그래프에서 소득 집중의 장기추세는 국제적으로 크게 두 유형으로 나뉜다. 미국과 영국이 포함된 영미형은 20세기 중반 이전에 높은 수준을 보였으나 2차 대전 이후 빠르게 낮아졌다가 1980년대 이후 다시 급상승하는 U자형을 보인다. 그 결과 미국의 경우에는 2010년 무렵에는 1% 상위 소득이 차지하는 비중이 전체 소득

의 20%에 육박하는 수준으로까지 올라가 20세기 초의 집중 수준을 넘는 높은 소득 집중을 보인다. 반면 일본과 프랑스의 경우에는 1980년대까지는 영미형과 유사한 변화를 보이지만 1980년대 이후에도 이전 수준을 대체로 유지하는 L자형의 변화를 보인다. 특히 일본의 경우 2010년 무렵에도 1%의 상위 소득이 차지하는 비중은 10%에 채 못 미쳐 미국의 절반 수준을 보인다. 한편 한국은 일제 시대와 1970년대 후반 이후의 자료로부터 측정하였기 때문에 시계열이 중간에 끊기지만 전반적 패턴은 영미형과 유사한 U자형의 변화를 보이며 영미형보다 뒤늦게 1990년대 중반 이후 상승을 시작해서 빠르게 영미형 수준을 향해 접근하고 있다. 특히 IMF 외환위기 이후 1% 상위소득의 비율이 전체의 6%에서 2010년 무렵 12%를 넘어서 두 배 넘게 증가했다.

〈그림 9〉 집중지수를 이용한 소득불평등 추세의 국제비교

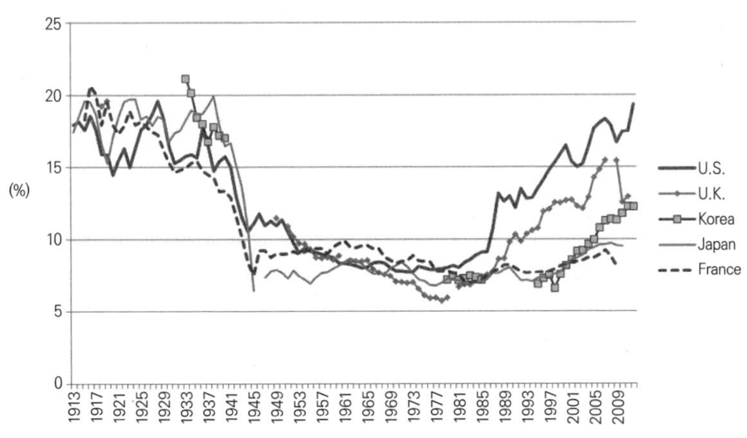

출처: 김낙년(2016a)

위의 결과들을 종합해 본다면 한국의 소득불평등은 불균등, 격차, 집중, 양극화 등 불평등 측정의 대부분 지수들을 적용할 때 1990년대 중반부터

2010년까지 빠른 속도로 불평등이 증가하는 양상을 보인다. 또한 국제비교 측면에서 볼 때 OECD 국가들 중에서 적어도 가처분소득을 기준으로 할 경우 소득불평등 수준이 영미형에 가깝게 상승해 왔으며 이는 시장소득을 기준으로 했을 때 OECD 평균 수준인 것에 비해 상당한 차이를 보인다. 결국 시계열적 추세의 측면에서나 국제비교 측면에서나 한국의 소득불평등은 문제시되기에 충분하다고 할 수 있겠다.

3. 소득불평등 심화의 배경과 원인

한국사회는 1980년대까지 정치적으로 권위주의적 통제가 강했지만 성장과 분배의 균형이 잘 유지된 편이었다. 국가주도의 산업화를 통한 고도성장을 이루면서도 성장의 과실이 소수에게 집중되지 않아 분배가 크게 악화되지 않았던 것이다. 이러한 현상은 경제발전 과정에서 초기에는 소득분배가 악화되지만 시간이 지나면서 소득분배가 개선된다고 하는 쿠즈네츠의 곡선에서 예측한 바와 상반된 것이었다. 하지만 오히려 쿠즈네츠의 곡선의 예측과 정반대로 경제성장이 둔화되기 시작하면서 소득불평등이 빠르게 증가하기 시작했다. 이러한 변화의 배경과 원인은 무엇이 있을까? 한국에서 소득불평등이 증가하고 계층 양극화에 대한 우려가 나타나게 된 배경을 거시적 사회, 경제 변화를 중심으로 살펴보도록 하자.

(1) 경제성장 둔화 및 일자리 공급의 약화

빠른 경제성장은 개개인의 입장에서 투자와 일자리의 가능성을 동시에 제공하기 때문에 소득성장의 기회를 의미한다. 반면 경제성장의 둔화는 투자의 부진과 일자리 증가의 둔화라는 면에서 기회의 감소를 의미한다. 더욱이 최근 경제성장의 특징이라고 할 수 있는 '고용 없는 성장'(jobless growth)은 이러한 문제를 더욱 심화시킨다고 할 수 있다.

다음의 〈그림 10〉은 고용률의 변화를 산업화를 통한 경제성장이 본격화된 1960년대부터 최근까지 보여준다. 한국 경제에서 고용률은 1970년대 말부터 1980년대 초반까지 일시적으로 감소한 외에는 1990년대 후반까지 지속적으로 증가하였다. 하지만 IMF 외환위기 당시 급격한 하락을 거쳐 2000년대 초 빠르게 회복한 이후에는 현재까지 정체되어 왔다. 고용률이 2000년대 들어 정체된 것은 2000년대에도 경제성장이 지속되었던 것에 비추어 볼 때 주목할 점이다. 이는 2000년대 초에 노동절약적인 방식의 기술발전이 한국의 기업들 사이에서 빠르게 이루어졌다는 것을 의미한다.

〈그림 10〉 고용률의 변화

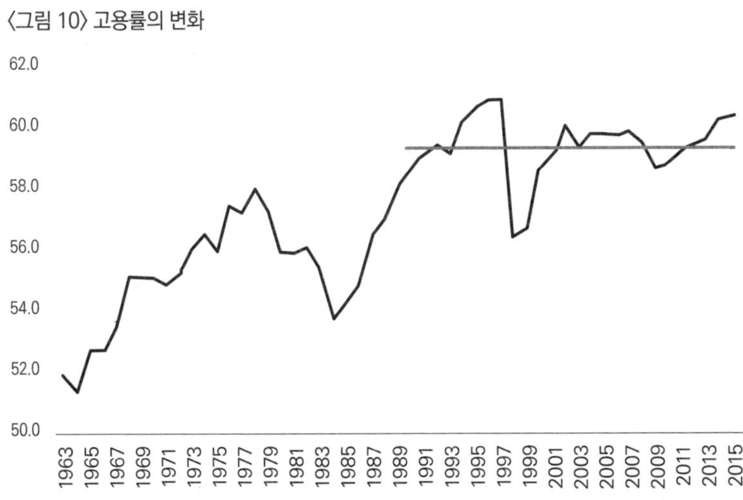

주: 가로 선은 고용률의 1990~2015년 평균임.
출처: 통계청, 경제활동인구조사. 각년도

2000년대 이후 일자리 공급이 둔화되면서 고용의 정체가 지속된 결과 노동시장에 새롭게 진입한 청년층의 일자리가 부족해지고 또한 일자리의 질도 양극화되기에 이르렀다. 일자리 공급이 원활하면 자신의 능력과 훈련에 적합한 일자리에 들어가서 노력을 통해 소득을 증대할 수 있는 가능성이 늘어난다. 하지만 일자리 공급이 정체되거나 줄어들면 그 반대 현상이 나타난다. 실업이나 저임금 일자리 취업이 늘고 그 결과 불안정하거나 비정규적인 고용이 확대되는 결과가 나타나는 것이다. 일자리에서의 이러한 양극화는 결국 노동시장의 이중구조를 통해 불평등을 더욱 심화시키고 양극화를 부추기는 결과를 낳는다.

(2) 노동시장의 이중구조 심화

〈그림 11〉 이중 노동시장에서 일자리의 분포

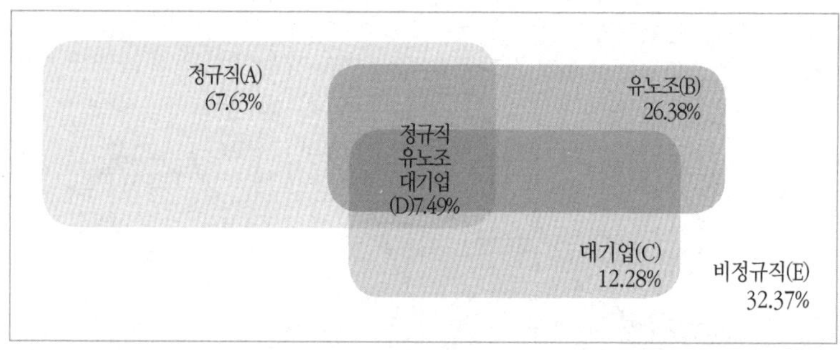

자료: 경제활동인구조사 부가조사(2014년 8월), 통계청

〈그림 11〉은 노동시장의 이중구조 속에서 일하는 사람들과 일자리의 분포를 보여준다. 안정적이고 중산층 수준의 소득을 누릴 수 있는 정규직 대기업의 노동조합에 속한 사람들의 비중은 전체 노동자의 8%에 채 못 미치는 반면, 비정규직은 전체 노동자의 32%, 중소기업은 전체의 87%를 넘는 것을 알 수 있다. 대기업 정규직 유노조 부문에 속하는 8%도 안 되는

소수의 사람들이 얻는 소득이 비정규직에 종사하거나 중소기업에서 일하는 사람들에 비해 훨씬 큰 차이를 보이며 늘어나면서 소득 불평등은 더욱 커지게 되었다.

한국에서 노동시장의 이중구조는 크게 두 측면에서 나타난다. 하나는 비정규직과 정규직의 격차이다. 비정규직은 고용조건의 측면에서 정규직과 달리 고용의 안정성이 보장되지 않을 뿐 아니라 한국 인사관리의 기본틀이 되어왔던 연공제적 급여와 승진체계의 적용을 받지 못한다. 그 결과 비정규직은 이동이 잦아서 경력의 축적이 어렵고, 또한 승진과 급여상승의 가능성이 없다. 정규직에 속하는 사람들이 안정된 고용과 내부노동시장의 이점을 누릴수록 비정규직으로 일하는 사람들은 그에 따른 불안정과 불리함을 겪어야 하는 것이다.

〈그림 12〉 비정규직 비중 변화 및 정규직 대비 임금 비율 변화

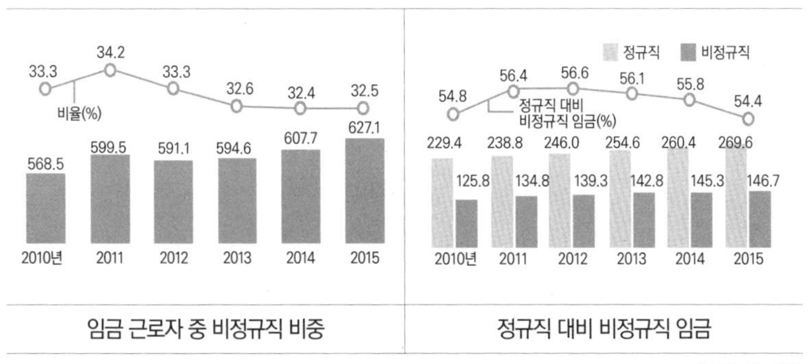

출처: 통계청

〈그림 12〉는 2010년 이후 비정규직 비중의 변화와 정규직 대비 임금의 비율을 보여준다. 임금 근로자 전체에서 비정규직의 비율은 2011년 최고인 34.2%에서 점차 하락하는 추세를 보이고 있다. 하지만 여전히 30%가 넘는 근로자들이 비정규직으로 일하고 있다. 정규직 대비 비정규직의 임금 비율

또한 2012년 56.6%까지 높아졌다가 이후 감소해서 2015년에는 54.4%가 되었다. 정규직 대비 겨우 절반을 조금 넘는 수준의 임금을 비정규직으로 일하는 사람들이 받고 있는 것이다. 물론 정규직과 비정규직의 업무 내용이나 인적 자본의 차이 즉 교육수준이나 경험 등이 차이가 있을 수 있지만 그 차이가 엄청난 것은 아니라는 많은 연구 결과들이 있다(김영미, 한준, 2007).

기업규모별 격차, 즉 대기업과 중소기업에서 일하는 사람들 간의 임금 격차를 살펴보자. 이효수(2015)에 따르면 한국의 노동시장은 능력과 노력에 따라 기회가 균등하게 주어지지 못하고 학력과 성을 기준으로 단층별 입직기준이 존재해서 단층 간 경쟁은 제한되고 단층 내에서만 경쟁이 존재한다고 한다. 상위단층이 중심부의 정규직 노동시장이라면 하위단층은 비정규직 중심의 주변부 노동시장이라 할 수 있다. 이효수의 분석에 따르면 이러한 학력과 성별에 따른 단층이 기업규모별로 1980년에는 큰 차이를 보이지 않았는데 이후 최근에 이르러서는 뚜렷하게 기업 규모에 따른 단층의 형성이 나타났다고 한다.

〈그림 13〉 기업규모별 단층의 변화

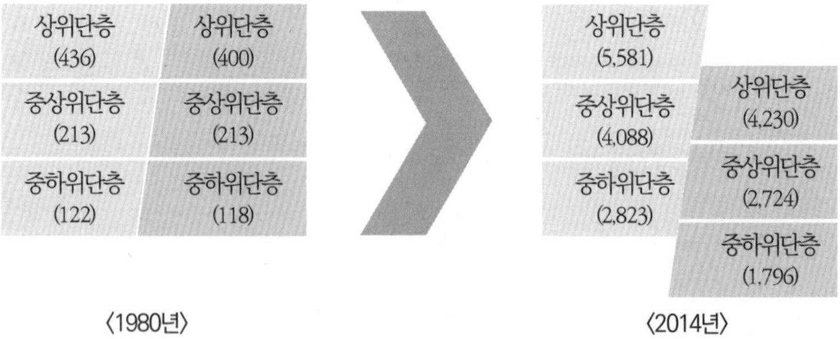

상위단층 (436)
상위단층 (400)
중상위단층 (213)
중상위단층 (213)
중하위단층 (122)
중하위단층 (118)

〈1980년〉

상위단층 (5,581)
중상위단층 (4,088)
중하위단층 (2,823)
상위단층 (4,230)
중상위단층 (2,724)
중하위단층 (1,796)

〈2014년〉

주: ( )는 단층별 평균임금수준(단위: 1,000원)이고, 대기업은 규모V(500인 이상), 중소기업은 규모II(30-99인)를 나타냄. 출처: 이효수(2015).

기업규모에 따른 단층화를 보여주는 〈그림 13〉을 보면, 1980년에는 동일 단층 안에서 대기업과 중소기업 사이에 임금격차가 없는 것으로 나타난다. 상위단층의 경우 대기업 월평균 임금수준이 436,000원으로 중소기업의 400,000원과 큰 차이를 보이지 않는다. 또한 중상위단층의 경우 대기업과 중소기업 모두 213,000원으로 같다. 이에 비해 최근인 2014년에 오면 대기업과 중소기업 간에 단층이동이 일어나서 중소기업이 대기업에 비해 훨씬 낮은 수준으로 떨어졌다고 이효수(2015)는 주장한다. 중소기업의 상위단층 월평균 임금인 4,230,000원은 대기업 상위단층의 월평균 5,581,000원에 크게 못미치고 오히려 대기업 중상위 단층인 4,088,000원에 더 가깝게 떨어진 것이다. 이처럼 중소기업 노동시장이 대기업 노동시장에 비해 더 낮게 단층이동이 일어난 것이다.

이러한 기업규모별 단층화가 진행된 결과 대기업 정규직 임금을 100으로 볼 때, 대기업 비정규직은 64, 중소기업 정규직은 52, 중소기업 비정규직은 35 수준이다. 고용 안정성도 천지 차이다. 노조가 있는 대기업 정규직은 평균 근속연수가 13.1년, 노조가 없는 중소기업 비정규직은 2.2년이다. 기업 규모, 고용 형태, 노조 유무에 따라 근로조건이 극적으로 달라지는 것이다. 이러한 변화의 가장 큰 원인은 대기업과 중소기업 간 기업성과의 격차가 지속적으로 증가했기 때문이다. 대기업들이 2000년대 수출을 통해 글로벌 시장으로 진출하고 성장을 이룰 수 있었던 것과 반대로 중소기업들은 내수시장에 한정되거나 대기업의 하청계열에 속하면서 성장의 기회를 충분히 갖지 못하고 기업성과에서의 격차가 계속 벌어져 왔다.

(3) 정부정책의 약한 불평등 감소 효과

다음의 〈그림 14〉는 2010년 기준으로 시장소득과 가처분소득에 따른 지니계수 차이의 국가별 비교이다. 시장소득은 세금 납부 이전 소득 총액이고 가처분소득은 세금 납부 이후의 소득이다. 이 두 소득에 따른 지니계수의 차이는 누진적 소득세율의 적용 등을 통해 혹은 각종 복지혜택과 소득지원을 통해 불평등을 감소시키려 정부가 노력한 결과라고 할 수 있다. 따라서 시장소득과 가처분소득에 따른 지니계수 차이가 큰 사회는 정부의 소득불평등 감소 노력이 효과가 있는 것이고, 반대로 그 차이가 작은 사회는 정부의 소득불평등 감소 노력이 별로 효과를 거두지 못했다고 할 수 있다.

〈그림 14〉 시장소득과 가처분소득의 지니계수 차이의 국제 비교

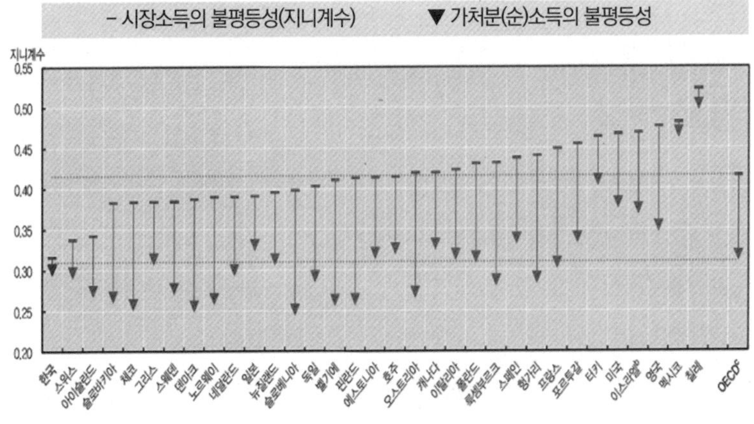

출처: OECD(2013a)

위 그래프에서 두드러진 것은 구 사회주의 사회 및 북유럽 사회들에서 소득불평등 감소를 위한 정부정책의 효과가 높게 나타난다는 사실이다. 핀란드, 덴마크 등 북구 사회와 체코, 슬로바키아, 헝가리, 슬로베니아 등의 구 사회주의 사회에서는 시장소득 지니계수와 가처분소득 지니계수의 격차가 상당히 큰 반면, 미국과 일본, 스위스, 한국 등의 사회는 격차가 매우 작은 편에 속한다. 특히 한국은 멕시코와 함께 시장소득과 가처분소득

의 지니계수 차이가 가장 작아서 정부의 소득불평등 감소 정책이 거의 효과를 보지 못하는 것을 알 수 있다. 이처럼 정부의 소득불평등 감소 노력이 효과적이 못할 경우 소득불평등은 낮아지기 힘들다.

4. 소득불평등과 자산불평등

소득불평등은 가구의 유지와 소비를 위한 자원 획득 면에서의 불평등을 의미한다. 하지만 부 혹은 자산의 불평등은 그와 달리 경제적 자원 축적 면에서의 불평등을 의미한다. 자산불평등은 소득불평등이 누적된 결과라고 할 수도 있지만 동시에 소득불평등의 새로운 투입 요인으로 불평등을 더욱 강화시킬 수 있다.

부의 축적은 스스로 번 소득 중의 일부를 저축하거나 상속이나 증여로 부를 이전 받는 것을 통해 이루어진다. 만약 경제성장이 빠르고 사회이동의 기회가 열려 있는 사회라면 상속받은 부가 없더라도 자신의 노력으로 부를 축적할 수 있는 기회가 개방되어 있다고 할 수 있다. 하지만 경제성장이 둔화되거나 사회이동 기회가 막힌 사회라면 스스로 부를 축적할 기회는 줄어들고 상속받은 부가 더 중요해진다. 만약 저축보다 부의 이전이 훨씬 더 중요해지고 그렇게 축적된 부의 불평등이 높아진다면 이런 사회에서 능력주의는 약화되고 양극화의 위험은 더욱 높아질 것이다.

〈그림 15〉는 상위 각 몇 %가 전체 자산의 몇 %를 차지하는지를 2000년부터 2013년까지 보여준다. 먼저 상위 50%가 자산의 98%를 차지하는 것으로 나온 것은 반대로 보면 하위 50%의 자산이 2%에 불과하다는 의미이기도 하다. 이들 하위 50%에는 경제활동이 없는 사람들도 포함되어 있다. 상위 10%의 자산 비중은 60%대를 보이는데 2000년대의 63,3%에

서 2010년 이후 65.6%로 약간 상승했다. 상위 1%의 자산 비중은 같은 기간 24.0%에서 25.1%로 다소 상승했다.

〈그림 15〉 상위 각 %의 소유자산 비중

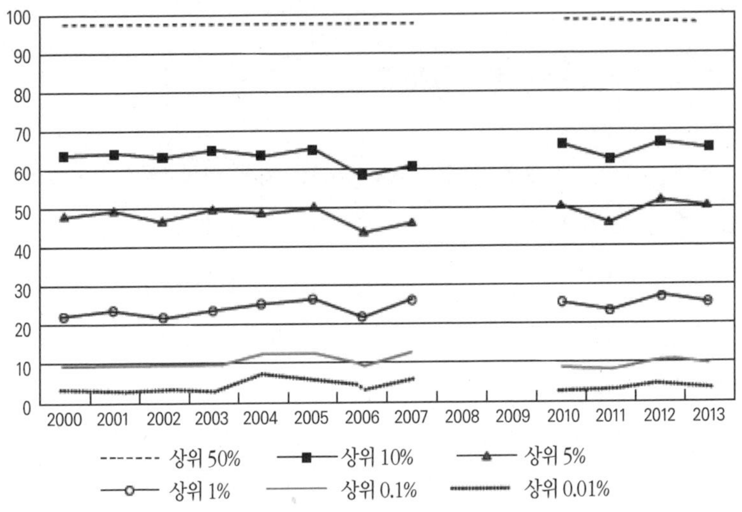

출처: 김낙년(2016b)

앞의 〈그림 4〉에서 2015년 소득 상위 10%가 전체 소득의 25.5%를 점하는 것으로 나타났는데 2013년에 자산 상위 10%가 전체 부의 65.6%를 차지하는 것으로 나타나 부의 집중이 소득의 집중보다 더 높다는 것을 알 수 있다. 〈그림 9〉에서는 2010년 소득 상위 1%의 전체 소득 점유율이 12%에 가까운데 〈그림 15〉에서는 2010년 자산 상위 1%의 전체 자산 점유율이 약 24%인 것으로 나타나 역시 두 배 가까이 높은 것을 알 수 있다.

〈그림 16〉 전체 부에서 상속된 부가 차지하는 비중(φ)의 변화

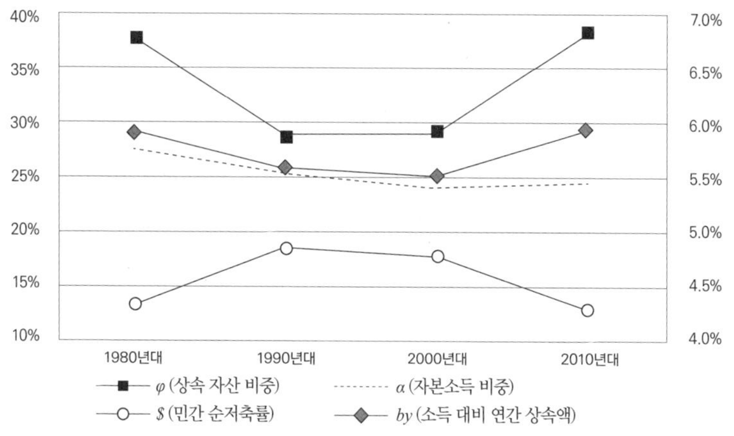

1) *by*는 오른쪽 눈금, 나머지는 왼쪽 눈금.

출처: 김낙년(2017)

그러면 이처럼 소득 집중에 비해 부의 집중이 더 심하게 된 원인으로 상위 소득자의 소득의 축적이 더 중요한가 아니면 부의 상속이 더 큰가? 김낙년(2017)의 연구에 의하면 연간 상속액의 규모는 1970년대 국민소득의 6.0%, 1980년대 5.2%로 낮아졌다가 2010년대에 7.2%로 높아졌다. 상속과 부의 이전에 대한 장기계열이 추계된 프랑스, 영국, 독일, 스웨덴의 경우 20세기 초 매우 높은 수준에서 20세기 중반 무렵 크게 하락한 후 상속의 중요성이 다시 커지는 U자형의 추이를 보였다. 이들과 비교하면 한국의 수준은 아직 낮은 편에 속한다. 하지만 한국 역시도 이들 나라와 비슷한 유형의 변화를 보이는 것은 사실이다.

〈그림 16〉은 한국의 전체 부에서 상속된 부의 비중이 어떻게 변화해 왔는가를 추정한 결과이다. 이 그래프에 따르면 부의 축적에서 상속이 기여한 비중이 1980년대 37.7%에서 1990년대 이후 29% 전후로 떨어졌다가 2010년대에는 다시 38.3%로 높아져서 U자형이 뚜렷하게 나타났다. 소

득대비 연간 상속액이 하락하던 고도성장기에는 연간 저축률이 크게 높아 상속 자산의 비중을 떨어뜨렸지만 소득 대비 연간 상속액이 상승하기 시작한 2000년대 이후에는 순저축률이 거꾸로 하락으로 돌아섰다. 이 그래프는 전체 부에서 상속된 부가 차지하는 비중이 50%를 넘는 유럽의 영국이나 프랑스 등의 국가들에 비해 한국은 자신의 소득으로부터 축적한 비율이 높기는 하지만 최근 들어 상속된 부의 비중이 높아지고 있음을 보여준다. 이러한 추세는 이른바 빈익빈 부익부를 강화할 가능성이 높다고 할 수 있다.

5. 세대 내 및 세대 간 이동과 불평등의 고착화

소득불평등이 부의 불평등을 지속하고 또한 부의 상속이 부의 불평등을 지속시키는 것과 아울러 그 고착화와 관련된 중요한 문제는 세대 내 혹은 세대 간 이동의 기회이다. 불평등이 존재하더라도 자신의 능력과 노력을 통해 사회적 이동을 성취한다면 불평등의 문제는 완화될 것이다. 실제로 칼 맑스는 19세기 후반 유럽에서 사회혁명이 활발한 반면 미국에서 혁명이 일어나지 않는 이유로서 미국사회에서 사회 이동이 활발하기 때문이라고 설명하였다. 그러면 한국사회에서 최근 사회적 이동의 기회는 열려 있는가 아니면 닫혀 있는가를 살펴보도록 하자.

(1) 세대 내 이동과 불평등의 지속

먼저 세대 내 이동의 기회에 대해 살펴보자. 표 1은 복지패널의 소득 자료를 이용해서 2008년부터 2012년 사이에 OECD 기준으로 중위 소득의

50%와 150%를 기준으로 각각 저소득층(빈곤층), 중산층, 고소득층(부유층)을 나누고 해마다 이러한 소득계층집단 간의 지위 이동과 유지의 분포를 분석한 것이다.

〈표 1〉 소득계층 간 이동과 잔류의 분포: 2008~2012 (단위: %)

구분	저소득층			중산층			고소득층		
	잔류	저→중	저→고	잔류	중→고	중→저	잔류	고→중	고→저
08~09	61.8	36.0	2.2	73.8	16.4	9.8	83.0	15.1	2.0
09~10	61.3	34.3	4.4	75.3	15.2	9.4	77.5	21.1	1.5
10~11	64.6	32.6	2.9	76.4	14.2	9.4	79.5	18.0	2.5
11~12	60.8	34.8	4.4	75.3	14.7	10.0	83.9	14.7	1.4

출처: 박종규(2017)

〈표 1〉에서 확인할 수 있는 것은 우선 저소득층에서 중산층, 고소득층으로 갈수록 잔류의 비율이 높아진다는 것이다. 또한 저소득층에서 60%가 넘는 사람들이 잔류한다는 것은 상대적 빈곤에서 벗어날 가능성이 절반 이하라는 것을 의미하기도 한다. 빈곤 탈출의 기회가 높지 않은 현실은 빈곤을 운명처럼 받아들이게 될 가능성이 높다는 것을 의미하기도 한다.

그러면 왜 빈곤 탈출의 기회가 높지 않을까? 가장 큰 원인 가운데 하나는 노동시장의 이중구조와 경직성이라고 할 수 있다. 앞에서 우리는 한국사회의 노동시장이 정규직과 비정규직, 대기업과 중소기업의 격차가 상당하다는 것을 살펴보았다. 그런데 이러한 이중적 노동시장에서 비정규직으로부터 정규직으로, 중소기업으로부터 대기업으로의 이동의 기회가 매우 적고 또한 실제로도 이동의 비율이 매우 낮다. 이것은 노동시장에서 기득권을 유지할 수 있는 가능성이 높고 반대로 불리한 지위를 벗어날 가능성은 매우 낮다는 것을 의미한다. 시사인(2017)의 보도에 따르면 졸업 후 취업의 어려움 때문에 '눈높이를 낮춘' 첫 취업이 향후 커리어에도 계속 부정적 영향을 주는 낙인효과를 갖는다고 한다. 한국직업능력개발원 자료의 분석 결과에 따르면 대졸 하향 취업자 가운데 64.3%가 직장을 두 번 옮겨도 상향 이동을 하지 못한다고 하며, 한국고용정보원의 자료 분석 결과에 따르면 첫 직장이 중소기업인 대졸자가 졸업 2년 뒤 대기업 정규직으로 상향 이동을 할 수 있는 비율은 7.5%에 불과한 것으로 나타났다.

대기업과 중소기업, 정규직과 비정규직의 고용안정 및 보상에서의 격차가 큰데 이동가능성이 낮은 현실은 세대 내 소득계층 이동의 가능성을 더욱 낮춘다. 특히 많은 노동시장 신규 진입자들이 이러한 현실 때문에 취업 대기기간을 늘려 대기업 정규직에 취업하려는 성향을 보이는데 이러한 대기기간을 견딜 수 있는 가능성은 부모의 후원에 달려 있다고 할 수 있다. 이것은 결국 세대 내 이동이 세대 간 이동과 밀접한 관계를 갖고 있다는 것을 의미한다.

(2) 세대 간 이동과 계층의 대물림

세대 간 이동은 부모의 계층적 지위가 자녀의 계층적 지위에 얼마나 영향을 주는가의 문제이다. 만약 이 영향의 정도가 커서 자녀가 부모의 불리한 지위로부터 벗어날 세대 간 이동이 제약된다면 불평등은 세습될 가능성이 높다. 세대 간 이동은 크게 경제적으로 소득이동과 사회적으로 직업계층 이동으로 나누어 살펴볼 수 있다.

〈그림 17〉은 한국의 소득이동이 국제적으로 비교할 때 어느 정도의 수준인가를 보여준다. 소득이동은 부모의 소득과 자녀의 소득의 상관관계로 표현되는 소득탄력성 수준의 반대이다. 요컨대 소득탄력성이 높으면 이동이 낮은 것이고 소득탄력성이 낮으면 이동이 활발한 것이다. 이진영

(2016)이 외국과 한국의 소득탄력성을 비교한 결과에 따르면 한국은 소득이동성이 높은 편에 속하는 북구 나라들과 소득이동성이 낮은 편에 속하는 영미 계통의 나라들 사이의 중간 수준으로 일본, 독일 등과 비슷한 위치에 있는 것을 알 수 있다. 이 그래프에서 한국을 제외한 나라들의 소득탄력성은 동일한 방법을 적용하여 소득이동성을 측정한 Corak(2013)의 결과를 인용한 것이며, 한국의 소득이동성은 Corak의 방법과 동일하게 한국노동패널(KLIPS) 자료를 이용하여 한국의 소득탄력성 수준을 측정한 결과이다.

〈그림 17〉 소득탄력성 수준의 국제비교

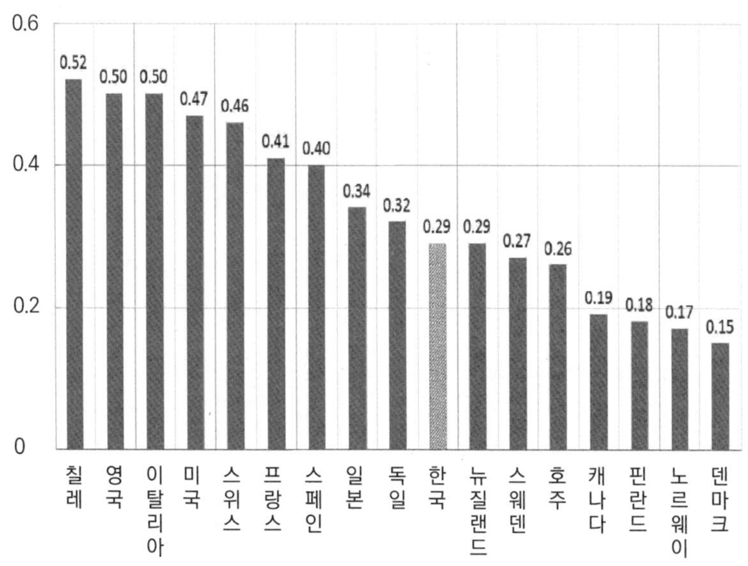

출처: 이진영(2016)

그러면 세대 간 이동은 시간에 따라 개방적이 되었는가 아니면 폐쇄적이 되었는가? 이경희, 민인식(2017)의 연구는 한국노동패널의 1~17차 자료를 이용하여 자녀 성장기(14세) 부모의 직업 및 소득계층과 자녀의 이후 직업 및 소득계층의 관계를 분석하였다. 패널 서열형 로짓모형을 이용한 분석 결과 이들은 부모의 직업 및 소득계층이 자녀의 직업 및 소득계층에 유의한 영향을 미치는 것을 확인했다. 소득계층의 경우 1971~80년생 이후 부모의 영향이 지속적으로 커졌으며, 직업계층의 경우 부모의 영향이 1975년 이전에는 거의 없다가 최근 들어 증가한 수준에서 일정하게 유지된다고 한다.

〈그림 18〉 직업계층 이동 비율의 변화

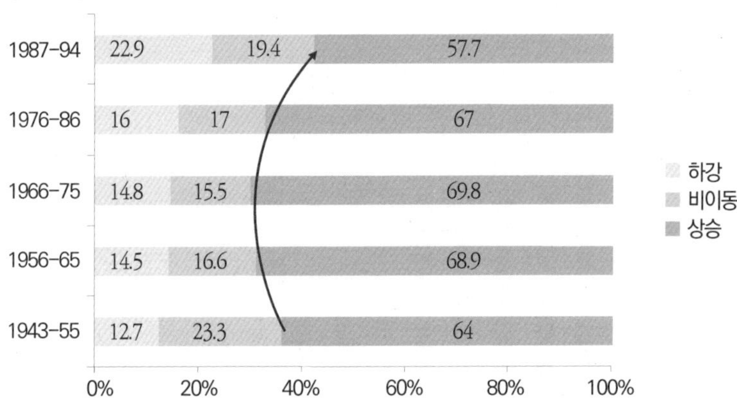

자료: 교육과 사회이동조사(한국교육개발원, 2008~2010) 및 청년패널조사(한국고용정보원, 2015)
출처: 한준

〈그림 18〉은 세대별로 직업계층의 세대 간 이동 수준의 변화를 보여준다. 서로 다른 출생 코호트별로 아버지 직업계층에 비해 아들 직업계층이 이동을 경험했는지의 여부를 비율로 표시한 것이다. 전문관리직, 사무직, 자영업, 숙련노동, 비숙련노동, 농업의 여섯 직업계층 구분을 이용하였으며, 1943년생~1986년생은 한국교육개발원의 '교육과 사회이동 조사' 자료를, 1987년 이후 세대는 한국고용정보원에서 실시하는 '청년패널조사'

자료를 이용하였다. 분석 결과 베이비붐 이전 세대인 1943~55년 출생 집단부터 베이비붐 세대를 거쳐 1966~75년 출생 집단까지 상승이동 비율이 증가하고 비이동이 감소하여 전체적으로 이동이 증가하는 추세를 보이지만, 그 이후 출생집단에서 상승이동의 비율이 감소하고 하강이동과 비이동 비율이 증가하여, 전체적으로 이동이 감소한다. 이러한 분석 결과는 한국사회에서 이동의 기회가 최근 들어 줄어들었다는 수저론의 주장을 어느 정도 지지한다.

한국사회에서 이동의 기회가 줄어든 데에는 앞서 살펴본 노동 수요 측면에서의 노동시장의 경직성과 함께 공급 측면에서 계층 간 교육불평등의 역할도 크다. 교육열이 높기로 알려진 한국에서 교육은 계층이동의 사다리 역할을 하는 것으로 알려져 왔다.

〈그림 19〉 교육수준과 사회경제적 지위의 세대 간 상관계수 추이

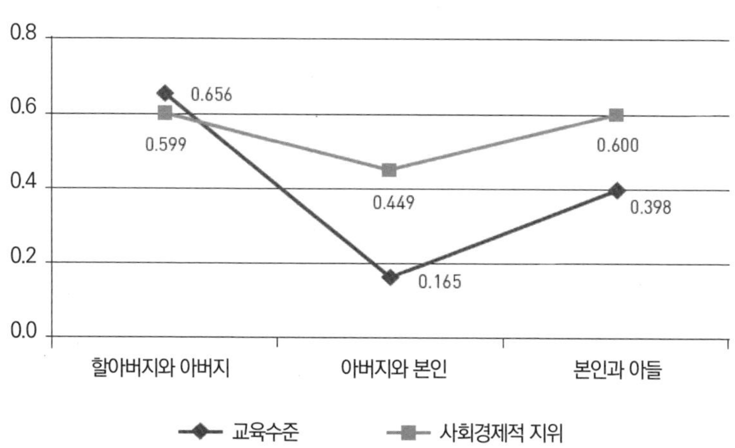

주: 교육수준은 학력별 교육연수이며, 사회경제적 지위는 해당 가족이 중년(40~50대)인 시기를 기준으로 해당 세대의 전체 한국인과 비교했을 때의 상대적인 위치로서 응답자가 10점 척도로 평가한 수치를 나타냄.

출처: 김희삼(2015)

김희삼(2015)은 계층을 초월한 교육열과 공교육 확대, 고속성장에 따른 일자리 공급, 그리고 평준화와 사교육 억제 등의 정책효과가 복합적으로 작용한 결과 세대 간 교육수준의 상관성을 낮추었다고 한다. 〈그림 19〉를 보면 본인과 아버지 간에 학력 상관계수가 아버지와 할아버지의 상관계수인 0.656로부터 0.165로 크게 낮아졌다고 한다. 주관적으로 평가한 사회경제적 지위의 부자 간 상관계수도 해당 세대에 걸쳐 0.599에서 0.449로 낮아졌다. 그런데 본인과 아들의 학력 상관계수는 0.398로 다시 높아졌고, 사회경제적 지위의 상관계수도 0.6으로 높게 평가되었다. 이것은 한동안 사회경제적 지위의 세습을 낮추는 역할을 했던 교육이 최근 다시 세습을 강화하는 역할을 하기 시작했다는 것을 함의한다.

6. 계층구조에 대한 인식

앞에서는 주로 객관적 현실의 분석 결과를 중심으로 한국사회에서 소득불평등이 1990년대 중반 이후 지속적으로 증가해 왔으며, 그 누적된 효과가 부의 상속과 맞물려 부의 불평등도 심화시켰다는 사실을 확인했다. 또한 세대 내 혹은 세대 간 이동의 기회가 제약되어 불평등은 운명적이고 대물림되는 것으로 인식될 가능성이 높아졌다는 사실도 확인하였다. 그러면 우리 국민은 한국사회의 계층불평등에 대해 어떤 인식을 갖고 있을까? 계층불평등의 객관적 현실에 못지않게 그에 대한 주관적 인식이 중요한 것은 사람들의 불평등에 대한 반응이 주관적 인식에 기초해서 일어나기 때문이다.

〈그림 20〉 계층수준별 계층불평등 구조 인식

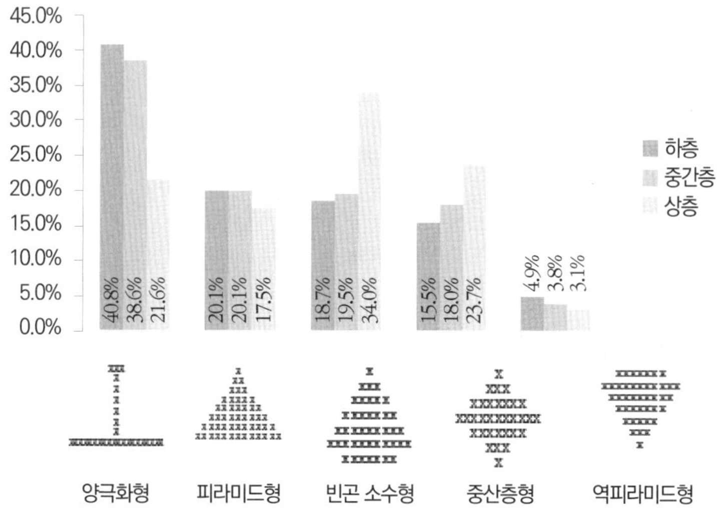

자료: 국민대통합위원회(2014)

〈그림 20〉은 한국의 현재 계층구조가 어떤 형태를 취하고 있다고 생각하는지를 물은 것에 대한 응답의 분포이다. 이 분석 결과는 2014년 국민대통합위원회에서 실시한 국민의식조사 자료를 이용한 것이다. 이 그래프에서 볼 수 있는 것은 사회계층별로 한국사회의 계층의 이미지에 대한 인식의 차이가 확연하게 나타난다는 사실이다. 하층과 중간층의 경우는 양극화형에 가깝다고 응답한 비율이 40.8% 및 38.6%로 가장 높았던 반면, 상층의 경우는 빈곤층이 소수인 형에 가깝다고 응답한 비율이 34%로 가장 높았다. 하층과 중간층이 주로 선택한 양극화형을 선택한 상층의 비율은 하층과 중간층의 절반이 조금 넘었으며, 역시 상층이 주로 선택한 빈곤소수형을 선택한 중간층과 하층의 비율은 상층의 절반이 조금 넘었다. 실제 OECD의 소득계층 구분 기준을 적용하여 한국의 소득계층 구조를 분

석해보면 빈곤소수형에 가깝다. 그런데 저소득층뿐 아니라 중산층까지도 다수가 양극화형을 선택한다는 것은 계층불평등의 객관적 현실보다 주관적 인식이 더 앞서가고 있다는 것을 함의한다고 할 수 있다.

〈그림 21〉 세대 간 이동 경험에 대한 인식의 국제 비교

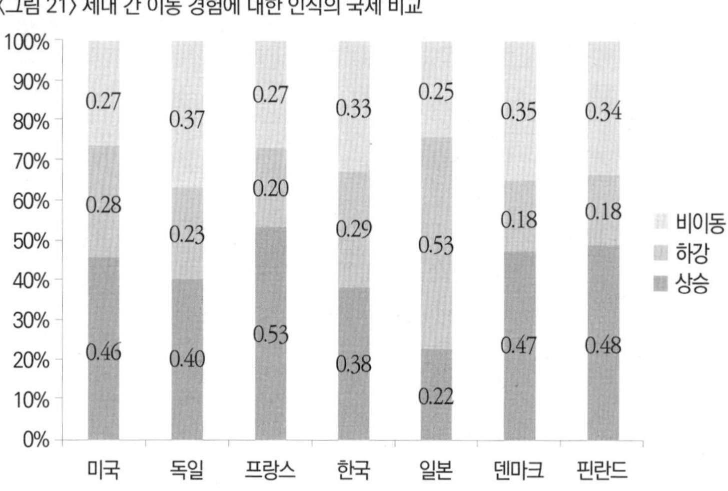

출처: 한준(2016)

세대 간 이동에 대한 주관적 인식은 어떠한가? 〈그림 21〉은 국제사회조사프로그램(ISSP)의 2009년 조사 결과를 분석하여 국제 비교한 것이다. 이 그래프에서 한국과 일본은 유럽이나 미국에 비해 상승 경험을 했다는 응답 비율이 낮게 나타난다. 이 결과를 객관적 자료를 이용한 이동 비율과 비교하면 한국은 실제 상승이동 비율이 58%인데 비해 주관적으로 상승이동을 했다고 생각하는 비율은 38%로 20%나 낮으며, 하강이동의 경우 객관적 비율이 20%인데 비해 주관적 하강이동 인식 비율은 29%로 9%가 높다. 비이동 또한 실제 비율은 22%인 반면 주관적 비이동 비율은 33%로 11% 높다. 한국은 객관적 사회이동 수준이 최근 세대로 올수록 낮아지는

것도 사실이지만 그보다 더 두드러진 것은 객관적 현실에 비해 비관적 인식의 정도가 더 강하다는 것이다.

〈그림 22〉 세대 간 이동 가능성에 대한 인식의 변화

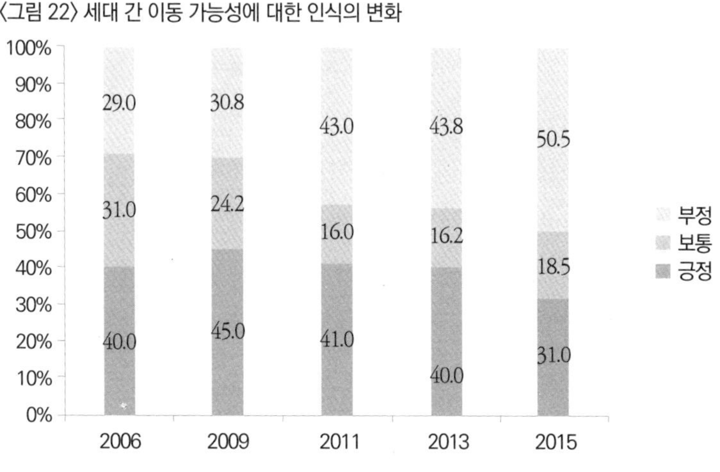

출처: 통계청, 사회조사. 각년도

자신의 이동 경험에 대한 이러한 부정적 인식은 미래 이동의 전망 혹은 가능성에 대해서도 비관적 인식으로 연결된다. 〈그림 22〉는 통계청에서 실시하는 사회조사에서 자녀세대에서 더 나은 지위로의 이동이 가능할 것이라고 생각하는지 질문한 것에 대한 응답의 분포를 시기별로 비교하여 보여준다. 세대 간 이동 가능성에 대한 주관적 인식은 지난 10년간 부정적 인식이 29%에서 51%로 22% 증가했으며, 긍정적 인식은 40%에서 31%로 9% 감소하였다. 사회이동 가능성에 대한 주관적 인식의 차이는 계층적으로도 상당한 차이를 보여서 상승이동 가능성에 대한 긍정적 응답 확률이 스스로 상류층이라고 생각하는 사람에 비해 중간층이라고 생각하는 사람은 10% 낮고, 스스로 하층이라고 생각하는 사람은 20% 낮은 것으로 나타났다.

7. 계층갈등의 현실과 인식

마지막으로 계층불평등 심화와 사회이동의 감소, 계층구조와 이동전망에 대한 부정적 인식이 갈등의 증가를 낳는지 살펴보자. 한국사회는 최근 들어 갈등의 양과 수준이 모두 높아졌다고 한다. 이에 대해 우선 객관적으로 갈등에 대한 계량적 접근을 시도한 연구를 살펴보자.

단국대학교 분쟁해결연구센터는 공공분쟁에 대해 "서로 상충되는 쟁점을 둘러싸고 대립하는 둘 이상의 행위주체들의 상호작용과정이 공중에게 광범위하게 영향을 미치게 되어 사회적 분쟁관리기제에 의해 다루어지는 분쟁"으로 정의하고 이러한 기준에 부합되는 언론의 보도 자료를 수집하여 공공분쟁의 특징을 이슈에 따라 환경, 이념, 노동, 지역, 계층, 교육으로 구분하였다. 1990년부터 2013년까지 확인된 공공분쟁 844건에 대해 수집된 자료를 분석하여 가상준(2014)은 정부별로 이슈별 공공분쟁의 건수가 어떻게 변화해 왔는가를 비교 분석하였다.

〈표 2〉 유형별 정부별 갈등 건수

	환경	이념	노동	지역	계층	교육	계
김영삼	21	9	30	10	20	15	105
김대중	20	11	37	24	35	16	143
노무현	28	17	61	55	30	22	213
이명박	38	7	45	80	67	22	259
계	107	44	173	169	152	75	720

카이제곱: 47.143(p〈0.001) 출처: 가상준(2014)

〈표 2〉에 따르면 김영삼에서 이명박에 이르는 4개 정부를 거치면서 공공분쟁의 건수는 지속적으로 증가해왔다. 정부의 이념적 성향과 상관없이 지속적으로 증가해온 공공분쟁 중에서 가장 높은 비율을 차지하고 있는

분쟁은 노동분쟁이었다. 그 뒤를 지역분쟁과 계층분쟁이 따르고 있는데 주목할 점은 이명박 정부에 들어와서는 지역분쟁과 계층분쟁이 노동분쟁을 월등히 앞선다는 점이다. 환경분쟁 빈도는 상대적으로 낮으나 점점 늘어나고 있고 이념분쟁은 가장 낮은 비율을 보이고 있다.

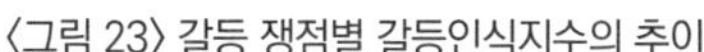

〈그림 23〉 갈등 쟁점별 갈등인식지수의 추이

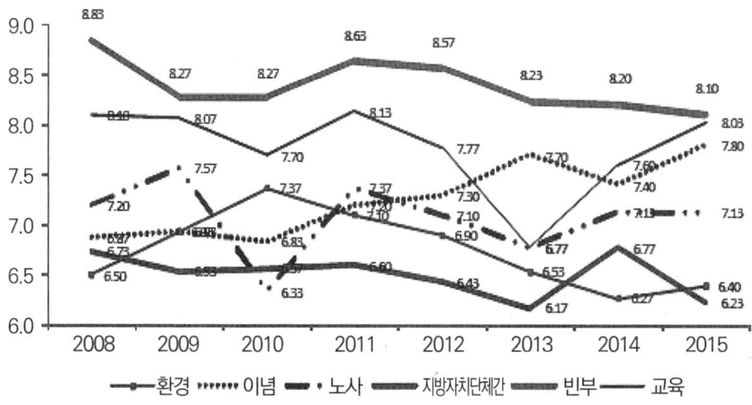

출처: 가상준(2016)

그러면 갈등에 대한 인식은 어떻게 변화해 왔을까? 〈그림 23〉은 단국대학교 분쟁해결연구센터에서 2008년부터 2015년까지 8년간 국민의 갈등 인식을 조사한 자료를 쟁점별로 분석한 결과이다.

공공갈등에 대해 조사한 연구들은 대부분 빈부(계층)갈등을 가장 심각한 갈등이라 응답하는 경향이 있는데 이 그래프에서도 계층(빈부)갈등이 8년간 조사에서 모두 가장 심각한 갈등으로 인식되고 있다. 빈부(계층)갈등이 지속적으로 높은 인식 지수를 보이는 반면, 교육갈등과 이념갈등의 인식 지수는 꾸준히 상승해 빈부(계층)갈등과 같은 수준에 이르고 있다. 이것은 사회경제적 양극화 못지않게 이념적 양극화도 함께 진행되고 있음을 보여준다고 하겠다. 반면 환경갈등과 지방자치단체 간 갈등 인식 지수는 과거에 비해 낮게 나타나고 있다.

〈그림 24〉 갈등 유형별 심각도에 대한 인식의 변화

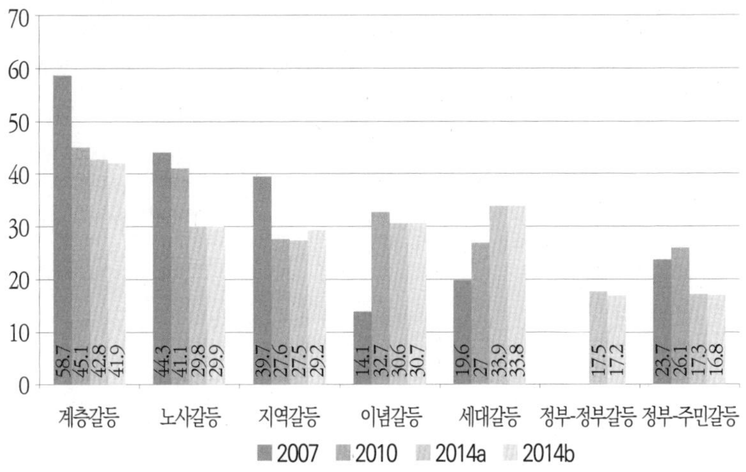

출처: 윤인진(2015)

〈그림 24〉는 고려대학교 사회학과의 한국사회연구소와 BK21 갈등사회 교육연구단이 2007년, 2010년, 2014년 세 차례 실시한 한국인의 갈등의식조사 자료에서 갈등 유형별로 심각한 정도를 물은 것에 대한 응답의 분석 결과이다. 갈등이 심각하다고 응답한 비율의 분포 변화를 보면 2007년에서 2014년 사이 계층갈등, 노사갈등, 지역갈등 등 전통적으로 이해관계를 둘러싼 갈등의 심각성은 줄어든 반면 이념갈등, 세대갈등 등 가치를 둘러싼 갈등은 심각하다고 인식하는 비율이 증가했다. 그럼에도 불구하고 여전히 계층갈등은 모든 조사에서 가장 심각하다는 응답의 비율이 높은 갈등유형이다.

8. 무엇을 어떻게 할 것인가?

(1) 불평등의 보편성과 특수성

한국사회의 불평등이 지속적으로 심화되고 있는 것은 앞서 살펴본 바와 같이 전 세계적인 현상인 동시에 한국의 경제, 사회발전의 경로 및 맥락의 산물이기도 하다. 전 세계적 현상으로서 불평등의 지속과 심화는 한국만이 벗어나기 어려운 보편적 경향으로서 정보통신기술을 포함한 디지털 전환의 심화와 함께 다국적 기업 중심의 시장질서의 공고화에 기인하는 바가 크다. 그런 의미에서 본다면 사회적 불평등의 심화는 한편에서는 불가피한 측면이 있는 것이 사실이다. 경제사를 전공한 많은 학자들은 20세기 중반이 전 세계적으로 인류 역사상 가장 불평등의 정도가 낮은 편에 속했던 시기로 보고 있다. 이 시기 동안 서구를 비롯한 많은 선진국들이 중산층 중심의 사회적 질서를 이루고 유지할 수 있었던 것에 대해 21세기를 지난 현재 시점에서 학자들은 보편적 역사의 경향이라기보다는 일시적 현상이 아니었을까 생각하는 경우도 많다.

하지만 현재 한국에서 진행되고 있는 불평등의 지속적 심화를 불가역적이고 불가피한 현상으로만 치부하기는 어려운 사정도 있다. 한국의 불평등 심화가 한편에서는 전 세계적으로 보편적인 현상인 동시에 한국의 경제, 사회발전의 특수한 경로 및 맥락의 산물이기 때문이다. 이러한 측면에서 볼 때 한국의 경제, 사회발전의 경로의 중요한 전환점은 1990년대 중반이라고 할 수 있다. 1990년대 중반 한국경제는 민영화와 세계화를 동시에 진행했다. 민영화의 결과 정부의 경제개입이나 산업정책의 효과가 훨씬 감소하게 되었고 그 결과 민간 기업들의 경영활동이 더욱 활발해졌다. 또한 세계화의 결과 기업들의 해외진출이 활발해졌을 뿐 아니라 이 기회를 이용한 대기업과 그렇지 못했던 중소기업의 격차 또한 커지게 되었다. 마지막으로 1990년대 중반 이후 IMF 외환위기를 겪으면서 한국의 금융시장과 노동시장에서는 글로벌 스탠다드의 강조가 이루어져 신자유주의적 특성이 강화되었다.

1990년대 중반 이후 한국 경제발전의 경로 전환의 내용은 대체로 다음과 같다. 경제전문가 칼레츠기(Kaletsky, 2011)의 프레임을 다소 변형해서 적용하면, 한국 자본주의는 발전국가적 형태를 띤 국가개입적 자본주의 2.0에서 글로벌 신자유주의 성격을 띤 자본주의 3.0으로 바뀌었다. 또한 자본주의의 다양성을 이론화한 홀과 소스키스(Hall and Soskice, 2001)의 제도적 모형을 따르자면, 한국경제는 일본을 따른 조정시장경제 모형으로부터 영미권 중심의 자유시장경제 모형으로 경로를 바꾸었다고 할 수 있다. 현재 한국의 계층에 따른 소득 및 재산 불평등이 조정시장경제인 대륙 유럽국가들과 자유시장경제인 영미 국가들의 중간 수준에 가까운 것은 이러한 경제체제의 특성과 관련성이 높다고 볼 수 있다.

만약 한국경제의 경로전환이 불평등 심화의 유일한 배경이라면 그에 대한 대응 혹은 처방이 가장 절실하게 필요할 것이다. 하지만 한국에서 불평등이 지속적으로 심화되는 배경을 1990년대 중반 이후 한국 경제발전의 경로전환에서만 찾는 것도 지나친 단순화이다. 한국의 경제발전 경로의 큰 방향이 바뀌기는 했지만 완전히 영미형의 방향으로 바뀌지는 않았기 때문이다. 무엇보다 한국에서는 영미와 같은 모험적 혁신형 창업이 활발하게 이루어지고 있지 못할 뿐 아니라 전반적으로 모험회피형 경제마인드가 지배적이다. 또한 대기업과 중소기업의 이중구조가 존재할 뿐 아니라 대기업과 공기업 중심 노조의 영향에 따른 노동시장 이중구조 또한 심각하다. 이러한 상황은 세대 간, 세대 내 이동의 장애물이 될 뿐 아니라 이중구조적 제도를 이용한 지대추구적 행위를 통한 기득권층의 특권 유지를 부추긴다는 면에서 불평등을 더욱 심화시키고 있다.

(2) 불평등 원인과 현상에 대한 대응과 처방: 분배와 재분배

그렇다면 한국의 불평등의 지속적 심화를 완화시키고 불평등에 따른 사회적 갈등의 심화에 대처하려면 어떤 노력이 이루어져야 하며 그 주체는 누가 되어야 할까? 이 질문에 대한 대답은 주체별로 다르게 제시될 수 있을 것이다.

먼저 시장의 측면을 살펴보자. 시장은 엄밀하게 말해서 어떤 노력의 주체가 될 수 없다. 시장은 하나의 제도이며 제도는 실체가 없이 각 행위자들의 합의된 약속과 같은 것이기 때문에 시장 자체가 주체가 되어 불평등을 완화시키는 노력을 하기는 어렵다. 다만 현재 한국의 불평등 심화가 시장을 둘러싼 대기업과 중소기업의 규모별 격차 및 이중구조, 그리고 대기업과 중소기업, 정규직과 비정규직 근로자의 이중구조와 밀접하게 관련이 있기 때문에 이러한 이중구조의 문제점들을 완화시킬 수 있는 노력이 필요하다. 이러한 노력의 주체는 한편에서는 국가가 되어야 하겠지만 국가가 정책을 통해서만 제도를 바꿀 수는 없다. 국가는 기업 및 노동조합과 협의를 통해서 합의를 이루어 나가야 한다.

그 내용을 살펴보면 우선 대기업과 중소기업 간 불균형을 줄이기 위해 공정거래 관행이 자리잡도록 국가가 한편에서는 규제를 다른 한편에서는 지원을 계속해야 한다. 또한 기업 간 규모 격차가 단지 대기업의 일방적 불공정거래에만 있지 않고 생산성 격차에도 기인하기 때문에 중소기업의 경쟁력 강화를 위한 자구노력과 정부의 지원도 반드시 필요하다. 이 과정에서 중소기업의 지배구조 역시 보다 투명해질 필요가 있는 것은 물론이다. 결국 정부, 대기업, 중소기업의 공동노력과 협력을 통해 기업 규모에 따른 노동시장의 불균형이 현격히 줄어들 때 불평등이 줄어들 뿐 아니라 기업의 혁신과 경쟁력도 살아날 수 있다.

정규직과 비정규직의 노동시장에서의 이중구조 역시 마찬가지로 여러 주체들의 협력과 공동노력이 요구된다. 기업규모에 따른 이중구조가 주로 기업 차원의 경쟁력 격차와 시장질서의 문제라면, 정규직과 비정규직 간의 고용 지위에 따른 이중구조는 기업 내 인사제도의 문제인 측면이 우세하다. 특히 노동시장의 변화에도 불구하고 연공을 중시하는 호봉제적 요소가 노동조합과 기업의 협의에 의해 부분적으로 유지되는 한 정규직과 비정규직의 격차는 줄어들기 힘들다. 기업 내 노동시장의 이중구조를 바꾸려면 정부와 기업, 노동조합이 서로 협의하고 양보를 통해 합의를 이루어갈 필요가 있다. 이때 지향해야 할 방향은 노동자의 최저 생활이 보장되는 한에서 능력과 기여에 대한 공정한 보상이 이루어지되, 기업의 부담도 고려해서 유연한 노동시장이 가능하도록 바꾸는 것이다.

최근 정부의 최저임금 인상을 통한 노동자 소득 증대 정책을 둘러싼 논쟁이 지속되고 있다. 현재까지의 쟁점은 주로 최저임금 인상이 경기에 부정적 영향을 미쳐 소상공인들의 어려움을 가중시키는 것이 아닌가 하는 문제에 집중되어 있다. 하지만 그와 함께 이 글의 맥락에서 쟁점이 되어야 할 또 하나의 문제는 최저임금 인상이 현재의 인력 감축이나 추가적 고용의욕 감소로 이어질 경우 고용된 사람과 고용되지 못한 사람의 격차를 더욱 높이는 결과를 가져올 수 있다는 사실이다. 최저임금 문제와 관련해서 방향이 크게 잘못되지는 않았으나 속도와 방식의 문제가 있다는 지적이 이어지는 중요한 이유의 하나는 정부의 정책이 고용주와의 협의를 충분히 거치지 않았다는 점에 있다고 할 수 있다.

정부가 기업, 노동조합과 협력해서 시장질서와 제도의 특성을 바꾸는 것이 일차적인 시장에서의 분배를 개선하려는 노력이라면, 정부가 보다 효과적으로 불평등과 빈곤을 줄일 수 있으려면 이차적 재분배 정책 역시 보다 효과적으로 만들 필요가 있다. 앞서 살펴본 바와 같이 시장소득과 가처분소득의 불평등 수준이 거의 차이가 없다는 점에서 현재 한국의 재분배 정책은 효과적으로 불평등을 줄이는 역할을 거의 하지 못한다. 그 이유로는 여러 가지를 생각해 볼 수 있다. 하나는 현재의 세제가 충분히 누진적이지 못할 수 있다. 하지만 소득 및 재산세에 대해 면세 범위가 너무 넓다는 주장이 제기되고 있는 상황을 보면 이것만을 크게 문제 삼기는 쉽지 않다. 또 하나의 가능성은 현재의 저소득층 지원이 충분히 효과적이지 못하다는 것이다. 이와 관련해서는 빈곤층 지원과 함께 노동능력과 의욕을 높일 수 있도록 근로연계를 강화하는 방향의 지원책에 대한 제안과 시도들이 많이 있다. 가장 중요한 원칙과 기준은 저소득층 지원이 필요한 사람들에게 실질적으로 지원이 전달되도록 함으로써 정부 재원의 누수를 막는 동시에 저소득층의 생활수준 향상이 가능해져야 한다는 것이다. 마지막으로 점점 더 불확실성과 불안정성이 높아지는 상황에서 일시적으로 곤란에 빠진 가구나 개인들이 재출발할 수 있도록 효과적으로 지원하는 방안을 잘 마련하는 것이다. 사업실패, 건강악화, 사고 등으로 인해 갑자기 어려움을 겪은 사람들의 재출발이 가능하도록 공공정책을 통해 뒷받침할 필요가 있다. 재분배 정책과 관련해서 가장 중요한 목표는 효과적이면서 지속가능한 최하층에 대한 지원이 가능해야 한다는 것이다.

(3) 불평등의 영향과 결과에 대한 대응과 처방: 이동 및 갈등해소

불평등은 그 원인과 현상에 대해서뿐만 아니라 그것이 개인과 사회에 미치는 영향에 대해서도 대응과 처방이 이루어져야 한다. 불평등은 앞서 살펴본 바와 같이 사회적 이동을 정체시키고 결과적으로 불평등을 지속시키고 구조화시키는 악순환을 낳을 수 있다. 또한 불평등은 그것이 개인에 대한 차별 및 신분적 지위의 불평등으로 연결될 때 갈등을 유발하고 심화시킬 가능성이 높아진다. 결국 불평등이 심화된 사회가 이동의 통로가 막히고 집단 간의 차별과 배제가 심한 사회가 되면 사회적 균열 및 갈등이 심화되어 사회의 해체 위기를 가져올 수 있다. 이러한 문제들이 발생하지 않도록 하려면 역시 사회의 다양한 주체들의 협력과 공동노력이 필요하다.

먼저 사회적 이동 기회의 확충과 이동가능성 제고를 위한 노력에 대해 살펴보자. 현대사회에서 사회적 이동에 가장 중요한 요인의 하나는 교육이다. 많은 사회학, 교육학, 경제학 연구들은 사회적 불평등이 자녀의 교육불평등을 가져오고 그로 인해 불평등의 대물림이 발생한다고 지적한다. 사회적으로 교육불평등을 줄이는 노력은 그동안 주로 의무교육 확대, 고등교육 입시정책 및 장학금 지원에 집중되어 왔다. 하지만 고등교육에만 치중된 교육불평등 완화는 유년기 교육불평등의 지속적 효과를 강조하는 최근 연구들(Putnam, 2016)에 따르면 사회적 이동을 위한 정책적 개입은 빠를수록 좋다. 한국에서도 보다 빠른 시점에서 학교를 통해 저소득층의, 그리고 부모로부터 지원을 충분히 받지 못하는 아동들을 위한 실효성 있는 교육 지원정책이 충분히 이루어져야 한다. 그런데 사회적 이동은 교육을 통해 능력을 갖추는 것만으로 가능하지는 않다. 이동은 능력과 함께 기회가 주어져야 한다. 현대사회에서 이동의 기회는 창업이나 취업이 가장 중요하다. 이때 취업과 관련하여 차별이나 특혜가 기회의 불평등을 심화시키지 않도록 하는 사회적 노력이 매우 중요하다. 또한 저소득층 출신의 청년들에게 기회를 보다 많이 제공하는 노력도 필요하다. 결국 정부의 정책과 그에 대한 사회 전반의, 특히 기업 측의 호응이 교육을 통해 능력을 갖춘 청년들의 사회적 이동을 가능케 할 것이다. 정부의 노력이 차별과 특혜를 줄이도록 규제를 하는 것이라면 보다 적극적으로 기회의 문을 활짜 여는 것은 사회 전반 특히 기업의 협력이 매우 중요하다. 최근 기업들의 사회적 책임 혹은 사회적 가치에 대한 관심이 높아지는 것은 이러한 면에서 바람직하다고 할 수 있다.

마지막으로 사회적 불평등이 사회적 갈등으로 연결되는 고리를 차단하는 사회적 노력이 필요하다. 앞에서 불평등에 대한 대응과 처방이 주로 정부와 사회 각 분야의 공동노력이라면 이 문제에 대해서는 주로 시민사회 차원에서의 사회운동적 노력이 중요하다. 사회적 불평등이 갈등으로 이어지는 주된 경로는 의식과 정체성을 통해서이다. 자신이 단지 불평등으로 인해 취약하고 불리한 위치에 있다는 사실뿐 아니라 사회적으로 무시당하고 그로 인해 차별과 배제를 경험한다는 의식이 강할수록 갈등을 위한 집단적 정체성을 형성할 가능성이 높아지기 때문이다. 2000년대 들어 한국 사회에서는 불평등만 높아진 것이 아니라 시민적 자각을 통해 인격적 존엄에 대한 의식도 높아지면서 사회적으로 무시를 받거나 불공정한 대우를 받는 것에 대한 반감이 높아져왔고, 부유층의 특권의식이 외적으로 표출되고 그에 대한 집단적 반발이 제기되는 경우도 늘어나면서 사회적으로 빈부갈등, 계층 간 갈등의 가능성도 높아져왔다. 이러한 갈등은 비정규직으로 취업한 비중이 높은 청년층에서 기득권층으로 인지하는 장년세대에 대해 느끼는 반감이 표출되어 나타나는 경우도 많다. 결국 이러한 문제를 해결하거나 완화하려면 사회적 배경이나 지위와 무관하게 인격을 존중하는 문화와 사회적 분위기가 직장에서든 공공장소에서든 일반화될 수 있도록 하는 사회적 노력이 필요하다. 이는 여론 또는 공론을 통해서 지속적으로 문제제기가 이루어지는 동시에 사회적 교육 차원의 노력을 기울일 때 가능할 것이다.

참고문헌

가상준, 2016. "공공갈등에 대한 시민의식 분석: 연령대별 변화와 지속의 관점에서," 분쟁해결연구 14권 3호: 129~162.

가상준, 안순철, 김강민, 임재형, 2014. "정부별 한국 공공분쟁의 현황과 추세," 한국행정연구 23권 3호: 31~54.

가상준·김강민·김재신·임재형, 2015. 『공공갈등 국민에게 묻는다: 2008~2014 설문조사를 중심으로』 노스보스.

김낙년. 2016a. "한국의 개인소득 분포: 소득세 자료에 의한 접근." 한국경제의 분석, 22(3), 147-208.

김낙년, 2016b. "한국의 부의 불평등, 2000~2013: 상속세 자료에 의한 접근" 경제사학 40권 3호" 393~429.

김낙년, 2017. "한국에서의 부와 상속, 1970~2014," 경제사학 41권 2호(통권 64호): 127~160.

김낙년·김종일. 2013. "한국 소득분배 지표의 재검토", 「한국경제의 분석」, 19(2): 1-50.

김영미, 한준. 2007. "금융위기 이후 한국 소득불평등구조의 변화." 한국사회학, 41(5): 35-63.

김희삼, 2015. "사회 이동성 복원을 위한 교육정책의 방향," KDI Focus(통권 54호)

박종규, 2017. 『우리나라 소득 불평등의 추이와 원인 및 정책목표』 한국금융연구원 연구보고서.

시사인. "일자리 만들었어...정규직은 아니지만," 2015. 8. 18일자 기사.

신광영. 2016. "불평등, 격차, 소득집중과 양극화." 한국사회학회 사회학대회 논문집, 481-489.

윤인진, 2015. "한국인의 갈등의식 현황과 변화: 제1~3차 한국인의 갈등의식조사 결과 분석," 한국사회 16집 1호: 3~36.

민인식, 이경희. 2017. "직업계층 이동성과 기회불균등 분석." 노동리뷰, 63-74.

이진영. 2017. "자녀의 학력이 부자간 소득계층 대물림에 미치는 영향." 노동경제논집, 40(3), 1-28.

이효수, 2015. 인재주의 경제학. 탑북스.

정해식, 2016. "계층갈등 해소를 위한 복지정책의 과제" 국민대통합위원회 토론회 발표자료.

조준모, 2016. "노동시장 계층이동성 제고를 위한 노동개혁 과제" 국민대통합위원회 토론회 발표자료.

한준. 2001. "승자독점경쟁과 불평등". 경제와 사회, 특집호.

한준. 2016. "한국의 사회이동: 현황과 배경." 현상과인식, 40(4): 45-74.

Bowles, S., and Fong, C. M. 2012. *The new economics of inequality and redistribution*. Cambridge University Press.

Buchanan, J. M., Tollison, R. D., & Tullock, G. 1980. *Toward a theory of the rent-seeking society*. Texas A & M University Press.

Corak, M. 2013. "Income inequality, equality of opportunity, and intergenerational mobility." *Journal of Economic Perspectives*, 27(3): 79-102.

Hall, P.A. & D. W. Soskice. 2001. *Varieties of capitalism: The institutional foundations of comparative advantage*. Oxford: Oxford University Press.

Kaletsky, Anatol. 2011(번역본), "자본주의 4.0 신 자유주의를 대체할 새로운 경제 패러다임," 컬쳐앤스토리.

Polanyi, K. 1944. *The great transformation: the political and economic origins of our time*. New York: Farrar & Rinehart Inc.

Putnam, R. D. 2016. *Our kids: The American dream in crisis*. Simon and Schuster.

Weeden, K. A., and Grusky, D. B. 2014. "Inequality and market failure." *American Behavioral Scientist*, 58(3): 473-491.

김원섭 고려대학교 사회학과 교수

한국 노동사회의 갈등: 내부자-외부자의 복지정치

한국 노동사회의 갈등: 내부자-외부자의 복지정치

1. 서론

오늘날 노동을 둘러싼 사회의 갈등은 다각화되고 중층화되는 경향을 보이고 있다. 노동사회의 집단들 간의 갈등요소는 임금소득뿐 아니라 좋은 일자리와 양질의 노동조건 등 많은 분야로 확산되고 있다. 또한 갈등의 양상이 노동자와 자본가, 가난한 자와 부자 등 단순한 이분법을 넘어서 노동자들 사이에서나 자본가들 사이에서도 이해관계가 나누어져 갈등하고 있다.

이들 갈등 중에서 본 연구는 노동사회 그룹들 간 복지정책과 둘러싼 갈등에 주목한다. 전통적인 시각에서 노동사회의 갈등은 주로 임금과 노동조건을 둘러싼 노동자와 자본가 간의 갈등을 중심으로 논의되었다. 하지만 후기 산업사회에서 노동시장의 유연화 진전은 노동계급을 임금과 노동조건에서 서로 구분되는 그룹으로 분화시켰다. 내부자들은 질 높은 노동력과 이에 따른 높은 보상과 안정된 고용관계를 누린다. 반면, 외부자들은 숙련도가 떨어지는 일자리에서 낮은 고용보상과 불안한 고용상태에 처한다. 또한 내부자와 달리 외부자들은 노동조합에도 잘 조직되지 않는 경향이 있다. 내부자와 외부자의 서로 다른 고용조건의 결과 이들은 서로 다른 이해관계를 추구하게 되었다.

이 연구의 또 다른 출발점은 복지정책이다. 애초 복지정책은 노동자와 자본가의 갈등을 중계하고 완화하여 사회 전체를 안정화하려는 목적에서 발전하였다. 이런 점에서 노동자 계급은 복지정책의 발전에 적극적일 뿐 아니라 일치된 이해관계를 가지는 것으로 전제되었다. 하지만 노동사회에서 노동자들의 분화로 인해 복지제도에 관한 노동자들의 이해관계 역시 내부자와 외부자로 분화되고 있다.

이 연구가 주목하는 노동사회의 분화와 복지정책의 발전은 한국 사회변동의 성격을 특징짓는 핵심 주제 중의 하나가 되었다. 1990년대 말 아시아의 외환위기를 겪으면서 한국의 노동시장은 급격히 유연화 되었고, 이는 비정규직의 급속한 증가로 나타났으며, 정규직과 비정규직의 갈등으로도 표면화되고 있다. 동시에 그동안 저발전한 상태에 있었던 복지국가는 압축적으로 성장하여 사회의 거의 모든 영역에서 가시적인 영향을 발휘하고 있다. 하지만 이들 두 가지 두드러진 변화를 연결시키고자 한 사회학적 시도는 아직은 드문 형편이다.

이 연구는 한국사회에서 내부자와 외부자의 이분화된 노동사회가 복지제도의 발전에는 어떤 결과를 가져오는지 살펴보고자 한다. 본 연구는 두 가지 점에서 지금까지의 다른 복지국가 연구와 다르다. 우선 본 연구는 한국 복지제도의 발전을 복지이분화의 시각에서 재조명한다. 또한 본 연구는 복지이분화의 형성과 발전이 내부자의 사회적 동맹의 성과와 한계에서 비롯된다고 주장한다.

이 연구는 우선 복지국가의 개념과 역사적 발전을 서술한다. 이를 통해 이 연구의 기반이 되는 복지이원주의를 복지국가와 대비되는 개념으로 이해하고 이의 역사적 등장과 발전을 서술한다. 다음으로 한국 복지국가의 발전을 권위주의 시기와 민주화 이후의 시기로 나누어서 그 제도적 특징과 추진 동력을 분석한다. 이때 내부자의 정치적 동맹으로서의 사회동맹은 한국 복지국가의 주요한 특징인 복지이원주의를 추동하는 핵심 요인으로 제시된다.

2. 복지국가의 정치학

1) 보편적 복지국가와 복지동맹

보편적 복지국가의 발전

오늘날 복지국가는 정치적 용어일 뿐 아니라 일상적인 용어가 되었다. 하지만 복지국가가 무엇인가에 대해서는 일치된 의견은 없다. 복지국가의 정의에 대해 여러 가지 해석이 있는 것이다. 복지국가의 정의로 가장 널리 알려진 것은 복지국가를 복지제도가 합쳐진 것으로 보는 것이다. 배리(Barry 1990, 1)는 이를 잘 표현하고 있는데, 그에 따르면 "복지국가는 일련의 제도적 장치들로 이루어진 하나의 정책집합에 지나지 않는다." 이 정의의 또 다른 예는 마일즈(Myles 1984, 1)가 제시한다. "복지국가란 개념은 재정부담의 주체가 누구이건 간에 상관없이 일반 국민에 소득이나 기타 소비적 혜택을 어떻게 부여할 것인가에 관한 정부 정책들(의료나 사회서비스 포함)을 지칭한다". 명시적으로 언급하고 있지는 않지만 비교사회정책학의 선구자인 윌렌스키(Wilensky 1975)를 비롯한 대부분 사회복지학자들이 이 복지국가의 정의를 사용하고 있다. 즉 윌렌스키(Wilensky 1975)가 '복지국가와 평등'의 문제를 다룰 때, 여기서 복지국가는 사실상 복지지출의 계산에 포함되는 복지정책의 총합을 의미하고 있다. 그래서 이 정의는 복지제도의 발전과 복지국가의 발전을 똑같이 보고 있는 것이다.

이 정의는 널리 쓰이고는 있지만 복지국가가 과연 무엇을 위해 존재하는지 보여주지 못하는 문제를 가지고 있다. 많은 나라에서 복지정책이 꼭 국민의 복지증진을 추구하지는 않는다. 역사적으로 사회보험의 창설을 주도한 독일 비스마르크의 가장 큰 동기는 국민에게 복지를 제공하는 것이 아니었다. 이보다는 산업화로 날로 강해지는 노동자계급의 혁명성을 사탕인 복지급여로 약화시켜서 봉건왕정의 지배질서를 유지하려 한 것이다(Schmidt 2005, 26~30). 멀리 갈 것도 없이 한국을 비롯한 동아시아의 독재국가들도 복지정책을 지배전략으로 사용하였다. 동아시아의 권위주의 국가들은 복지정책을 빈곤이나 불평등 등의 사회문제 해결을 위해 도입하지 않았다. 이들은 복지정책을 이용해서 독재정권의 유지를 위해 꼭 필요했던 세력의 충성을 획득하려 하였다. 이 때문에 복지혜택은 도움이 꼭 필요한 사람들보다는 국가의 운영에 필수적이었던 세력에게 우선적으로 제공되었다. 쿠엔완(Ku 1997, 56~61)은 이의 사례를 1990년 대만의 사회지출구조를 통해 보여주었다. 그에 따르면 1990년의 교육지출을 포함한 대만의 사회복지지출은 GDP의 10%로 비교적 높은 수준이었다. 하지만 전체 복지지출의 74.9%는 소위 대만 정부의 운영에 핵심세력이었던 군인, 공무원, 선생, 전직 국회의원에 집중되어 있었다. 이는 사회적 약자인 빈민, 노인, 청년, 여성, 장애인들이 3.19%의 지출을 나눠 쓰는 것과 상당히 대비되는 것이었다. 이 사례는 한 나라가 복지정책을 구비하고 있고 이에 대해 비교적 많은 예산을 지출한다고 해서 복지국가가 될 수 없다는 것을 보여준다. 또한 이 사례는 복지국가의 본질은 확대된 복지제도나 높은 복지지출이 아니라 그 복지제도를 실시하는 동기라는 것을 보여준다. 즉 복지제도가 무엇을 위해 도입되고 발전하는지가 중요한 것이다. 동시에 이 사례는 복지제도의 성격이 그 복지제도가 위치한 사회적 맥락과 밀접한 관계속에서 형성된다는 것을 보여준다.

따라서 복지국가를 정의하는 보다 정확한 의견은 복지제도의 형성과 발전을 사회적 맥락 속에서 파악하는 것이라 할 수 있다. 이런 입장에서 대표적인 입장은 복지국가를 국가와 시민과의 관계에서 파악하는 시민권과 연결지어 정의한다(Wincott 2001, 414). 이 견해는 마샬(T.H. Marshall)의 시민권이론에 바탕을 두고 있다. 그에 따르면 시민권은 역사적으로 형성된 세 가지 요소를 포함한다(Marshall 1963). 우선 자유권은 18세기에 형성되었는데, 출판, 언론의 자유와 개인이 경제생활에 참여하는 데 기초가 되는 법 앞에서의 평등 등의 권리들을 포함하였다. 다음으로 정치권은 19세기에 확산되었는데, 그의 핵심적인 권리는 개인이 정치제도에 참여할 수 있는 선거권과 피선거권이었다. 마지막으로 사회적 시민권은 20세기에 주요 쟁점으로 떠올랐는데, 이는 개인이 사회적 부의 분배에 참여할 경제적 권리를 표현하고 있었다. 이때 경제적 참여권의 영역은 최소한의 복지에 대한 권리뿐 아니라 당시 사회에서 통용되는 "문명화된 존재"의 기준에 해당하는 삶을 누릴 수 있는 권리까지 포함하고 있었다. 마샬의 이론에 따르면 복지국가는 시민권의 세 가지 요소가 모두 정착된 사회이다. 즉 복지국가는 국가가 시민에게 자유권, 정치권, 사회권을 법적으로 보장하는 사회라고 할 수 있다. 이런 점에서 마샬은 복지국가의 질서를 규정하는 원리를 민주-복지-자본주의라고 보았다.

복지국가의 핵심요소를 시민권으로 정의하면 복지국가는 아래와 같은 특징을 가진다. 첫째, 복지국가는 사회의 여러 분야에 대한 시민들의 참여(inclusion)와 활동을 가능하게 하는 국가이다(참여권). 우선 복지국가에서 시민들은 자본주의적 경제 하에서 자유롭게 경제활동에 소비자나 생산자, 노동자와 자본가로 참여할 수 있다. 또한, 민주주의의 정착으로 시민들은 정치도자의 선택과 정책의 결정과정에 참여할 수 있다. 마지막으로 사회권이 정착되면 시민은 그 사회가 생산한 물질적이고 문화적인 생산물의 분배에 참여하게 되어 모든 측면에서 일정 이상의 생활과 활동을 유지할 수 있게 된다. 둘째, 복지국가에서 참여는 모든 시민에게 보편적으로 적용된다(보편성). 이때 시민은 국가공동체의 구성원으로 정의된다. 복지국가에서 참여권은 경제적 지위나, 정치적 계급, 민족적 소속, 인종, 성별, 단체의 조직원 등의 속성이 아니라 국가공동체의 구성원이라는 지위에 따라 제공된다. 시민은 민족국가 공동체의 일원으로 구성되는 것이다. 이런 점에서 복지국가의 참여권은 민족국가의 모든 구성원에 적용되는 보편적인 것이다. 독일이 사회학자 니클라스 루만(1981, 25)은 참여(inclusion)를 "전체 인구를 사회의 개별 기능시스템에 참여시키는 것으로" 정의하였다. 이에 따라 모든 시민이나 거주민들에게 특정한 형태의 복지급여를 제공하는 것은 복지국가에서는 매우 자명한 원칙으로 정착하게 되었다(Anttonen, Haeikioe, and Stefaensson 2012, 4).

복지국가 발전과 복지정치

복지정책은 자본주의의 발전과 함께 발전하였다. 하지만 시민권을 바탕으로 한 복지국가의 발전은 사회보험제도의 발전으로 비로소 본격적으로 시작하였다. 사회보험 이전에 발전한 구빈제도에 비해 사회보험은 아래의 점에서 시민권적 복지국가에 적합한 제도였다. 사회보험제도에서 급여는 일정 기간 이상 보험료를 납부한 사람에게만 제공된다. 이 때문에 사람들은 사회보험의 급여를 자신이 기여한 것에 대한 대가로 간주하여 당연한 권리를 주장할 수 있게 되었다. 즉 국가와 권력자의 자선과 시혜로 여겨지던 전통적인 구빈제도와 달리, 사회보험 급여에 대한 권리는 수급자가 보험료 납부를 통해 획득한 개인적 권리로 인정된다. 이 때문에 획득된 사회보험의 급여도 점차적으로 재산권과 같은 수급자 개인의 법적 권리로 인정되게 되었다. 다음으로 사회의 취약계층인 빈민들을 주된 대상으로 했던 구빈제도와 달리 사회보험은 자본주의 사회의 기본 계급인 노동자계급을 주된 대상으로 하고 대부분의 경우 자본가의 재정적 기여가 필수적이다. 이 때문에 복지정책도 더 이상 사회의 주변 제도가 아닌 전체 사회질서의 유지에 핵심적인 기능이 되었다. 사회 전체의 발전에 중요한 영향을 미치게 된 복지제도의 발전은 정치적으로도 중요한 이슈가 되었다. 마지막으로 역사적으로도 정치적 시민권 즉 정치적 참정권의 발전은 사회보험의 발전을 추동한 것으로 나타났다(Pierson 2007, 110-114). 유럽의 국가들에서 남성의 보통선거권은 거의 1848년과 1918년 기간에서 완성되었다[1]. 유럽 주요 국가에서 주요한 사회보험제도가 확산된 시기도 역시 이와 거의 일치하는 1880년부터 1920년까지이다. 산업재해보험은 가장 먼저 독일에서 1871년에 도입되었고 가장 늦게는 스웨덴과 네덜란드에서 1901년에 도입되었다. 건강보험은 1883년에 독일에서 가장 먼저 도입되어 1920년대까지 핀란드(1963년)를 제외한 대부분의 국가들에 확산되었다. 연금제도 역시 1889년 독일에서 도입되어 1920년대까지 핀란드(1937년)과 노르웨이(1936년)를 제외한 다른 나라들에 확산되었다(Schmidt 1998: 180).

사회보험은 도입 후 점차적으로 적용범위를 확대하였다. 도입 당시 사회보험은 국가의 전략적인 산업에 종사하는 남성 노동자를 우선적으로 포함하였다. 사회보험제도의 도입이 거의 완료된 1920년에 유럽 국가들의 가중치가 적용된 사회보험제도의 강제적용범위[2]는 전체 경제활동인구의 25.2%에 불과하였다(Flora and Heidenheimer 1981). 강제적용범위는 핵심 노동자에서 전체 노동자, 농민과 어민, 자영업자 등의 순으로 점차적으로 확대되었다. 유럽 국가들에서 사회보험이 거의 전체 경제활동인구로 확

1 유럽 13개국의 남성 보통 선거 도입 연도: 벨기에(1894), 네덜란드(1918), 프랑스(1848), 이태리(1913), 독일(1871), 아일랜드(1918), 영국(1918), 덴마크(1849), 노르웨이(1900), 스웨덴(1909), 핀란드(1907), 오스트리아(1907), 스위스(1848).

2 Flora and Heidenheimer(1981)는 사회보험제도의 비중에 따라 가중치를 적용하였다. 연금제도는 1.5, 건강보험과 실업보험은 1.0, 산재보험은 0.5의 가중치가 적용되었다.

대된 것은 제2차 세계대전이 끝난 후 유럽 국가들이 복지제도를 확대하는 개혁을 한 결과라고 할 수 있다. 이 결과 사회보험제도의 적용범위는 1960년에 88.2%, 1965년 95.5%, 1970년에는 97.8%로 증가하여 거의 모든 경제활동인구를 포함하는 보편적 복지체제가 되었다. 이와 함께 선진 국가들의 복지지출도 급속히 증가하였다.

ILO의 복지통계에 따르면 1950년 선진 국가 23개국의 GDP 대비 복지지출의 평균은 8.1%였다(Schmidt 1998, 198, Tabelle 6). 나라별로 차이도 두드러진다. 독일(14.8%), 벨기에(11.6%), 프랑스(11.5%), 영국(10%), 룩셈부룩크(10.8%), 오스트리아(12.4%)가 10% 이상의 높은 지출을 보였고 일본(3.5%), 미국(4%), 포르투갈(5.2%), 스위스(5.9%)가 낮은 지출 수준을 기록하였다. 약 40년이 지난 1989년에는 모든 나라에서 복지지출이 증가하여 복지지출의 평균은 20.5%에 이르게 되었다. 복지지출의 증가속도도 나라별로 차이가 났다. 스웨덴(35.9%), 벨기에(26.4%), 덴마크(28.4%), 프랑스(27.1%), 이태리(23.4%), 룩셈브룩크(23.4%), 네덜란드(28.5%), 오스트리아(28.8%) 등 많은 나라들이 가장 높았던 독일을 추월하였다. 하지만 일본(11.8%), 미국(12.2%), 포르투갈(10.6%)은 변함없이 복지지출이 낮은 국가에 속했다. 2차 세계대전 이후와 1970년대 중반까지 소위 복지국가의 황금기에 사회보험제도의 확대와 복지지출의 증가가 본격화되었다. 이 때문에 대부분의 복지국가 연구들은 이때부터 시민권적 복지국가가 등장한 것으로 본다.

유럽 복지국가의 등장에 따라 이에 대한 연구도 활발히 이루어졌다. 특히 비교사회정책연구는 국가별 복지국가 발전의 공통점과 차이점 그리고 이를 결정하는 동학을 연구하였다. 비교사회정책의 첫 번째 세대의 연구들은 복지정책의 발전의 요인을 거시사회경제적 변화에서 찾고 있다. 즉 경제성장, 도시화, 인구변동 등에서 창출된 복지에 대한 수요가 복지국가의 발전을 추동한 것으로 본 것이다(Zoellner 1963; Willensky 1975). “나라가 부유할수록 포괄되는 인구와 리스크의 종류가 넓어진다"(Willensky 1975, 15). 경제적 수준이 복지국가 발전의 근원이 되는 것이다. 이들의 이론은 복지제도가 자본주의 경제의 발전을 저해하는 것이 아니라 오히려 자본주의의 발전을 보완하기 위해 도입되고 발전하였다는 것을 보여줌으로써 복지제도의 경제적 순기능을 부각시킨다. 하지만 이 이론은 사회경제적 상황이 비슷한 선진 국가들이 왜 복지국가 발전에서는 큰 차이를 보이는지는 설명하지 못하는 한계를 가진다. 또한 경제적 요인에 집중한 나머지 정치적 요소들의 중요성을 경시하였다. 이 때문에 복지정책도 다른 여러 정책들과 같이 국가의 정책적 활동의 일부인 만큼 정치적 요인을 무시하고는 복지정책의 발전을 제대로 이해하기는 어렵다는 비판이 제기되었다.

사회경제적 이론의 한계를 극복하기 위해 제기된 이론 중 가장 유력한 이론은 사회민주주의 이론인 권력동원이론이다(Korpi 1989; Esping-Andersen 1985). 사회민주주의 이론은 복지제도의 발전을 정치적 변수 특히 노동자계급과 자본가계급의 세력 관계로 설명하고자 한다. 사회민주주의 이론에 따르면 자본주의적 질서 하에서 복지국가의 발전에 노동자 이익단체의 힘은 다른 이익단체와는 다른 특별한 의미를 가진다. 경제적 이해관계에 따른 계급균열구조인 노동자와 자본가의 갈등은 자본주의 사회질서의 핵심 갈등을 표현하기 때문이다. 이들에 따르면 자본주의적 사회에서 시장체제와 정치체제 간의 분화는 시장원칙과 정치원칙의 갈등을 유발한다. 시장은 효율성의 원칙에 따라 조직되어 있고 보다 많은 경쟁과 이에 따른 사회계급 간의 불평등을 요구한다. 반면, 민주적 정치는 시민들에게 정치적 결정과정에 참여하는 평등한 권리를 보장하고자 한다. 시장과 정치의 갈등은 사회계급의 관계로 반영된다. 왜냐면 시장에서 자본가계급은 자본을 소유하고 생산수단을 통제할 수 있기 때문에 보다 많은 권력을 동원할 수 있다. 반면 노동자계급은 정치에서 보다 많은 권력을 동원할 수 있는데, 이는 그들이 정치에서 수적으로 다수를 차지하기 때문이다. 이런 점에서 자본주의 사회에서 계급 갈등은 시장원칙과 정치원칙의 갈등으로 표출된다. 노동자와 자본가의 갈등은 복지국가의 발전에서도 반영된다. 자본가들은 노동비용을 증가시키고 시장의 효율을 저해하는 복지국가적 규제를 반대한다. 반면, 보편적 복지국가가 제공하는 복지급여는 노동자의 단결을 위해 필수적인 조건을 강화시키기 때문에 노동자는 보편적 복지국가 건설을 지지하게 된다(Esping-Andersen 1990, 16). 노동자들의 조직된 힘이 강하면 강할수록 복지국가적 제도는 확대될 것이고 시장을 통한 분배는 제한될 것이다(Pierson 2007, 30~31).

노동자의 조직된 힘은 우선 노동조합의 조직화 수준과 좌파 정부의 집권에 의해 결정된다. 하지만 대부분의 나라에서 노동자 정당이 과반수를 차지하는 경우는 매우 드문 것이었다. 이 때문에 좌파 정당이나 사민당 정부가 노동자들의 전통적인 이해만 대변해서는 정권을 창출하지 못하게 되었다. 이러한 문제에 직면하여 노동당은 다른 계급과의 동맹을 모색할 수 밖에 없는 상황이었다. 계급 간의 동맹은 노동자계급의 힘보다 더 결정적인 역할을 하였다. 산업화 초기의 노동자들은 최대 유권자 그룹이었던 농민들과의 동맹을 체결하였다. 좌파 정부가 농산물에 대한 보조금정책을 통해 농민과 굳건한 동맹을 형성할 수 있었던 스칸디나비아의 사민당은 보편적 복지국가를 급속히 발전시킬 수 있었다. 반면, 우파 정당이 농민들을 포섭했던 남유럽의 국가들에서 복지국가는 현재까지 보편성에서 취약한 측면을 보이고 있다(Esping-Andersen 1990, 29~30).

제2차 세계대전 이후 산업화의 진전에 따라 농민들의 중요성이 약화되자 그 자리를 대체한 것은 신중간계급이었다. 보편적 복지의 소득재분배보다는 성취에 따른 분배를 선호하던 신중간계급을 포섭하는 방식이 보편적 복지국가의 형성에 결정적인 영향을 주었다. 복지국가의 안정적 성장에 성공한 유럽 대륙의 국가들은 계층별로 분리된 사회보험을 통해 신중간계급에게 높은 급여를 제공하여 이들의 지지를 획득하였다. 또한 북유럽의 국가들도 사회서비스의 확대를 통해 이들에게 질 높은 일자리를 제공함으로써 이들을 복지체제의 지지자로 만들 수 있었다. 하지만 시장에서 제공하는 복지제도에 의존했던 미국과 같은 자유주의적 나라들은 보편적 복지국가 발전의 여지는 줄어들었다(Esping-Andersen 1990, 30~32). 이처럼 권력자원이론은 서구 복지국가 등장과 발전의 정치적 동학을 계급균열구조에 근거한 노동자계급의 연대 및 그에 반응한 사회민주주의 정당간의 계급동맹으로 설명하였다.

2) 복지국가 위기와 복지이원주의의 정치역학

복지국가의 위기

복지국가의 발전은 1970년대 중반 이후 제동이 걸렸다. 이 시기에 유럽 복지국가 발전의 전제 조건이었던 높은 경제성장과 완전고용은 더 이상 유지되지 않았다. 경제성장률은 복지국가의 황금기였던 1960년과 1973년 사이에는 연평균 4.8%에 이르렀다. 하지만 1973년과 1989년 사이 연평균 경제성장율은 2.7%로 하락하였다(암스트롱 1996, 342). 악화된 경제사정은 고용에도 직접적인 영향을 미쳤다. 유럽 국가들의 평균 실업률은 1970년 이전에는 3% 이하였으나 이후 점차적으로 상승하여 1986년에는 거의 10%로 증가하였다(암스트롱 1996, 353). 낮아진 경제성장에 따른 조세수입 감소와 높은 실업률에 따른 정부지출의 증가, 이들 두 변수는 복합적으로 정부재정의 적자를 증가시키는 요인이었다. 이 결과 정부의 적자도 역시 눈덩이처럼 불어났다. GDP 대비 순적자의 규모는 1960년과 1986년 사이 독일에서 -13.2%에서 22.1%, 이태리에서 26.6%에서 84.9%,

캐나다에서 21.8%에서 33.7%, 벨기에에서 83.3%에서 113.3%, 오스트리아에서 19.4%에서 47.7%, 스웨덴에서 -24%에서 14.5%, 일본에서 -5.6%에서 28.5%, 아일랜드에서 35.7%에서 108.2%로 각각 증가하였다. 이로써 복지국가 발전의 재정적 여력은 크게 줄어들었다(OECD data).

정치적인 측면에서도 큰 변화가 있었다. 복지국가 황금기는 좌파와 우파의 정치적 합의에 의해서 가능하였다. 좌파뿐 아니라 우파 정권들도 복지국가 확대에 참가하였다. 독일과 같은 유럽 대륙의 국가들에서는 기독교민주당과 같은 중도파 정당이 복지국가 건설을 주도하였다. 하지만 경제적 상황의 악화는 우파 정당 사이에서 신자유주의의 이념 등장과 확산에 유리한 토양을 제공하였다. 영국에서 1978년 대처 정권과 미국에서 1981년 레이건 정부는 신자유주의 시대를 열었다. 이들 정부는 경제성장을 회복하기 위해서는 복지국가의 삭감이 불가피하다고 주장하며 노동시장 유연화, 복지급여 삭감, 복지제도 민영화 등의 정책을 추진하였다. 정책의 전환은 좌파 정부도 피해갈 수 없었다. 독일의 헬무트 슈미트 정부와 프랑스의 미테랑과 같은 사회민주주의 정부도 신자유주의 정책을 수행하는 것 외에는 다른 대안이 없었다. 경제적 환경과 정치적 상황의 변화는 복지국가 확대의 종언을 고하고 복지국가 삭감을 예고하는 것이었다.

이외에도 복지국가는 다른 국내외적 중요한 도전에 직면하였다. 국외에서는 경제의 세계화가 진전되면서 관대한 복지급여를 재정적으로 조달하던 보험료와 조세부담은 국제시장의 경쟁에서 취약점으로 작용하였다. 국내적으로도 후기 산업사회의 진전에 따른 노동시장의 변화로 대량실업과 노동시장의 유연화가 진행되었다. 이와 더불어 가족제도의 변화는 안정된 가족을 전제로 기능하던 복지제도의 효과성을 현저히 떨어뜨리고 저출산과 함께 고령화의 문제를 야기하였다.

새로운 도전에 직면한 복지국가는 악화된 재정여건과 사회구조 변화에 적응을 시도하였다(호이저만 2015, 84). 개혁은 예고된 것과 달리 급진적이라기보다는 점진적으로 이루어졌다. 유럽 대륙의 국가들에서 개혁의 과정은 나라별로 차이는 있지만 크게 세 단계로 나누어질 수 있다(Palier 2006). 첫 번째 시기는 유럽 주요 국가들에서 복지국가의 급진적 삭감을 선언했던 신보수주의 정권이 집권했던 1980년대의 시기이다. 선언과 달리 신자유주의 개혁의 성과는 그리 크지 않았다. 복지삭감은 수급자의 저항이 조직되기 어려웠던 사회부조와 실업급여에 국한되었다. 정치적인 파급력이 컸던 연금제도와 건강보험의 영역에는 삭감이 거의 이루어지지 않았다. 전체 복지지출은 오히려 약간 증가하는 경향을 보였다(Pierson 1996).

개혁의 두 번째 단계는 경기침체가 유럽을 엄습했던 1990년대의 시기이다. 이 시기에서 복지제도의 형태를 유지하면서 급여수준의 삭감이 시도되었다. 개혁은 제도의 구조적인 변화보다는 제도의 유지와 안정을 강화하는 목표를 추구하였다. 개혁조치들은 주로 기여와 급여의 관계를 강화하는 것과 같은 급여의 지속성을 보장하는 수단이 사용되었다. 또한 독일과 프랑스 등에서 실시된 급여수준의 삭감은 실업급여와 사회부조와 같은 주변적 제도뿐 아니라 연금제도와 건강보험을 주된 타깃으로 했다는 점에서 이전 시기와 달랐다. 또한 개혁은 정당과 노사 간의 협의와 합의를 토대로 추진되었다(Palier 2006).

개혁의 세 번째 단계는 1990년대의 말부터 시작된 제도적 개혁의 시기이다. 1990년대에 실시된 부분적 개혁은 낮은 경제성장과 만성적 대량실업의 문제를 해결하기에 역부족이었다. 복지제도 특히 사회보험제도가 더 이상 경제문제의 부작용을 완충해주는 것이 아니라 경제적인 문제를 야기하고 있다는 비판이 거세어졌다. 이를 바탕으로 개혁은 복지제도의 구조적 개편을 목표로 하였다. 1998년 스웨덴의 연금개혁, 2003년과 2004년 프랑스의 건강보험개혁, 2001년과 2004년 독일의 연금개혁, 2010년 독일의 하르츠개혁 등 모든 개혁에서 급여의 포괄범위가 축소되고, 부과방식의 공적연금 급여를 대폭 삭감하여 적립방식의 민간연금 확대를 촉진하고, 실업자의 실업보험급여보다는 자산조사 방식의 사회부조방식이 강화되었다. 동시에 고용체계의 탈규제화와 적극적 노동시장정책의 활성화를 시도하는 개혁이 실시되었다.

결론적으로 새로운 도전에 직면하여 복지국가들은 점진적이지만 구조적인 변화를 경험하고 있다. 탈산업화에 따른 서비스산업화는 많은 나라에서 고용관계의 탈규제화를 채택하게 했다. 복지국가에서 전통적인 사회보험방식은 자산조사방식, 연금과 건강보험에서 민간적립식 급여원칙과 같은 새로운 급여원칙과 민간관리와 같은 새로운 관리방식에 의해 부분적으로 대체되고 있다(Gilbert 2002).

복지국가의 이원주의

노동시장 유연화, 복지급여와 전달체계의 민영화, 자산조사방식 급여의 등장으로 특징 지워지는 개혁은 노동시장과 복지제도의 형태에도 큰 변화를 야기하였다. 새로운 변화는 제도의 사회적 영향(Outcome)의 측면에서는 불평등 증가와 양극화 현상으로 파악된다. 하지만 제도의 산출과 구조(Output)의 측면에서는 이원주의(Dualism)로 정의된다. 이원주의는 정책이 수혜자에 따라 구분되는 권리, 급여, 서비스를 제공하는 것을 의미한다(Emmenegger 2012, 10). 복지국가의 전환에 관해서 이원주의는 위의 삭감개혁이 내부자(insiders)와 외부자(outsiders)에 동일하지 않는 영향을 주기 때문에 발생하였다. 즉 실시된 복지국가의 삭감개혁들은 내부자의 기득권을 거의 건드리지 않았지만 외부자의 복지급여 수급권은 심각하게 악화시키는 결과를 가져왔다.

이 결과 이 두 집단 간의 격차는 경제적 차원에서뿐만 아니라 사회적,

정치적 불평등 구조로 확대된다(Haeusermann and Schwander 2015, 30). 주로 남성 고숙련근로자들로 구성된 내부자집단은 복지제도의 삭감에도 불구하고 높은 고용보호와 복지혜택을 유지하게 된다. 반면, 여성과 젊은 이들 또는 저숙련노동자들로 구성된 비정규직 노동자들이 속한 외부자들은 고용보호와 복지혜택에서 전반적으로 배제된다. 이 두 집단은 직접적인 수입구조와 일자리 전망에서 명확히 불평등한 기회를 가지고 있으면 사회적 권리 즉 복지혜택의 차원에서도 불평등은 유지된다. 이 결과 직접적인 소득구조에서의 차이가 세금과 복지제도를 통하여 오히려 강화된다. 더 나아가 내부자-외부자의 불평등 구조는 정치적 차원에서도 관찰된다. 내부자는 강력한 노동조합을 통하여 조직화되어 있으며 전통적 동맹세력, 사회민주주의 정당의 정치적 지원을 향유할 수 있다. 반면, 외부자는 정치적으로 저(低)대표되어 있다. 보편주의적이고 포괄적으로 노조가 조직되어 있는 북유럽 국가에 비하여 유럽 대륙의 보수주의적 국가에서 외부자는 보다 뚜렷이 정치적으로 과소 대표되어 있다.

이원주의는 세 가지 형태로 나타날 수 있다. 첫째, 기존 제도적 이원화가 보다 심화되면서 이원화는 발생할 수 있다. 둘째, 기존 제도적 이원화의 범위가 보다 넓어질 수도 있다. 기존에는 내부자에 속했던 집단들이 외부자로 방출되는 것이다. 마지막으로 이원화는 또한 새로운 제도의 창출을 통해 등장할 수도 있다(Emmenegger 2012, 10). 또한 이원화가 꼭 정치적인 계획에 따라 의도적으로 발생하는 것은 아니다. 소위 표류의 방식을 취하기도 한다. 제도의 표류에서는 기존의 제도가 직면한 사회경제적 도전에 맞추어 적응하는 변화를 이루지 못하는데 이러한 사유로 이원화가 발생할 수 있다(Hacker 2002).

노동시장 분절과 노동계급 이원화의 방식은 복지국가 기존 제도적 규제에 큰 영향을 받고 복지국가 레짐에 따라 차이를 보인다(Obinger, Starke and Kaasch 2012, 177). 먼저 영국, 미국 등 자유주의 국가에서는 기존의 복지이원주의가 유지되고 지속하는 추세를 보인다. 자유주의적 복지국가는 유연하고 자유주의적인 노동시장과 높은 수준의 불평등구조를 갖고 있었으며 기업복지가 공적 복지정책을 보완해왔기 때문에 실질적으로 복지이원주의가 가장 확산된 복지국가 모델이었다(Seeleib-Kaiser, Saunders and Naczyk 2012, 156). 그러나 70년대 이후 시장의 주도 하에 성장한 거대한 서비스산업이 탈산업사회 경제를 주도하기 시작하였으며 이를 통한 여성의 노동시장통합도 활발하게 진행되었다. 이 국가들에서 복지정책은 불평등구조에 대한 일정한 교정효과를 목적으로 시행되며 복지체계는 기존의 이원화된 노동시장 구조를 강화하기보다는 유지 또는 약화하는 데 기여한다. 따라서 탈산업화 이후 복지이원주의가 심화된 보수주의적 복지국가와는 달리 이들 자유주의국가에서 복지이원주의는 가장 낮은 수준으로 나타나거나(Haeusermann and Schwander 2012, 42) 일정 수준을 유지하고 있다(Seeleib-Kaiser, Saunders and Naczyk 2012, 159).

다음으로 독일, 프랑스로 대표되는 유럽 대륙의 보수주의적 복지국가는 출발부터 이원적인 제도를 가지고 있었다. 이후 복지국가 전환기에 제도적 복지이원주의(institutional welfare dualism)는 확산·심화된다. 보수주의적 복지국가는 소득에 기반한 사회보험을 통하여 기존의 위계적인 사회 계층구조를 유지하는 것을 목표로 한다. 또한 정규직 남성 가장이 가족을 부양하며 여성은 자녀를 양육하는 전통적 성역할에 기반하여 복지정책을 수립되어 왔다. 이러한 복지 레짐은 강력한 사회민주주의 정당과 중앙집권적인 노동조합체계를 통하여 형성 유지되어 왔으며 이 조합주의적 성격은 탈산업화 이후에도 선별적인 내부자 조합주의가 정착하는 제도적 기반이 되었다(Haeusermann and Schwander 2012, 36). 사회민주주의 정당과 노동조합 간의 전통적 좌파동맹은 탈산업사회의 도래로 인하여 등장하는 실업과 여성의 노동시장 진출, 복지혜택 감소 등의 사회적 변화와 위기로부터 내부자를 보호하는 데 주력하였다.

제라이프 카이저 등(Seeleib-Kaiser et al. 2012, 151)은 보수주의적 복지국가에서 복지이원주의 심화 현상을 검토하였다. 그들에 따르면 복지국가의 삭감개혁에도 불구하고 내부자는 여전히 포괄적인 공적 사회보장이나 직장보험 등의 체계를 통하여 자신의 생활수준을 유지할 수 있다. 반면 외부자는 자산조사에 연계되며 빈곤퇴치만을 목적으로 하는 낮은 수준의 공적부조에 의존하여 생계를 유지한다. 먼저 연금제도에서는 공적연금이 축소되고 대신 적립방식의 사적연금인 퇴직연금과 개인연금이 국가의 지원금제도를 통해 확대되었다. 하지만 사적연금에서 저소득층은 고소득층에 비해 현저히 낮은 가입률을 보였다. 이에 따라 고소득층은 공적연금의 삭감에 따른 연금손실을 사적연금으로 보완하여 이전의 연금수준을 유지할 수 있었다. 반면 사적연금에 가입하지 않은 저소득층은 고스란히 연금 급여삭감의 손실을 입게 되었다. 공적연금의 급여손실로 저소득층은 이전보다 더 자산방식의 최저보장에 의존하게 되었다(호이저만 2015, 375).

유사하게 실업지원제도에서도 복지이원주의는 더욱 심화되었다. 특히 독일의 하르츠개혁은 위와 같은 복지이원주의 심화의 대표적 사례라고 할 수 있다. 개혁 전 독일에서 실업에 대처한 소득보장제도는 실업급여(수입과 연계된), 실업부조(급여는 낮지만 수입과 연계), 사회부조(자산조사 연계)의 세 가지 요소로 구성되어 있었다. 하르츠개혁은 실업부조를 철폐하여 사회부조에 편입시켜 실업보험과 실업급여의 이원적 체제로 재편하였다(Palier and Thelen 2012, 216). 프랑스에서도 1980년대 초반에 이미 실업자에 대한 복지혜택이 보험기반과 부조기반의 두 가지 체계로 명확하게 구분되어 있었으며 다른 영역에서도 제도적 이원주의의 모델로 정착되었다.

반면 스웨덴, 노르웨이, 덴마크의 사회민주주의 복지국가에서는 내부자-외부자 차이가 크게 부각되지 않았다. 탈산업사회로의 전환으로 인해 발생한 유휴노동력이 국가가 설립한 사회서비스부문으로 흡수된 것이었다. 이들 국가들은 외부자를 복지체계로 최대한 포괄하는 방식의 복지국가 재편을 실시하였다. 기본소득을 보장하고 분배효과를 강화하였으며 여성과 빈민, 비정규직 노동자를 대상으로 하는 복지제도와 노동시장정책이 보다 적극적으로 실시되었다. 이처럼 복지국가들은 주어진 탈산업화, 세계화, 고령화의 도전 속에서도 다양한 방식으로 대응하였다. 이원주의의 다양성은 이원화가 변화된 사회경제적 환경의 산물이 아니라 기존 제도의 영향과 각 정치세력의 결정의 산물임을 보여주는 것이다(Haeusermann and Schwander 2012, 27).

이원주의 시기의 복지동맹

복지국가 재편의 경로를 결정하는 핵심적인 변수 중의 하나는 노동조합과 정당의 전략, 그리고 그들 간의 역학관계 및 상호작용이다(Lindvall and Rueda 2012, 277). 이원주의의 심화는 복지국가 삭감기에는 노동자계급의 복지정책에 대한 이해관계가 변화되었음을 보여준다. 복지국가 확대기와 달리 복지국가 삭감기에는 노동자계급의 이해관계가 내부자와 외부자의 이해관계로 분화된다. 내부자인 핵심 산업의 노동자들은 삭감기에도 자신들의 이해를 지킬 수 있을 만큼 충분한 힘을 가진다. 하지만 그들의 힘은 복지국가 확대기처럼 리더십을 발휘하여 모든 사람을 위해 필수적 공공재를 쟁취하기에는 부족하다(Palier and Thelen 2012, 201). 오히려 내부자와 외부자는 자주 이익갈등을 겪게 된다. 많은 연구들이 내부자와 외부자의 이해관계가 갈라지고 있음을 보여준다(Goldthorpe 1984). 예컨대 내부자는 보다 많은 임금을 위해서는 외부자의 일자리를 희생시키는 전략도 사용하게 된다. 또한 실업의 위험이 적은 내부자 집단은 적극적 노동시장정책보다는 고용보장강화에 더 많은 자원을 투여하기를 바라지만 외부자 집단은 고용보장보다는 적극적 노동시장정책을 더 지지하게 된다. 저임금노동자들이 지지하는 강제적 최저임금제에 대해서도 내부자는 최저임금제는 임금하향에 대한 압력으로 인식하여 반대한다(Palier and Thelen 2012, 205). 주로 내부자를 조직하고 있는 노동조합 역시 정규직 노동자들의 고용보호장치를 방어하면서도 비정규직 노동자들의 유연화는 묵인하든지 찬성한다(Palier and Thelen 2012, 212).

내부자와 외부자의 정치는 노동조합의 조직구조와 전략에 의해서도 영향을 받는다. 노동조합이 중앙집권의 단일노동조합인 경우 노동자계급 전체의 이익을 대변할 가능성이 높아지며 따라서 내부자-외부자 간의 분리는 약화될 수 있다. 반면 산업별 노조가 강할 때는 내부자 이익을 우선시할 가능성이 높아진다. 일례로 클렉(Clegg 2012, 270)에 따르면 보수주의 복지레짐이라는 거시적 조건의 유사성에도 불구하고 벨기에에서는 높은 조직율과 포괄성으로 특징지어지는 노동조합으로 인하여 보다 연대적이고 외부자까지 포괄하는 방식으로 복지개혁이 이루어졌다. 또한 포괄적이고 중앙집권적인 스웨덴의 노동조합은 협소한 내부자 집단의 이익을 대변하기보다는 노동자계급 전체의 이익을 대변함으로써 다른 유럽 국가들에 비해서 내부자-외부자 간 차이가 약화되는 데 기여하였다.

노동자의 이해관계가 내부자와 외부자로 갈라지게 되면서 정당의 선택도 보다 복잡해진다. 사회민주당을 비롯한 좌파 정당은 전통적 당파성이론에서 간주했던 것처럼 명확하게 노동조합과 좌파동맹을 형성하거나 친복지적 정책노선을 수립하지는 않는다. 이들은 사회균열구조의 변동, 정당체제 내부의 경쟁구도, 노동조합과의 상호작용 등 복합적인 변수들 속에서 자신의 동맹세력을 결정하고 정책노선을 결정한다.

루에다를 비롯한 일련의 학자들은 사회민주주의 정당이 실업자를 포함한 전체 노동자계급의 이익을 대변하지 않는다고 주장한다(Rueda 2007, 3)[3]. 사회민주주의 정당은 자신의 핵심 유권자층인 거대 노동조합, 즉 전통적인 정규직 남성노동자 집단의 이익을 대변하며 따라서 여성, 비정규직으로 구성된 외부자를 직, 간접적으로 배제한다는 것이다. 실제로 다수의 연구결과들은 사회민주주의 정당이 내부자의 이익이 침해되지 않는 한 복지정책 강화를 적극적으로 추진하지 않음을 보여준다. 예를 들어 영국의 노동당은 집권 이후에도 보수당 집권 하에서 실시된 복지축소 정책의 방향을 수정하지 않았다. 또한 제도적 복지이원주의가 일반적으로 나타나는 보수주의적 복지국가에서 사회민주주의 정당은 노동자계급 전체의 이익을 대변하기보다는 내부자의 이익을 대변하는 경향이 있다. 프랑스와 독일 등 대표적인 사례에서 복지제도 개편은 우파 정당 집권기뿐만 아니라 좌파 정당 집권기에서도 적극적으로 시행되었다.

따라서 이들은 전통적인 당파성이론에 대한 수정을 시도한다. 정당이 핵심 유권자의 정책 선호에 반응한다는 당파성이론의 가설은 여전히 유효하지만 탈산업사회에서 사회민주주의 정당의 핵심 유권자는 더 이상 전체 노동자계급이 아니라 내부자에 한정된다는 것이다. 이에 따라 사회정책이 항상 극빈층에게 유리한 것은 아니며 평등을 증진하기보다는 오히려 계층화를 강화하게 되는 것이다.

3 사민당과 노동조합의 관계에 대한 또 다른 입장에 따르면 탈산업사회의 발전과 탈물질주의적 가치의 등장으로 인하여 사회민주주의 정당과 전통적 노조세력 간의 동맹은 약화된다. 즉, 유럽에서의 탈산업사회적 문제의식의 성장과 탈물질주의적 가치의 등장은 녹색당을 비롯한 신좌파 정당의 탄생과 성장으로 이어졌으며 이는 사회민주주의 정당 유권자층의 변화와 선거전략의 변화를 야기한다는 것이다. 이러한 사회민주주의 정당과 노동조합 간의 차별적 전략은 궁극적으로 전통적인 좌파 동맹, 즉 좌파 사회민주주의 정당과 노동조합 간의 동맹 약화로 이어진다고 보았다. 대표적으로 전통적인 동맹세력인 독일 노동조합의 저항에도 불구하고 연금축소개혁을 강행하였던 독일 사민당과 녹색당 사례는 위와 같은 주장을 뒷받침한다. 유연고용과 자유주의적 가치를 선호하는 전문가 집단이 사민당과 녹색당 지지기반으로 성장함에 따라 재조준화와 표적화에서의 확장적 정책요소와 연금축소가 결합된 독일의 연금정책개혁이 가능했다는 것이다(호이저만 2015, 320).

3. 한국 복지국가의 기원: 발전주의 복지국가

1) 발전주의 복지국가의 특징

한국의 복지제도는 일찍부터 이원주의 성격이 강했다. 하지만 지금까지 연구들에서 이원주의의 관점에서 한국 복지제도의 발전을 고찰한 것은 매우 드물다. 이런 점에서 이 연구는 먼저 복지이원주의의 뿌리로써 민주화 이전 복지가 저발전했던 시기의 한국 복지제도의 특징을 고찰하고, 다음으로 민주화 이후 복지확대의 추세가 이원주의에는 어떤 영향을 주었는지를 고찰한다. 더 나아가 한국의 이원적 복지제도의 발전을 추동하는 요인을 밝혀보고자 한다.

한국에서 1960년대부터 1980년대까지 시기에 경제는 비약적으로 성장하였지만 복지국가의 발전은 상당히 지체되었다. 복지제도의 발전을 보여주는 사회복지지출은 1975년에 GDP의 0.81%, 1980년에는 1.3%, 1985년에는 1.94%로 추정되었다(공제욱 외 1999). 이를 반영하여 복지국가에 대한 연구의 주요 주제는 한국 복지체계의 특징은 무엇인지 그리고 복지국가의 저발전의 이유는 무엇인지를 밝히는 것이었다. 예외적으로 한국 복지국가의 저발전 가설을 기각한 연구도 있다. 호어트와 쿤네(Hort and Kuhne 2000)는 세계화 시대의 사회적 덤핑(social dumping)의 가설을 검토하면서 동아시아의 경제발전이 복지제도 저발전에 기인하는 것이 아니라고 주장하였다. 그들은 그 근거로 동아시아에서는 유럽의 선진 복지국가들보다 훨씬 이른 산업화 시기에 사회보험을 도입한 것을 들었다. 하지만 이들의 연구는 사회보험 도입이라는 지나치게 단편적인 측면에 의존하였기 때문에 후속 연구로 이어지지는 않았다.

대부분의 연구들은 동아시아 예외주의를 지지하고 있다. 즉 동아시아의 복지체제는 양적으로 저발전하였고 질적으로도 서구의 복지체제와 다른 특징을 보인다는 것이다. 가장 먼저 동아시아의 특수성을 주목한 연구는 유교주의적 복지국가를 주장하였다(Jones 1990; 1993; Rieger and Leibfried 1999). 이 주장에 따르면 동아시아에서 사회정책의 주요 목적은 빈곤완화나 불평등 완화와 같은 사회문제 해결이 아니라 공동체의 유지와 강화이다. 이를 달성하는 수단 역시도 국가의 복지정책이 아니라 가족과 이웃 공동체의 연결과 지지이다. 이 결과 국가의 복지정책은 저발전하였고 계층 간 소득재분배 효과가 거의 없는 복지제도가 형성되었다. 하지만 교육제도는 충분히 발전하여 경제개발을 촉진할 뿐 아니라 계층 간의 활발한 이동을 가능하게 하였다. 이들은 이러한 복지정책의 특징이 문화적 차이, 즉 동아시아의 유교주의의 전통에서 비롯한 것으로 보았다. 이들은 막스 베버의 비교종교학의 업적을 따라 유럽의 기독교와 다른 동아시아의 유교주의적 특성이 이들 나라 복지정책의 특징을 형성한 것으로 주장하였다. 그들에 따르면 유교주의에서 사회적 시민권과 같은 관념은 발생하기 어렵다. 왜냐면 유교주의에서는 개인의 발전이 아니라 가족과 기업과 같은 집단의 발전이 우선시 된다. 집단의 안정과 화합, 질서와 합의가 개인의 생존과 이해관계보다 더 중요한 가치를 가지고 있는 상태에서 개인의 주관적 기본권으로서 사회권이 발전하기는 매우 어렵다. 마찬가지로 유교주의에서는 가족의 영역을 넘는 사람들과의 연대성에 대한 관념을 형성하기 어렵다. 이들에 따르면 개인의 보편적 권리는 사실 신 앞에 모든 사람이 똑같음을 인정하는 기독교적 가치에 기반한다. 하지만 유교주의에서는 가족 이외의 이웃과의 연대를 매개할 신의 존재를 인정하지 않는다. 이 때문에 유교주의 전통에서는 보편주의적 복지의 형성이 어렵다(Rieger and Leibfried 1999).

유교주의 복지국가론이 비교종교학의 비교적 단단한 이론적 기반을 가지고 있음에도 불구하고 이 입장에 대한 이론적, 경험적 관심은 그리 오래 가지는 않았다. 이 입장의 취약한 점은 종교적 이념이 복지정책으로 제도화되는 경로에 대한 충분한 근거를 확보하기 어렵다는 것이었다. 더구나 이들 나라에서 산업화와 민주화가 급속도로 진전되면서 사회의 세속화도 가속화되었다. 유교주의적 가치도 급속히 쇠퇴하면서 사회적 영향력을 상당히 상실하였다. 이러한 상황에서 문화적 결정주의를 반성하면서 정치체계의 특징을 중심으로 복지정책을 재조명하는 시도가 이루어지게 되었다. 새로운 이론은 특히 동아시아의 급격한 경제발전을 정치경제학적으로 설명하고자 발전된 '동아시아 발전국가론'의 직접적 영향을 받아 발전주의적 복지제도론(Haggard, 2005; Kwon 1998; Goodman, White and Kwon 1998; Wade 1990) 또는 생산주의적 복지자본주의(Hollidsay 2000)를 주장하였다.

발전주의적 복지체제론에 따르면 동아시아의 복지체제를 서구의 복지자본주의와 구분 짓는 것은 아래와 같은 특징들이다. 첫째, 복지혼합에서 보충성의 원칙이 강하여 국가보다는 기업과 가족의 역할이 강조된다. 둘째, 복지전달 방식에서도 직접적인 급여의 제공보다는 비용이 절감될 수 있는 규제적 방식이 선호된다. 셋째, 집단별로 복지제도가 분화되고 공무원, 군인과 같은 특수집단은 특혜를 받는다.

또한, 이들은 동아시아 복지정책의 이러한 특징들이 주로 정치적 요인에 기인하는 것으로 본다. 동아시아의 발전국가는 경제성장에 모든 사회적 자원을 동원하는 체제이다. 복지정책도 예외는 아니어서 경제정책 우위의 전략에서 벗어나지 못하였다. 발전국가의 경제성장 우위의 발전전략은 또한 정치제도에서 보수주의적 세력이 압도적으로 우월한 위치를 점유할 수 있었기 때문에 실행가능한 것이었다. 복지정책은 정당이나 노동조합이 아니라 권위주의적 정부에 의해 주도되었고 이들의 주된 관심은 국민의 복지가 아니라 권위주의 정부의 정치적 안정을 보장하는 것이었다.

발전주의적 복지체제는 민주화 이전의 동아시아 복지제도의 저발전을 설명하는 데 매우 유용한 이론적 설명을 제공한다. 하지만 이 입장 역시 사회적 시민권의 관점에서 보완될 필요도 있다.

사회적 시민권의 관점에서 복지국가를 정의하는 입장에서는 복지제도의 등장을 시민권의 두 당사자인 국가와 시민 간의 계약으로 본다. 시민권적 복지국가에서는 국가가 물리적 강제력을 독점하고 시민들에게 조세납부와 같은 국가에 대한 의무를 요구할 수 있다. 대신 국가는 시민들에게 내적 치안과 외적 안보를 보장한다. 국가는 또한 시민에게 선거를 통해 민주적 절차에 참여할 수 있는 기회를 제공한다. 나아가 국가는 시민들에게 최저생활의 보장을 포함한 적절한 수준의 생활수준을 보장하는 것을 국가의 과제로 삼는다.

이런 점에서 시민권적 복지국가의 입장에서 복지국가의 핵심요소는 국가가 어떤 목표를 시민들에게 제시하는가 그리고 이를 위해 어떤 종류의 복지체제를 구축하는 것인가가 중요한 문제로 등장한다. 따라서 아래에서는 이의 두 관점에서 민주화 이전의 한국의 복지국가, 즉 국가목표의 우선순위와 복지제도의 구조를 고찰하고자 한다. 이를 통해 민주화 이전 한국 복지국가의 특징을 온전히 파악할 수 있을 것이다.

국가목표는 우선 헌법으로 제시된다. 한국의 헌법은 복지를 위한 국가의 책임을 국가의 핵심 목표의 하나로 명시하고 있다. 하지만 실제로 발전국가를 구축한 박정희 정권은 시장과 시민사회의 자율성을 인정하지 않았다. 국가의 핵심 목표로 경제성장과 국가안보가 제시되었고 복지국가의 목표는 빈곤 완화로 축소되었고 이마저도 경제성장의 목표에 종속적인 역할을 수행해야 했다(유영준, 1981, 68). 이 목적을 달성하기 위해 시민들의 인권과 정치적 권리는 유보되었다. 경제성장의 목표를 달성하기 위해 국가는 수출주도형 산업화를 위한 계획을 수립하고 이를 실행하였다.

이를 위해 국가는 스스로 시장의 형성과 본원적 자본의 축적에 직접 관여하였다. 정부는 국내외 금융기관으로부터 본원적 자본을 직접 동원하고 "어떤, 어느 정도 크기의 민간 기업이 언제 설립되어야 할지를 결정하였다"(최장집 2003, 18). 국가는 심지어 마치 "사격명령"(Wade 1990, 233~236)을 내리 듯이 개별 민간 기업의 투자결정에도 개입하였다. 웨이더(Wade 1990, 233~236)는 이에 대한 대표적 사례로 1970년대 현대그룹의 조선소 건설을 제시하였다. 현대그룹의 정주영 회장이 망설였음에도 불구하고 당시 박정희 대통령은 조선소 건설에 대한 현대그룹의 투자를 관철시킬 수 있었다.

또한, 국가는 시민사회도 선별하고 형성하고자 하였다. 국가는 한편으로 시민사회의 자발적 활동들을 물리적 폭력으로 억압하고, 다른 한편으로 협조적인 사회세력을 직접 조직하거나 지원함으로써 시민사회의 형성을 주도하고자 하였던 것이다. 이런 점에서 발전국가의 첫 번째 시기인 박정희 정권은 시장주조적, 시민사회주조적 국가의 특성을 가졌다고 할 수 있다(임혁백 1994, 317 참고).

발전국가를 지속한 전두환 정권도 국가목표의 우선 순위를 유지하였다. 국가는 반공과 경제성장을 통한 국가안보라는 국가 과제를 확고히 고수하였다. 하지만 국가 관료의 신자유주의화와 개발연대의 한 축이었던 대기업의 독자성이 강화됨으로써 국가발전전략에서 유의미한 변화가 일어났다. 특히 경제에 대한 국가의 개입이 직접적 케인지안적 개발정책에서 통화주의적 경제정책으로 전환되었다. 이 새로운 경제정책으로 국가는 시장체계를 활성화함으로써 세계시장에서 기업의 경쟁력을 강화시키려 하였다. 이러한 경제전략 하에서 시장에 대한 국가의 직접적 규제는 자제되었다.

이런 점에서 전두환 정권 시기에 한국의 발전국가는 시장과 사회형성적 발전국가에서 시장적응적(순응적) 발전국가로 전환하였다고 할 수 있다(임혁백 1992, 391 참고). 이 형태의 발전전략에서 국가는 시민사회에 대해서는 권위주의적 정책을 유지한다. 하지만 경제체제의 독자성 증가에 따라 국가는 더 이상 시장의 형성을 주도하지 않고 자유로운 시장체제에 적응하고 순응하게 된다.

전두환 정부는 민주적 복지사회의 건설을 국가의 목표로 제시하였다. 이 목표를 달성하기 위한 세 가지의 국정지표로 민주주의의 토착화, 복지국가의 건설, 정의사회 구현이 제시되었다(전두환 대통령 취임사, 1980/09/01). 하지만 이것이 국가목표의 변화를 의미하는 것은 아니었다. 국가목표인 경제성장과 국가안보의 우위성 역시 변치 않고 강조되었다.

> "지속적인 경제성장과 발전이야말로 복지국가 건설의 밑거름이 될 뿐만 아니라, 우리가 지금까지 추구해 왔고, 앞으로도 계속 추구해야 할 튼튼한 자주국방의 초석이 된다고 믿습니다.…자주국방 없이 민주복지사회를 구현하려고 한다면 이것은 사상누각과 다름없는 것이라고 생각합니다."(전두환 대통령 취임사, 1980/09/01).

국가목표 차원에서 사회정책에 대한 경제정책과 안보주의(반공주의)의 우위성은 흔들리지 않았다. 복지목표는 1980년대의 국가 관료의 신자유주의화 진전에도 영향을 받았다. 정부는 사회정책의 목표를 절대빈곤의 방지로 제한하고, 경제성장을 보완하는 사회발전계획에 어떤 역할도 부여하지 않으려 하였다. 이에 따라 복지이념에서 잔여적인 성격이 강화되었다.

복지제도 발전의 측면에서 보면 발전국가 하에서도 제도의 도입은 활발하였다. 특히 박정희 정부가 수립된 직후 생활보호법(1961), 공무원연금법(1962), 산업재해보험법과 군인연금법(1963)을 포함하여 19개의 복지입법이 제정되었다. 다른 중요한 복지입법인 국민복지연금법과 국민의료보험법은 각각 1974년과 1977년에 제정되었다. 하지만 이때 도입된 복지제도는 사회문제 해결을 위한 것이 아니었다. 이보다는 경제성장과 권위주의 정권의 유지가 복지제도 도입의 주요한 동기였다. 이에 따라 도입된 복지제도는 주로 산재보험과 의료보험과 같이 경제성장에 직접적인 기여를 할 것으로 기대되었던 제도들이었다. 이외에도 공무원연금과 군인연금, 사학연금(1975)은 일부 직능집단에 특권을 주어 정권에 대한 충성심을 진작하기 위한 것이었다.

반면, 일반 시민을 위한 국민복지연금제도는 애당초 연기금을 경제성장에 이용하고자 하는 의도로 1973년 입법화되었다. 이에 따라 국민복지연금제도는 적립방식을 선택하였는데, 적립방식은 부과방식처럼 당장 노인에게 혜택을 줄 수 있는 제도는 아니었다. 이 방식에서는 최소 가입 기간인 20년 이후에나 급여지급이 본격적으로 시작된다. 따라서 그동안 축적된 적립금은 경제개발을 위해 사용될 수 있었지만 노인문제 해결에는 아무런 기여를 하지 못할 것이었다(전남진 1987). 하지만 국민복지연금이 입법화된 이후 오일쇼크로 경제적 상황이 악화되고, 기금축적효과가 기대한 만큼 달성되지 못하게 될 것이 드러나자, 연금제도의 시행은 오랜 기간 연기되었다(Kang 1992). 국민연금제도는 경제사정이 호전된 1986년에야 다시 법제화되었고 1988년 민주화 이후에야 시행되었다. 국민복지연금의 입법과 시행 연기는 발전국가 복지제도 도입의 동기가 사회문제의 해결보다는 경제성장의 촉진이 있었다는 것을 잘 보여주는 것이었다.

1980년대에 복지국가 건설이 선언된 이후에도 일반 국민에 대한 복지는 취약계층에 집중되었다. 잔여적 복지이념은 정책형성에도 상당한 영향을 미쳤다. 복지국가 건설의 목표 하에 여러 복지법안들이 제정되었다. 하지만 1980년대 중반까지 사회정책 분야에서 개선은 거의 아동복지법 개정(1981), 심신장애자 복지법 제정(1981), 노인복지법 제정(1981), 생활보호법 전면 개정(1982)과 같은 사회부조제도의 영역에서 이루어졌다.

2) 복지이원주의의 형성

발전주의적 복지국가의 보다 큰 특징은 이원주의였다. 도입된 복지제도, 특히 사회보험제도들은 국민들의 복지제도에 대한 권리를 실현하기에 부적합한 특징들을 가지고 있었다. 이때 도입된 사회보험제도들은 국민 복지에 대한 국가책임의 실현이라는 사회보험 본연의 목적을 달성하기에 부적합한 것이었다. 무엇보다도 도입된 보험제도들의 실제 혜택이 일반 국민이나 취약한 계층보다는 선택된 계층에 집중되었다. 공무원, 군인, 교사를 위한 제도들은 상당히 관대한 급여를 제공하였다. 또한 사회보험은 수출산업을 뒷받침하는 핵심 계층들만을 선별적으로 포괄하였다. 산재보험은 1992년까지 10인 이상 근로자의 작업장에만 적용되고 매우 엄격한 기준으로 대상자를 선별하였다. 건강보험도 근로자만 포괄하여 인구의 상당한 부분을 차지하던 농어민과 자영업들은 혜택에서 제외되어 있었다. 포괄된 근로자들도 진료비의 많은 부분을 본인이 직접 부담하여야 했다. 사회부조제도는 엄격한 선별기준을 적용하여 근로능력자는 배제하였으며 급여수준도 매우 낮았다.

이러한 특성 때문에 일반 국민의 복지향상에 대한 발전주의적 복지제도의 기여는 매우 제한될 수밖에 없었다. 복지제도가 공무원, 교사, 군인과 같은 특수직역에 집중되어 있어서 부의 재분배에는 오히려 역행하는 효과를 보였다. 공무원 등 특수직역의 복지에 지출은 1975년에 전체 복지지출의 26.2%, 1980년에는 45.8%, 1985년에는 41.9%에 달했다(다음의 〈표1〉). 이러한 점에서 발전국가의 복지제도는 후견주의적 특징을 보인다. 복지제도는 국민의 권리보다는 특정 계층만 향유할 수 있는 특권이었고 할 수 있다.

〈표 1〉 ILO 기준에 의한 한국의 사회복지재정 지출 절대액 규모 ('75-'85) (단위: 백만원, %)

구분	'75	'80	'85
사회보험관련제도	23,310	154,296	633,893
공무원특별제도	23,510	242,811	607,809
공공부조관련제도	29,609	75,747	93,477
전쟁원호제도	13,461	57,488	114,856
합계	89,890	530,342	1,450,035
전체 복지에서 공무원특별제도의 비중	26.2%	45.8%	41.9%

자료: 공제욱, 이태수, 김연명, 문진영, 김인재. 1999. 한국의 사회복지재정의 추계와 국제비교에 관한 연구 한국사회정책 6(1), 1-39. p.21에서 재인용.

〈표 2〉 국제적 비교에서 본 한국의 소득불평등

	연도	
한국	1988	0.308
독일	1988	0.32
스웨덴	1981	0.28
미국	1985	0.36
영국	1988	0.39

자료: World Bank (1997)

복지제도의 이원주의는 하지만 직접적인 사회경제적 불평등으로 이어지지는 않았다(〈표2〉). 스웨덴을 제외한 다른 국가들에 비해서 1980년대 한국의 소득불평등은 낮은 편이었다. 이는 주로 복지제도를 기능적으로 대체하는 요소가 있었기 때문이다. 1980년대 후반까지 한국은 완전고용이 유지되었다. 대부분의 노동자들은 기업 차원에서 상당히 높은 수준의 고용안전과 기업복지를 누렸다. 고용법이 비교적 엄격하여 비표준적 고용

방식이 제한되었다. 또한 국가가 임금에 대해서도 통제하였기 때문에 임금격차도 그리 크지 않았다.

4. 민주화 이후 복지국가의 형성과 한계

1) 동아시아 외환위기 이후 복지국가 형성: 국가목표와 복지제도

한국의 복지국가 발전은 김대중 정부의 출범 이후 본격화되었다. 복지국가 발전의 전체 흐름을 보여주는 공공사회복지지출은 1997년 GDP의 3.7%에서 2016년 GDP의 10.36%로 비약적으로 성장하였다(주OECD대표부 2016). 복지정책의 급속한 발전으로 기존의 동아시아 예외주의에 대한 회의가 커졌다. 한국의 사회정책 발전에 대해서 두 입장이 힘을 얻게 되었다. 첫째 입장은 발전주의적 복지체제의 지속성을 강조하는 것이었다. 이들은(Holliday 2005; Kwon and Holliday 2007) 김대중 정부 이후 복지제도가 확대되었지만 기존 복지체제의 기본 구조와 목표는 변화하지 않았다고 주장한다. 복지정책은 여전히 경제정책을 보조하는 기능을 수행하고 있다, 단 고임금, 국제경쟁 심화, 노동조합의 강화 등의 새로운 경제적 환경에 따라 이를 수행하는 방식이 변화한 것이다. 이들에 따르면 복지확대는 노동유연화의 부작용을 완화하고 기업의 복지부담을 완화시켜 경제성장을 유지할 목적으로 실시되는 것이다.

복지개혁이 여전히 경제정책적 목표를 성취하기 위해 수행되기 때문에 그 성과에서도 뚜렷한 한계를 가진다. 이 발전주의적 복지체제 지속성 입장(Holliday 2005: 136; Kwon and Holliday 2007: 245~247)은 민주화 이후 수행된 복지개혁의 법적이고 형식적인 측면보다는 실질적인 측면을 주목하고 있다. 이들에 따르면 김대중 정부 이후 복지개혁이 집중한 사회보험의 적용범위 확대가 법적 수준에만 머물고 있음을 지적한다. 법적으로는 사회보험제도가 이제 일부 공무원이나 상위 노동자를 포함하는 것을 넘어서 건강보험 같이 전국민, 국민연금과 같이 전근로활동인구, 고용보험과 산재보험과 같이 전 근로자를 포함하는 보편적인 제도로 변화하였다. 하지만 실질적으로는 저소득 자영업자와 비정규직 근로자들의 사회보험 적용율은 여전히 낮다. 또한 건강보험에서 환자 본인은 높은 의료비를 여전히 스스로 부담하고 있다.

반면, 민주화 이후의 복지개혁이 복지국가의 발전을 근본적으로 바꾸어 놓았다는 복지확대론도 제기되었다(Lee 1999; 2003; Kuhlne 2002). 복지확대론은 한국이 압축적 경제성장을 이룬 것처럼 복지정책에서도 "압축 성장"(이혜경 2003, 20)을 통해 보편적 복지국가 발전의 길에 들어섰다고 주장한다. 이의 주된 근거로 이들은 복지개혁이 아래와 같이 보편성과 통합성을 강화하는 방향으로 수행된 것을 제시한다. 국민연금은 모든 경제활동인구를 하나의 통합된 제도에 포괄하는 방향으로 확대되었으며 건강보험 역시 모든 국민을 한 기금에 통합한 통합적 제도로 성장하였다. 또한 기존의 가부장적인 생활보호제도는 근로능력이 있는 빈민까지 포함하는 보편적 사회부조제도로 발전하였다. 이들은 또한 한국의 낮은 복지지출보다는 그 증가율을 강조하는 경향을 보인다.

이 두 입장은 민주화 이후 복지정책 발전에 대해 상반된 입장을 대변하고 있다. 이러한 입장 차이의 원인 중 하나는 이들이 복지정책 발전의 서로 다른 차원을 보고 있기 때문이다. 발전주의적 복지제도 지속론은 주로 법적 형식적 제도의 변화보다는 이 제도들의 실질적 실행에 집중하고 있다. 반면, 복지확대론은 주로 법적 형식적 차원에서 복지제도의 보편화를 주목하고 있다. 이런 점에서 두 이론의 논쟁은 오히려 한국 복지제도의 주요한 특징인 법적 형식적 제도와 실질적 효과 사이의 간극을 보여주는 것일 수 있다. 하지만 이런 상태에서 양 입장의 합의는 상당히 어렵게 된다. 따라서 이 연구에서는 주로 법적 형식적 제도의 변화와 실질적 효과를 통합하는 방식으로 논의를 진행하고자 한다.

시민권적 복지국가 정의를 채택한 이 연구는 앞의 장에서와 같이 민주화 이후의 복지국가 발전을 국가목표와 복지제도의 발전과 구조 두 측면에서 분석해 보고자 한다. 1998년 출범한 김대중 정부는 한국 역사상 최초로 야당이 정권교체에 성공한 결과로 등장한 민주당 계열 정권이었다. 1998년 2월은 동아시아를 강타한 경제위기가 최고도에 이르렀다. 김대중은 정부의 이름을 국민의 정부로 명명하고 총체적 개혁을 약속하였다. 정권 초기 정부의 핵심목표로 설정된 시장경제와 민주화의 병행 발전은 개혁의 방향을 결정하는 지침이었다[4]. 하지만 1999년 경제위기 극복과정에서 김대중 정부는 생산적 복지를 시장경제, 민주주의와 함께 국가의 새로운 핵심 목표로 추가하였다.

> "이와 같이 민주주의와 시장경제, 그리고 생산적 복지는 삼위일체가 되어서 발전되어야 합니다. 이것이 21세기 민주국가의 바람직한 모습이라고 생각합니다"(김대중 대통령, 아시아·태평양 민주지도자회의 국제회의 연설, 1999.10.25.).

김대중 정부는 한국에서 처음으로 마샬(T.H.Marshall)의 복지국가 이념인 시장경제, 민주주의, 복지 세 가지 요소의 병행발전을 국가의 최고 목표로 논의하고 정착시킨 점에서 이전의 정권과 확연히 구분된다. 국가목

4 "민주주의와 시장경제는 동전의 양면이고 수레의 양바퀴와 같습니다. 결코 분리해서는 성공할 수 없습니다."(김대중 대통령 취임사).

표의 변화는 1987년 민주화 이후 점차적이지만 근본적으로 변화한 사회분화의 형태, 즉 국가-사회-관계를 반영하는 것이었다. 민주화 이후 대통령제를 바탕으로 한 강한 국가의 유산은 지속되었지만 발전국가의 점차적 해체는 불가피한 것이었다. 헌법재판소와 지방자치제 등 권력분산 제도의 도입은 발전국가의 권력을 분산시켰다. 이와 함께 발전국가의 핵심세력이었던 관료들은 신자유주의적 이념으로 무장하여 스스로를 제한하였다(윤상우 2002). 이와 동시에 민주화 이후 대기업을 중심으로 한 기업은 국가의 계획과 제한에서 점점 더 자율화되었다. 또한 보다 개량적인 사회운동이 활성화되었다. 그들은 스스로 사회문제를 구성하고 의회와 정부에서의 의사결정과정 참여를 요구하였다(조대엽 1999). 김대중 정부의 등장은 이러한 국가사회관계의 변화를 가속화하였다. 김대중 정부의 주축을 이루었던 정치세력은 발전주의 국가의 권위주의적 지배에 대항하여 가장 격렬히 저항했던 세력이었다. 이념적으로 그들은 준사회민주주의를 지향하고 있었고 사회운동과도 밀접한 네트워크를 형성하고 있었다. 이런 상황은 국가의 발전이념의 전환에 대한 좋은 토양을 제공하였다(Kim 2006).

김대중 정부에서 국가사회관계는 강한 국가와 독립적 사회의 새로운 형태로 성립되었고 이후에도 큰 변동없이 유지되었다. 이와 함께 성립된 복지국가적 국가목표는 노무현 정부에서 계승되었다. 노무현 정부의 3대 국정목표는 국민과 함께 하는 민주주의, 더불어 사는 균형발전 사회, 평화와 번영의 동북아 시대였다. 이들은 각각 민주주의 발전과 경제성장 전략방향, 그리고 복지국가적 목표를 제시하였다(김원섭 2008).

이후 보수당 정부인 이명박 정부와 박근혜 정부에서 국가목표는 수정을 겪었다. 2008년 출범한 이명박 정부는 자신을 실용 정부로 명명하고 최우선 목표로 선진일류국가 진입을 제시하였다. 정부의 국정지표는 경제성장목표가 지배하였다. 이명박 정부는 5가지 국정지표, 활기찬 시장경제,

인재대국, 글로벌 코리아, 능동적 복지, 섬기는 정부를 제시하였는데 능동적 복지를 제외한 나머지 4개의 목표가 경제성장을 위한 것이었다 (김원섭, 남윤철 2011, 121-122). 이어서 박근혜 정부는 일자리 중심의 창조경제, 맞춤형 고용·복지, 창의교육과 문화가 있는 삶, 안전과 통합의 사회, 행복한 통일시대의 기반구축을 5대 국정지표로 내세웠다. 이명박 정부와 마찬가지로 민주주의 목표는 제시되지 않았다. 하지만 국정지표 중 행복한 통일시대 이외의 모든 목표가 복지와 직간접적인 관계를 가지고 있었다. 이런 점에서 비록 보수 정부의 국가목표가 복지국가의 목표로부터 부분적으로 벗어나 있지만 복지목표는 유지되거나 오히려 더 강조되는 경향을 보였다고 할 수 있다. 한편, 2017년 출범한 문재인 정부는 국민이 주인인 정부, 더불어 사는 경제, 내 삶을 책임지는 국가, 고르게 발전하는 지역, 평화와 번영의 한반도 등 5개 국정지표를 제시하였다. 민주주의 목표의 복귀로, 복지국가 강령의 회복으로 볼 수 있다.

2) 보편적 복지제도의 형성과 한계: 김대중 정부와 노무현 정부의 복지정책

김대중 정부 복지제도의 발전은 주로 전통적인 사회보장제도의 확대를 추구하였다. 우선 경제위기에 대처하여 김대중 정부는 고용보험제도를 개선하였다. 고용보험은 1995년에 도입되었지만 적용범위, 급여, 행정인프라 모든 측면에서 부족하였다. 고용보험제도 개선의 긴급한 과제는 실업자에게 비상 구제를 제공하는 실업급여에 있었다. 1998년 이를 위해 실업보험의 적용범위를 당시 30인 이상 노동자에서 전체 근로자로 확대하였다. 다음으로 고용보험 적용범위 확대에 따라 적극적 노동시장정책의 확대도 이루어졌다. 제도의 확대는 세 가지로 나누어졌다. 첫째, 늘어나는 실업자를 위해 직업훈련 프로그램을 적극적으로 실행하였다. 둘째, 정부는 노령자,

장기실업자, 저학력자 등을 대상으로 한시적으로 대규모의 공공서비스일자리프로그램을 실시하였다. 셋째, 1998년 고용안정센터와 직업훈련기관 등 행정인프라를 구축하였다.

복지개혁은 사회보장의 다른 분야로 확대되었다. 1998년 김대중 정부는 급여수준의 하락을 최소화하면서 적용대상을 전체 취업자로 확대하여 국민연금의 보편성을 획기적으로 강화하였다(Kim and Choi, 2014). 또한 1999년 정부는 건강보험기관의 통합을 완료하였다. 당시 의료보험기관은 여러 번의 통합에도 불구하고 직장인 가입자 가족을 대상으로 한 의료보험법제도, 자영업자를 비롯한 그 외의 가입자와 공무원과 교사 가족을 포함한 국민의료보험제도로 나누어져 있었다(이인재 외 2010: 338). 개혁으로 통합된 건강보험은 모든 국민을 한 조직에 통합하여 취약한 인구그룹과 부유한 인구그룹 사이에 의료비용의 상호부조를 가능하게 하였다. 산재보험에서도 1999년 적용범위가 5인 이상 사업장에서 1인 이상 전사업장으로 확대되었다.

김대중 정부의 복지개혁을 가장 잘 보여주는 복지개혁은 국민기초생활보장제도의 도입이었다. 외환위기 이전까지 사회부조제도는 근로능력이 없는 자에게만 급여를 지급했고 급여수준도 형편없이 낮았다. 경제위기에 따른 빈곤의 확산은 구제도의 한계를 뚜렷이 드러냈고 이에 따라 김대중 정부는 1999년 국민기초생활보장제도를 도입하였다. 새로운 제도의 가장 큰 특징은 모든 시민에 최저생계에 대한 권리를 인정한 것에 있다. 이를 실현하기 위해 새 제도는 근로능력과 상관없이 모든 빈자에게 급여권을 보장하고 급여 수준도 최저생계비 수준으로 상향하였다. 이외에도 정부는 근로능력자들의 근로능력의 보존을 위해 자활서비스를 도입하였다. 개혁 결과 한국 복지제도는 산업사회의 4가지 기본 사회적 위험에 대처하는 사회보장제도를 모든 국민, 경제활동인구, 또는 취업자에게 보편적으로 제공할 수 있는 법적 제도를 갖추게 되었다.

노무현 정부는 김대중 정부의 복지확대 정책을 대부분 계승하였으나 몇 가지 차이도 보였다. 차이는 주로 노무현 정부가 당면한 새로운 도전과 정책학습과 관련이 있었다. 새로운 사회적 도전은 고령화와 경제성장의 침체에 있었다[5]. 새로운 사회문제에 직면하여 노무현 정부는 민관 합동의 오랜 작업을 통해 '비전 2030'이라는 한국형 복지국가 발전계획을 수립하였다(유시민 2007, 49-50). 비전 2030은 국가의 발전전략으로 '선성장 후복지' 대신 동반성장 전략을 제시하였다. 동반성장에서는 성장과 복지를 수평적·균형적으로 추진하여야 함을 명시함으로써, 경제성장과 사회정책의 통합성을 강조하고 있다(정부·민간 합동작업반, 2006: 33). 이 계획은 경제정책과 복지정책의 대체적 관계를 지양하고 사회발전을 위해 시장의 역할을 적극적으로 활용하고, 사회정책을 인적자본에 대한 적극적 투자방책으로 활용하려 한다는 점에서 전통적 복지국가 이념보다는 사회투자전략으로 분류될 수 있다.

새로운 모델에 따르면, 복지정책은 전통적인 비생산적이고 소비적인 부문보다는 국제경쟁 강화에 도움을 주는 생산적인 부문에 더 많은 투자를 해야 한다. 즉, 복지정책은 시민을 훈련시켜 국제적 경쟁에서 이길 수 있게 해야 하는 것이다(유시민 2007, 4748). 이에 따라 복지개혁도 두 가지 방향에서 진행되어야 했다(민관합동작업반 2006, 71). 한편으로 소비적이고 비생산적인 복지정책이거나 고령화와 함께 재정문제를 악화시킬 수 있는 부분은 삭감되었다. 이의 대표적인 제도로 알려진 국민연금제도는 2007년

5 2002년 통계청(2002)은 1.17의 출산률을 발표하였는데 이는 급속한 고령화의 추세에 심각한 우려를 야기하였다. 또한 2003년 한국의 경제성장률은 5%대 이하로 떨어졌다. 이는 고도성장을 누려왔던 한국도 이제는 낮은 경제성장을 특징으로 하는 후기산업사회로 들어섰음을 보여주는 것이었다. 이에 따라 정치가들과 전문가들 사이에서 저성장의 사회적 부작용에 대한 우려가 제기되었고 이에 대한 선진국의 대응정책에 대한 관심이 높아졌다. 새로운 사회문제의 제기는 복지정책의 논의에도 영향을 미쳤다. 즉 경제적 문제와 고령화 등의 후기산업사회의 문제를 고려하지 않는 복지정책은 더 이상 심각하게 고려되지 않게 되었다.

급여수준이 40년 가입한 평균소득기준으로 근로가 소득의 60%에서 40%로 혹독한 삭감이 실시되었다. 또한 심각한 노인빈곤의 완화를 위해 야당의 주장으로 도입된 기초노령연금의 급여수준도 국민연금가입자 평균소득의 5%로 매우 낮게 억제되었다.

〈표 3〉 한국의 사회복지지출의 발전(2003년~2007년)

	육아			연금			사회부조		
	지출 (10억원)	% (GDP 대비)	증가율 (%)	지출 (10억원)	% (GDP 대비)	증가율 (%)	지출 (10억원)	% (GDP 대비)	증가율 (%)
2003	1,589	0.21	24.3	8,912	1.16	21.6	5,399	0.70	12.0
2004	2,330	0.28	46.6	10,294	1.24	15.5	6,709	0.81	24.3
2005	2,518	0.29	8.1	12,095	1.40	17.5	8,462	0.98	26.1
2006	5,567	0.61	121.1	13,332	1.47	10.2	10,069	1.11	19.0
2007	5,676	0.58	2.0	15,100	1.55	13.3	10,990	1.13	9.1
평균			40.4			15.6			18.1

자료: 고경환 (2011)

다른 한편으로 비생산적인 부문의 감축으로 통해 절감된 재정은 생산적인 복지정책의 도입을 위해 투자되었다(민관합동작업반 2006, 71). 노무현 정부는 저소득가구를 위해 보육지원금을 도입하고 장기요양보험을 도입하는 등 가족정책과 사회서비스정책의 확대를 통해 저출산과 저성장의 문제를 완화하려 하였다. 또한 근로자직업능력개발법(2004), 사회적 기업육성법(2007), 직업재활법(2004) 등의 적극적 노동시장정책의 수립에도 적극적이었다. 이 결과 아동보육에 대한 예산이 연평균 40.4%의 성장을 한 반면, 연금지출과 사회부조지출은 각각 15.6%와 18.1%에 머물렀다(〈표3〉).

3) 보수주의 정권의 복지정책

보수주의 정부에서도 복지확대는 중단되지 않았다. 이명박 정부와 박근혜 정부에서 복지지출의 증가율은 연평균 10.1%(2008년~2012년: 이명박 정부)와 9.6%(2013년~2014년: 박근혜 정부)이었다. 이는 김대중 정부(1998년~2002년)의 10.9%, 노무현 정부(2003년 ~ 2007년)의 15.3%에 비해서는 낮지만 그 차이는 크지 않았다(OECD statistics).

이명박 정부의 복지개혁은 이전 정권이 결정한 것을 실행한 것과 새롭게 결정하고 실행한 것으로 나눌 수 있다. 우선 이명박 정부는 노무현 정부에 의해 이미 입법화된 것을 차질 없이 실행하였다. 2008년 장기요양보험을 시행하고, 수급요건을 완화하며 급여수준을 상향 한 후 근로장려세제를 실시하였으며, 2009년 노무현 정부의 결정대로 기초노령연금의 지급대상을 노인의 60%에서 70%로 확대하였다. 또한 노무현 정부가 수립한 저출산고령화 장기계획을 계승하여 보육료지원금의 수혜범위를 보다 확대하고 2012년에는 0~2세 및 5세 아동에 모든 아동과 소득하위 70% 가구의 3~4세 아동에 보육료 전액을 지원하였다(대한민국정부 2013: 297). 다른 한편, 이명박 정부는 능동적 복지의 원칙에 따라 보육서비스에 시장경쟁의 원칙을 강화하였다. 시설에 제공하던 지원금을 줄이고 대신 전자바우처를 부모에게 직접 제공하여 수요자에게 선택권을 부여하고 아동시설 간의 경쟁을 유도하려 하였다. 이와 더불어 보육시설을 이용하지 않는 저소득가구 아동에 대한 양육수당을 도입하였다.

그리고 이명박 정부는 경제위기를 계기로 새로운 복지정책을 추진하였다. 2009년과 2010년 경기부양재정의 예산을 바탕으로 본 금융위기에 대처한 사회정책의 성격은 아래와 같다. 정부는 증가하는 복지수요에 새로운 제도를 도입한 것이 아니라 기존 제도를 확대하여 대처하였다. 신규

정책은 극소수였고 그나마 대부분이 2010년 안에 만료되었다. 또한, 새로운 복지정책의 추진에 일을 통한 복지의 원칙이 관철되었다. 고용창출, 고용유지, 직업훈련과 같은 적극적 노동시장정책이 추진되었다. 신규 정책 예산의 대부분인 60%가 이 분야에 집중되었는데 고용창출부분의 비중이 특히 컸다. 사회부조에서도 자활서비스의 비중이 뚜렷이 강화되었다(남윤철 2012). 이외에도 소득보장에 대한 지출의 대부분인 78%가 저소득계층과 실업자 보호를 위해 지출되었다.

한편, 이명박 정부는 의료민영화 정책으로 대표된 복지전달체계 민영화를 추진하였다. 민영화의 주요 내용은 규제완화를 통한 민간병원의 활성화와 민간의료보험의 확대에 있었다. 정부는 당초 영리병원금지와 같은 의료전달체계에 대한 규제뿐 아니라 건강보험당연지정제와 단일보험자원칙과 같은 사회보험제도의 원칙을 철폐하여 영리병원과 같은 민간의료서비스를 활성화하고자 하였다. 하지만 건강보험 민영화는 촛불시위에서 시민사회의 강한 저항에 부딪혔고 결국 공식적으로 포기하였다(신영전 2010). 2010년과 2011년 지자체 선거에서 복지이슈가 활발해지면서 의료정책의 중점은 오히려 의료서비스의 공공성을 확대하는 개혁으로 전환되었다.

요약하면 이명박 정부 복지정책의 방향은 애초 의도했던 유지를 넘어서는 확대가 이루어진다. 하지만 확대의 방법에서는 민주당계열 정권과 달랐다. 첫째, 복지조치들이 확대된 경제위기 시기에도 복지제도의 유지를 넘어서는 새로운 제도 구축은 매우 자제된다. 제도 개혁은 대부분 이전 정권에 의해 입법화된 것이었다. 둘째, 복지확대에 있어서 노동의 상품화 촉진과 복지전달체계에서 시장원리의 강화를 추구하였다. 셋째, 소득보조의 주요 목표는 빈자와 실업자 등 취약계층에게 임시적인 완화조치를 제공하는 것이어서 잔여적 복지이념의 실현으로 볼 수 있다.

박근혜 정부에서도 복지정책은 핵심 정책분야의 하나였다. 박근혜 정부는 사회투자전략에 바탕을 둔 사회투자형 생활보장국가를 모델로 복지제도를 추진하였다. 생활보장국가는 생애주기별 사회안전망의 구축과 사회서비스의 확대를 주요한 정책수단으로 제시하였다. 이를 실현하기 위해 박근혜 정부는 공약에 따라 2013년부터 3세에서 5세까지의 아동을 대상으로도 누리과정을 시행하여 무상보육을 실시하였다. 이 과정에서 영육아 보육에 대한 국가 기준보조율을 약속했던 20%에서 10%로 하향하여 지방정부와 갈등을 야기하였다. 박근혜 정부의 또 다른 개혁은 기초소득보장 부문에서 실시되었다. 2014년 10월부터 기초생활보장제도에서 수급자의 선정기준이 급여종류별로 다양화되어 맞춤형 개별급여체제로 개편되었다. 이 결과 의료, 주거, 교육 급여 대상자가 크게 확대되었다. 이외에도 이명박 정부에서 추진되던 '일을 통한 복지'의 기조는 변화하지 않고 계승되었다. 근로장려세제의 급여는 2012년 78만 가구에 5618억원을 지급하였다가 2015년에 와서는 143만 가구에 1조573억원으로 세배 가까이 증가하였다[6]. 또한 일자리 사업도 지속적으로 확대되었다. 제도개혁에 소극적이었던 이명박 정부와 달리 박근혜 정부는 주요 제도들을 개혁하였다. 또한 사회서비스의 확대에도 적극적이었다. 하지만 두 보수 정부는 공통적인 면도 보였다. 제도의 개혁의 대상이 주로 기초연금과 국민기초생활보장제도와 같은 빈곤과 관련된 것들이었고 '일을 통한 복지'의 기본 철학은 변하지 않고 유지되었다. 이런 점에서 보수 정부의 복지정책은 일자리 중심, 잔여적 복지의 성격을 보인다고 할 수 있다.

다른 한편으로 보수 정부는 복지격차를 줄이기 위한 개혁도 시도하였다. 이명박 정부에서는 2009년 공무원연금개혁을 시도하였다. 이전 정부도

6 근로장려금 신청 및 지급현황, 국세통계연보 http://www.index.go.kr/potal/main/EachDtlPageDetail.do?idx_cd=2826 2018년 9월 검색.

공무원연금 개혁을 1995년, 2000년, 2003년 여러 차례 실시하였다. 하지만 이들 개혁은 1993년 이후 발생하기 시작한 공무원연금의 적자를 감축시키려는 목적을 가지고 있었다. 개혁도 현행 제도를 유지하면서 정부와 공무원의 비용부담율을 올리고 연금제도를 합리화하는 데 주안점을 두고 있었다(김중양, 최재식 2004: 21-24). 이에 비해 2009년의 공무원연금 개혁은 늘어나는 재정적자를 감소시키는 것과 함께 2007년 국민연금개혁의 후속조치의 성격을 가지고 있었다. 국민연금에서 과감한 급여삭감이 이루어진 후 연금 간 형평성의 조정을 요구하는 국민의 의지를 반영한 것이다(문형표 2009). 노무현 정부 하에서 발족한 제1기 공무원연금개혁위원회가 2007년 제시한 공무원연금제도 제도개선안은 구조적 개혁 대안을 포함하였다(민효상 2011: 344). 이는 공무원연금의 급여수준을 국민연금의 수준으로 내리고 퇴직금은 민간 수준으로 인상하는 것을 내용으로 하였다.

하지만 이명박 정부 출범 후 발족한 2기 공무원연금제도발전위원회에서 공무원노조, 시민단체, 숙급자 단체 등이 참여하면서 위원회 내에서 정부, 연구기관, 학계 등 구조적 개혁을 지지하는 세력보다 더 강한 세력을 형성하였다. 이의 영향으로 2기 위원회의 논의에서 구조적 개혁안은 배제되고 점진적 개혁이 대안이 채택되었다. 그 결과 가입자의 부담을 늘리고 급여를 최소한으로만 삭감하는 보수적 개혁이 실시되었다(민효상, 2011).

박근혜 정부에서 공무원연금 적자의 증가는 공무원연금 개혁에 대한 논의를 다시금 촉발시켰다. 이에 따라 정부도 국민연금제도와 공무원연금제도의 통합을 중심으로 한 구조개혁을 다시 시도하였다. 하지만 공무원노조와 민주노총 등 노조, 이를 뒷받침한 시민단체와 야당의 정책 연합의 강력한 저항에 부딪혀 결국은 제도를 유지하면서 급여수준 하향과 부담금 인상을 장기적으로 시행하는 이전과 같은 방식의 개혁으로 축소되었다(이용하, 김원섭. 2015). 이 결과 공무원연금의 급여수준은 33년 가입기준으로

62.7%에서 56.1%로 6.6%포인트로 미미하게 줄어들고 보험료율은 14%에서 18%로 상향되어 최소한의 재정절감 효과는 발생하였다. 하지만 신규 공무원을 국민연금과 유사한 제도에 편입시키고 장기적으로는 국민연금과 통합하려는 애초의 계획은 거의 이행되지 않음으로써 국민연금과 공무원연금의 형평성의 관점에서는 진전을 이루지 못했다(이용하, 김원섭. 2015).

복지격차를 줄이는 또 다른 개혁은 박근혜 정부가 2014년에 실시한 기초연금제도의 도입이었다. 기초연금제도에서는 급여의 수급대상이 소득 하위 70%로 축소되고 급여도 약 10만 원에서 20만 원으로 상향되었다. 기초연금은 주로 국민연금과 특수직역연금으로부터 배제된 노인들에게 혜택을 주었다. 2014년 말 65세 이상 노인 중 64.7%가 기초연금을 수급하였다. 이중 70%는 타연금을 수급하지 못하고 기초연금만을 수급하는 사람들이었다(김원섭, 강성호, 김형수, 이용하 2016).

결론적으로 보수 정부의 복지개혁은 두 가지 성격을 동시에 가지고 있었다. 한편으로는 취약계층의 복지를 중요시하여 사회부조와 기초보장의 확대를 강조하는 잔여적 복지를 선호하고 복지의 전달에 있어서도 일자리와 민간 전달체계를 사용하려 하였으며, 다른 한편으로는 복지이원주의를 완화하는 개혁을 시도하였다.

4) 복지 확대의 한계: 복지이원주의의 재생산

민주화 이후 김대중 정부와 노무현 정부에서 사회보장제도는 보편적인 제도로 갖추어졌다. 사회보장제도의 보편성은 상당히 진척되었다. 건강보험은 모든 국민에, 국민연금은 모든 경제활동인구에, 고용보험과 산재보험은 모든 근로자에, 국민기초생활보장은 근로능력이 없는 빈곤자뿐 아니라 근로능력자에 각각 확대되었다. 또한 건강보험의 조직은 모든 국민을 포괄하는 것으로 일원화되었고 국민연금제도는 자영업과 근로자를 모두 한 제도로 통합하였다. 하지만 이러한 진전에도 불구하고 사회보장제도의 적용범위나 급여수준은 충분하지 못하고 사회경제적 집단에 따라 크게 차이가 난다. 민주화 이후 복지확대에도 불구하고 복지혜택의 이원화는 철폐되기보다는 새롭게 재생산되었다.

〈표 4〉 공사연금 가입유형

유형	국민연금		퇴직연금(퇴직급여)		개인연금	
	가입	미가입	가입	미가입	가입	미가입
1유형	○		○		○	
2유형	○		○			○
3유형	○			○	○	
4유형	○			○		○
5유형		○	○		○	
6유형		○	○			○
7유형		○		○	○	
8유형		○		○		○

자료: 김원섭, 이용하(2014a)

인구그룹 간 사회보장제도의 복지이원주의는 노후소득보장제도의 격차에서 가장 크게 나타난다. 연금급여의 격차는 공적연금 내의 격차와 공사연금 믹스에서의 격차라는 두 가지 차원에서 포착될 수 있다. 한국의 공적연금 제도는 직능별로 분리된 체제를 유지하고 있다. 특수직역인 공무원, 교사, 군인은 일반 국민이 가입하는 국민연금이 아닌 직역연금에 가입한다. 직역연금의 급여수준은 국민연금의 급여수준보다 훨씬 높다. 이 특징은 복지개혁에서 변하지 않고 유지되었다. 2016년 말 국민연금의 평균 월 급여수준은 약 36만 원인 것에 반해, 공무원연금은 약 240만 원, 사학연금은 약 260만 원이었다(국민연금연구원 2017). 전체 기초연금수급자

458만 명의 33.6%인 154만 명은 기초연금과 국민연금을 같이 수급하지만 나머지 304만 명은 기초연금만을 수급하고 이들은 최고 약 20만 원의 급여를 수급했다.

연금급여의 격차는 이에 그치지 않는다. 2007년 국민연금 개혁 후 한국의 연금제도는 공적연금 위주의 단일보장체계에서 다층체계로 전환하였다. 다층체계에서 공적연금뿐 아니라 공사연금이 협력하여 노후소득을 보장한다. 이 때문에 노후소득의 이분화에도 다층체계가 고려되어야 한다. 다층연금제도에서 연금격차를 살펴보기 위해 소득별 연금제도의 조합을 분석해 보았다(김원섭, 이용하, 2014a). 자료는 한국재정패널의 2008년 2차 자료부터 2012년의 6차 자료가 사용되었고 연금제도는 국민연금. 퇴직연금, 개인연금이 고려되었다.

우선 공사연금 가입유형은 8개로 나누어졌다. 〈표 4〉가 보여주는 것처럼, 1유형은 세 종류의 유형에 모두 가입한 유형이다. 2유형은 국민연금과 퇴직연금 두 제도에 가입한 유형, 3유형은 국민연금에 가입하고 개인연금에 가입한 유형, 4유형은 국민연금만 가입, 5유형은 퇴직연금과 개인연금에 가입한 유형, 6유형은 퇴직연금만 가입, 7유형은 개인연금만 가입, 8유형은 아무 연금에도 가입하지 않은 유형이다.

다음의 〈표 5〉의 분석결과에 따르면, 소득분위 최하위계층인 1분위에서 연금에 중첩적으로 가입하는 가입유형 1유형과 2유형에 속하는 비율은 각각 0.1%, 11.3%였으나, 2분위에서는 0.6%, 33.6%, 3분위에서는 2.7%, 44.6%, 4분위에서는 6.8%, 58.8%, 5분위에서는 25.3%, 47.4%로 점차적으로 상승하는 경향을 보였다. 반면, 연금제도에서 배제된 8유형(가입안됨)과 6유형(퇴직연금만 가입)은 1분위에서 각각 5.7%, 65.5%였으나, 2분위에서는 11.3%, 38.7%, 3분위에서는 7.5%, 26.1%, 4분위에서는 3.4%, 14%, 5분위에서는 6.1%, 30%로 점차적으로 하락하는 경향을 보였다. 이러한 결과는 소득이 높아질수록 공사연금의 여러 제도에 중층적으로 가입하고, 소득이 낮아질수록 공적연금과 사적연금 제도 모두에서

〈표 5〉 소득계층별 공사 연금 가입유형 (단위: %)

소득 분위	가입 유형	2차 (2008)	3차	4차	5차	6차 (2012)	전체
1	1유형	.1		.2	.1	.2	.1
	2유형	12.0	12.7	9.9	10.4	11.3	11.3
	3유형				.2		.0
	4유형	18.2	18.5	11.1	24.0	15.1	17.3
	6유형	7.6	6.3	6.6	4.1	3.7	5.7
	8유형	62.2	62.5	72.3	61.2	69.7	65.5
2	1유형	.1	.7	.7	.8	.5	.6
	2유형	35.2	32.6	32.7	34.8	32.1	33.6
	3유형	.2		.1	.1		.1
	4유형	17.4	14.8	14.2	16.5	15.3	15.7
	6유형	11.0	12.4	14.1	8.8	10.7	11.3
	8유형	36.0	39.4	38.1	38.9	41.4	38.7
4	1유형	5.1	6.5	6.4	8.4	7.5	6.8
	2유형	61.7	58.0	57.0	58.6	58.8	58.8
	3유형		.2		.1		.1
	4유형	17.5	16.2	15.7	19.0	16.0	16.9
	5유형	.2	.1	.1			.1
	6유형	2.0	4.7	4.5	2.3	3.5	3.4
	8유형	13.5	14.3	16.4	11.7	14.2	14.0
5	1유형	23.4	25.3	24.5	26.2	26.8	25.3
	2유형	52.3	48.3	44.3	46.4	46.0	47.4
	3유형	.3		.4	.3	.3	.2
	4유형	16.7	16.5	16.7	20.5	18.2	17.7
	5유형	.1	.6	1.0		.4	.4
	6유형	1.2	1.9	2.8	1.0	1.1	1.6
	8유형	6.0	7.4	10.3	5.7	7.3	7.4
전체	1유형	5.5	6.6	7.0	7.3	7.1	6.7
	2유형	41.6	39.1	37.8	40.3	38.8	39.5
	3유형	.1	.1	.1	.2	.1	.1
	4유형	17.5	16.3	14.3	19.7	16.4	16.8
	5유형	.1	.2	.2		.1	.1
	6유형	5.6	7.0	7.9	4.5	5.4	6.1
	7유형		.0				.0
	8유형	29.7	30.8	32.8	28.0	32.1	30.7

자료: 김원섭, 이용하 (2013a)

배제되는 경향이 있는 것으로 해석될 수 있다(김원섭, 이용하. 2014). 즉 공적연금에서의 급여격차는 사적연금에서 완화되는 것이 아니라 오히려 심화되는 경향이 있는 것이다. 결과적으로 우리나라의 공사연금 제도는 노인들의 불평등을 완화해주는 효과가 매우 약할 것으로 예상된다.

〈표 6〉 공적연금 가입실태(2016년 12월말 기준)

<table>
<tr><td colspan="6">18~59세 총인구 32,825천명[4]</td></tr>
<tr><td rowspan="5">비경제활동인구[6]
9,473천명</td><td colspan="5">경제활동인구[5] 23,352천명</td></tr>
<tr><td rowspan="4">공적연금 비적용자[8]
199천명</td><td colspan="4">공적연금 적용자[7] 23,154천명</td></tr>
<tr><td colspan="3">국민연금 적용대상[9] 21,549천명</td><td rowspan="3">특수직역
연금10)
1,604천명</td></tr>
<tr><td rowspan="2">납부예외자
4,173천명</td><td colspan="2">소득신고자 17,386천명</td></tr>
<tr><td>장기체납자[11]
1,042천명</td><td>보험료
납부자
16,334천명</td></tr>
<tr><td>28.86%</td><td>0.61%</td><td>12.71%</td><td>3.18%</td><td>49.76%</td><td>4.89%</td></tr>
<tr><td colspan="4">소계 14,888천명(48.35%)</td><td colspan="2">소계 17,938천명(54.65%)</td></tr>
</table>

주:1) 동 산출결과는 한 시점기준으로 우리나라 공적연금 가입실태를 살펴보기 위해 '16년 12월말 기준 으로 산정한 수치이므로, 연금수급권자에 대한 직접적인 해석으로 연결 짓는 것은 주의가 필요함. 이는 1년 연금에 가입했다고 수급권자가 되는 것이 아니며, 매년 가입이력과 자격변동이 발생할 수 있기 때문임

2) 통계청 자료와 국민연금자료 산출기준의 차이로 인해 일부 통계치가 관점에 따라 달라질 수 있음에 유의해야 함(예를 들면, 통계청 기준으로 볼 때 경활자인 협업배우자는 국민연금제도에서 적용제외 집단이며, 비 경활자 혹은 실업자중에서도 국민연금 보험료는 납부하는 경우가 있으므로 두 통계치 간 단순 합산시 오류가 발생할 수 있음.

3) '주4~주10' 및 '자료'는 '일러두기' 참조

자료: 국민연금연구원(2017)

연금가입에서 격차의 가장 중요한 원인 중의 하나는 의무가입인 국민연금에서 사각지대가 크기 때문이다. 2016년 12월에 18세에서 59세의 총 근로가능인구 32,825천 명의 49.76%인 16,334천 명만이 보험료를 납부하여 실질적으로 가입하고 있다(국민연금연구원 2017). 이렇게 가입률이

낮은 이유는 크게 두 가지이다. 첫째는 가입자의 배우자와 같이 비경제활동인구(총근로가능인구의 28.86%인 9,473천 명)가 국민연금 적용에서 제외된 때문이다. 둘째는 납부예외자와 장기체납자 때문이다. 납부예외자는 법적 가입대상자이면서 보험료를 납부하지 않는 사람들이다. 2016년 이들의 수는 4,173천 명으로 총근로가능인구의 12.71%였다. 또한 장기체납자는 1,042천 명으로 총 근로가능인구의 3.18%이다. 국민연금 당연적용대상자 약 2,154만 명 중 납부예외자와 장기채납자는 521만 명에 해당한다. 국민연금에 강제 가입해야 할 국민 중의 24.2%가 실제로 가입하지 않고 있는 것이다. 특히 이들 사각지대에 속한 근로활동인구는 주로 비정규직 근로자와 영세자영자이고, 이들이 전체 경제활동 인구의 절반을 차지한다. 〈표 7〉 이 보여주는 것처럼, 2017년 8월 정규직 근로자들의 국민연금가입율이 98.9%인데 반해 비정규직 근로자들의 사회보험가입율은 32.5%에 불과하다.

〈표 7〉 정규직과 비정규직의 사회보험 가입율

	정규직					비정규직				
	13년 8월	14년 8월	15년 8월	16년 8월	17년 8월	13년 8월	14년 8월	15년 8월	16년 8월	17년 8월
국민연금	96.8	97.0	96.6	96.4	95.9	33.0	32.9	32.4	31.7	32.5
건강보험	98.8	98.9	98.9	99.1	98.8	38.9	38.3	38.9	39.6	40.8
고용보험	83.8	85.1	84.8	84.7	84.5	37.1	38.0	38.7	38.9	40.2
퇴직금	99.3	99.5	99.5	99.6	99.6	31.4	30.7	33.6	35.1	35.8
상여금	96.6	96.2	96.4	96.1	94.8	37.5	37.1	38.5	37.3	38.0
시간외수당	71.7	71.8	70.4	69.2	68.4	18.9	18.6	18.8	20.0	19.6
유급휴가	89.3	90.0	89.2	88.8	88.2	25.4	24.4	24.8	24.6	24.5
교육훈련경험	61.3	66.9	67.6	71.4	70.1	29.9	35.1	35.4	39.0	38.4

자료: 김유선(2017)

이런 점에서 우리나라의 공적연금은 세 가지 계층으로 나누어져 있다고 할 수 있다. 65세 이상 인구의 4% 정도를 차지하는 특수직역연금수급자들은 매우 높은 연금급여를 누린다. 다음으로 일부 소득이 높은 정규직 근로자들은 국민연금, 퇴직연금, 개인연금의 중층적인 보장으로 상당한 수준의 연금급여를 받을 수 있다. 하지만 소득이 낮은 비정규직, 자영업, 여성들은 사적연금을 거의 수급하지 못하고 낮은 수준의 국민연금 급여를 수급하거나 최저생계비 이하의 기초연금만을 수급한다. 이런 점에서 공무원과 일반 국민 간, 일반 국민 내 정규직과 비정규직 간, 근로자와 자영자 간 적용제도의 차이 및 높은 사각지대로 인해 노후보장 격차의 심화와 고착화가 우려되는 것이다.

〈표 8〉 고용보험 적용과 가입 사각지대 (2014년 8월) (단위: 천명, %)

취업자			
비임금근로자	임금근로자		
	적용제외[1]	미가입	가입
법적 사각지대		실질적 사각지대	
7,108	2,867	3,937	11,972
(27.5)	(11.1) [15.3]	(15.2) [21.0] 〈24.7〉	(46.3) [63.8] 〈75.3〉

주: 1) 공무원, 교원, 별정우체국 직원, 고용보험에 가입하지 않으면서 5인 미만 농림어업, 가사서비스업, 65세 이상, 주당 평소근로시간이 15시간 미만인 단시간 근로자(3개월 이상 근속한 근로자, 근로계약기간이 1개월 미만이거나 1개월 미만 근속한 일용근로자는 제외), 특수형태근로에 종사하는 근로자

2) ( )은 취업자내 비중, [ ]은 임금근로자내 비중, 〈 〉은 적용대상 근로자내 비중임.

자료: 통계청, 경제활동인구 근로형태별 부가조사, 각연도.

다음으로 고용보험도 역시 사각지대 문제가 심각한 편이다. 고용보험의 법적 적용범위는 상당히 빠른 속도로 보편화되었다. 1995년 제도 시행

당시 30인 이상 사업체를 대상으로 시행되었으나 동아시아 외환위기를 계기로 1998년 10월부터 1인 이상 사업장으로 확대되었다. 고용보험은 2004년부터 일용직 근로자까지 포괄하여 법적으로는 모든 근로자를 포괄하는 보편적 제도가 되었다. 하지만 실제로는 여전히 상당수의 근로자가 보험료를 납부하지 않아서 고용보험의 혜택에서 배제되어 있다. 2014년 8월 전체 취업자의 46.3%만이 고용보험에 실질적으로 가입하였다. 당시 자영업자와 같은 비임금 근로자와 초단기간 계약의 비정규직 근로자 등 전체 취업자의 27%는 법적으로 적용 제외되어 있다. 더구나 법적으로는 적용대상이면서도 실질적으로는 보험료를 내지 않아서 미가입 상태에 있는 근로자의 비중도 전체 취업자의 15% 이른다(적용대상 임금근로자의 24.7%). 이 때문에 전체 취업자의 46.3%만이 보험료를 납입해 고용보험에 실질적으로 가입해 있다.

고용보험의 넓은 사각지대도 역시 근로자의 성격에 따라 다르게 나타난다. 다음의 〈표 9〉가 보여주는 것처럼 고용보험 가입은 성별, 연령, 소득, 고용형태별로 큰 격차를 보인다. 여성근로자는 남성근로자에 비해 가입율이 낮고, 50세 이상 노령근로자의 가입률은 다른 연령에 비해 낮다. 소득이 낮을수록 가입률은 떨어진다. 특히 60세 이상 고령근로자, 월소득 100만원 이하 저소득근로자의 가입률은 매우 저조하다. 가장 큰 격차는 정규직과 비정규직에서 나타난다. 정규직 근로자의 가입률은 97.1%로 완전한 가입률을 보이는 반면, 비정규직 근로자의 가입률은 20.1%에 불과하다. 결론적으로 고용보험의 넓은 사각지대는 고용보험 가입의 이원화를 보여주는 것이다. 남성의 정규직 근로자 중에서 소득이 높은 근로자들은 거의 대부분이 고용보험의 혜택을 받고 있는 것에 비해 여성이거나 비정규직이거나 저소득이거나 고령인 근로자들은 고용보험의 혜택에서 배제되어 있다.

〈표 9〉 임금근로자의 고용보험 가입률 (18~29세 가구주) (단위: 천명, %)

구분		취업자(A)	임금근로(B)	비율(B/A)	고용보험 가입률
전체		25,545	18,489	72.4	67.7
성별	남성	14,777	10,492	71	73.3
	여성	10,768	7,998	74.3	60.5
연령별	15~29세	3,773	3,530	93.5	70.2
	20~29세	5,746	4,827	84	81.8
	30~49세	6,711	4,861	72.4	71.3
	50~59세	5,767	3,605	62.5	62.7
	60세이상	3,548	1,667	47	24.4
종사상 지위	상용	-	11,875		97.1
	임시/일용	-	6,614		20.1
월평균 임금	100만원 미만	-	2,386		18.3
	100~200만원 미만	-	5,985		62.1
	200~300만원 미만	-	4,493		81.6
	300~400만원 미만	-	2,374		91.6
	500만원 이상	-	2,251		95.4

자료: 이지연(2014)

고용보험 가입의 사각지대는 곧 바로 구직급여 수급의 사각지대로 이어진다. 2014년 실업자들 중 구직급여를 수급하는 비율을 나타내는 실업급여 수급율은 2014년 실업자의 38.7%에 불과하였다.

실업급여 수급의 사각지대는 가입 사각지대의 격차를 반영하는 것으로 나타난다. 다음의 〈표 10〉은 실업급여 미수급의 사유를 보여준다. 근로자의 지위에 따라 실업급여 미수급의 사유가 다른 것으로 나타난다. 정규직, 상용직, 고임금 근로자의 경우 실업급여를 수급하지 못하는 이유가 고용보험 미가입과 함께 이직사유 미충족이 크게 나타난다. 한국의 고용보험은 비자발적인 실업인 경우 실업급여를 지급하지 않기 때문이다. 하지만 비정규직, 임시직과 일용직, 저임금 근로자의 경우는 고용보험 미가입으로 실업급여를 수급하지 못하는 실업자의 비율이 각각 비정규직 76.5%, 임시직 74.4%, 일용직 86.6%, 저임금 71.1%로 나타난다. 이러한 결과는 근로자의 지위별 고용보험 가입의 격차가 수급의 격차로 그대로 이어지고 있다는 것을 보여주는 것이다.

〈표 10〉 고용보험 실업급여 수급률의 추이 (단위: 천명, %)

구분	2005	2006	2007	2008	2009	2010	2011	2012	2013	2014
실업자(A)	887	827	783	769	889	920	855	820	807	936
실업급여 수급자(B)	205	223	244	273	380	360	338	336	344	362
수급률(B/A)	23.1	27.0	31.2	35.5	42.8	39.2	39.5	41.0	42.7	38.7

자료: 통계청 경제활동인구조사(국가통계포털 http://kosis.kr/, 2015-07-24)
고용보험 통계현황 각 연도별 월평균(한국고용정보원 https://222.keis.kr/, 2015-07-24),
방하남, 남재욱(2016)에서 재인용

〈표 11〉 실업급여 미수급 사유: 2008년 (단위: %)

구분		고용보험 미가입	피보험기간 미충족	이직사유 미충족	미신청	수급
전체		53.9	5.0	21.7	7.2	12.2
고용형태	정규직	32.6	7.0	32.2	9.8	18.2
	비정규직	76.5	2.9	10.5	4.4	5.8
종사상지위	상용직	39.1	6.0	29.2	9.2	16.5
	임시직	74.4	4.2	11.3	4.8	5.4
	일용직	86.6	2.1	5.2	2.1	4.1
임금계층	저임금	71.1	4.3	13.5	4.6	6.6
	고임금	36.6	5.9	30.1	9.6	17.7

자료: 이병희(2013, p. 134).

건강보험의 사례에서도 복지이원주의는 발견된다. 건강보험의 가입은 1989년 이후 모든 국민에게 확대되었다. 국민연금과 마찬가지로 건강보험에서도 비정규직 근로자는 정규직 근로자에 비해 매우 낮은 가입율을 보인다. 2017년 8월 정규직 근로자의 건강보험 적용률이 98.8%인데 비해 비정규직 근로자는 40.8%에 머문다(〈표 7〉). 하지만 비정규직 근로자는 건강보험에서 완전히 배제된 것은 아니다. 이들은 지역가입자나 건강보험 가입자의 가족으로 건강보험에 가입하고 있다. 이런 점에서 건강보험에서 국민연금과 달리 건강보험가입의 보편성은 상당히 실현된 것으로 볼 수 있다.

건강보험에서 복지이원주의는 건강보험의 보장률에서 기인한다. 건강보험의 보장률은 건강보험 지출 중에서 환자가 직접 지불해야 하는 지출의 비중을 표시한다. 건강보험의 보장율은 2006년 64.5%에서 2016년에는 62.6%로 하락하였다. 한국의 건강보험 보장률은 다른 나라에 비해서도 상대적으로 낮은 편이다. OECD 국가들의 평균적인 건강보험 보장률은 72.5%로 집계된다. 한국에서는 건강보험에 가입하더라도 가입자들은 의료비용의 37%를 본인이 직접 부담해야 한다.

〈표 12〉 건강보험 보장률

	2006	2007	2008	2009	2010	2011	2012	2013	2014	2015	2016
건강보험 보장률	64.5	65	62.6	65	63.6	63	62.5	62	63.2	63.4	62.6

출처: 국민건강보험공단, 「건강보험환자 진료비 실태조사」

* 자료: 국민건강보험공단, 「건강보험환자 진료비 실태조사」 각 연도

주석: 1) 건강보험보장률={건강보험급여비÷(건강보험급여비+법정본인부담금+비급여본인부담금)}×100.

2) 현금지급포함.

3) 건강보험공단에서 부담하는 급여중 의료급여, 산업재해, 자동차보험 등 건강보험 외 제외

한국에서 건강보험 가입자들은 높은 본인부담율을 감당하기 위해 민간보험에 가입하는 것이 필수적이다. 건강보험에서 민간보험에 대한 의존도는 매우 높다. 건강보험정책연구원의 조사(2017)에 따르면 전체 조사가구의 86.9%가 민간보험에 가입하였다. 한국의 건강보험은 공적 건강보험과 민간 건강보험이 동시에 발달한 복지믹스를 보인다고 할 수 있다. 하지만 공적 건강보험과 달리 자발적으로 가입하는 민간 건강보험에 대한 가입은 개인의 사회적 특성에 따라 차이를 보인다. 소득이 높은 가구가 낮은 가구보다 민간보험 가입률이 높은 것이다. 그리고 고액 치료비가 필요한 가구나 만성질환자가 포함된 가구, 주관적으로 건강이 허약하다고 생각하고 있는 가구의 민간보험 가입률은 오히려 낮다. 〈표 13〉에 따르면 월소득이 100만 원 미만 가구의 민간 건강보험 가입률이 32.2%, 100만 원에서 200만 원인 가구가 62.2%인데 비해, 월소득이 400만 원에서 500만 원인 가구의 가입률은 93.3%, 500만 원 이상은 93.8%로 매우 높았다. 이런 점에서 공사 건강보험 전체로 볼 때, 소득별로 건강보험 보장률의 격차는 여전히 유지되고 있는 것으로 나타난다.

〈표 13〉 소득별 민간 건강보험 가입률

월소득	가입률	사례수
100만원 미만	33.2	12
100만원 ~ 200만원	62.2	167
200만원 ~ 300만원	81.1	450
300만원 ~ 400만원	90.0	503
400만원 ~ 500만워	93.3	405
500만원 이상	93.8	463

자료: 건강보험연구원(2017: 109-112)

복지제도의 법적 보편적 확대에도 불구하고 핵심 복지제도인 국민연금, 건강보험, 고용보험이 보편적 제도라고 보기 어렵다. 보험가입과 급여의 수급에서 소득과 고용형태에 따라 상당한 격차를 보인다. 이런 점에서 한국에서 진행되고 있는 복지체계의 강화가 외부자를 포괄하는 방식으로 이루어지고 있다고 보기 어렵다. 복지확대 이후 한국의 복지제도는 여전히 복지이원주의의 특징을 유지하고 있는 것이다. 한국의 복지이원주의의 재생산은 복지제도 자체의 결함에서 기인한 것이라고 보기 어렵다. 한국은 법적으로는 복지제도의 보편적인 적용과 수급을 위한 개혁들을 착실히 진행하였다.

복지이원주의의 문제는 그보다는 노동시장의 구조에서 기인하였다. 1990년 말 외환위기 이후 한국의 노동시장은 근본적으로 변화하였다. 이원적 노동시장이 실질적인 사회·경제적 불평등으로 이어지기 시작한 것은 1997년 아시아 경제위기의 충격 하에 부분적인 경제 자유화가 가속화되기 시작한 시점이었다(Peng 2015, 226). 기업들은 대량해고보다는 기존의 핵심적 정규직노동자 집단을 유지하는 가운데 부분적으로 비정규직을 확보하는 방식의 부분적 자유화 전략을 구사하였다. 즉, 부분적 노동시장 유연화는 핵심노동자에 대한 기존 체계가 일정 정도 보호·유지되는 가운데 이루어진 것이다. 이로 인하여 한국에서는 남성 전일제 정규직노동자 집단으로 구성된 내부자와 여성, 청년, 시간제 비정규직으로 구성된 외부자 간의 이원화가 심화되었다. 특히 기업 기반으로 구성된 노동조합체제는 내부자와 외부자 간의 연대가 이루어지기 어려운 구조적 배경이 되었다. 기업 기반의 노동조합체제 하에서 대기업노동조합은 외부자를 배제하고 내부자 집단이 누리는 혜택과 권리의 보호 및 유지에 주력할 가능성이 크기 때문이다. 노동시장의 이원화는 복지제도의 이원화로 이어질 수밖에 없다. 이는 무엇보다도 한국의 복지제도가 사회보험제도 중심으로 구축되어 있기 때문이다. 사회보험제도에서는 노동시장에서의 지위가 복지제도에서도 재생산되는 원칙으로 프로그램을 운영한다. 이에 따라 노동시장에 참가하지 못하는 비취업자들은 법적으로 원천적으로 사회보장의 적용에서 제외된다. 취업자들 중에서도 보험료를 안정적으로 납입하지 못하는 자영업자, 비정규직, 여성, 청년, 저소득 근로자들은 사회보험에 실질적으로 가입하지 못하게 되고, 설사 가입하더라도 급여는 충분한 수준을 보장해주지 못하는 것이다.

노동시장의 이원주의와 복지이원주의의 재생산은 불평등의 구조에도 밀접한 영향을 미쳤다. 발전주의 국가 시대의 저발전한 복지수준에도 불구하고 불평등이 그나마 낮게 유지된 것은 엄격히 규제된 노동시장에 기인하였다. 규제된 노동시장은 시장소득의 격차를 억제하였고 비정규직의 확대도 저지하였다. 하지만 1998년 외환위기 이후 진전된 노동시장의 유연화는 이러한 바탕들을 해체하였다. 이 결과 임금과 노동조건의 격차가 크게 확대되었다. 이와 더불어 노동시장에서의 소득불평등을 상쇄해야할 복지제도에서도 이원주의가 재생산되면서 소득불평등의 확대는 피할 수 없게 되었다.

5. 복지개혁을 둘러싼 정치연합의 형성: 복지연합의 성격

민주당 계열의 김대중 정부와 노무현 정부는 복지확대정책을 노동운동과 시민운동의 사회연합으로 추진하였다(Yang, 2003). 이들 두 세력은 권위주의 정부의 성장정책에 누구보다도 비판적이었고 민주화 이후 그 세력을 강화해 가고 있었다(조대엽 1999). 민주당 계열 정부는 사회운동, 노동조합과 연대하여 한국을 지배하던 보수적 발전국가의 국가 목표였던 선성장 후복지 패러다임의 전환을 시도하였다. 민주당 계열 정당의 집권 하에서 노동조합과 시민운동은 중요한 복지정책 결정과정의 핵심적 행위자로 정착하였다.

1999년 김대중 정부는 이들과 연합하여 보수적 전임 정부의 국민연금 구조개혁안에 대항하는 적용범위 확대안을 관철시켰다(Kim and Choi 2014). 건강보험에서도 80년대 말부터 건강보험 통합을 위한 시민운동이 시작되었다(신영전 2010). 김대중 정부에 의해 장관으로 임명된 통합론자는 시민운동 단체의 지원으로 통합에 반대하는 관료와 보수적 노동조합의 저항을 극복할 수 있었다. 더구나 국민기초생활보장제도의 도입에서 시민운동은 주도적인 역할을 하였다. 애초 구제도를 유지하려는 정부와 달리 참여연대를 중심으로 한 진보적 시민단체연합은 1990년대 중반부터 새로운 사회부조제도의 도입을 주장하였다. 1990년대 말 경제위기의 사회적 부작용을 극복하는 과정에서 김대중 대통령이 시민단체의 제안을 수용하여 새로운 사회부조제도의 도입을 선언하자 시민단체는 법안내용을 제안하여 관철시켰다(안병영 2000). 노무현 정부에서도 장기요양보험의 도입과 근로장려세의 도입에서는 사회동맹의 지지와 동의가 필수적이었다.

시민운동의 강한 영향력은 역사적이고 정치적 맥락에서 이해될 수 있다. 역사적으로 볼 때, 김대중 정부는 야당 시기부터 보수적 정권을 교체하기 위해 시민운동과 노동조합의 사회운동세력과 밀접한 동맹을 형성하였다. 2000년 창당한 새천년민주당도 야당과 사회운동세력의 연합이었다. 김대중 정부는 그 이전에 40년간 권력을 지배했던 관료, 기업, 언론 등의 보수적 집권동맹과 맞서서 개혁을 관철해야 했다. 이에 반해 민주당 계열 정당의 정책적 역량은 상당히 부족하였다. 이런 상황에서 새로운 복지개혁을 위해 꼭 필요한 정치적 정당성과 정책적 전문성을 확보하기 위해 1990년대 중반 이후로 형성된 참여연대의 사회복지위원회, 여성단체연합, 빈민연대 등 복지운동단체와의 연대가 필요했다(Kim and Choi 2014; 신영전 2010; 안병영 2000).

또한, 김대중 정부는 대통령 직속으로 조합주의 의사결정체인 노사정위원회를 설립하여 노조와 사용자의 정책결정참여를 유도하였다. 정부는 국민연금개정, 건강보험통합, 국민기초생활보장법, 산재보험확대를 포함한 노동과 복지에 관한 입법에 대한 결정을 위원회에서 노사 간의 합의로 결정하였다. 이뿐 아니라 노조와 사회운동의 전문가들은 정부의 위원회와 부처의 결정에 공식적, 비공식적으로 참여할 수 있었다.

사회동맹은 민주당 계열정부의 복지확대를 추동한 원동력이었다. 하지만 동시에 사회동맹은 복지확대의 한계를 규정하는 요인이었다. 엠메네거(Emmenegger, 2014)에 따르면 노동조합은 조직노동의 이익을 보호하기 위해서라면 노동시장 주변부의 유연화에 찬성하는 데 주저하지 않는다. 실제로 1990년대 말 한국의 외환위기 극복 과정에서 민주노총과 한국노총은 대기업의 인사이더 이익을 보호하기 위해 김대중 정부가 추진하던 노동시장 유연화에 찬성하였다. 한국 노동조합이 대기업 내부자를 대변할 수밖에 없는 것은 노동조합의 이원화된 조직구조에 기인한다. 300인 이상 규모 기업의 노동조합 조직율은 2008년에 45.4%를 기록했던 반면, 30인 이하 규모 기업에서는 0.2%에 머물렀다(Peng 2012, 243).

노동유연화 정책으로 대기업과 중소기업의 격차가 벌어지는 것은 놀라운 결과는 아니다. 1997년 이후 30인에서 99인 규모 중소기업 노동자의 임금은 500인 이상 기업 노동자의 임금에 비하여 1980년대 약 99%에서 2008년에는 60%로 축소되었다. 기업복지혜택 역시 30인에서 99인 규모 중소기업의 복지수준은 1000명 이상 기업에 비교하여 1984년 80%에서 2003년 43.0%로 줄어들었다(Peng 2012, 243).

한편 이명박 정부와 박근혜 정부에서는 보수여당과 관료가 정책결정 과정을 주도하고 노동조합과 시민단체는 배제되었다. 경제위기 극복을 위해 설치된 조합주의 기관인 노사정위원회조차도 집권당의 지지기반이었던 경영자단체, 보수적 노동조합, 보수시민단체와 같은 일부 시민단체들만 선별적으로 참여가 허용되었다(이호성, 2009: 93). 이런 상황에서 보수 정부는 노동유연화와 같은 신자유주의적 개혁과 더불어 공무원연금 개혁과 기초연금도입과 같이 복지이원주의를 완화하는 복지 개혁도 추진할 수 있었다. 반면 진보적 시민운동과 노동조합은 민주당 계열의 야당과 연대하여 보수당의 복지정책에 반대하여 저항을 조직하였다. 사회동맹의 저항은 이명박 정부의 핵심 사업의 하나였던 건강보험 민영화를 좌절시켰다(신영전 2010). 이뿐 아니라, 이명박 정부는 국민들의 지지를 회복하려 2009년 이후 친서민 중도실용 노선으로 전환하여 일자리, 취약계층 사회보장, 출산장려와 같은 선정된 분야에서 복지확대를 시도하게 되었다.

하지만 동시에 복지저항은 한국 복지국가 확대의 한계로 지적되는 복지이원주의의 완화에는 오히려 장애가 되었다. 이를 잘 보여주는 좋은 예는 공무원연금 개혁과 기초연금도입의 사례이다. 2009년 이명박정부가 추진한 공무원연금 개혁은 복지이원주의 완화에 기여할 수 있는 개혁이었다. 이전의 다른 복지 개혁과 달리 그 개혁의 중요한 동기는 복지급여간 형평성의 완화에 있었다. 2007년 국민연금제도는 급여삭감을 포함하는 급진적 개혁을 경험하였다. 개혁 과정에서 국민들은 막대한 국고보조를 받고 연명하고 있는 공무원연금은 그대로 놔두고 40~50년 이후 기금이 고갈되는 국민연금의 급여만 삭감하는 것에 비판을 제기하였다. 이에 정부는 공무원연금의 개혁에 착수할 수밖에 없게 되었다. 이런 배경에서 2009년의 공무원연금 개혁에서는 처음으로 큰 폭의 구조적 개혁안이 논의되었으나 결국 공무원노조가 적극적으로 개입하면서 개혁은 제대로 추진되지 못하고 봉합되었다.

2015년에 박근혜 정부에서 추진된 공무원연금 개혁에서는 2009년의 개혁 과정이 확대, 재생산되었다. 2015년의 개혁은 대통령의 의지로 시작되었다. 대통령은 공무원연금제도 재정문제의 심각성과 해결의 필요성을 지속적으로 제기면서 개혁의 방향을 제시하였다. 또한 여당인 새누리당과 연금 개혁 전문가들도 공무원연금제도의 시급한 구조적 개혁을 주장하며 야당과 빠른 타협을 이루려 하였다. 하지만 야당은 공무원노조와 시민단체의 의견을 수용하여 현재의 제도를 최소한으로 변경하는 입장으로 개혁을 회피하려 하였다. 또한 시민단체와 노동조합은 공무원노조의 입장을 지지하며 정부의 개혁에 저항하였다. 이후 여야가 참여하는 국회 공무원연금개혁특위와 정부, 공무원노조와 노조, 시민단체가 참여하는 국민대타협기구에서 논의를 거쳐 여야의 타협안이 도출되었다. 애초 정부의 공무원연금 개혁안은 급여수준을 국민연금의 수준으로 맞추고 현 퇴직자의 급여감액 등 과감한 조치들이 포함되었으나 최종적으로 이에 비해 훨씬 완화된 내용으로 개혁이 완료되었다 (김선빈, 장현주 2016).

또한 박근혜 정부의 기초연금에서도 복지 개혁에서의 유사한 갈등구조가 반복되었다. 기초연금도 역시 공적연금의 사각지대에 있는 현 세대의 노인에게 즉각적인 소득개선을 가져올 수 있는 제도였다. 하지만 야당과 노동조합 그리고 시민단체는 기초연금제도를 공약폐기로 비판하면서 이에 대해 찬성하지 않았다. 이는 사회적 타협기구의 논의를 토대로 결정된 기초연금 도입안의 정부안을 공약파기로 보았기 때문이었다. 공약과 달리 전체 노인이 아니라 노인의 70%로 대상이 축소되고 국민연금 급여와 연동되어 감액되었다는 것이었다. 노동조합은 국민연금과 기초연금의 연동이 국민연금제도의 발전을 심각히 저해할 것으로 비판하였다. 국민연금의 장기가입자들에 대한 급여감액이 국민연금 가입유인에 심각히 부정적인 영향을 준다는 것이었다. 특히 노동조합은 대기업의 정규직 노동자들에게 불이익이 될 연금급여연동방식에 강하게 저항하였다. 노동조합과 야당은 정부안의 폐기를 주장하며 적극 반대하였다. 이후 지방선거를 앞두고 정치적 부담을 느낀 야당이 정부안을 받아들이면서 개혁은 극적으로 타결되었으나 노동조합과 시민단체는 이를 야합으로 규정하고 수용하지 않았다 (김원섭, 이용하 2014).

결론적으로 김대중 정부와 노무현 정부의 복지확대를 주도한 사회동맹은 민주당 계열의 정당과 노동조합, 진보적 시민단체로 구성되었다. 이들의 연대는 기존의 사회보험과 보육정책을 비롯한 새롭게 도입된 복지제도의 보편성 강화의 원동력이 되었다. 하지만 동시에 이 복지동맹은 한국 복지제도의 핵심 성격인 복지이원주의의 완화에는 큰 도움을 주지 못하였으며 오히려 복지이원주의의 유지와 재생산에 기여하였다. 복지동맹의 이러한 성과와 한계는 한국의 복지이원주의를 이해하는 데 중요한 열쇠라고 할 수 있다.

6. 결론

이 연구는 노동사회의 내부자와 외부자의 갈등이 복지정치의 영역에서는 어떻게 전개되는지 보여주고자 하였다. 이를 위해 본 연구는 한국 복지국가의 발전을 복지이원주의의 시각에서 재구성하였다. 우선 본 연구는 사회적 시민권을 기본 원리로 하여 복지국가의 정의를 도출하였다. 이에 따르면 복지국가는 사회적 시민권을 구현하는 국가이며 이는 제도적으로는 경제적, 정치적, 사회적 활동에 대한 보편적 참여권의 보장을 정치적 목적으로 내세운다. 이를 바탕으로 복지국가는 유럽 국가를 중심으로 확대되었다. 1970년대 중반 이후 경제적, 정치적 상황이 악화되면서 시민권적 복지국가의 확대 시기는 종언을 고한다. 이에 더하여 경제적 세계화의 진전과 노동시장의 유연화, 저출산으로 인한 가족 형태의 변화로 복지국가는 조정과 변화를 강요받게 되었다. 복지국가의 조정은 급진적이지는 않았다. 하지만 시민권적 복지국가에서 복지삭감과 조정에 보다 심각히 노출된 외부자와 기존의 복지제도의 틀 속에서 여전히 자리를 유지하고 있는 내부자와의 분화가 일어났다.

한편, 한국의 복지제도는 애초부터 강한 이원주의적 성격을 보였다. 한국의 권위주의적 정권은 정권 유지에 필수적인 세력인 공무원, 군인, 교사와 같은 집단이나 경제성장을 뒷받침하는 핵심 노동자계층에게만 특권으로 복지제도를 제공하였기 때문에 복지제도는 극단적으로 이원화된 특징을 보였다. 또한 이러한 복지이원주의는 권위주의 정부의 억압적 정치수단을 통해서만 유지될 수 있었다.

민주화 이후 권위주의 정부의 아래로부터의 해제는 복지국가 발전의 조건을 근본적으로 변화시켰다. 민주화 이후 들어선 중도좌파 정부뿐 아니라 보수 정부까지도 복지확대를 추구하는 방향에서는 차이가 없었다. 특히 1990년대 말 아시아 외환위기를 계기로 집권한 김대중 정부는 진보적 노동조합, 시민운동, 중도좌파정부의 사회연합을 형성하였다. 사회연합은 민주주의의 공고화와 복지제도의 확대를 최우선의 과제로 추진하였다. 이 결과 복지제도는 급속히 확대되었다. 복지제도의 발전은 주로 사회보장제도를 중심으로 이루어졌다. 지금까지 사회의 일부분만을 포함했던 사회보험제도들은 점차적으로 전 국민과 전 근로활동인구로 확대되었다. 지금까지 방치되었던 국민들의 복지에 대한 권리가 제도화되기 시작한 것이다.

하지만 복지확대 개혁은 복지이원주의를 극복하지 못하였다. 사회보험은 법적으로 보편적 제도로 확대되었지만 실제로는 노동시장의 내부자들을 주로 포함하였고 외부자들은 여전히 사회보험제도에서 부분적으로 또는 전면적으로 배제되어 있었다. 이는 복지확대를 주도한 사회동맹이 의도하지 않은 결과로 볼 수 있다. 복지확대는 주로 사회보험제도를 중심으로 진전되었고 사회보험은 제도적으로 안정된 고용관계에 있는 근로자들을 대상으로 발전한 것이다. 노동시장의 외부자인 영세자영업자. 비정규직, 여성은 사회보험의 혜택을 누리기 위해서 필요한 보험료를 안정적으로 납부하지 못한다. 다른 선진국과 달리 한국에서는 자영업자의 비율이 상당히 높았고, 노동시장 유연화의 진전으로 비정규직은 전체 고용에서 매우 큰 비중을 차지하고 있었다. 또한 여성의 노동시장참여율도 낮은 편이었다. 이런 상황에서 한국에서는 인구의 거의 절반이 사회보험에서 부분적이거나 전면적으로 배제되는 결과를 가져왔다.

이와 더불어 복지이원주의는 사회동맹이 의도적으로 추구한 전략에 의해서도 재생산되었다. 중도좌파 정부를 대체하고 집권한 이명박 정부와 박근혜 정부는 보수정부로서 내부자와 안정된 동맹을 형성하지 못했다. 이에 따라 이들 정부는 당시의 심각해지는 복지이원주의를 완화하기 위해 기초연금의 도입, 공무원연금 개혁과 같은 시도를 하였다. 하지만 야당이 된 중도좌파 정당과 노동조합과 시민운동의 사회연합의 거부와 저항으로 보수정부는 이들 개혁목표를 완전히 달성할 수 없었다.

결론적으로 한국 복지제도의 가장 큰 특성은 복지이원주의이다. 복지이원주의는 권위주의적 발전주의 국가가 수행한 성장전략과 복지전략으로 형성되었다. 하지만 민주화 이후에도 복지이원주의의 극복은 이루어지지 않았다. 한국의 복지국가는 여전히 노동사회의 내부자와 외부자의 차별을 멈추지 않고 있다. 역설적으로 복지이원주의의 재생산은 복지확대를 주도한 한국의 사회동맹의 성격과 밀접한 연관이 있다. 한국의 사회동맹은 중도좌파 정당, 노동사회의 내부자, 엘리트 중심의 시민운동에 의해 구성되었다. 이들은 한국에서 사회보험 확대 중심의 복지국가 건설에 상당한 기여를 하였다. 하지만 동시에 이들은 복지이원주의 폐단이 본격화된 이후에도 이를 완화하기보다는 이를 유지하는 데 주력하였다.

복지이원주의는 모든 시민의 보편적 참여권을 특징으로 하는 시민권적 복지국가의 건설에 중대한 장애라고 할 수 있다. 복지이원주의 하에서는 복지국가가 지향하는 시민의 참여권을 통한 빈곤과 불평등의 완화 같은 복지국가의 목표를 달성하는 일이 요원하게 될 수 있다.

참고문헌

Anttonen, A., Häikiö, L., Stefánsson, K., and Sipilä, J. 2012. *Welfare state, universalism and diversity* Cheltenham: Edward Elgar.

Barry, N. 1990. *Markets, citizenship and the welfare state: some critical reflections. Citizenship and Rights in Thatcher's Britain: Two Views*, London: IEA Health and Welfare Unit.

Bruno Palier, 《The Politics of Reforms in Bismarckian Welfare Systems》, Revue française des affaires sociales 2006/5 ( ), p. 047-072.

Choi, Sung Ho 2003. *Arbeitslosigjkeit und soziale Sicherung in Suedkoreaim Kontext der Globalisierung*. Muenchen: Bibion.

Clegg, D. 2012. Solidarity or Dualization? Social Governance, Union Preferences, and Unemployment Benefit Adjustment in Belgium and France, In Emmenegger, P., Husermann, S., Palier, B. and Seeleib-Kaiser, M. (eds.), *The Age of Dualization: The Changing Face of Inequality in De-industrializing Societies*, New York: Oxford University Press: 253-276.

Emmenegger, P., Hausermann, S., Palier, B. and Seeleib-Kaiser, M. 2012. 'How We Grow Unequal,' In Emmenegger, P., Husermann, S., Palier, B. and Seeleib-Kaiser, M. (eds.), *The Age of Dualization:The Changing Face of Inequality in De-industrializing Societies*, New York: Oxford University Press, 3-26.

Emmenegger, P. 2014. *The power to dismiss: Trade unions and the regulation of job security in Western Europe*. New York: Oxford University Press.

Esping-Andersen, G. 1985. "Power and distributional regimes". *Politics & Society*, 14(2): 223-256.

Flora, Peter and Arnold Heidenheimer (eds). 1981. *The Development of Welfare States in Europe and America*, New York: Transaction Books.

Gilbert, N. 2002. *Transformation of the welfare state: The silent surrender of public responsibility*. New York: Oxford University Press, USA.

Goodman, Roger, White, Gordon, and Kwon, Huck-ju. 1998. *The East Asian Welfare Model: Welfare Orientalism and the State*. London: Routledge.

Hacker, Jacob. 2002. *The Divided Welfare State*. New York: Cambridge University Press.

Haggard, Stephan. 2005. "Globalization, democracy and the evolution of social contracts in East Asia", *Taiwan Journal of Democracy*, 1(1): 21-47.

Haeusermann, S. and Schwander, H. 2012. 'Varieties of Dualization? Labour Market Segmentation and Insider-Outsider Divides across Regimes,' In Emmenegger, P., Husermann, S., Palier, B. and Seeleib-Kaiser, M. (eds.), *The Age of Dualization:The Changing Face of Inequality in De-industrializing Societies*, New York: Oxford University Press. 27-51.

Holliday, Ian. 2000. "Productivist Welfare Capitalism: Social Policy in East Asia." *Political Studies*. 48: 706-723.

Holliday, I. 2005. "East Asian Social Policy in the wake of the Financial Crisis: Farewell to Productivism." *Policy and Politics* 33(1): 145162.

Hort, S. & Kuhnle S. 2000. "The Coming of East and South-East Asian Welfare States". *Journal of European Social Policy* 10(2) 16284.

Jonesm C. 1990. "Hong Kong, Singapore, South Korea, and Taiwan: Oikonomic welfare states", *Government and Opposition*, 25(3): 446462.

Jones, C. 1993. "Pacific Challenges: Confucian Welfare State", *In New Perspectives on the Welfare State in Europe*, London: Routledge, pp. 198217.

Kang, Wook-Mo 1992. *Policy-Making for National Pensions in the Republic of Korea.* Dissertation. University Edinburgh

Kim, W. S., & Choi, Y. J. 2014. "Revisiting the role of bureaucrats in pension policy-making: the case of South Korea", *Government and Opposition*, 49(2): 264-289.

Korpi, W. 1989. "Power, politics, and state autonomy in the development of social citizenship: Social rights during sickness in eighteen OECD countries since 1930", *American sociological review*, 54(3): 309-328.

Ku, Y. W. 1997. *Welfare capitalism in Taiwan: State, economy and social policy.* Springer.

Kuhnle, Stein. 2002. "Democracy and Productive Welfare: European and Korean Welfare Policy Development." Sharing Productive Welfare Experience International Symposium. Seoul. Korea. September 6-7.

Kwon, Huck-ju. 1998, "Democracy and the politics of social welfare: a comparative analysis of welfare systems in East Asia", in Robert Goodman, Gordon White and Huck-ju Kwon (eds), *The East Asian Welfare Model: Welfare Orientalism and the State*, 27-74, London: Routledge.

Kwon, S., & Holliday, I. 2007. "The Korean welfare state: a paradox of expansion in an era of globalisation and economic crisis", *International Journal of Social Welfare*, 16(3), 242-248.

Lee, H. K. 1999. "Globalization and the emerging welfare state — the experience of South Korea." International Journal of Social Welfare 8(1): 23-37.

Lindvall, J and Rueda, D. (2012) 'Insider-Outsider Politics: Party Strategies and Political Behavior inSweden', in P. Emmenegger, S. Häusermann, B. Palier and M. Seleib-Kaiser (eds.) *The Age ofDualization: The Changing Face of Inequality in De-industrializing Societies*, 277303, New York: OxfordUniversity Press.

Luhmann, Niklas. 1981. *Politische Theorie im Wohlfahrtsstaat*. München, Wien: Günter Olzog Verlag.

Marshall, T.H. [1963], "Citizenship and Social Class", in T. H. Marshall, *Sociology at the Crossroads and Other Essays*, Heinemann

Myles, J. 1984. *Old age in the welfare state*. Boston: Little, Brown.

Obinger, Herbert, Peter Starke, and Alexandra Kaasch. 2012. "Responses to Labor Market Divides in Small States since the 1990s." In Patrick Emmenegger, Silja Häusermann, Bruno Palier, and Martin Seeleib-Kaiser, (eds.), The Age of Dualization, 176-200. Oxford and New York: Oxford University Press.

Palier, B. 2006. "The politics of reforms in Bismarckian welfare systems", *Revue française des affaires sociales*, 2006(5): 47-72.

Palier, Bruno and Kathleen Thelen. 2012. "Dualization and Institutional Complementarities: Industrial Relations, Labor Market and Welfare State Changes in France and Germany". In Emmenegger, Patrick, Silja Häusermann, Bruno Palier and Martin Seeleib-Kaiser. (eds). 2012. *The Age of Dualization: The Changing Face of Inequality in Deindustrializing Societies,* 201-225. Oxford: Oxford University Press, 2001-225.

Peng, I. 2015. Economic Dualism in Japan and South Korea In: Emmenegger, Patrick, Silja Häusermann, Bruno Palier and Martin Seeleib-Kaiser. (eds). 2012. *The Age of Dualization: The Changing Face of Inequality in Deindustrializing Societies,* 201-225. Oxford: Oxford University Press, 226-252.

Pierson, C. 2007, Beyond the Welfare State? Policy Press, Cambridge.

Pierson, P. 1996. "The new politics of the welfare state", *World politics*, 48(2): 143-179.

Rieger, Elmar/Leibfried, Stephan 1999: Wohlfahrtsstaat und Sozialpolitik in Ostasien. Der Einfluß von Religion im Kulturvergleich, in: Schmidt, G. (Hrsg.): *Globalisierung. Baden-Baden*: 407-493.

Rueda, D. 2007. *Social democracy inside out: Partisanship and labor market policy in advanced industrialized democracies*. Oxford University Press.

Schmidt, M. G. 1998. *Sozialpolitik in Deutschland Historische Entwicklung und internationaler Vergleich 2. vollständig überarbeitete und erweiterte Auflage.* Leske + Budrich, Opladen

Schmidt, M. G. 2005. *Sozialpolitik in Deutschland. Historische Entwicklung und internationaler Vergleich, Wiesbaden: VS Verlag für Sozialwissenschaften, 3., vollständig überarbeitete und erweiterte Auflage.* Springer-Verlag.

Seeleib-Kaiser, Martin, Adam Saunders, and Marek Naczyk. 2012. "Shifting the Public Private Mix." In Patrick Emmenegger, Silja Häusermann, Bruno Palier, and Martin Seeleib-Kaiser, eds., *The Age of Dualization*, 151-175. Oxford and New York: Oxford University Press.

Wade, Robert. 1990. *Governing the Market: Economic theory and the Role of Government in East Asian Industrialization*. Princeton: Princeton University Press.

Wilensky, H. 1975. *The Welfare State and Equality*. Berkeley: University of California Press.

Wincott, D. 2001. "Reassessing the social foundations of welfare (state) regimes", *New Political Economy*, 6(3): 409-425.

World Bank. 1997. World Development Report 1997, Oxford:Oxford University Press.

Yang, Jae-Jin. 2000. "The 1999 pension reform and a new social contract in South Korea." Dissertation. University of New Jersey.

Zoellner, D. 1963. *Offentliche Sorialleisrungen und wirtschafiliche Enwicklung*. Berlin: Duncker & Humblot.

공제욱, 이태수, 김연명, 문진영, & 김인재. 1999. "한국의 사회복지재정의 추계와 국제비교에 관한 연구", 『한국사회정책』, 6(1): 1-39.

국민연금연구원. 2017. 2016 국민연금 생생통계. 국민연금연구원.

김유선. 2017. 비정규직 규모와 실태. 한국노동사회연구소.

김원섭. 2008. "참여정부에서 한국 복지국가의 발전, 신자유주의 국가?" 『한국사회』. 9(2): 29-53.

김원섭·강성호·김형수·이용하. 2016. "우리나라 공적연금의 보편적 중층보장체계로의 재구축 방안에 관한 연구". 『사회보장연구』, 32(4): 1-29.

김원섭·남윤철. 2011. "이명박 정부 사회정책의 발전: 한국 복지국가 확대의 끝?". 아세아연구, 54(1), 119-152.

김원섭·이용하. 2014a. 개인연금 가입의 결정요인, 제도적 요인을 중심으로. 한화생명보험 산학공동연구보고서.

김원섭·이용하. 2014b. "박근혜 정부 기초연금제도의 도입 과정과 평가", 『한국사회』, 15(2), 69:102.

김선빈·장현주. (2016). "2015 년 공무원연금 개혁과정의 재해석", 『한국사회와 행정연구』, 27(3): 65-91.

김중양, 최재식, 2004, 공무원연금제도, 법우사.

남윤철. 2012. "김대중 정부와 이명박 정부의 사회정책 비교연구", 고려대학교 대학원 사회학과 석사학위논문.

대통령직인수위원회. 2008. 『제17대 대통령직 인수위원회 백서- 성공 그리고 나눔 1』. 서울: 제 17대 대통령직인수위원회.

문형표, 2009, 공무원연금개정안의 평가와 개선의견, KDI 정책포럼 208

민효상. 2011. “왜 2009 년 공무원연금제도개혁은 점진적 (moderate) 개혁에 머물렀는가?-정책결정과정과 정치, 제도적 특성을 중심으로”. 『한국정책학회보』, 20(1): 333-362.

방하남, 남재욱, 2016, 고용보험의 사각지대와 정책과제에 관한 연구: 실업급여를 중심으로, 사회복지정책 43(1), 51-79.

신영전. 2010. “의료민영화정책과 이에 대한 사회적 대응의 역사적 맥락과 전개”, 「비판사회정책」. 29: 45-90.

안병영. 2000. “국민기초생활보장법의 제정과정에 관한 연구”, 『행정논총』, 38(1): 1-50.

유시민 2007, 『대한민국 개조론』, 서울: 돌베개.

유영준. 1981. “한국역대정권의 국가목표성정과 그 정치적 과제.” 한국정치학회. 『한국정치와 복지국가』. 서울: 삼영사.

윤상우. 2002. “동아시아 발전국가의 위기와 재편.” 고려대학교 박사학위논문.

이병희. 2013. “한국형 실업부조 도입의 쟁점과 과제”. 『한국사회정책』, 20(1): 123-144.

이용하·김원섭. 2015. “2015 년 공무원연금 개혁의 평가와 향후 개편방향”. 『응용통계연구』, 28(4): 827-845.

이지연, 2014, 실업급여 사업평가, 사업평가 14-5 국회예산정책처

이혜경. 2003. "한국 사회보험제도의 딜레마." 한국사회복지학회 학술발표대회지 (2003): 11-28.

임혁백. 1994. 『시장, 국가, 민주주의』. 서울: 나남.

전남진. 1987. 『사회정책학 강론』. 서울: 서울대출판부.

정부·민간 합동작업반. 2006. 『함께 가는 희망한국 Vision 2030』. 서울: 정부·민간 합동작업반.

조대엽. 1999. 『한국의 시민운동』. 서울: 나남.

주OECD대표부, 2016, OECD 2016 사회복지지출 통계(SOCX) 주요내용.

필립 암스트롱, 글린 앤드류, 존 해리슨 1996, 김수행역. 1945년 이후의 자본주의, 서울: 두산동아.

호이저만, 실리아. 2015. 남찬섭 역, 『복지국가 개혁의 정치학: 대륙유럽 복지국가의 현대화』, 서울: 나눔의 집.

김왕배 연세대 사회학과 교수

세대갈등과 인정 투쟁

1. 머리글
2. 세대 간 차이와 갈등에 대한 인식
3. 세대 간 생활경험의 특성
4. 청년세대의 개인주의 성장과 공정성 인식
5. 개인주의 인식 태도가 낳은 새로운 유형의 갈등과 담론
6. 청년세대의 존재론적 위상과 적대적 증후
7. 세대 간 갈등과 인정 투쟁
8. 무엇을 할 것인가?

세대갈등과 인정 투쟁

1. 머리글

지난 평창 동계올림픽에 출전한 아이스하키 남북한 공동선수단은 국내외 많은 이목을 끌었다. 마침 한반도를 둘러싼 남북한과 미국, 중국 등의 동북아 정세가 심상치 않게 균열되어 가고 있고 급기야 북한의 핵시설에 대한 미국의 선제 타격론 등 전쟁 증후의 담론이 한반도를 휘감고 있는 와중에 올림픽의 남북단일팀 출전은 긴장완화를 바라던 한국민들에게는 '단비'와 같은 사건이었다. 남북단일팀 출전은 벼랑 끝으로 달려가던 한반도의 신(新)냉전적 적대감의 해소뿐 아니라 민족화합과 멀게는 남북통일에 한걸음 다가서는 의미 있는 결산을 남겼다. 비록 몇 차례에 걸친 남북단일팀의 전례 때문에 한반도의 깃발을 흔들며 눈물을 흘리고 얼싸안는 감격적 감흥은 떨어졌지만 지난 수년간 남북 긴장이 최고조에 달한 시점인지라 남북단일 팀 출전의 의미는 더욱 컸다고 할 수 있다. 정치와 스포츠의 정신을 분리하여, 인류평화와 화합의 기치를 내건 올림픽대회에서 자칫 정치적 의도성이 지적될 수 있지만 남/북이라는 분단과 적대성의 현실 때문에라도 IOC를 비롯한 세계 스포츠 연맹이나 기구들도 기꺼이 단일팀의 출전을 격려하였다. 으레 그랬던 것처럼, 남북단일팀의 선수단 구성이라든가 비용

지불 등은 남한이 지불하는 것이 아깝지 않게 보였다.[1] 대한민국의 국민이라면 단일팀의 출전은 경기 결과보다도 남한과 북한이 한 발짝 서로 다가서는 과정, 즉 민족화합과 나아가 통일대업의 완성에 나가는 길이었기 때문에 기꺼이 '양보'를 할 수 있고, 공동체적인 집단적 대의명분 앞에 사사로운 개인적인 이해관계를 뒷전시하는 것이 당연하게 받아들여졌다.

그런데 예상과 달리 남북단일팀 발표 후 정부는 호된 여론의 반발에 부딪혀야 했다. 전반적으로는 찬성이 우세했지만 기성세대와 다르게 20~30대의 젊은 층들은 응답자 거의 대부분이 남북단일팀 구성의 부당성을 지적했다.[2] 청와대 게시판에는 단일팀 구성을 반대하는 청원이 올라오기도 했다. 비록 메달권에는 먼 종목이긴 했지만 국가대표의 자격으로 올림픽에 출전하는 것은 선수 개인에게는 삶의 목표였다라고 해도 과언이 아니고, 개인 인생의 꿈을 달성하는 일생일대의 사건이기에 선수들은 살을 에는 피나는 훈련을 거듭해 왔다. 그런데 갑작스러운 단일팀 구성으로 인해 몇몇 국가대표 선수들이 출전을 양보해야 할 지경에 빠져버리게 되었다. 반대 여론의 핵심은 남북화합과 통일완수라는 대의도 중요하지만 개개인의 희생을 치르는 것은 '공정하지 않다'는 것이다.[3] 이 같은 젊은 세대의 반발로 인해 기성세대와 정치권은 적잖은 당혹감을 드러낼 수밖에 없었다. 한국의 기성세대는 개인 대신 가족, 조직, 민족, 국가라는 집단

1 여자 아이스하키 남북단일팀은 23명의 남한 선수와 12명의 북한선수로 구성되었고, 감독은 캐나다의 세라 머리(Sarah Murray)였다. 현재 남북단일팀의 구성과정과 선수단의 경험, 의미 구조에 대한 흥미로운 연구로 배재윤의 박사학위청구논문(2018)을 참고할 것. 젊은 선수들 역시 단일팀 구성단계에서 공정치 못하다고 인식하고 있음을 알 수 있다.

2 지난 1월 SBS와 국회의장실이 한국리서치에 의뢰해 전국의 만 19세 이상 성인남녀 1,000명을 대상으로 진행한 '평창올림픽 및 남북관계 관련 여론조사'에 따르면 남북단일팀 참가에 대한 의견으로 반대하는 입장("무리해서 단일팀을 구성할 필요는 없다", 72.2%)이 찬성하는 입장("가급적 단일팀을 구성하는 것이 좋다", 27.0%)보다 우세하였다. 특히 20대는 82.2%, 30대는 82.6%가 남북단일팀 참가에 반대한다고 응답하여 40대 이상의 기성세대보다 20~30대 젊은 층의 반대 여론이 더욱 강력한 것으로 나타났다(한국리서치, 2018).

3 따라서 한 논객은 햇볕정책과 같은 남북화해정책의 기조를 오늘날에도 그대로 적용한다면, 즉 과거의 기준을 현대 남북한 교류정책에도 계승하려 한다면 중대한 오류를 범하게 될 것이라고 경고한다. 김근식, "단일팀 반대했던, 2030 목소리, 새겨야하는 이유"(프레시안, 2018. 2. 7).

공동체의 가치를 더욱 가치 있는 것으로 여기고 집단을 우선시 여기며 살아온 세대였다. 그러나 이 사건을 통해 보듯 오늘날의 젊은 세대는 개인의 가치를 더욱 중요시 여긴다고 볼 수 있다. 간단히 말해 기성세대에게 보기 힘들었던 새로운 삶의 판단 기준, 즉 '개인'을 기준으로 집단행위의 옳고 그름, 혹은 바람직하거나 그렇지 않음, 타당성과 정당성을 평가하는 태도를 보인다는 것이다.

동시대 한 공간에 살면서도 세대에 따른 다양한 삶의 양식과 세계관이 서로 부딪히며 대립하고, 긴장과 갈등을 표출한다. 세대 간 '차이'는 격렬한 사회적 갈등을 유발함으로써 사회적 비용을 높이기도 하고, 다른 한편 서로 간의 경합을 통해 새로운 시대를 향한 미래의 에너지로 작용하기도 한다. 세대 간 대립과 충돌은 어느 사회, 어느 시대에나 존재하는 보편적이고 편재적인 현상이다. 그러나 유독 한국사회의 세대갈등은 매우 적대적이고 소모적인 결과를 낳는 듯이 보인다. 가치관이나 이념은 물론 물질적인 배분, 정치제도의 지형을 놓고 세대 간 힘겨루기를 하는 양상이 나타나고 있는 것이다. 서로의 세대를 인정하기보다 서로를 비난하고 혐오하는가 하면, 적대와 증오의 감정, 갈등의 양상을 띠기도 한다. 기존의 것을 지키면서 자녀들의 양육에 수고를 아끼지 않았던 기성세대는 자녀세대들로부터 그들의 삶을 존중받고 인정받고 싶어하는 반면, 새로운 삶의 가치와 양식을 누리고 싶은 젊은이들은 기성세대의 삶을 낡고 진부한 장애의 벽으로 인식하고 그것을 허물어뜨리려 한다.

일반적으로 '정치적 보수주의'뿐 아니라 '일상의 보수성'은 기성세대의 자연스러운 생애 과정의 산물로 간주되는 반면 창조와 도약, 변화의 힘은 젊은 세대로부터 도출되는 것으로 여겨진다. 개인이든 사회든 조상들의 삶의 경험으로 형성된 전통은 후대에 전승됨으로써 정치, 경제, 문화 등 총체적인 사회적 역량을 키워내는 에너지의 보고가 된다. 기성세대의 지혜는 새로운 세대가 도약하는 밑거름이 될 수 있다. 그러나 세대 간 인정이 인색하여 '사회적인 세대의 지식'을 활성화시키기 못하는 사회는 그만큼 '비효용의 비용'을 많이 지불할 수밖에 없다.

세대 간 차이와 대립, 갈등이 상호 간의 인정 투쟁을 통해 사회변동의 에너지로 분출되기도 하지만, 최근 한국사회의 세대갈등은 서로 '분절'을 일으킴으로써 소모적이거나 비도덕적인 방향으로 흐르게 하는 조짐들이 곳곳에서 나타난다. 세대 간 갈등은 정치권의 보수, 진보 이념과 결합되어 극단화되기도 한다. 일부 진보 세력을 자칭하는 젊은 층들은 식민지와 분단, 한국전쟁과 압축적인 산업화 등 급박하고도 절박한 사건들을 직접 몸으로 부딪히면서 신체화한 전전(前戰)세대, 자신과 가족의 생존을 위해 국가 안보를 최후의 보루로 삼을 수밖에 없었기에 반공 이데올로기를 삶의 신앙 수준으로 체화한 노인세대를 각종 비속어를 동원하여 조롱한다. 노인복지의 일환으로 실시되고 있는 지하철 무임승차와 각종 수혜 등에 대해 '노인충'이라는 경멸 섞인 비하 발언과 함께 혐오의 대상으로 비추기도 한다. 한마디로 노인세대는 진보의 걸림돌로서 청산의 대상이라고 낙인하는 것이다. 반면 기성세대에게 오늘날의 젊은이들은 역사의식도 부박(浮薄)하고 현실의식도 없으며 사회의식도 없는 이기주의자들로서 현재의 즐거움에 탐닉하는 철부지들이며, 부모세대의 열정과 헌신으로 이룩한 가족과 민족과 국가의 토대를 '갉아먹은 병리세력'으로 생각하는 경향이 있다. 한마디로 '허약하고 취약하며 이기주의적인 개인주의자들'이라는 것이다.

단기간에 급속한 사회변동을 경험한 사회일수록 세대 간 차이와 갈등은 첨예하게 발생하는 경향이 있다. 시공간 압축적인 변화를 경험하고 있는 사회일수록 이념, 계층, 성별 역할이나 가치관 등의 분절적인 변곡점들이 세대 간 속에 다양하고도 심하게 나타난다. 그만큼 동시대 한 공간 속에 삶의 경험을 달리하는 세대가 공존하고 있기 때문이다. '쌍둥이조차 세대 차이를 느낀다'고 할 만큼 한국사회는 지난 반세기의 짧은 기간 동안 시공간 압축성장과 변화를 경험한 대표적인 사례이다. 아직도 한국사회에는 일제 식민지시기에 태어나 식민지 근대성을 경험하고, 분단과 전쟁, 지독한 가난과 급속한 산업화 등 격동기시대의 사건을 젊은 시절에 체험한 후, 중장년에 이르러 소비주의와 정보화 사회의 디지털 삶의 방식을 한 평생을 동안 모두 경험한 세대가 존재한다. 그런가하면 태어날 때부터 초고속 스마트폰 정보화 사회를 살고 있는 세대가 공존하고 있다. 한국사회는 속도와 질주의 경험이 사회의 저변에 삼투되어 있다. 앞만 보고 달리던 서구모방의 근대화와 목표달성주의를 앞세워 전통과 역사 등 '과거의 것'을 폐기해야 할 대상으로 간주하는 천박한 효율주의와 공리주의가 지배하고 있다. '아리랑'과 같은 한(悍) 서린 음악을 제외한다면 세대를 이어줄 노래와 춤도 찾아보기 힘들고, 세대가 함께 공유할 철학과 이념, 가치관이나 생활방식도 빈약하다. 아직 가부장적 가족 유대의 관행은 강하게 남아 있으나 급격한 가족해체와 남녀성별 역할의 변화로 인해 이마저도 유지하기 쉬워 보이지 않는다. 기성세대가 구심력의 힘을 강조한다면 젊은 세대는 원심력의 분산성을 강조한다. 세대갈등을 오히려 사회변동의 활성화를 위한 에너지로 삼을 수는 없을 것인가? 한편 우리는 이 지점에서 세대갈등을 조장하고 증폭시키며 이를 통해 자신들의 정치적 이해관계와 그 지평을 확산시키려는 '세력'을 응시하지 않을 수 없다. 이들은 현실에 대한 과장된 진단과 담론을 통해 세대갈등을 조장하거나 이른바 세대전쟁을 선언함으로써 자신들의 우군을 확보하려 한다. 세대의 가교역할을 해야 할 지식인들이 세대분절을 조장하는 선동적 행위에 앞장서고 있다는 점도 분명히 인지할 필요가 있다.

다양한 '차이'가 공존하는 사회, 그 차이들이 오케스트라의 협주와 같이 조합되고 협연되는 사회야말로 풍요로운 사회이다. 차이를 지닌 세력들이 서로를 적대하고 증오하고 주변화하려는 사회, 그래서 타자에 대한 '멸균 효과'를 노리며 자신들의 세계관과 이해관계만을 '정립'하려는 사회는 전체주의적인 획일성과 정태적 머무름에 놓여 있는 사회이다. 세대 간의 건강한 대립과 긴장, 화해와 공존을 추구하기보다 의도적으로 세대에 대한 냉소와 적대를 재생산하려는 세력들이야말로 청산의 대상이다. 문제는 다양한 세대의 삶의 차이를 조율하고, 조절하고, 조정할 거버넌스의 미학과 예술을 통해 세대 간의 차이와 대립을 하나의 유기체적 질서 속에 자리매김하는 것이다. 진부한 말처럼 들리지만 그 첫 걸음은 세대에 대한 기억과 이해(해석)를 통한 소통에 있다.

세대를 어떤 식으로 나누든 그 세대에는 각자의 독특한 세대적 특성(사회적 경험과 생활양식, 가치관)이 드러나고 다른 세대들과 차이를 보이며 종종 대립과 갈등의 양상을 보인다.[4] 필자는 다양한 세대구분을 통한 기존의 연령별 코호트에 따른 의식조사 자료를 동원하기도 하겠지만 현재 한국사회의 두 중추세력을 중심으로 세대 간 특성과 갈등에 주목하고자 한다. 그 두 층은 현재 50~60대 나이로 이른바 전후 '베이비붐 세대'와 그들 자녀세대들로서 현재 한국사회의 미래를 짊어질 이삼십 대 이른바 '이공삼공〈2030〉세대'이다. 가장(家長)세대인 베이비붐 세대는 오늘날 한국사회의 정치, 기업, 종교, 교육 가족 등 모든 영역에서 자원의 소유와 할당의 권력을 행사하고 있는 중추세력으로 활동하고 있으며, 그들의 자녀세대인 이른바 2030세대는 미래도전적인 생애의 에너지가 가장 많은 연령대의 세대인데, 두 세대가 직접적인 상호작용을 하면서 순응, 양보, 저항, 대립하는 맞상대가 되어 있다.

필자는 현대 한국사회의 세대문제를 다음과 같은 순서로 논의해 볼 것

4 그러나 사실 세대의 구성원들이 모두 동질적인 것은 아니다. 세대 내 계급(층), 집단, 젠더 등에 의한 차이와 갈등이 존재하기 때문이다.

이다.

첫째는 기존의 다양한 세대논의를 통해 한국사회에서 세대란 무엇인가를 소개하고, 둘째는 각각의 세대가 어떠한 삶의 경험을 체험하고 있는지에 주목해 보고자 한다. 편의상 세대를 기성세대와 청년세대로 나누겠지만 필요에 따라 연령별 구분과 각각의 큰 범주 안에서 좀 더 세부적인 세대가 구분될 것이다. 이후 세대 간의 특성 차이와 갈등 내용을 파악하고 이를 해소할 방안이 무엇인지를 고민해볼 것이다.

2. 세대 간 차이와 갈등에 대한 인식

2-1. 세대를 부르는 다양한 용어들

세대는 생물학적인 연령과 함께 사회문화적, 정치적 요소들에 의해 서로 구분되고 유형화된 사회적 공간이다. 세대를 구획하기 위해 일반적으로 생물학적 나이 변수가 동원되는데, 이는 여론조사나 정책을 위해 가장 용이하고 활용성이 높기 때문이다. 그러나 세대는 특정한 문화관습이나 생활양식과 가치관, 정치적 이념 등을 공유한 집단으로서 보다 복합적인 측면에서의 접근이 필요하다. 즉, 세대는 특정한 역사적 사건이나 사회변동의 맥락을 공유하면서 비교적 동질화된 생활양식과 가치관 등이 어우러져 하나의 '성향'을 보이는 집단적 범주인 것이다. 그러나 현실적으로 이러한 '성향'(disposition)이 특정한 나이 때와 대체로 중첩된다는 점에서 생물학적 연령은 여전히 세대구분의 핵심적 변수가 되고 있다. 이 연령의 코호트에 특정한 용어, 즉 청소년층, 청년층, 중장년층, 노년층 등의 이름을 부여하고, 삶의 방식이나 가치관의 편차가 어떻게 나타나고 있는지를 파악한다. 또한 시대의 상황에 따라 특정한 층의 기준을 올리거나 내리기도 하는데, 예컨대 고령화 사회가 되면서 노년층은 생물학적으로 60세 이상의 연령층이던 것이 65세로 상향조정되는 것과 같다. 가장 간단하게 이분화된 구분은 기성세대와 청년세대의 구분으로서 한 사회의 중추적 역할을 담당하는 부모세대와 그 부모세대와 직접 상호작용하는 청년세대와의 차이와 갈등에 주목하고 있다.

일부 미디어나 연구자들은 특정한 시대의 역사적 사건의 경험을 상징화하는 용어를 특정 세대에 부가하고, 그 세대의 특성을 추출하려 한다. 기성세대에 이어 등장하는 새로운 청년시대를 지칭하는 'N 세대', 그 정체가 다소 불투명하여 기존 생활양식, 가치관 등으로 그 특성을 제대로 포착하기 힘들고, 그들의 미래의 존재양식을 예측하기 힘들다는 의미로 'X 세대'라는 표현을 즐겨 쓰기도 한다. 어떤 특정한 정치적 사건을 경험한 세대를 상징하는 이름을 붙이기도 하는데 예컨대 전쟁을 경험한 층들을 전전(戰前)세대, 그 이후의 층들을 전후세대, 4·19세대, 386세대, 혹은 유럽의 경우 68세대(1968년 혁명기를 경험한 젊은 층) 등이다. 후술하겠지만 전쟁 이후 다산(多産)을 통해 성장한 '베이비붐 세대' 역시 역사적이고 정치적인 사건을 대변하는 용어에 의해 규정된 세대라고 할 것이다. 일반적으로 주류 기성세대의 사회질서나 생활양식에 저항하거나 차이를 보이려는 젊은 세대에 특정한 이름이 부여되는 경향이 있는데 이들은 세대개념보다는 집단의 개념, 즉 '~ 족'의 이름을 붙인다. 예를 들어 '오렌지족'(1990년대 이후 소비주의 문화가 등장하면서 이를 선도하는 상류층 자녀들), '야타족'(상류층자녀들이 당시에 일부 부유층만이 소유할 수 있었던 자가용을 몰고 데이트를 즐기는 부류), 또는 성인이 되었음에도 불구하고 부모에게 경제적 의존을 하고 있는 '캥거루족' 등이다.

그러나 이러한 생활양식의 차이에 의한 용어가 주로 젊은 층에 집중되었던 반면 최근 한국사회에는 특정 나이 또는 '대학' 학번을 차용한 명칭이 부여되면서 기성세대가 부각되고 있다. 예를 들어 1970~80년대의 젊은 세대를 묶어 '칠공팔공'(7080)(그리고 최근 이삼십 대를 묶어 2030세대), 노년층을 묶어 '6075세대', '신중년' 등 다양한 명칭들이 부여되고 있는 것이다.[5]

그런가 하면 불경기 경제적 상황 속에서 자라나고 미래가 불투명하다는 의미에서 오늘날의 젊은이들을 'IMF세대', '88만원 세대', '3포 세대'(결혼, 직장, 연애를 포기했다는 의미), 'N포 세대', '잉여세대' 등으로 부르기도 한다.[6]

생활양식이나 가치관, 역사적 사건이나 맥락 등을 상징하는 용어에 의해 세대를 구분한다 하더라도 세대는 역시 연령대와 밀접한 연관을 맺는다. 다만 일부 용어들은 학계에서 제시되기보다는 미디어나 정치권 등에서 제기되고 있다는 점에서 '상업적이거나 정치적' 의도와 밀접한 연관을 맺기도 한다. 보통 학계에서는 연령별 코호트를 동원, 시계열적 자료 분석을 통해 세대의 가치관이나 생활양식을 비교측정하고 사회변동의 흐름을 조망하면서 세대갈등의 차이를 극복하기 위한 대안을 제시하려 한다. 예컨대 기존 연구들은 세대별 정치정당성, 불평등 의식, 신뢰도, 이웃관계, 결혼관 및 가족기능, 젠더관, 부모 대화시간, 인터넷 사용시간 등 매우 다양한 생활범주 영역에서의 응답을 통해 세대별 차이와 대립의 양상, 변모하는 모습 등을 추출한 후, 세대별 의사소통의 강화, 일자리 창출, 시민사회의 활성화 등의 대안을 제시하고 있다(박길성 외, 2005; 박경숙 외, 2013). 그런가 하면 특정세대에 집중하여 그 세대의 삶의 경험적 특성과 현재의 문제를 지적하고 대안을 제시하는 연구들도 주기적으로 등장하고 있다

5 이른바 '7080'의 향수에 대해 김왕배(2015)를 참고할 것.

6 특히 이들 세대는 고도의 경쟁과 실업난 등으로 어려움을 겪고 있는 시대적 상황을 상징하는 용어들과 한 짝을 이룬다. 예컨대 '피로사회'(한병철, 2012), '절벽사회'(고재학, 2013), '불안 증폭 사회'(김태형, 2010), '잉여사회'(최태섭, 2013) 등이다.

(예를 들어, 김태형, 2013; 서용석 외, 2013; 함인희, 2002; 이호영 외, 2013; 방하남 외, 2010)[7]. 이 밖에도 최근 노인의 삶과 인권, 청소년 실태 등 부분별 연구도 진행 중이다(황여정 외, 2016; 국가인권위원회, 2018).

2-2. 세대 간 갈등 인식

고대의 소크라테스조차 '요즘 아이들은 버릇이 없다'고 말했다고 전해올 정도로 세대 간 차이와 갈등은 비단 어제 오늘의 얘기만이 아니다. 1959년 8월 8일자 동아일보에는 이십 대의 애정관을 과도기적인 현상으로 보는 기사가 실려 있는가 하면, 1960년 3월 10일자에는 부자 간의 감정대립, 1970년 6월 16일자에는 대학생 60% 이상이 가치관과 미래의 혼란으로 인해 노이로제에 시달리고 있다는 기사가 실려 있다. 이후에도 젊은이들의 생활방식의 차이, 부모자녀 간의 갈등, 고부갈등, 국가의식 변화, 세대 간 대화단절 등이 주기적으로 보도되고 있다[부표 1 참조]. 당시의 젊은 층들이 오늘날 80대가 넘었거나 50대 중반에서 60대에 중후반에 이르는 이른바 노년의 기성세대가 되었다. 매우 역설적으로 젊은 세대가 기성세대가 되고, 다시 젊은 세대가 기성세대로 반복 재생되면서 시대적 상황에 따라 여러 유형의 세대갈등이 발생하고 있지만, 어느 시대든 대체로 기성세대(부모세대)는 젊은 세대의 가치관이 '불안하고 혼란스러우며, 걱정스럽다는 것'이고 젊은 세대는 기성세대가 '고리타분하고, 정체되어

7 참고로 서용석 외(2013)는 산업화 세대인 60~70십 대는 유년시절 일제강점기와 한국전쟁에서 비롯된 절대 빈곤의 경험으로 성장지향적인 가치관을 갖게 되었다고 주장한다. 민주화 세대는 40대 중반 이후의 세대로 한국사회의 권위에 저항한 최초의 세대이며 산업화로 절대적 빈곤을 경험하지 않은 세대다. 정보화세대는 30~40대 초반으로서 디지털 네트워크 환경을 삶의 일부로 받아들인 세대로 자녀 중심적 가족문화와 개인주의와 개성이 중요시되는 세대이며, IMF와 신자유주의 등 무한 경쟁을 함께 겪은 세대다. 후기정보화세대는 지금의 20대를 가리키며, 다양한 디지털 미디어와 스마트 기기가 체득된 세대로 디지털 미디어를 의사소통의 수단으로 활용함으로써 기존 세대와 달리 자신만의 콘텐츠를 제작하는 공간을 활용하고 있다.

있다'고 본다.

2015년에 국민대통합위원회가 전국 성인남녀 2,000명을 대상으로 실시한 「2015년 국민통합에 관한 국민의식조사」에 따르면 '세대갈등' 심각성에 대해 50.1%(심한 편이다 37.7% + 매우 심하다 12.4%)가 '심하다'고 응답하였다[8]. 2016년에 한국보건사회연구원이 우리나라 성인(만 19세~만 75세) 3,669명을 대상으로 조사한 「사회통합 실태 진단 및 대응방안(Ⅲ): 사회통합 국민인식」 보고서에 따르면 62.2%가 세대 간의 갈등이 '매우 심하다' 또는 '대체로 심하다"라고 답변했다. 이는 2014년 조사에서보다 더 높아진 수치로(2014년 56.2%) 세대 간의 갈등이 시간이 지나면서 점점 심각해지는 것을 알 수 있다.[9]

한국사회의 세대 간 갈등은 한편으로는 압축적 경제성장과 민주화, 정보화 등 급격한 사회 변화로 인해 공존하는 세대 간의 경험 및 문화의 이질성이 커지면서 세대 간의 사고방식과 사회인식이 큰 차이를 나타내게 된 것으로 이해할 수 있다. 다른 한편 급속한 고령화 및 성장 둔화에 따른 세대 간의 경제적 이해관계의 충돌로 인한 세대 간 갈등이 촉발되고 있다(김희삼, 2015).

3. 세대 간 생활경험의 특성

3-1. 기성세대의 삶: '베이비붐' 세대를 중심으로

한국의 베이비붐 세대는 남북에 걸쳐 수백만의 사람들이 살상을 당한

8 '매우 심하다'를 5점, '전혀 심하지 않다'를 1점으로 환산하면 평균은 3.52점이다.

9 연합뉴스(2017.03.15.) "'세대 갈등 심하다' 국민 인식 2년 새56%→62%(http://www.yonhapnews.co.kr/bulletin/2017/03/15/0200000000AKR20170315120900017.HTML?input=1195m).

한국전쟁 이후 인구의 필요로 인해 태어난 세대로서 가난과 빈곤, 생존의 불안을 안고 태어난 세대를 말한다. 즉, 그들은 한국전쟁 이후 태어난 다산세대로 2018년 현재를 기준으로 했을 때 대략 54~5세로부터 65세 사이의 전후 연령 때(1953년에서 1964년 생 정도에서 ±α)의 나이에 속하는 인구군으로 지칭해도 크게 무리는 없다. 한 세대의 나이를 넉넉잡아 30년으로 본다면 그들의 자녀들은 20대 초중반으로부터 30대 초중반으로 오늘날 2030세대 의 '젊은 층'이다. 베이비붐 세대는 우연히도 얼마 전 미디어가 호명한 '7080세대'와도 겹치며(나이대로 표현하면 5060으로 지칭됨), 이른바 정치적 비판세대로서 현 정치권의 주역이 된 386세대의 일부와도 중첩된다.

한국에서의 베이비붐 세대에 대한 한 연구는 다음과 같은 특징을 도출해 내고 있다. 디지털 세대와 베이비붐 세대를 비교한 연구에 따르면 베이비붐 세대는 한 생애 과정 내에서 농경사회에서 정보사회로의 급격한 변동을 겪었으며, 인터넷문화에는 익숙하지 않은 세대로서 세대 내에서의 학력 격차가 크게 벌어져 있다는 특성이 있으며, 다른 세대들에 비해 한국사회에서 집단 간 소통 또는 상호작용이 잘 이루어지고 있다고 긍정적으로 인식하는 경향이 있다(이호영 외, 2013).

오늘날 베이비붐 세대를 상징적으로 대표하는 나이 띠는 바로 '58년생 개띠'들로서 2018년 현재 한국 나이로 '환갑'을 맞이하는 나이이다. '58년 개띠'라는 기호 중에서 '개'의 기표가 갖는 파생적 의미, 즉 떠돌이, 부랑아, 헤픔, 사람 이하의 행동과 대접, 존중받지 못함, 잡식성, 환경적응력이 높음, 거칠게 삶, 요령 등이 보여주듯 이들은 전후 '복구의 시대'에 태어나 급속한 산업화의 2세대로서 역할을 하면서 오늘날 정보화시대를 이끈, 매우 중첩적 경험을 가진 세대이다. 워낙 압축적으로 변해 온 한국사회이기 때문에 베이비붐 세대의 10여 년 사이에도 삶의 편차가 있지만

'58년 개띠' 생을 중심으로 생애사적 특징을 간단히 살펴보기로 한다. 이들 세대는 한국전쟁이 막 끝난 후 태어나 1960년대에 유소년기의 사회화를 거치고, 1970년대의 산업화와 유신독재 시절(혹은 전두환 정권 시절)에 20대 청년의 세계를 경험한다. 이들 세대는 그들 부모가(현재 80대 중반 이상의 노년세대) 전쟁의 폐허로 인한 가난으로부터 생존을 위해 극한의 노력을 경주한 시기에 태어나 그 시대의 가치체계라고 할 수 있는 가부장적 정치사회의 질서와 가족중심적 가치관에 의해 사회화를 경험하면서 자란 세대이다. 그들은 그들의 부모세대와 달리 전쟁을 직접 경험하지는 않았지만 전쟁의 폐해와 그 유산을 고스란히 체화하면서 살아온 세대이다. 극도의 남북한 이념갈등과 적대감을 표방하는 반공주의로 교육받으며 무장한 세대인 것이다. 어린 시절 빈곤한 삶을 살고, 반공정권에 의해 교육을 받았으며, 국민교육헌장을 낭송하고 고등학교 시절부터 군사교육을 수행함으로써 '국가와 민족, 남성성과 힘, 폭력과 통제의 문화'적 가치에 익숙한 세대이다.[10]

그들의 이십 대는 '장발단속'이 상징하는 것처럼 일상생활에 이르기까지 병영적 통제를 시도한 준(準)군사정권의 철권 독재정치가 시행되던 시기였으며, 세계에서도 유래 없을 정도의 속도로 진행된 국가주도의 산업화가 활발히 진행되던 시기였다. 오늘날 미디어에 의해 '7080'으로 호명되기도 하는 이 세대의 젊은 시기는 '청바지와 통키타' 등의 낭만이 묻어나는 세대로 미화되고 있는데 실상은 그와 거리가 멀었다. 미디어에 의해 호명된 '7080' 층은 당시에는 전체 젊은이들 중에서도 매우 소수에 지나지 않는 대학생과 일부 대중문화의 선도적 지평에서 활동한 사람들뿐이다. 1980년대 대학진학률이 20%에 이른 것을 보면 1970년대 대학진학률은 전체 고등학생의 15% 선에 지나지 않는 것으로 추정된다. 오늘날

10 학교에서는 체벌이 상시적으로 벌어졌고, 교련 교육 등이 실시되었다.

'미디어의 7080'은 외국번안가요나 '고고와 솔' 등 미국에서 유행하던 음악과 춤, 통키타, 장발, 청바지 등 소위 '젊은이 문화'를 즐길 수 있었던 극히 일부의 청년들에 지나지 않는다.[11] 오히려 그 세대의 상당수는 농촌의 경우 농업학교(농고), 도시의 경우 기계공업고등학교(공고), 여자상업학교(여상) 혹은 초중등학교 출신들로서 1970년대 산업화시대의 이차 주역들이었다. 농촌여성들의 경우에는 초중등학교만 졸업한 인구도 상당수였다. 급속한 산업화는 '대이동의 시대'를 열었다.[12] 대규모의 인구가 농촌에서 서울과 대도시로의 공간이동을 경험했고, 도시는 초만원을 이루기 시작했다.[13] 극히 일부 상대적으로 부유한(지역에서 유지라 불리던) 집안의 자식들만이 서울이나 대도시로 올라와 대학을 다닐 수 있었고, 나머지 대부분의 젊은이들은(때로 청소년) 대도시 영세자영업이나 중소기업, 대규모 중화학 공업단지나 경공업(가발 의류 등의 봉제공장) 부분의 산업현장에서 고되고 힘든 장시간의 노동 시간을 보내고 있었다. 특히 1970년대에 이르러 중화화공업으로 산업구조의 전환이 발생하자 이들은 대기업들의 공장노동자로 대거 진출하게 되었다. 이들 대부분은 일명 '공순이' '공돌이'라 불리며 단순노동자 혹은 낮은 수준의 기술 전문직종의 근로자로 활동했다. 그들의 부모세대가 일제강점기 시기 태어나 분단과 한국전쟁을 겪고 대부분 농업부분에 종사하거나 일부가 경공업 수출 분야의 단순(가출) 노동자로 활동했다면, 1970년대 거대한 산업구조 전환과 급속한 성장 속에서 이들 세대는 산업화 2세대로서의 역군으로 활약했던 것이다.

한마디로 이들 세대는 빈곤, 가부장주의, 급속한 산업화, 유신독재(혹은

11 미디어가 목하 오늘날 중장년이 된 그들의 향수를 자극하고 있는 것이다.

12 송복은 당시 한국사회의 사회이동의 잣대를 통해 한국사회의 이념, 노사, 지역, 계층갈등 등으로 파악하고 있다(송복, 1990).

13 그러나 급속한 산업화로 인해 도시로 올라온 이들은 정체된 인구 저수지에 빠지지 않고 비공식부분이든 공식부분이든 산업노동력으로 흡수되었다. 이러한 현상은 제 3 세계에서 나타난 주변부도시화와 다른 결과를 낳았다.

전두환 신군부정권의 철권정치) 밑에서 자라고 성장한 세대이다. 그들의 '신체'에는 강력한 가부장성과 현실의 난관을 극복하려는 강한 열정이 체화되어 있다. 그들의 몸에 습윤된 가부장주의성에는 장유유서와 남녀유별(실제로 차별)의 오랜 유교적 위계적 전통과, 식민지 유산인 전체주의적 국가주의, 그리고 가족중심주의적인 가치관이 핵심을 이루고 있었다. 그리고 무엇보다도 그들의 부모세대가 겪었던 분단의 혼란과 전쟁의 공포, 북한에 대한 격한 증오와 적개심 등으로 정당화되었던 반공주의가 내포되어 있었다. 그들의 몸에는 오늘날의 젊은 세대와는 다른 의미의 생존주의와 출세 욕망, 가부장적 질서에의 순종의식이 체화되어 있다. 개인보다는 가족이, 사적인 것보다는 집단과 조직[14], 민족, 국가 등을 우선하는 집단주의를 학습 받은 세대로서, 소비보다는 생산과 저축의 가치를 미덕으로 알고, 여가를 경원시하며 노동 윤리를 존중하는 도덕관을 가진 세대이다. 자유, 평등과 같은 인권의 보편적 가치가 억눌린 산업화의 열기 속에 동원된 다산의 세대였던 만큼 체제의 억압과 그 숫자적 풍부함으로 인해 개개인이 '존중'받지 못한 세대이기도 하다.

그러나 이들이 사회의 중장년이(1990년 이후) 되었을 때 한국사회는 더 이상 빈곤에 허덕이는 후진적인 사회가 아니었다. 한국사회는 노동력 수출국가에서 노동력 수입국가로 변모하고 있었고, 내수시장이 수출시장을 앞서면서 광고와 신용카드 등의 확대로 인해 소비의 미학이 일상생활을 지배하는 소비자본주의 사회로 진행하고 있었다(김왕배, 2018). 세계화, 신자유주의화 등의 파고를 타고 국민국가의 경계를 넘어 세계의 공간으로 수많은 시민들과 엄청난 자본, 노동이 진출하기도 했다. 1990년대 후반 그들 세대가 중년의 나이가 되었을 때 마침내 한국사회는 선진국가군인

14 속칭 '폭탄주 문화'가 이를 잘 반영한다. 개인사보다는 공적 집단의 목표달성을 위해 상명하복의 군대질서를 보여준 '폭탄주'는 강한 남성성과 추진력 등을 상징한다.

OECD의 일원이 되었다. 기껏해야 개발도상국의 일원으로 호칭받던 한국인이 명실공히 선진국의 일원이 된 것이다! 선진국이 비단 경제적 지표에 의한 것이 아니라 정치적 민주화를 포함한다고 했을 때 한국사회의 그 세대는 상대적이기는 하지만 한국사회의 정치를 선진국의 반열에 올려놓기도 했다. 산업화 시기 한국사회의 민주화 역시 가열차게 진행되었다. 유교의 도덕정치의 유산이라고나 할까, 산업화의 역설이라고나 할까, 일부 형식적이나마 미국식 민주주의의 영향일 수도 있겠지만 극도의 탄압 속에서도 지식인, 학생, 일부 시민들은 '맨 몸'으로 독재정권에 도전해 왔다. 철권통치자의 상징이었던 박정희 대통령의 시해 이후 광주학살을 통해 정권을 잡았던 신군부 전두환 정권에 대한 저항은 더욱 극렬하게 진행되었다. 이들 세대의 일부가 죽음을 각오하고 민주화의 선봉에 서서 민주주의를 선도한 386세대로 불린다.[15]

베이비붐 세대가 중년이 되었을 때 한국은 본격적인 '디지털시대'를 맞이한다. 그들은 사이버공간의 네트워크와 스마트폰의 터치감각을 맛보고 이를 20대 못지않게 실생활에서 적극적으로 활용하는 세대가 되었다. 그들은 그 자녀들의 세대에 효를 바탕으로 한 가족집단주의와 조직헌신주의, 출세주의(상향이동의 욕망)의 열정이 상당히 소멸해가고 있음을 지각하게 되었다. 그들 세대는 가난, 빈곤의 기억, 중졸, 고졸의 기억, 무시와 모멸의 기억 속에 그들이 못 다 이룬 꿈을 이루기 위해 자식들을 독려하면서도 그의 부모들과는 달리 스스로의 노후의 삶과 자신의 존재에 대해 성찰하게 되었다. 한편 여전히 그들의 유소년과 청년시절의 삶의 가치, 그리고 그들이 부양해야 할 부모세대와 아직 교육해야 할 자녀세대 사이의 교각에 걸쳐 있는 일명 '끼인 세대'라 불릴만큼 '전이성'을 지닌 세대이기도 하다(김왕배 외, 2017).

15 영화 〈1987〉을 참조할 것.

한마디로 오늘날 기성세대의 정점에 서 있는 베이비붐 세대는 전쟁, 빈곤의 유산, 가부장주의, 가족, 민족, 국가, 통일, 반공주의로부터 소비화, 정보화, 산업화, 민주화, 세계화, 복지, 탈반공주의 등 매우 이질적이고 복합적인 생의 경험과 생활방식, 환경, 가치관과 세계관을 가지고 있는 세대이다. 그들은 식민지, 분단, 가난, 전쟁, 반공주의 등의 현장에서 자녀를 양육하고 길렀던 그들 부모세대와 중첩되면서도 다르고, 소비, 정보, 디지털 등으로 사회화된 자녀들의 세계와도 일부 중첩되면서 다른 상태에 놓여 있다. 가족 내에서 부모에 대한 부양의 책임을 여전히 안고 있으며 가부장적 남성성(남자의 우월성과 책임성)을 유지한 채, 자녀에 대한 투자와 노후의 빈곤을 걱정하며, 다른 한편 자녀들과의 단절을 예감하고, 걱정과 포기, 좌절과 실망을 복합적으로 안고 있는 간단히 말하면 아날로그와 디지털화된 삶의 양식이 혼재되어 있는 세대이다. 그들은 곧 다가올 고령화시대의 본격적인 주체들로서 '이모작 삶'의 불안정성과 함께 '향수'에 젖어드는 세대이기도 하고, 그러나 쉽게 주변화되지 않으면서 한 시대의 주체로 남고자 생에 대한 성찰과 노력을 경주하는 세대이기도 하다.

3-2. '2030'세대의 삶의 경험: 디지털 신체화와 '혼종성(hybridity)'

[2030세대의 성장배경]

베이비부머(7080세대) 세대의 자녀세대는 2018년 현재 20대 초반에서 30대 중후반의 세대로서 대략 1980년도부터 1998년도 사이에 태어난 인구로 구성된 세대이다. 이들이 초기 사회화를 경험하는 유년시절은 한국 소비자본주의가 한층 무르익는 시대였다. 앞서 이미 묘사한 것처럼 한국사회는 1980년대의 노동자, 농민, 학생, 재야 시민 등 전방위적인 민주화투쟁을 거쳐 직선제를 통한 대통령 선출과 일련의 개혁을 통해 형식 민주주의의 진전을 이룬다. 그리고 저임금에 기초한 수출지향의 산업화를 통해 급속한 산업화를 이룬 한국사회는 실질임금의 꾸준한 상승으로 인해 구매력을 갖춘 중산층이 성장하면서 대량생산/대량소비의 소비사회로 전격 진입한다. 게다가 1980년대 초부터 확산되기 시작한 신자유주의 물결과 금융의 세계화로 지칭되는 글로벌라이제이션 속에서 해외여행과 유학(특히 단기 해외 언어연수)이 급속히 늘어나고, 해외로부터 외국인 노동자들이 유입되는가 하면, 국가와 기업의 브랜드가 점차 힘을 발휘하면서 한국의 이미지도 세계의 주목을 받기에 이르른다. 한국은 더 이상 분단과 전쟁의 상흔 속에서 고통 받는 빈국이 아니라 당당하게 선진국가군(OECD)의 일원이 된 것이다.

이렇게 '잘 나가던 한국경제'가 1998년 경 금융위기의 직격탄을 맞는 사태가 발생했다. 이른바 'IMF 사태'라 불리는 것으로 금융자율화와 시장개방을 서두르던 한국은 거시경제의 호황에도 불구하고 동남아국가의 채무 불능의 여파를 그대로 받으면서 '국가 부도'를 선포하는 지경에 이른 것이다. 경제성장이나 실업, 인플레이션과 임금상승률 등 소위 거시경제의 지표가 매우 긍정적이었음에도 불구하고 동맥경화와도 같은 화폐순환의 왜곡 속에 한국경제가 나락으로 곤두박질하게 되었는데, 재벌기업과 은행, 국가, 시민 모두가 이른바 '도덕적 해이(Moral Hazard)'에 빠진 결과라는 불명예스러운 진단을 받아야 했다. 이후 방만했던 재벌기업과 금융권의 구조조정, 긴축재정과 정리해고 등을 비롯한 노동시장의 유연화 등 IMF의 감독 하에 일련의 과격한 개혁정치가 이루어졌다(Wang-Bae Kim, 1998).

'국민'들은 금모으기를 통해 '국란의 위기'를 극복하고자 거대한 집합열정을 보였고, 재벌기업들의 분해, 노동자들에 대한 가혹한 정리해고는 당연한 국란극복 수순으로 간주되었다. 새로 등장한 정권은 이른바 '국란'을 극복하기 위한 일련의 개혁과 함께 벤처산업을 육성하고 주식시장을 활성화시키는 등 신성장의 동력을 불 지폈고 정부는 급기야 수년 후 위기의 극복을 선언했다. 그러나 한몫 챙길 수 있다는 '대박열풍'이 불어오기 시작했다.[16] 한편 여전히 세계시장에서의 경쟁력과 체질개선을 도모한다는 명분으로 기업은 상시적인 정리해고를 단행했고, 노동시장은 더욱 더 세밀하게 국지적으로 분할되어 이른바 '비정규직'이 급증하게 되었다. 고용 없는 성장이 이루어지는 가운데 특정 영역의 성장(대기업, 금융권, 정규직 등)은 고공행진을 거듭했지만 불안정 계층이 늘어가면서 급기야 한국사회는 '양극화'의 현실 앞에 놓이게 되었다.

때를 맞추어 신자유주의 담론이 한국사회를 뒤덮기 시작했다. 신자유주의의 내용을 한마디로 요약하자면 무한경쟁과 무한 시장화를 추구하는 초국적자본의 전략이며 이데올로기로서 시장활동을 규제하던 법이나 관례는 과감하게 철폐되어야 하며, 경쟁을 통한 보상과 효율성이 추구되어야 하고, 이를 막는 장애물(즉, 관세부과나 국민국가의 특정 산업보호 등)은 사라져야 한다는 것이다. 즉, 국민국가를 경계로 분할되어 있던 세계는 오늘날 한 지붕으로 엮여져 있는 가운데 노동과 자본의 흐름이 최대한 자유로워야 한다는 것이다. 세계화는 이러한 신자유주의가 글로벌 차원으로 확장되는 추세를 말한다.[17]

바야흐로 1990년대는 정보화의 네트워크가 전 세계적으로 '형성'되던 시기이다. 이미 서구유럽의 경우 1960년대부터 기존 산업사회의 모델로 설명하기 힘든 후기 산업사회의 도래를 선언했고, 프로그램사회, 정보화사회 등 정보기술에 의해 역학시스템이 구성된 사회와 그에 따른 생활방

16 당시의 대박열풍에 대해 김왕배(2012)를 참고할 것.

17 이러한 흐름 속에서 기업은 물론 대학조직 역시 산업체와 연관되어 효율성을 얼마나 추구하느냐에 따라 순위가 매겨진다. 산학협동과 BK 사업 등이 대표적인데 영국 QS, The Times 등이 대학의 순위를 매겨 발표하고 있다.

식에 대한 논의가 풍부히 진행되고 있었다.[18] 서구인들은 1980년대에 이르면 기존의 '대량생산/대량소비'로 요약되는 포디즘 체제로부터 이른바 '유연화', 탈포디즘, 포스트모던이즘(포스트 맑시즘) 등 기존 산업사회나 자본주의 모델과는 다른 유형의 체제로의 이행을 목도하게 되었다.[19] 이와 유사한 현상들이 한국사회의 1990년대에 빠르게 전개된다. 1990년대에 이르게 되면 정보과학기술의 발달에 의해 삶의 환경이 급속히 재편되었다. 인터넷을 통해 실시간으로 정보가 교환되고, 온 세계가 네트워크화되면서 온라인과 오프라인의 경계가 중첩되기 시작하며 바야흐로 탈(脫)장소화가 가능한 '사이버공간'의 시대가 등장한 것이다.

'2030'세대는 이러한 배경 하에서 태어나고 성장했다. 또한 이들은 베이비붐 세대의 가족구성과 달리 급격하게 변해버린 핵가족시대의 구성원으로 자랐다. 베이비붐 세대의 방계가족 혹은 유사핵가족 형태의 가족이 평균 5명이 넘는 자녀수를 포함, 7~8명의 직계 가족 구성원으로 되어 있었다면 2030세대에 이르게 되면 부모와 1~2명의 자녀로 구성된 핵가족 형태가 지배적이게 되었다. 인구학적으로 다산이던 사회에서의 개개인의 가치(양육을 포함한 사회적 비용)와 소산(小産)이 된 사회에서의 개개인의 의미는 매우 다르다. 특히 경제성장과 함께 선진국형 생활수준에 다다른 한국사회의 경우 한두 명의 자녀에게 들어가는 사회적 비용은 매우 클 수밖에 없다. 전통적으로 높은 교육열과 함께 자녀들에게 양육 및 교육 투자를 '올인'하게 됨으로써 한국은 OECD 국가군 중에서도 가장 높은 대학진학률과 최고의 사교육 투자비율을 보이고 있다. 또한 자녀수가 1~2명이니만큼 남녀에 대한 젠더의식이나 역할도 급격히 변했다. 베이비붐 세대

18 예컨대 다니엘 벨의 저서 '후기산업사회의 도래'가 1973년경 발표되고, 알랭 투렌(1974), 마누엘 카스텔(1996) 등의 저서가 발표되었다.

19 1960~70 년대 소비자본주의를 맞이한 서구사회에서는 상품교환뿐 아니라 이미지와 정보 즉, 기표의 교환에 대해 논의할 정도였다. 장 보드리야르(1998)와 탈조직자본주의 등을 논의한 스콧 래시, 존 어리(1987) 등을 참고할 것.

는 유교주의적 남녀유(차)별, 장자 위주의 가치관에 의해 사회화되었지만 오늘날 핵가족에서는 남녀 공히 동등한 '가치'와 지위가 부여되었다. 일부 조사에 의하면 딸에 대한 선호가 아들에 비해 더 높은 것으로 나타났는가 하면 외가관계가 더욱 밀접해져 '신(新)모계사회'라 불릴 정도로 여성 중심의 인근 거주생활방식도 나타나고 있다.[20] 공식적으로 아들 중심으로 가계가 이어져온 호적법이 폐지된 것 또한 이러한 변화 중의 하나이다.[21]

[디지털 신체화]

이런 환경과 맥락에서 태어나고 자란 2030의 세대적 특성은 무엇일까? 그들의 부모세대와 어떠한 차이가 있는가? 먼저 시공간 체험의 차이가 존재한다. 기성세대(편의상 베이비부머세대)는 아날로그 시공간과 디지털 시공간의 개념이 중첩되어 있다. 기성세대가 성장하던 시절의 한국사회의 교통수단은 도보, 낡은 버스, 수레, 디젤기관차, 전차, 시발택시 등이었다. 농촌길은 비포장도로가 대부분이었고, 중고 수입형 고속버스가 고속도로를 달린 것은 1970년대 경부선이 처음이었다. 소수의 중산층만이 소위 '백색전화(자가소유 전화로서 매매 이전도 가능)'를 소유할 수 있었고, 시민들의 대부분은 공중전화를 이용하거나, 다른 지역에 전화하기 위해서는 우체국에 들러 교환원에게 전화신청을 한 후 장시간을 기다려야 했다. 극소수의 대학생들은 1990년 초까지도 타이핑이 아니라 직접 원고지에 수기를 했으며, 개인용 컴퓨터(XT, AT 로 불리던)를 사용하게 된 것은 1990년대 초중반에 이르러서이다. 그들은 중년이 되었을 때에야 비로소 인터넷이며 빨라진 컴퓨터,

20 결혼한 딸을 중심으로 부모가 인근지역에 모여드는 경향을 보이기도 한다. 한국일보(2017.06.14.) "'신 모계사회' 뒤엔 딸의 가사노동 떠맡는 친정 있다" (http://www.hankookilbo.com/News/Read/201706140439780642)

21 호적법은 2008년 1월 1일 폐지되었다(2005년 헌법재판소 위헌 결정으로 호주제의 근거였던 호적법이 폐지되고 2008년 1월 1일부터 '가족관계의 등록 등에 관한 법률'이 시행되었다). 관행적으로 이어져 오던 아들 중심의 상속제도 역시 소멸되었다.

휴대전화, 나아가 스마트폰을 사용하게 된다. 베이비붐 세대는 이처럼 아날로그와 디지털 시공간의 개념을 복합적으로 체화한 시대이다.[22]

그러나 오늘날 2030세대는 태어날 때부터 컴퓨터 시대에 살고 있다. 이들의 시공간 개념은 극히 익명적이고 추상적이며, 리얼타임(real time)적인데다, 탈공간적(장소적)이며 유동적이다. 예를 들어 모바일폰의 소통으로 인해 약속장소는 고정적이지 않고 유동적일 수 있고, 기다리는 초조함과 어긋남의 장애를 겪을 필요가 없다. 그들 세대의 몸에는 흐름과 유동성, 이동의 시대에 살면서 다분히 거리화가 극대화된, 그리고 '시간에 의한 공간의 소멸'이 현실화된 사이버 시대의 시공간 개념과 경험이 신체화 되어 있는 것이다.[23] 사이버공간은 이미지, 정보, 색, 빛 등이 흘러 다니며 이동이 자유로운, 질주와 속도가 가능한 영역이다. 여기에 스마트폰은 사이버 시대의 일상생활 영역을 변화시키는 선도자 역할을 담당한다. 스마트폰이 한국에 2009년경부터 보급되기 시작한 것으로 본다면 오늘날 10대는 태어날 때부터 스마트폰을 '장난감 삼아 노는 세대'이고 20대의 초기사회화 역시 스마트폰 양식에 의해 이루어졌다고 해도 과언이 아니다. 그들 세대를 '스마트폰 세대'라 해도 무방할 것이다. 잘 알려진 바와 같이 스마트폰은 1960년대 대형 컴퓨터를 훨씬 능가하는 용량과 기능을 수행한다. 단순한 통화수단이 아니라 생활상의 모든 정보는 물론 게임, 오락, 여가 등을 통틀어 수행할 수 있는 기기로서 정보의 저장, 기록, 활용, 매개 등을 신체와 함께 수행한다. 스마트폰은 신체의 도구가 아니라 일부가 되어 있

22 이 세대의 시공간 개념은 다분히 생체적이다. 즉, 그 세대는 자연환경에 따라 몸이 체감하는 시공간 개념을 가지고 있었다.

23 아날로그 시대의 교통통신 수단 역시 당시의 과학기술의 발달로 인해 비약적인 발전을 했고 일반대중은 신세대의 경험을 하게 되었다. 예를들어 기차의 출현은 당대 모든 이들을 놀라게 했고, 일부 지식인들은 서둘러 그 모더니티의 특성을 '유동성, 전이성, 우연성'으로 묘사했다. 대한제국기의 기차의 등장 역시 조선 사람들을 경악스럽게 만들었다. 19세기 중엽 마르크스는 이미 그의 저서에서 '시간에 의한 공간의 소멸'을 논한 바 있다. 오늘날 이러한 경향이 사이버 시공간의 출현으로 더욱 놀랍도록 비약적으로 가속화된 것이다. 한편 사이버공간의 출현과 함께 전자화폐, 디지털 시장의 출현으로 일상의 금융화는 더욱 속도를 내고 있다(김왕배, 2018).

는 것이다.

한국은 산업화의 후발주자이지만 정보화만큼은 선두주자에 서 있다. 이미 인터넷 사용률과 스파트폰 보급률은 세계에서도 최상위권에 속해 있다. 전 세대에 걸쳐 스마트 폰을 사용하고 있다는 점에서 세대 간 차이를 판별해내는 것이 어려울 수 있지만 오늘날의 20~30대, 특히 20대는 디지털이 신체화된 세대이다. 그들을 '디지털화된 신체'라고 부를 수 있을 것이다. 디지털화된 신체는 매우 즉각적으로 반응하는 정보회로로 구성되어 있고, 모든 사물과 언어가 0/1로 분할되듯, 언어와 사고방식은 매우 단순명료한 체제로 구성되어 있다. 문자는 기계를 통한 의사소통에 편리하도록 축약되고 상형문자와 같은 기호(이모티콘)가 소통의 주요수단으로 등장하고 있으며, 이미지 기호가 교환된다. 기존의 언어체계 속에서 발견되던 랑그와 파롤의 구성도 급격히 변화하고 있다. 언어가 단순히 의사소통의 도구가 아니라 내용이며, 의식의 반영이 아니라 의식을 규정하는 사회적 구성물이라는 기존의 시각에서 본다면 오늘날 디지털 소통을 통한 언어의 단순화는 사고의 단순화를, 그리고 언어교환의 즉각성은 사고의 즉각성에 영향을 주고 있다고 볼 수 있다.

[글로벌감각과 혼종성의 경험]

또 하나는 2030세대가 '글로벌감각의 세대'라는 것이다. 기성세대의 반공을 국시로 한 발전주의 국가체제는 엄격한 통제와 관리를 통해 삶의 모든 영역에 파고들면서 시민들을 협소한 국민국가의 사회적, 물리적 공간 속에 잡아 매 두었다. 퇴폐풍조의 일소라는 이름으로 머리의 길이와 치마의 길이를 국가가 통제했고, 반독재 저항성을 담았다든가 순응적 체제에 거부하던 대중음악이나 예술은 바로 퇴출되었다. 유교주의적인 가부장적 질서, 식민지 전체주의의 유산 등과 겹쳐 사회는 극히 폐쇄적인 생활회로에 닫혀 있었다. 해외여행은 해외주재원이나 기업인, 극소수의 유학생 등을 제외하면 거의 상상하기 힘들었다. 여권을 받기 위해서는 반공교육을 이수해야 했고, 해외출국은 철저히 당국의 검열을 받아야 했다. 그러나 민주화와 함께 산업화의 결실로 인해 많은 중산층의 해외여행이나 유학 등이 가능하게 되었다. 때마침 전(全)지구적으로 불어온 세계화의 물결은 국민국가의 경계 안에 머물러 있던 한국인들의 시야를 세계로 넓히는 데 크게 기여했다. 기업의 해외진출은 물론 장기유학생, 단기언어연수생, 교환학생, 취업자, 이민자 그리고 여행객들의 숫자가 급팽창하게 되었다. 특히 1990년 중후반부터 조기유학의 바람을 타고 많은 어린이들(오늘날의 20~30대)이 해외로 진출했으며, 장기 유학생은 물론 어학연수생이나 교환학생의 자격으로 단기간 해외생활을 하는 젊은이들이나 배낭족 등의 여행객들이 세계 공간을 그야말로 '누비고 다니고 있다.'[24] 세계화의 특징 중의 하나는 탈장소성이다. 특히 자본과 노동뿐 아니라 언어, 음식, 문화 등의 빈번한 교류를 통해 '혼종성(hybridity)'의 생활방식이 등장하게 되었고, 한국의 2030세대는 바로 이러한 혼종성의 문화와 빈번히 접촉함으로써 이른바 '세계화의 감각'을 소유하게 된 세대인 것이다.

4. 청년세대의 개인주의 성장과 공정성 인식

4-1. 개인주의의 등장

위계적이고 남성위주적인 가부장주의 문화에서 자란 부모세대와 달리 2030세대는 상대적으로 평등하고 자유로운 분위기에서 자라났다. 앞

24 2005년도 이르면 해외여행객이 1천만 명을 돌파하게 된다.

서 언급했지만 그들의 부모세대가 가족, 집단, 조직(회사), 민족, 국가(반공통일) 등의 집단공동체의 가치에 의해 사회화되고 자랐다면, 이들은 좀 더 개인주의적인 관계와 가치관 속에서 성장했다. 개인주의란 집단에 앞서 자신의 본질을 성찰하고 자신의 이해와 사고, 자신이 추구하는 생활양식에 가치를 부여하고 우선시하는 생활태도로서 자유주의적 사고와 밀접한 연관을 맺는다. 개인은 집단에 매몰되어 집단을 위해 헌신하고 희생하는 존재가 아니다. 개인은 삶과 생명의 기본 단위이며 자율적 판단과 책임을 지는 존재로서 스스로 설계한 인생관과 살아가는 방식이 존중받아야 하고, 이러한 개인적 취향과 지향을 국가나 사회에 우선하는 권리로서 주장할 수 있다는 것이 개인주의의 요체이다.

한국사회의 개인주의적 사고는 멀게는 개인의 인권. 역사적 창조성과 주체성 등을 강조한 19세기 계몽주의적 개화파까지 거슬러 올라갈 수 있겠지만 일상의 영역에서 전면적으로 등장한 것은 산업화가 진행되고 실질적으로 민주화가 진행된 1990년대 이후가 아닌가 싶다. 개인주의는 오늘날 이삼십 대의 출생 및 사회화 그리고 그들이 자라고 있는 사회적 배경이 되어 있다. 그들에게는 개인이 집단보다 우위를 점한다. 국가에 대한 개인의 집착도 역시 느슨한 형태로 변해간다. '국민'이기보다는 '시민'이 되길 원하며, 국가는 개인의 행복을 위해 존재해야 한다는 사고가 높아지면서 국가에 대한 권리의식도 강해졌다. 이러한 개인의식은 한편으로는 시민사회의 성장과 무관하지 않다. 헌법은 국가에 대한 개인의 권리를 담보하고 명문화한 표상체계이다. 그러나 반공주의를 국시로 정했던 한국의 경우 헌법에서조차 개인은 국가를 위해 헌신하거나 책임을 수행해야 하는 의무주체로 즉, 국민으로 규정되었다. 국가의 발전이 곧 나의 발전이라는 국가와 개인의 혼융(混融)적 사고, 생존과 안녕을 보존하는 현실적인 집단공동체로서 국가인식이 한국인들의 의식 속에 강하게 자리 잡아 왔다. 여기에다 항상 불안정한 한반도의 정세와 극한 냉전적 적대감, 국가의 권력을 자신의 기득권 보존에 동원하려는 일부 정치 집단들의 이데올로기 효과가 더해져 국가는 항상 개인에 우선했다.

그러나 민주화 이후 시민사회 담론의 확산과 시민단체의 활동이 본격화되면서 시민으로서의 권리의식이 높아지게 되었다.[25] 시민사회는 국가에 대한 개인의 권리와 요구를 강조한다. 시민사회는 개인들이 국가행위의 정당성에 이의를 제기할 수 있는 공간으로서 개개인이 목소리를 높이고 의사소통을 통한 공론장을 형성하여 모종의 합의를 이끌어내는 곳이기도 하다. 이러한 시민사회의 발달은 산업화와 밀접한 친화력을 맺었다. 서구의 경우 산업화와 함께 전통적인 마을(게마인데) 중심의 게마인샤프트적인 관계가 깨지고 대신 분업화되고 개별화된 시민들이 계약을 통해 게젤샤프트가 지배하는 사회를 만들어 내었다. 산업화는 분업화와 함께 다양한 이해관계를 지닌 다원사회를 추동시키고, 국가-개인의 이분화된 사회는 국가-사회-개인으로 분할되어 간다. 기계적 연대가 지배하던 전통사회의 집단주의는 산업화와 함께 개별화된 집단이나 개인들로 파편화되고 균열될 수밖에 없다. 시민사회가 상대적으로 사회이동이 자유로운 개인들의 계약관계에 의해 지탱되는 사회라고 한다면 전통사회의 토대가 되는 혈연, 지연, 학연 등의 연고주의는 시민사회의 발달과 함께 약화되거나 와해되어 가는 경향을 보인다. 물론 한국사회는 '사회자본'이라 간주될 만큼 가족주의와 지역주의, 학벌주의 등 연고주의가 아직도 강하게 작동하고 있지만, 국가, 민족(중), 집단 공동체 중심으로부터 시민사회, 탈연고사회, 개인주의사회로 빠르게 이동해 가고 있다.

25 가난한 노동자, 농민, 정치적으로 억압받는 사람들을 아우르던 '민중' 담론이 거의 하루아침에 사라지고 시민담론이 파도처럼 일어났다. 심지어 엊그제까지만 해도 민중을 선도하고 민중을 말하던 사람들도 갑자기 시민사회론자가 되었다. 사회구성체론이나 민중론이 사라지고 그 자리를 잽싸게 시민사회론이 대체했다.

시민사회의 발달과 등장한 개인주의(그 역과정도 존재함)의 특징 중의 하나는 '계약'적 관계와 개인의식이 생활을 지배해 간다고 하는 것이다. 조직과 국가 사이에 개인들은 계약을 통해 관계를 맺고, 이 계약은 점차 임의적이거나 구두의 비공식적인 것이 아니라 문서화되거나 규범화된 형태로 맺어지게 된다. 즉 계약의 공식화가 삶의 유형을 지배한다. 이 계약관계 속에는 감정, 의무, 우애, 형평 등의 정서적 측면보다는 개인들의 계산과 효율성, 합리성이 더 크게 작용한다.

개인주의의 큰 특징은 역설적으로 개인주의가 공공성의 확장과 함께 성장한다는 것이다. 개인주의 하에서의 개인은 국가나 가족, 조직 등 집단으로부터 간섭받거나 지배받지 않는 물리적이고 사회적인 공간 속의 주체를 말한다. 그 개인이 공공의 장에 나왔을 때 그들은 일정한 소통과 합의를 통해 계약을 맺고 계약의 규범을 준수한다. 그러나 이 공공성이 개인의 자유의 영역을 한계지우긴 하지만 여전히 최소한, 혹은 가능한 한 '프라이버시'는 누구도 침해할 수 없다. 개인주의 공간은 개인의 존엄, 명예, 책임, 취향, 의지가 실현되어야 하는 곳이기 때문이다. 이념형적으로 개인주의는 이러한 프라이버시를 존중하고, 그 주체인 개인을 가족이나 국가를 비롯한 어떤 집단보다 우월시하는 원리이다.

4-2. 개인주의의 공정성

오늘날의 청년세대에게는 개인주의에 바탕을 둔 '공정성' 판단이 중요한 삶의 지표가 되고 있다. 기성세대가 공정성의 판단기준을 집단적 이익에 두고 있다면, 즉 자신의 사적 이해관계가 희생당하더라도 집단의 성장이 도모될 수 있다면 집단의 성장을 곧 공정성으로 평가하는 경향이 있는 반면, 청년세대는 먼저 자신의 이해관계에 준해서 집단의 공정성을 평가하는 경향이 강하다. 간단히 말해 자신의 이해관계를 양보해야 하는 상황은 공정하지 않다는 것이다. 서두에서도 소개한 것처럼 젊은 세대는 남북단일 아이스하키 팀 구성의 공정성을 민족의 화합이라는 집단적 대의의 차원에서 보기보다는 개인의 노력과 목표의 실현이라는 개인적 이해관계의 측면에서 바라보고 있다. 개인 욕망의 실현이 집단에 의해 훼손되거나 좌절된다면 그것은 아무리 집단의 이익이나 명분, 대의가 증대한다 하더라도 정당화될 수 없다. 그래서 청년들은 누군가가 자신과 달리 특혜를 받는 것을 받아들이기 어렵다. 가장 민감한 병역특례나 취업, 교육기회(입학)에 대해 그들은 더욱 민감하다. 병역을 기피한 연예인은 한순간에 나락으로 전락하고, 고용승계를 한 귀족노조 집단에게 맹렬한 비판을 쏟아내며, 특례입학의 증후만 나타나도 강한 반발을 보인다.

이 글의 서두에서 지적했던 평창올림픽 아이스하키 남북단일팀과 국민연금인식에 대한 분석을 통해 개인주의에 기초한 공정성의 태도가 어떤 세대갈등의 양상을 보이고 있는지를 실증적으로 알아보기로 하자.[26]

5. 개인주의 인식 태도가 낳은 새로운 유형의 갈등과 담론

5-1. 공정성에 관한 논쟁들: 왜 공정성인가?

집합적 주체로서의 '우리'를 강조해왔던 한국사회에서 최근 2030세대의 주체적 '나'에 대한 성찰적 행위를 일탈의 현상으로 바라볼 수만은 없다. 세대 간 공동체 인식의 차이를 보여주기 위한 사례로 2018년 초 많은 논쟁을 불러일으킨 평창올림픽의 남북단일팀 문제와 국민연금에 대한 세

26 자료의 분석에는 김종우(연세대 사회학과 대학원 박사과정) 군의 도움을 받았다.

대 담론을 들여다보고자. 남북단일팀 문제나 국민연금 이슈는 공동체에 관한 기존의 세대별 인식 차이가 '공정성'이라는 키워드를 토대로 단적으로 드러난 사례에 해당한다.[27]

(1) 사례: 평창동계올림픽 남북단일팀 논쟁

남북단일팀 논쟁의 시작은 아이스하키 여자대표팀의 단일팀 구성에 관한 논란이었지만, 단일팀 구성 과정에서 선수나 팀의 의사가 배제되었다는 지적이 등장한 이후 소위 2030세대의 공정성에 관한 논쟁으로 확대한다. 이 공정성 논쟁의 기저에는 그간 당연하게 여겨지던 명분 즉, 개인에 대한 국가와 민족 등 집합적 주체의 우선이라는 명제에 대한 거부감이 깔려 있다. 남북단일팀에 관한 논란은 공정성과 집단적 가치 사이의 갈등으로 확대되었고 이는 개인/국가(공동체) 논쟁, 나아가 통일 회의론으로까지 이어진다.

남북단일팀 논쟁에서 출발한 절차적 공정성에 관한 논쟁은 개인의 국가에 대한 희생, 국가와 민족적 정체성을 앞세운 대의의 포용에 관한 논란으로 확대된다. 대표적인 사례는 통일에 관한 인식의 차이이다. 기성세대와 달리 20~30대는 통일관은 회의론에 더 가까워지고 있다. 이는 북한에 관

27 이 장의 연구대상은 2030세대가 주로 활동하는 온라인 공론장 중 주요 포털(네이버, 다음)의 블로그, 카페, 지식인에서 생산한 게시물로 선정하였다. 그리고 일부 분석에서 청와대의 국민청원 게시판 청원글을 분석에 사용하였다. 이 연구에서는 일반적으로 SNS 연구의 주요 대상으로 손꼽는 트위터와 페이스북의 경우 다음 두 가지 문제로 인해 이번 분석에서는 제외하였다. 첫째, 검색 시점으로부터 제한된 기간 사이의 게시글 만을 스크래핑할 수 있다는 문제가 있다. 트위터는 자사의 트윗을 API를 통해서 접근할 수 있는 권한을 제공하지만, 한 달 이전의 게시글만을 가져 올 수 있고 그 이전의 트윗은 별도로 구매해야 하는 문제가 있다. 페이스북은 검색시점으로부터 일주일 사이의 게시글만을 가져올 수 있다는 제한을 두고 있다. 둘째, 공론장의 오염 문제이다. 트위터의 경우 이미 가짜 계정을 활용한 여론 조작의 주요 진원지로 주목받고 있으며, 페이스북 역시 비슷한 문제로 이용자 수가 점차 감소하고 있다. 이는 연구자료의 신뢰성과 타당성을 확보하기 위한 과정에서 문제로 작용할 우려가 있다. 연구대상 자료는 사건별로 시간을 달리하여 수집하였다. 수집기간으로 선정한 시점은 해당 사건이 언론 등을 통해 높은 강도로 재생산되고 논쟁이 이루어지던 시점을 기준으로 하였다. 첫 번째 평창동계올림픽의 남북단일팀 논쟁은 2018년 1월부터 2월, 둘째 가상화폐 규제 논란은 2018년 1월부터 2월, 셋째 국민연금 고갈을 둘러싼 논쟁은 2018년 6월부터 8월까지의 기간을 대상으로 하였다. 주요 포털의 블로그, 카페 등에 게시된 게시글 스크래핑은 Textom과 R을 함께 사용하여 진행하였으며, 스크래핑을 통해 수집한 말뭉치는 Netminer 4 버전을 사용하여 분석하였다.

한 태도를 보수와 진보로 나누던 기존의 프레임을 통해 설명하기 어려운 현상이다. 통일에 관한 회의적 태도 혹은 무관심은 앞선 조사 결과를 통해서도 확인할 수 있다. 2030세대에게 통일은 이른바 한민족이 다시 하나로 뭉쳐야 한다는 민족, 역사적 당위 하나만으로 정당화될 수 없는 사안이 되었다.

아래에서는 2030세대가 주로 활동하는 온라인 공론장 내에서 남북단일팀에 관한 논의는 어떠한 형태로 구성되어 있는지 검토하며 이러한 논의를 경험적으로 검증하고자 한다. 〈표 1〉은 한국의 주요 포털인 네이버와 다음의 카페, 블로그에서 '남북단일팀'이라는 키워드를 검색했을 경우 나타난 게시글을 취합하여 텍스트 마이닝을 통해 분석한 내용이다. 분석 대상으로 선정한 기간은 관련 논쟁이 가장 격화되었던 2018년 1월과 2월로, 해당 기간에 게시된 글 중 남북단일팀이 언급된 글을 중심으로 취합하였다.

〈표 1〉 남북단일팀 논쟁에서 등장한 단어 빈도

Term	Frequency	Term	Frequency	Term	Frequency
올림픽	2597	정부	540	참가	294
아이스하키	2185	평화	500	서한	293
여자	1698	한반도기	467	평창동계	291
평창	1673	공동	445	사상	291
구성	1309	나경원	401	문재인	286
북한	1221	대통령	380	생각	282
선수	1032	논란	359	합의	279
반대	823	선수단	329	최초	274
팀	599	뉴스	322	역사	260
입장	584	동계	305	정치	254

먼저 관련 게시글에 등장한 주요 단어를 살펴보자. 가장 많이 등장한 단

어는 역시 '올림픽', '아이스하키', '여자', '평창', '북한' 등 여자 아이스하키 대표팀과 관련된 단어들이다. 이와 동시에 반대, 논란 등과 같은 부정적인 단어와 함께 평화, 합의, 최초 등 긍정적인 단어도 동시에 등장하고 있다.[28]

남북단일팀에 관한 5가지 토픽은 크게 3가지 유형으로 구분할 수 있다. 토픽1은 당시 평창동계올림픽 조직위원이었던 나경원 의원이 IOC에 남북단일팀 반대 서한을 보낸 사건을 계기로 촉발된 쟁점을 다루고 있다. 토픽1이 반대 키워드와 강한 연결을 보여주고 있는데, 이는 토픽1이 남북단일팀 반대에 관한 구체적인 쟁점을 다루고 있음을 추정할 수 있는 근거이다. 이 주제 안에서는 남북단일팀 반대 서한에 관한 담론이 형성되고 있으며, 청와대와 날을 세우던 당시의 상황에 관한 내용이 주로 작성되었음을 추론할 수 있다.

나머지 2개의 주제는 각각 하나의 키워드를 중심으로 연결된 모습을 보인다. 먼저 토픽2와 토픽3은 북한이라는 단어를 매개로 연결되어 있다. 토픽2와 토픽3은 공통으로 선수, 선수단 등 당시 남북단일팀 이슈의 쟁점이 되었던 여자 아이스하키팀에 관한 키워드가 상위 키워드로 나타나고 있음을 보인다. 토픽2는 선수, 토픽3은 북한 키워드와 강하게 연결되어 있는데, 이는 토픽2가 남측의 선수단, 토픽3은 북측 선수단에 관한 쟁점을 주로 다루고 있을 것으로 추정할 수 있는 근거이기도 하다. 토픽2와 토픽3은 토픽1보다 상대적으로 비정치적인 이슈를 다루고 있다. 토픽1인 남북단일팀에 관한 반대라는 정치적으로 첨예한 논쟁을 대상으로 삼고 있지만, 토픽2와 토픽3은 상대적으로 비정치적인 연성뉴스(soft news)를 생산하는 주제 집합으로 볼 수 있다. 이러한 특징은 토픽3에서 좀 더 잘 드러난다. 토

28 단어의 빈도는 단순히 이용자가 작성한 텍스트 내에서 많이 사용하는 단어의 수를 의미하는 만큼, 어떠한 쟁점과 연관된 단어가 다수 등장하는지 살펴볼 수 있지만, 특정한 담론의 주제를 도출하기에는 미흡한 측면이 있다. 이를 보완하기 위해 텍스트 마이닝 분석 방법의 하나인 잠재디리클레할당(Latent Dirichlet Allocation)에 기초한 토픽 모델링(topic modeling) 분석을 적용하였다.

픽3은 남북단일팀이 국내에서 개최한 올림픽에서 사상 최초의 단일팀이라는 점을 부각하며, 남북단일팀이 지니는 역사적, 사회적 의의에 관한 담론을 주로 생산하고 있다. 전체적인 담론의 구도에서 보았을 때, 토픽1이 남북단일팀 반대의 담론을 생산하고 있다면, 토픽2와 토픽3은 남북단일팀에 관한 긍정적 지향을 보이는 담론을 생산한다는 점을 알 수 있다.

토픽4와 토픽5는 정부가 주도하는 남북단일팀과 관련한 쟁점을 중점적으로 담고 있다. 일면 이전의 토픽2와 토픽3과 유사해 보이지만, 토픽4와 토픽5는 북한이 아닌 한국 정부가 구체적으로 무엇을 하고 있는지, 보다 넓게는 평창동계올림픽의 남북동시 입장 등이 가져올 수 있는 결과에 관한 담론에 주목하고 있다고 볼 수 있다. 예를 들어, 토픽4에서는 남북단일팀 추진을 통해서 한반도에 평화를 가져올 수 있다는 논의가 주로 등장하고 있고, 토픽5에서는 한반도기와 공동 입장에 관한 정부 측의 발표가 주요 담론을 등장하고 있다.

연구자가 분류한 5가지 토픽의 관계에서 주목할 만한 점은 남북단일팀에 관한 반대론이 하나의 독자적인 영역을 구성하고 있다는 점이다. 남북단일팀 이슈에 관한 긍정적이거나 비정치적인 주제와 달리, 단일팀 반대론은 그 자체가 하나의 담론 영역을 형성하는 특징을 보인다. 이는 단일팀 반대에 관한 담론이 그 전개과정에서 다른 유형의 담론과 소통하는 접점이 잘 드러나지 않음을 의미한다. 〈그림 1〉의 청와대 국민청원게시판 청원 글은 이러한 인식의 한 단면을 잘 보여준다.

“2주일 동안 처음 보는 선수들끼리 팀워크가 맞춰질 수 있다고 생각하십니까. 이건 거의 불가능한 일입니다. 특히 아이스하키는 팀워크에 대해 더욱 민감한 스포츠이기도 한데 이대로라면 우리나라의 아이스하키 우승은 이미 물 건너갔다고 봅니다. 선수분들의 실력의 문제가 아닌, 팀워크의 문제를 말씀드리는 겁니다.” (청와대 국민청원 게시판 게시 글 중 일부)

〈그림 1〉 남북단일팀 논쟁의 토픽(TOPIC) 네트워크(k=5)

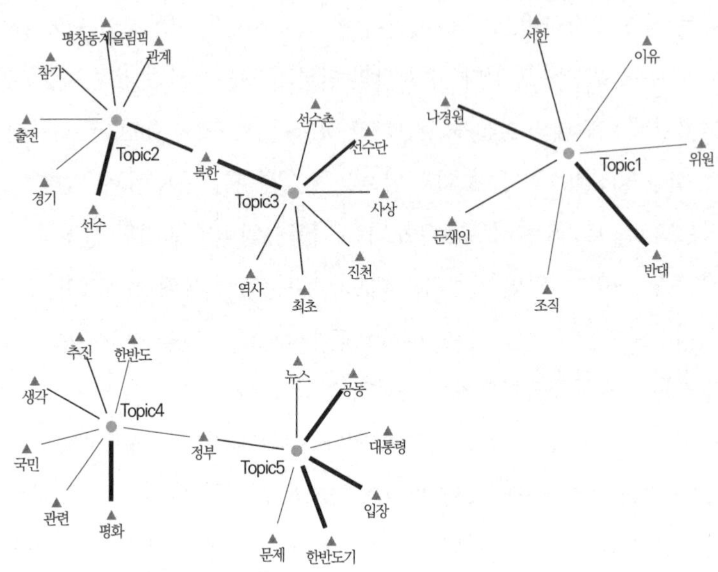

"올림픽 한 달도 안 남겨놓은 채 이렇게 발표를 하시면 선수들은 물론이고 국민들도 화가 나고 기분이 안 좋을 수밖에 없는 것 같습니다... 단일팀 무효화 해주세요. 충분히 다른 경로로 평화롭게 할수 있는 방안이 있지 않습니까... 민주주의 국가에서 국가가 국민을 희생시키는 법이 있는 것은 옳지 않다고 생각합니다." (청와대 국민청원 게시판 게시글 중 일부)

그렇다면 이렇게 형성된 남북단일팀에 관한 이용자들의 태도는 어떠할까? 위의 분석을 통해서 남북단일팀에 관한 반대 등 부정적 담론이 하나의 독자적인 영역을 형성하고 있음을 확인하였다. 〈그림 2〉에서는 사용자 지도학습(supervised learing)을 통한 감성분석[29]을 통해서 남북단일팀에 관

29 지도학습 방식은 비지도학습과 달리 연구자가 단어의 감성 극성을 직접 판별하여 입력한 자료를 토대로 감성분석을 수행한다. 사전에 구축한 감성사전을 이용한 감성분석이 대표적인 사례이다. 감성극성은 긍정-부정-중립으로 구분하거나, 점수 척도로 구성하는 등의 방법으로 부여할 수 있다. 일반적으로 감성분석에 사용하는 훈련 자료는 연구자 및 코더의 교차코딩을 통해 타당성을 부여하는 방법을 사용한다.

한 텍스트가 어떠한 감성 극성(polarity)을 지니고 있는지 개괄적으로 검토해 보았다. 전체 단어 중 상위빈도 단어 200개를 훈련 자료로 사용한 결과, 전체의 절반이 넘는 약 69%의 텍스트가 부정적인 감성을 표현하는 것으로 나타난다. 이는 남북단일팀에 관한 담론이 몇 가지 주제를 중심으로 구성되어 있지만, 부정적 극성(반대, 탈퇴, 불참, 취소, 북핵 등)을 지니는 단어를 포함하는 텍스트가 다수를 차지하고 있음을 의미한다. 앞서 나누어본 다섯 가지의 토픽 중 토픽1에 해당하는 부정적 내용을 담고 있는 텍스트가 전체 텍스트에서 다수를 포함한다는 점은, 남북단일팀에 관한 논의가 다양한 긍정적 주제를 포괄하더라도, 부정적 주제가 가진 파급력에 비해 한계가 있음을 보인다. 이번 분석에서는 단일팀 문제에 관한 2030세대의 주요 쟁점으로 부각된 공정성에 관한 단어가 표면에 등장하지 않았으나, 이 시기에 제기된 공정성에 관한 문제제기는 거의 비슷한 시기에 발생한 가상화폐에 관한 논의에서도 본격적으로 제기된다[가상화폐의 인식에 대해서는 부록 2를 참조].

〈그림 2〉 남북단일팀 논쟁 게시글의 감정 분석

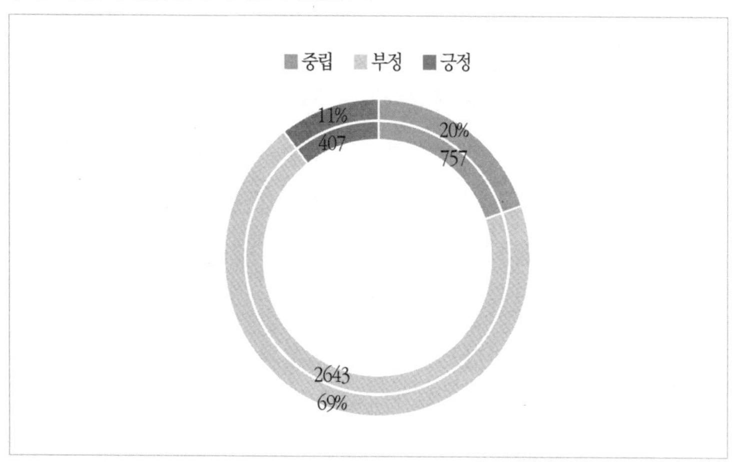

(2) 사례: 국민연금 고갈 문제와 세대 간 부양 논쟁

국민연금 고갈과 세대 간 갈등은 서유럽 등 국가 복지제도가 빠르게 갖추어진 국가에서도 이미 전개되었거나 진행 중인 문제이다. 한국 역시 인구구조가 빠르게 변화하며 세계에서 가장 낮은 수준의 출산율에 진입했다. 동시에 기대수명이 늘어나며 고령화도 빠르게 진행되고 있다. 국민연금 고갈, 수령 문제는 결국 그 사회의 이러한 인구구조 변화와 맞닿아 있다. 국민연금과 같은 공적 부조는 경제활동 인구가 은퇴한 세대의 연금을 뒷받침하는 구조로 이루어져 있기 때문이다. 인구구조 변화는 결혼과 출산, 여성의 경제활동참여 등 다양한 문제와 연결되어 있다. 한 사회의 인간계발지수와 경제 규모의 질적, 양적 성장이 이루어질수록 전반적인 출산률은 하락하고 기대수명은 증가하며 고령화 사회로 진입하는 경향을 보인다. 한국 역시 이러한 선례를 따르고 있다.

이 과정에서 국민연금 개혁을 둘러싼 다양한 논쟁이 발생하고 있는데, 대표적인 것은 현재 수급연령에 다다른 세대는 향후 수급을 받게 될 세대보다 '덜 내고 더 받는다'라는 문제와, 결과적으로 국민연금의 수혜를 가장 적게 받게 될 세대가 국민연금의 혜택을 충분히 받는 세대를 부양한다는 담론이다. 국민연금 고갈 시점과 수급 나이의 문제를 둘러싼 갈등이 세대 사이의 갈등으로 번지고 있는 것이다.

여기에서도 공정성 문제가 제기된다. 향후 정부에서 입안할 국민연금 개혁안은 지금보다 '더 내고 덜 받는' 방식으로 결정될 가능성이 크다. 장기적으로 생산가능 인구가 줄어들고 부양인구가 늘어나는 상황에서 이러한 방식의 연금 개혁이 가장 현실적인 대안이기 때문이다. 독일과 같이 일정 부문 연기금의 부족분을 연방정부가 메우는 방식을 사용할 수 있으나, 연금 제도의 지속가능성을 확보하기 위해서는 연금 수혜 규모는 축소하고

납부 규모는 늘려야 하기 때문이다.

〈표 2〉 국민연금 관련 게시글의 단어 출현 빈도

Term	Frequency	Term	Frequency	Term	Frequency
소득	697	지급	246	공단	180
보험료	567	노인	228	문제	179
부담	455	수익	224	폭발	172
고갈	334	제도	224	가정	171
보험	262	부동산	210	인기	171
보장	259	노후	209	가능	170
재정	253	경우	207	국가	168
재산	252	건강	206	경제	165
사회	249	금융	204	인구	164
인상	248	대비	201	복지	156

이러한 개혁 방안에 관해 현재의 2030세대는 기성세대를 부양해야 하는 자신들의 상황에 관해 목소리를 내기 시작한다. 가상화폐의 사례에서 드러나듯, 현재의 기성세대가 만들어 놓은 조건 속에서 2030세대는 소외, 박탈을 경험하고 있다고 주장한다. 2030세대가 기성세대에 의해 희생을 강요당한다는 담론은 국민연금의 개혁안을 둘러싼 담론에서도 반복된다. 이 담론의 구조는 앞선 갈등의 사례에서 나타난 담론과 매우 유사한 구조를 가진다. 기성세대가 만든 불합리하고 불공정한 기회구조 속에서 2030세대는 희생당하고 있으며, 그들이 일으킨 부정적인 결과를 왜 지금의 우리 세대가 책임을 짊어져야 하는지에 대한 비판이 이러한 담론의 핵심 명제를 구성한다. 우선 〈표 2〉의 국민연금에 관한 텍스트에서 등장한 단어 빈도표를 살펴보자.

먼저 단순 단어빈도표를 보면, 소득, 부담, 고갈, 인상 등 연금고갈 문제와 보험료 인상에 관한 단어가 상위에 랭크되어 있음을 알 수 있다. 상위 30개 단어를 볼 때, 인구구조, 거시경제의 측면에서 국민연금 문제를 논의하는 내용이 많다는 점을 확인할 수 있다. 즉 전체적으로 국민연금 고갈 문제를 부각하는 내용의 담론이 형성되고 있다는 것이다. 전체 문서의 빈도를 보았을 때, 국민연금 고갈 문제를 경제적 관점에서 조망하는 담론이 다수를 차지하고 있다.

〈표 3〉 국민연금 관련 게시글의 단어 TF-IDF

Term	TF-IDF	Term	TF-IDF	Term	TF-IDF
고갈	313	소득	189	국가	143
보장	233	건강	189	복지	137
재정	231	노후	185	생활	137
사회	228	정부	183	납부	137
지급	215	폭발	172	개혁	135
노인	207	인기	171	인구	133
제도	203	보험	170	이상	133
인상	201	가능	167	수익	131
대비	198	공단	164	갈등	126
경우	197	문제	158	노령	125

더욱 유의미한 주제를 살펴보기 위해 시행한 TF-IDF[30] 분석에서는 단순 빈도와 다른 주제가 등장하기 시작한다. 여기에서는 앞선 빈도분석에서 잘 드러나지 않았던, 노인, 노후, 노령 등 노년 관련 단어가 상위에 등장한다. 노년 관련 단어들이 하나의 주제군을 형성하고 있음을 추정할 수 있다. 동시에 폭발, 갈등과 같이 국민연금을 둘러싼 갈등을 암시하는 단어가 나타난다. 국민연금 고갈에 따른 갈등이 폭발한다는 유형의 게시글이

30 TF=term frequency IDF= Inverse Document Frequency(역문서 빈도)

이러한 단어가 높은 TF-IDF 값을 보이게 한 것으로 예상할 수 있다. 이와 관련된 담론은 노후의 연금 수령 문제와 함께 노년세대가 현재 연금을 받기 시작하고, 연금고갈 문제로 인해 추진하는 국민연금 개혁이 일으킬 갈등에 관한 논의가 담겨있다고 볼 수 있다. 〈그림 3〉에서 토픽 모델을 통해서 더욱 구체적인 주제와 주제 사이의 관계를 살펴보자.

〈그림 3〉 국민연금 관련 게시글의 토픽 모델 네트워크(k=4)

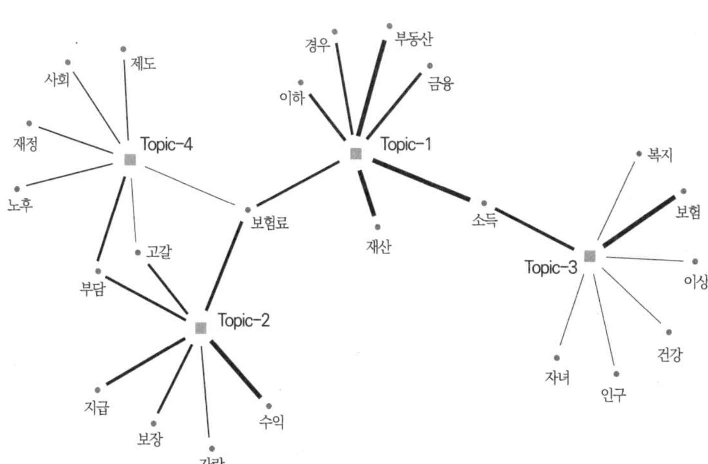

이 토픽 모델에서는 네 가지 토픽을 추출하였다. 이전의 사례와 달리 국민연금에 관한 담론을 구성하는 네 가지 토픽은 토픽 상호 간의 연결이 강하게 나타난다. 선정한 네 가지 토픽은 모두 연결되어 있었으며, 이 토픽들을 연결하는 주요 단어는 보험료와 소득으로 나타난다. 이는 국민연금과 관련된 온라인 공론장의 담론이 보험료, 소득과 같은 매우 현실적인 쟁점과 맞닿아 있음을 보인다. 보다 구체적으로 개별 토픽을 살펴보자.

토픽1은 국민연금만으로 노후를 보장받을 수 없기 때문에 부동산, 금융 등 재테크를 통해 대비해야 한다는 내용이 담겨 있다. 이는 토픽1이 토픽

3과 소득을 통해 연결되어 있다는 것으로 추정할 수 있다. 토픽3은 국민연금과 같은 공적부조 등 공공복지 체계가 인구구조 변동으로 인해 더 이상 제 기능을 할 수 없을 때 발생할 문제 등을 다룬다. 토픽2와 4는 보험료, 고갈, 부담을 통해 연결되어 있다. 토픽4는 토픽3과 유사하지만, 정부의 정책, 복지제도에 관한 논의가 중심이다. 토픽2는 국민연금에 의존할 수 없기에 다른 수익성이 높은 상품을 함께 가입해야 한다는 내용을 다룬다. 이러한 토픽의 특징을 보았을 때, 국민연금에 관한 담론은 현재 세대의 노후 준비에 관한 불안, 그리고 그 불안을 극복하기 위한 전략으로서의 재테크 등의 대안이 주요 주제로 등장한다. 2030세대의 국민연금에 관한 태도는 국민연금에 관한 불신으로 이어지고 있으며, 이는 현재 수급 연령에 이른 세대, 그리고 곧 수급을 받게 될 베이비붐 세대와 같은 기성세대에 대한 불만을 내재하고 있다.[31]

5-2. 공정성의 언어로 정치화된 2030세대

'불안'은 2030세대의 세대갈등을 설명할 수 있는 중요한 키워드이다. 여기에 공정성이라는 개념은 이들의 불안의 근원을 설명하고, 대안을 제시할 수 있는 개념 중 하나로 나타난다. 공정성은 단순히 공정함의 사전적 정의만이 아니라, 지금의 2030세대에게 일종의 사회적 맥락을 내재한 언어의 일부이기도 하다. 공정성의 사회적 맥락을 살펴보자. 현재의 2030세대에게 공정성이라는 단어에 포함된 사회적 맥락은 크게 두 가지로 구

31 이러한 유형의 담론의 대표적인 사례는 아래와 같은 게시글이다. "지금 자라나는 새싹들이 무슨 죄를 지었다고 현 기성세대 두세명씩 부양하나? 지금까지 국민연금 낸 거 이자도 필요 없고 원금만 받을테니 그냥 없애라...." "국민연금을 바꿔야 하죠. 납부한 만큼만 가져 가는 것으로 바꿔야 하죠. 납부한 이상으로 가져 가려고 하는 것이 도적놈 심보입니다. 미래세대주머니를 터는 나쁜 제도다." "국민연금이 세대갈등의 전장이 되고 있다. 불확실한 노후 대비를 위한 핵심적인 사회안전망으로서 세대간 연대에 기초하는 제도가 세대 갈등 프레임으로 위협받고 있다." "기성세대의 양보가 없다면 젊은세대의 부담은 가중되며,세대간 갈등이 깊어질 것은 불 보듯 뻔한 일이다."

분할 수 있다. 첫째, 공정성은 이들이 겪고 있는 존재론적 불안을 해결할 수 있다고 믿는 일종의 신념이자 언어이다. 2030세대는 어느 사회에서든 근원적인 취약성을 가진 세대이다. 특히 한국과 같이 20대의 노동시장 진입이 늦어지고, 청년실업이 높은 사회에서 20대와 30대의 사회 내 지위는 몹시 불안정하다. 경제적인 안정성이 담보되지 않는 상황에서 이들은 취업과 자산 증식을 위한 방안을 모색하지만, 이들이 보기에 기존의 주식, 부동산 시장은 이미 진입하기 어려운 장벽에 가로막혀 있다. 이때 공정성은 지금 2030세대가 직면한 존재론적 불안을 설명할 수 있는 동시에 문제를 해결할 수 있는 개념으로 등장한다. 지금 2030세대의 불안은 기성세대가 만들어 놓은 불공정한 기회구조와 왜곡된 시장 때문이며, 이러한 문제는 절차적 공정성을 통해서 해결할 수 있다는 것이다.

둘째, 공정성에 대한 요구의 이면에는 희생자 담론이 자리를 잡고 있다. 앞서 불안을 설명하고 해결하기 위한 언어로서의 공정성은 결국 2030세대 자신이 한국 사회의 희생자라는 담론과 연결된다. 1997년 외환위기 직후 진학한 30대 이전의 세대는 고성장의 열매와 함께 그늘을 동시에 경험한 세대이기도 하다. 이들에게 고성장의 그늘은 고령화에 따른 불균등한 부양구조, 공적 부조 등 국가 복지시스템의 취약성, 높은 물가와 부동산, 장기 지속되는 저금리 기조, 고용구조의 변동으로 인한 취업의 제한 등으로 다가왔다. 그 결과 2030세대는 기성세대가 이미 만들어 놓은 사회적 기회구조를 극복하기 위한 언어로서 공정성을 가져온 것이다. 현재의 문제를 해결하기 위해 기성세대는 청년세대가 눈높이를 낮추는 등 양보를 요구하거나, 개인이 아닌 가족, 회사 등 조직을 위한 헌신이 필요하다는 담론을 생산하지만, 2030세대에게 결국 이러한 담론은 자신들을 희생자로 자리매김하려는 시도로 비추어지는 것이다.

무한경쟁과 무한효율, 무한시장을 강조하는 신자유주의의 경제, 문화적 배경 속에서 자란 세대라는 점에서, 2030세대에게 공정성은 단순한 언어를 넘어, 이들의 가치관을 구성하는 주요 언어이기도 하다. 이른바 386세대나 노년세대가 민주주의, 민족, 통일, 국가 등 거대담론의 이데올로기적 기구를 통해서 정치화된 세대라면, 2030세대는 외환위기 이후의 신자유주의적 이데올로기에 의해 정치화된 세대라고 할 수 있다. 경쟁에 의한 성과의 우위, 각자도생의 전략, 정서적으로 연결된 견고한 공동체보다는 느슨한 연대가 익숙한 이 세대에게 기성세대의 논리는 권위주의적 불합리함과 불공정성의 논리이기도 하다.

결론적으로 2030세대의 공정성은 사회적 기회구조의 공정함으로 귀결된다. 그리고 공정성의 정당성은 효용과 효율에 의해서 뒷받침된다. 2030세대에게 공정성이 정당한 것으로 여겨지는 이유는 그것이 가장 효율적인 방식과 충분한 효용을 낼 수 있다는 믿음 때문이기도 하다. 이는 작은 정부와 자유시장의 효율성을 강조하는 신고전주의 경제학의 이론적 지향과 맞닿기도 한다. 하지만 2030세대가 신자유주의의 이데올로기적 언어의 세례 이후 성장한 세대라는 점에서 이러한 접점은 단순한 우연의 결과로 보기 어렵다.

부록에서 살펴보는 바와 같이 가상화폐 규제는 당시 가상화폐 시장의 주요 행위자였던 2030세대에게 '사다리'를 뺏은 기성세대의 불공정한 시장개입으로 인식되었다. 가상화폐 규제는 공정성과 세대라는 두 가지 개념이 동시에 등장할 수 있는 적합한 담론의 장을 제공했다. 이 과정에서 2030세대의 공정성에 대한 요구의 목소리는 상반된, 하지만 연결된 두 가지 감정을 양면적으로 내포하고 있는 듯 보인다. 그것은 냉소와 분노의 공존이다.

세대갈등을 촉발한 주요 사건에 관한 온라인 공론장의 담론을 분석한 결과, 세대갈등이 공정성 담론을 포함하는 과정에서 개인과 국가 사이의 대립이라는 이분화된 프레임을 형성하였고, 그 결과 가치 중심의 첨예한 정치적 담론으로 확대되는 양상을 확인하였다. 그 귀결은 특정 세대(2030세대)가 그 이후의 기성세대에 의해 희생을 강요당한다는 담론으로 확장된다. 이 담론은 세대갈등을 표면에 내세우고 있지만, 구조화된 항구적 불평등에 대해 비판하거나, 공정성에 관해 의심하는 방식으로 구체화 된다.

6. 청년세대의 존재론적 위상과 적대적 증후

6-1. '개별주의'와 '생존주의'

산업화, 민주화와 함께 시민사회가 성숙해지면서 한국사회에서는 개인주의의 수행 주체인 '개인'들이 등장했다. 오늘날 한국의 젊은 층은 개인주의를 바탕으로 공정성을 평가하는 경향이 강하다. 집단에 함몰되지 않고 거리두기의 성찰을 통해 개인의 삶을 기획하는 개인주의의 등장은 분명 한국사회의 진보적인 변화의 지평이다. 그런데 유감스럽게도 그 이면에는 개인주의의 그늘이 도사리고 있다. 신자유주의가 요구하는 개인은 무한시장의 경쟁을 이겨내고 효율성과 산출(output)을 가장 많이 생산할 수 있는 개체들이다. 신자유주의적 인간은 끊임없는 자기계발을 요청한다. 개인들은 다양한 스펙으로 무장하고 '노오력'은 물론 열정페이를 통해 조직에 헌신하는 모습을 보여야 한다. 기업이나 국가가 요구하는 신자유주의적 인재상이 되기 위해 청년세대는 부단한 자기계발에 투자하지만 자신과 타자에 대한 존재론적 성찰과 풍요보다는 경쟁을 위한 도구적 지식과 기술을 연마하는 데 주력한다. 자율적이고 주체적인 존재로서의 개인이기보다 이기주의적이고 자기이해타산적인, 그리고 여전히 가족주의적 경쟁의식에서 벗어나지 못한 핵가족형 집단적 개인주의, 그리고 소비자본주의 시대를 맞이하여 마르쿠제가 일찍이 말했던, '상품 속에서 영혼을 발견하는 일차원적' 개인들로 부상하고 있다. 한편에서는 집단으로부터 일정한 거리를 두기 시작한 개인, 그래서 국가나 사회, 가족 또는 타자를 자신의 성찰 속에서 조명해볼 수 있는 프라이버시 공간을 소유한 개인이 등장하면서도 다른 한편에서는 자본주의의 소비미학에 함몰된 소비주체의 개인, 공동체성이 탈각되고 파편화된 개별주의적 개인이 등장하고 있는 것이다.

유감스럽게도 이 시대의 젊은이들은 무한경쟁 속에서 살아남기 위해 가혹하게 '시시푸스적인 투자'를 통해 자신을 계발해야 하는 생존의 게임을 벌이는 개인들로 변신하고 있다. 스스로 각자의 삶을 찾아가는 '각자도생(各自圖生)' 속에 나타나는 개별화된 개인주의적 생활방식을 압축적으로 드러내는 용어가 있다면 바로 '혼밥', '혼술' 등이다.[32] 혼밥(혼자서 밥을 먹는다)나 혼술(혼자서 술을 마신다) 등의 용어는 타자와의 관계성이 사라진 개별화된 개인주의 현상을 잘 대변해주고 있다. 또한 이들은 함께 식사를 하더라도 각자가 자기의 식사비만을 지불하는 '더치페이'에도 익숙하다. 기성세대로서는 다분히 생각하기 힘든, 즉 식사공동체나 여가공동체의 개념과는 큰 차이가 있는 생활방식이다. 이러한 개인중심적 생활방식은 스마트폰 등 사이버기술과 함께 더욱 강화될 전망이다. 이들은 비록 혼자 식사를 하지만 식사할 때에도 스마트폰을 보면서 사물과의 관계성을 유지한다. 지하철, 공원, 도로, 강의실 등 거의 모든 영역에서 스마트폰과 묵시적 대화를 하고 있는 것이다.[33]

32 따라서 혼자 생활하는 양식에 대한 소비제품의 매출이 급증한다. 중앙일보(2018.10.24.) "1인가구 증가와 소비 트렌드의 변화, 요즘 뜨는 유망프랜차이즈 창업아이템에 영향 미쳐" (http://www.koreadaily.com/news/read.asp?art_id=6673432).

33 인간과의 관계는 인간-사물-인간으로 바뀌고, 가상의 존재자들(사이버 공간의 허구적 가공인물, 로봇, AI)과의 관계성이 지배한다. 인간으로부터 느끼지 못하는 체취는 반려동물이나 컴퓨터대응자의 파트너를 통해 구할 뿐이다. 그러나 광고의 기표가 뒤덮인 사회에서는 이러한 인간의 소외된 모습은 드러나지 않는다. 광고는 항상 부드럽고 친절하며, 풍요롭고, 섹슈얼하다. 세상은 그러한 허구의 기표로 가득 차 있는 것이다.

한국사회는 지난 일 세기 동안 제국주의 침략으로부터 분단, 전쟁과 산업화, 그리고 민주화에 이르기까지 숱한 역사적 사건과 트라우마를 경험해 왔다. 식민지와 분단, 전쟁은 절대적 빈곤과 증오, 적대의 재생산이라고 하는 악순환의 고리를 남겨놓았고 거대한 외부 세력(들)의 개입과 전쟁의 증후 등은 여전히 현재 진행 중이며,[34] 성장과 분배를 둘러싼 갈등 역시 그 어느 사회보다 높다. 여전히 '생존'의 담론이 진행 중인 것이다. 선진국의 사회가 이미 생존을 넘어 번영을 논의할 때 우리는 생존을 고민해야 했다. 선진사회가 포스트산업사회를 진단하고 과학 정보기술의 미래사회를 논의할 때, 그리고 68혁명과 함께 새로운 시민운동, 즉 '노동계급의 안녕을 외친 후'[35] 환경, 생태, 여성, 인권, 성소수자 등의 신(新)사회운동을 전개시킬 때 우리는 여전히 전근대사회의 관행과 전쟁의 유산, 정치적 후진성, 문맹과 빈곤, 광주학살과 신군부의 쿠데타 등을 겪어야 했고 주변부로부터 벗어나기 위한 생존형 전략을 수행해야 했다. 그러나 그 시대는 열정의 시대였다. 빈곤으로부터 탈출하겠다는 열정, 상승적 사회이동을 향한 출세의 열정, 정치적 집권정당성은 결여했지만 부국강병을 통해 일등국가를 만들겠다는 열정 등 가히 '열정의 시대'였다고 해도 과언이 아니다. 이러한 열정으로 인해 기성세대는 열악한 노동환경 속에서도 수출역군으로서의 땀을 흘릴 수 있었고, 우골탑(牛骨塔)으로 명명되는 대학에 논밭을 팔아 자녀들을 진학시켰으며(그 결과 인적자본이 형성되었다), 다소 '무대포적'

34 한반도는 여전히 세계강대국(미국, 중국, 러시아로부터 일본)들의 이해관계가 첨예하게 맞부딪히고 있는 격전장(terrain)이고, 한때 지도에서 사라질지 모른다는 극단의 두려움과 공포가 지배했다. 한반도는 늘 불안한 약자의 운명체로 노정되어 있다. 최근 북미회담 등을 둘러싸고 남한의 by-passing 논의가 수면에 떠오를 정도로 한국정부는 한반도의 운명을 거론하는 자리에서 주변화되어 있다. 심지어 어떤 이는 한국은 미국이 정치시장에 떨이로 처분할 수 있는 '매물'로 나와 있는 물건이라고 말한다. 오마이뉴스(2018.08.28.) "한반도 정책은 미국 정치시장의 매물… 한인들 적극 개입해야"(http://www.ohmynews.com/NWS_Web/View/at_pg.aspx?CNTN_CD=A0002467106&CMPT_CD=P0010&utm_source=naver&utm_medium=newsearch&utm_campaign=naver_news).

35 고르(Gorz)는 이미 프랑스에서 '노동계급의 안녕'을 주창했고, 그의 책은 1982년에 영문판으로 번역되었다(Gorz, 1982).

모험이었던 국가주도의 산업화 에너지를 충당할 수 있었다. 일하지 않으면 굶을 수밖에 없는 절박함과 출세를 향한 거친 욕망으로 인해 절차적 수단과 방법을 가리지 않는 목표달성주의가 기성세대의 삶을 지배하였고, 절대 절명의 '생존'적 열정은 절차의 무시를 정당화할 수도 있었다. 제국주의 침략으로부터 생존, 전쟁으로 부터의 생존, 극심한 빈곤으로 부터의 생존 등 '생존의 시대'에 태어나고 자라난 한국 기성세대의 신체 속에는 '생존의식'이 체화되어 있다.

오늘날 2030세대 역시 생존을 위한 투쟁을 벌이는 것은 마찬가지이다. 그러나 그 생존은 그들의 부모세대가 겪었던 생존과는 차원이 다르다. 생존은 유기체가 환경의 변화에 대해 적극적으로 도전하고 적응하는 과정으로서 생존하지 못하는 유기체는 도태되어 사라진다. 유기체에 대해 환경의 변화는 경쟁을 요구하고, 결국 경쟁에서 우월한 지위를 차지한 패권자가 살아남게 되어 있다. 따라서 생존은 자연유기체의 운명이며 과제로서 어느 시대 어느 세대에나 원초적인 정언명령으로 던져지는 것이다. 생존을 바탕으로 증식, 번영, 진보, 화합, 공존, 재생산이 진행된다. 그런데 이러한 생존이 그 자체로서 완결성을 갖는 체제, 다시 말하면 생존을 딛고 번영으로 진행되기보다 생존에서 출발해서 다시 생존으로 순환하는 체제, 그리고 그 생존을 위해 끊임없는 경쟁과 투쟁을 벌여야 하는 사회를 '생존주의 사회'라 부른다.

생존주의 시대의 생존은 그야말로 '서바이벌'로서 게임의 규칙 속에서 무한대의 비정한 경쟁을 수행한 연후 살아남아야 하는 매우 냉정하고 비정한 것이다. 오늘날 이십 대의 생존주의를 날카롭게 분석한 김홍중은 이렇게 말한다. "이데올로기로서의 생존주의는 타자를 소거하지 않으면 자신이 존립할 수 없다는 극한 상태(no way out)의 사유방식이다. 서바이벌 게임의 생존에는 협동, 공존, 상생은 없다. 게임의 규칙이기 때문이다. 사회적 안전망이 결여된 광활한 야생의 숲에서 젊은이들은 '각자도생'의 길을 걸어가야 한다는 것을 잘 알고 있다. 사는 것이 아니라 살아진다."(김홍중, 2015). 기존의 시대에는 개인의 생존이 도태되더라도 가족, 친지, 친구 등의 연줄망을 통해 최소한의 안전망을 확보하고, 재도약의 기회를 잡을 수도 있었지만 생존주의 시대는 '패배는 곧 죽음'이라는 절망의 도식이 지배한다.

이러한 생존주의의 이념에 잡히게 되면 타자성찰과 인정은 불가능하다. 타자는 자신의 필요에 따라 구성되며 자신에 의해 사라져야 한다. 게임을 하기 위해서는 타자가 필요하지만 게임에 이기기 위해서는 타자를 소멸시켜야 하기 때문이다. 그런데 개인주의로 엮인 현대사회의 생존주의 시대에서 패배는 곧 죽음(회생하기 힘든 나락으로 떨어짐)이다. 개인들이 위기에 처해 있을 때의 생존은 개개인의 공동체적 협동을 통해 기존의 게임질서를 파괴함으로써 가능하지만, 파편화된 개인들은 오히려 개인들 간의 무한대적 경쟁을 통해 생존을 하려 한다. 이 생존경쟁의 결과는 매우 역설적이다. 모두가 승자가 되기 위해 개개인적으로는 실력을 쌓고 스펙을 쌓지만 극히 일부만이 승자의 자원을 독점하는 집합적 구성의 오류가 발생하는 것이다.

6-2. 청년세대의 냉소와 분노

생존주의 시대의 젊은이 세대를 관통하는 감정은 냉소주의이다. 타자의 진정성을 수용하려 하지 않고 기존의 질서와 가치를 회의적으로 비웃는 태도를 냉소주의라 부른다. 냉소주의자들은 노력과 열정, 실력을 통해 타자들이 이룩한 성취마저도 상속이나 '연줄' 혹은 운에 의한 부당한 기회의 산물이라고 폄훼한다. 냉소주의자는 상대의 진정성조차 자신을 기만하는 행위로 규정한다. 냉소주의자들이 보기에 이 모든 세계의 현실에서 진정성(진실)은 존재하지 않거나 아직 오지 않았으므로 역사적으로 존재해온 진리, 당위와 윤리, 사회정의 담론 등은 허구에 지나지 않는다. 냉소주의자들은 더 이상 속으려 들지 않으며 때로 속는 척 하거나, 아예 알면서도 속는 것을 즐기기도 한다(김민하, 2016; 슬로터다이크, 2017).

기성세대가 젊은 세대에게 전하는 삶의 지혜는 젊은 세대의 냉소주의자들에게는 거짓이거나 허구일 뿐이다. 속된 말로 기성세대의 진정성(기성세대가 추구한 진실, 혹은 진리라 믿어온 것들)은 더 이상 냉소주의자들에게는 설득력이 없다. 예컨대 열심히 노력하면 좋은 직장을 잡을 수 있다거나 정직한 자에게 복이 있을 것이라는 등 권선징악과 인과응보의 윤리는 오히려 냉소의 대상이 될 뿐이다. 경쟁에 승리하기 위해 열심히 노력하고 투자했으며, '열정페이'를 바쳤고, 이른바 '육체자본'을 증식하기 위해 '성형수술'까지 감당했지만 정당한 보상은 주어지지 않는다. 실업과 불안전 취업 속에서 이미 정규직의 자리를 평생 보장받고 자신들의 인사권을 행사하는 기성세대에 대한 상대적 박탈감은 더욱 커질 수밖에 없다.

그들은 기성세대가 이룩한 전통의 유산에 대해서도 별 관심이 없다. 기성세대의 삶의 경험에서 우러나오는 지혜 역시 기만일 뿐이다. 이들은 기성세대의 삶의 지혜에 대한 충고를 자신들을 길들이는 훈계로 간주하는 경향이 있다. 기성세대가 주장하는 삶의 지혜란 결국 그들이 설정한 피라미드의 정점에 서 있는 삶(좋은 직장, 부, 명예, 권력, 건강 등)을 쟁취하는 수단을 그럴듯하게 진리와 사회정의의 이름으로 치장한 것에 지나지 않는다고 생각한다.[36] 열심히 노력하면 목표가 성취된다는 주장도 현실의 경쟁세계에서는 그렇지 않다는 것이고, 혹 '굳이 현재의 가치에 얽매이지 말고 네 삶을 즐겨라'라는 낭만적인 기성세대의 충고 역시 현실에서는 불가능하다

36 따라서 진정성의 시대는 가버렸다. 장애인에게 좌절하지 말고 열심히 노력하면 장애를 극복하고 훌륭한 삶을 살 것이라며 장애올림픽 금메달리스트나 히밀라야에 오른 장애자, 천재 물리학자 호킹 박사의 전기를 들려주지만 현실에서 그러한 장애인은 얼마나 될까? 현실적으로 대부분의 장애인들은 삶의 어려움과 고통에 시달린다.

고 여긴다. 현실 속의 기존의 가치나 제도로부터 일탈하는 순간 불안한 하류인생으로 전락하고 말기 때문이다.

생존주의 시대의 젊은이들에게는 피라미드의 정점보다는 평균선이 목표가 되기도 한다. 사회적 평균선이란 적정한 수입(소득), 여가(해외여행의 포함), 고용안정, 연예, 자아실현 등을 누릴 수 있는 중산층의 삶의 질을 의미한다. 높은 지위와 평판, 소득을 얻을 수 있는 직업군은 소위 '금수저'라 불리는 상류계급의 자녀들이나 독차지할 수 있는 것으로 간주하고 젊은이들 일반은 '철밥통' 같이 정년이 보장된 정규직 공무원이 되거나, 적절하게 생활을 영위할 수 있는 직업을 얻는다면 그것이 곧 행운이고 희망이라고 생각한다. 한마디로 그들은 사회적으로 평균적인 것을 추구하고, 이에 안주하려 한다.

평균선에 도달하기 위해서조차 그들은 무단한 노력을 경주해야 하며, 평균에도 이르지 못한 것에 대한 수치, 모멸, 무기력, 소외 등을 느끼는 집단들은 스스로를 '루저' '잉여' '헬조선' '흙수저' 등의 열등 표현을 통해 자조한다.[37] 그들은 경쟁에서 밀려난 자신들을 주변화된 존재로 낙인하고 은근히 현실을 비난함으로써 위안을 삼는다. 이러한 냉소주의는 자신과 타자에 대한 증오와 적대, 혐오와 냉혹한 분노로 진행되기도 한다.

냉소주의와 어우러져 이 시대의 젊은이들을 관통하는 또 하나의 감정은 '분노'이다. 분노는 불평등과 부자유, 억압과 통제, 사회가 정의롭지 못하다는 것에 대한 반응, 즉 부당한 대우에 대한 저항의 감정이다. '왜 분노하지 않느냐'며 오늘날의 무기력증과 개인주의에 빠진 젊은이들을 질책한 프랑스의 레지스탕스 철학자처럼(에셀, 2011) 사회정의에 대해 침묵하는 젊은 세대를 탓하는 것은 오히려 기성세대의 과잉화된 요구에 지나지 않

37 뉴스1(2015.10.15.) "청년 新계급론…'헬조선에선 아무리 노오력해도 흙수저'"(http://news1.kr/articles/?2458053)

는다. 개별화되고 파편화되어 집단적으로 조직화되기 어려운 분노는 개인적인 일탈, 범죄, 그리고 다시 냉소주의로 악순환의 길로 빠지고 거시적인 사회구조의 개혁은 이루어지지 않는다.[38]

7. 세대 간 갈등과 인정 투쟁

7-1. 세대 간 비하와 혐오

냉소주의의 특징 중의 하나는 타자에 대한 인정이 매우 각박하다는 것이다. 자신의 욕망이 실현되지 못한 것에 대한(예: 지위성취의 실패) 정당화의 논리기제로 작동하는 냉소주의는 자신의 열등감을 타자를 지향한 공격적 감정으로 표출하기도 한다. 불안과 열등감에 따른 공격적 감정은 때로 타자에 대한 혐오와 적대감 증후로 나타난다. 그들 혐오대상의 일부는 특정한 기성세대이다. 예컨대 '시청 앞 태극기 노인군중'은 그들에게 '극혐(극한혐오)'의 대상으로서 그 노인들과 공감을 하려는 집단 역시 공격과 혐오의 대상이 된다. 이삼십 대에게 친밀한 SNS는 여과되지 않은 감정표현을 정보로 급속히 확산시키는 중개역할을 담당한다. 들끓고 식어버리는 조롱과 멸시, 증오와 비난으로 가득 찬 적대적인 언어와 감정이 별 다른 장애 없이 무한대적인 사이버공간을 통해 확산되는 것이다.

이들은 기성세대 중에서도 노인들을 구태의연하고 진부하며, 비생산적이고 비효율적인, 사회적 부를 소비하는 존재로 묘사한다. 이들은 태극기부대의 노인들을 '틀딱(틀니딱딱)'이라는 언어로 조롱하고 복지의 수혜대상

38 즉, 슬로터다이크가 말한 것처럼 분노의 은행에 개개인의 분노가 저축이 되지 않는 한 여기저기 흩어져 있는 분노는 다분히 먼지가 되어 날아갈 뿐이다(슬로터다이크, 2017).

이 되는 노인들을 사회적 부를 축내는 식충으로서 '노인충'이라는 모멸스러운 표현으로 비하한다. 이들은 사물(대상과 타자)에 대한 이항대립적 판별구조를 설정해 진영논리를 구축한 후 냉소와 혐오의 적대감정을 주입하여 상대를 비난함으로써 자신들의 존재감을 드러내고자 한다. 행위자들을 '가해자와 피해자'의 이분법으로 구도화하고 가해자의 의도성이나 과실의 여부는 고려함이 없이 가해자를 악마화시키기 위해 필요하다면 사실을 왜곡하기도 하고, 증오와 혐오의 감정을 투사하여 비난한다.

이러한 기성세대에 대한 일련의 비난 행위들은 강력한 상징성을 지닌 풍자와 해학의 비판행위로 보기 어렵다. 혐오와 적대감을 수반하는 이항대립적 사유방식과 행위는 풍자와 해학, 위트와 유머 등을 비판의 도구로 삼는 견유주의(犬儒主義)와도 다르다. 심지어 오늘날 일부 극우단체인 '일베' 집단들에 의해 SNS를 통해 재현되고 전달되는 언어와 감정은 비판과는 거리가 먼 언어와 감정의 '배설행위'에 불과하다. 또한 이러한 행태는 사회정의를 외치는 일부 진보집단의 사회운동 속에서도 드러난다.[39]

그러나 적대감, 혐오, 분노 등 부정적 감정은 젊은 층만의 전유물이 아니다. 인정받지 못하는 기성세대의 노인층 역시 강한 적대감과 분노를 표한다. 최근 10여 년 동안 한국사회의 자살률은 OECD 국가 중 단연 최고를 기록하고 있는데, 그중에 노인세대의 자살이 그 불명예스러운 최고기록을 선도하고 있다. 또한 2017년 기준으로 한국의 65세 이상 노인빈

39 한편 특정 집단에 대한 혐오와 증오를 생산해 내는 대표적 조직체인 '일베'들은 (자유청년연합에서 출범) 소위 진보세력과 특정 지역(호남), 그리고 노인층들과 여성에 대한 비난을 일삼는다. 그들은 아이러니하게도 극우보수파의 노인들과 연계되어 있다. 그들이 추구하는 것은 '힘', '남성성'이다. 군부정권에 의해 강력하게 추진된 산업화의 역사를 찬양하고, 가부장적 정치체계를 적극 옹호한다. 세월호 참사의 유가족이 단식투쟁을 벌일 때 그들은 바로 그 앞에서 이른바 폭식투쟁을 벌이고, 유가족의 슬픔을 논할 때나 5·18 광주학살에 대한 책임을 논의할 때 그들은 '호남 홍어택배' '배상금'을 들먹인다. 이와 함께 진보적 페미니즘과 여성운동을 표방하며 '미러링' 전략을 구사하는 워마드 역시 마찬가지로 적대적인 논리를 구사한다. 그(녀)들은 젠더상의 구분을 가해자와 피해자의 구도로 편성한다. 곧 남성은 억압자이고 여성은 피해자이다. 그동안 여성들에게 금기시되었던 성기표현들을 노골적으로 드러내며 '남성'들에 대한 적대적 감정과 혐오를 확산시킨다.

곤율은 45.7%로 노인세대의 절반가량이 빈궁한 삶을 살아가고 있으며 OECD 가입국 중 1위를 기록하고 있다.[40] 19세기말 외국 선교사들이 조선을 '노인천국'이라고 묘사했을 만큼 효(孝)와 '경로사상(敬老思想)의 유교적 가족연고주의가 강하다고 생각되던 한국사회에서 노인자살이 급증하고 있다는 사실은 한국사회가 얼마나 빠르게 사회해체를 경험하고 있는가를 잘 반영해 주고 있다. '고독한 죽음'이라는 표현이 이를 잘 말해주고 있다. 급속한 산업화와 도시화로 인해 전통적 가족주의가 급격히 해체되면서 이를 대체할 만한 성숙한 시민사회의 가치나 규범이 발달되지 못했고, 타자를 인정하고 배려하는 시민성(civility)은 매우 취약하다. 이는 또한 공공영역에서의 사회 안정망의 취약함은 차치하고 노인층을 비(非)효율적 장애요인으로 배제하는 '경박한 자본주의 정신' 등이 만연되어 있음을 나타내기도 한다.

척박한 시대에 태어나 산업화와 민주화를 일구었지만 인생 무대의 뒷전으로 주변화 되는 기성세대, 청년세대에 의해 정신적으로나 제도적으로 무시당하는 그들의 분노 역시 점차 팽배하고 있다. 고령화시대의 신체적 건강으로 인해 정치, 경제, 문화 등 전방위 영역에서 지속적인 활동이 가능하게된 기성세대는 여전히 사회를 움직이는 중추 집단으로 남아 있게 되었다. 역설적으로 고령화시대를 맞이하여 이들은 소의 '이모작'의 인생설계를 기획하고 단순한 복지수혜의 대상이 아니라 적극적이고 능동적으로 사회적 생산 및 소비활동에 참여하려 한다. 그러나 다른 한편 이들은 그들의 사회적 일자리와 참여를 제한하고 배제하려는 반동적 힘에 부딪히고 있다. 이십 대의 일자리도 좁아져 있는 판에 더구나 기성세대의 부양의무를 진 청년세대와의 충돌 가능성은 더욱 높아지고 있다(국민연금에 대한

40 연합뉴스(2018.10.26) "노인 고독사 해마다 증가. 최근 5년간 3천331명" (https://www.yna.co.kr/view/AKR20181025181000017?input=1195m)

의식 참조).

한국사회는 공교롭게도 청년세대의 불안과 냉소주의, 분노가 기성세대(특히 노인 기성세대)의 그것들과 수렴되어 증폭되어 나타나는 경향이 있다. 청년세대들이 취업불안정과 미래의 삶에 대한 불안 속에 놓여 있을 때 기성세대는 노후의 삶에 대한 불안(죽음에 이르는 불안)을 안고 있다. 청년세대들이 노력한 것에 대한 박탈감과 피해의식을 느낄 때 기성세대는 주변화되고 있는 것에 대한 피해의식과 박탈감을 느낀다. 청년세대가 기성세대의 약속을 진부한 것으로 냉소한다면 기성세대는 청년세대의 짧은 인생경험을 냉소하며, 청년세대가 사회로부터 보상받지 못하는 것에 분노할 때 노인세대는 인정받지 못한 것에 분노를 느낀다.

그런데 우리는 여기에서 세대 간 갈등을 의도적으로 부추기는 세력에 주목한다. 전상진은 세대게임의 플레이어들이 사회문제를 세대대립의 문제로 치환시키려 한다고 반박한다. 청년세대는 나약하고 무책임하다는 비난이나, 기성세대는 청년세대를 착취하기 때문에 불공정한 처사를 일삼은 기성세대를 처벌해야 한다고 공적인 분노를 외치는 집단들에 대해 세대전쟁을 의도적으로 일삼는 자들이라고 비판한다(전상진, 2018). 그런가 하면 자신들의 정치사회적 이권을 위해 청년들의 지지를 끌어내려는 일부 정치집단이나 언론, 종교 및 사회단체들도 세대 간 갈등을 더욱 심화시키고 있다.

7-2. 세대 간 인정의 부재와 무시

인간은 타자와의 관계 속에서, 타자와의 상호인정을 통해 존재의 의미를 구현하려 한다. 다양한 문제와 불안의 증후에도 불구하고 한국사회는 이른바 제3세계 군에서 가장 빠른 시일 내에 산업화와 민주화의 두 마리

토끼를 잡은 전형적인 성공국가로 칭송받기도 한다. 올림픽게임과 월드컵 등 스포츠 영역의 활약을 통해, 그리고 일부 제품의 글로벌 시장 제패를 통해 세계만방에 한국사회의 산업화 역량을 알리고[41], 최근에는 무능하고 부패한 정권에 대한 평화적인 탄핵을 통해 수준 높은 시민사회의 민주화 수준을 보여주기도 했다. 세계 젊은 층들의 환호를 받고 있는 K-pop을 비롯한 한류열풍은 한국의 기성세대로서는 상상을 초월하는 일이다.[42] 이러한 일련의 한국의 이미지는 오래 동안 '약소지위'의 열등감에 사로잡혀 있던 한국인들, 특히 기성세대에게 큰 자부심을 주고 있다. 2차 세계대전 이후 가장 가난한 나라에서 태어나 분단, 전쟁, 빈곤, 독재의 토양 속에서 성장한 기성세대로서는 자신들의 땀과 노력으로 이룩한 성취에 대해 인정을 받고 싶어 한다. 한국전쟁의 참전용사였던 한 베테랑은 '어떻게 지킨 조국인데'라는 저서를 통해 당시 생사를 오갔던 자신들의 삶을 생생히 기록하고 있다. 그 기록 속에는 후대의 세대가 이 역사의 비극을 되풀이하지 않기를 원함과 동시에 자신들의 삶의 고초와 성취를 인정해 달라는 요구가 들어 있다.

그런데 2030세대에게는 이러한 '성취된 사회'의 면모들이 당연한 것인지도 모른다. 기성세대의 고난했던 삶은 화석화된 역사의 한 페이지일 뿐이다. 이들은 한국이 이미 선진국의 반열에 오른 시기, 정보통신이 발달한 시대, 한류가 세계의 대중문화를 주름잡던 시대, 소비와 여가주의가 생산과 노동의 윤리를 지배하던 시대에 태어나 성장을 했다. 오히려 사회의 토대를 균열시키는 불평등, 상대적 박탈감, 양극화, 실업 등에 불안해하고, 노력한 만큼 보상이 주어지지 않는 현실에 분노하며, 타자와의 비교 속에

41 심지어 필자의 경험에 의하면 LPGA 여자 골프선수들의 챔피언 등극으로 미국 교민들은 한국에 대해 큰 자긍심을 갖게 되었다. 한국 국민들은 월드컵 축구 4강 진출로 뿌듯해하고, 일부 대재벌 기업을 비난하면서도 스마트폰이나 가전제품의 세계시장 석권을 자랑스러워한다.

42 한류 특히 K-pop에 대한 서구유럽뿐 아니라 아시아, 남미 등 전 세계 젊은이들의 열기는 상상이상이다.

경쟁의 늪에 빠져 있는 현실에 좌절하고, 광고 속에 나타나는 삶의 질을 이룩해야 한다는 강박증에 시달리고 있다. 그들은 기성세대가 '도대체 무엇을 이룩했다는 것인지'를 질문하고, 회의를 품는다. 오히려 일부 냉소주의적 적대감을 표출하는 젊은 세대에게 한국 땅은 '헬조선'으로 비춰진다. 개인의식이 발달한 젊은 세대에게 기성세대의 가치와 세계관은 집단주의를 강조하는 가부장주의 문화의 산물로서 계승해야 할 것이 아니라 청산해야 할 유산으로 간주된다. 기성세대의 집합주의적 공동체성은 개인을 매몰시키고, 특히 사회적 약자라 불리는 여성, 장애인, 동성애 등 소수자 등의 권리가 존중되지 않는 가부장적 성향이 강하다고 인식된다. 더구나 '시청 앞에서 태극기'를 흔드는 노인들의 사고방식은 너무 이질적이어서 그들로서는 도저히 수용할 수 없다고 본다.

세대 간의 차이와 긴장은 동서고금 어느 시대, 어느 사회나 존재하지만 오늘날 한국의 상황은 서로 단층지대에 서 있는 것처럼 대립각을 보인다. 이 대립과 긴장의 근원은 상대에 대한 인정의 부재이다. 세대 간 인정을 저해하는 행위는 '무시'이다. 이러한 무시로부터 경멸과 혐오, 분노가 발생하고 세대 간의 이해와 존엄을 추구하는 인정은 사라지고 만다. 무시에 대한 경험은 한 인격체 전체의 자기 정체성을 무너뜨릴 수 있는 파괴 위험을 동반하는데, 호네트는 세 가지의 무시유형을 제시한 바 있다(Honneth, 1995).

첫 번째 무시유형은 신체훼손 즉 '신체를 자유롭게 사용할 수 있는 가능성을 폭력으로 빼앗는 실제적 학대의 형태'들로서 타자에 대한 자아상실의 고통을 가져다준다. 두 번째 무시유형은 한 개인의 자기존중을 훼손하는 굴욕에 대한 경험으로서 특정한 집단에 대해 도덕적 자격뿐 아니라 시민권 등 자격을 박탈하고 사회적 죽음을 안기는 일이다. 세 번째 무시유형은 개인이나 집단의 사회적 가치에 대한 부정으로서 특정한 집단의 세계관을 열등하다고 보거나 특히 언어를 통해 상대를 폄훼하는 행위이다.[43] 상호 무시와 경멸, 배제의 행위가 거듭될 때 평행선을 달리는 적개심과 무관심만이 증폭될 뿐이다.

오늘날 한국사회의 일부 세대 간 대립의 영역에는 상호인정을 거부하는 무시의 행태와 이로 인한 혐오와 분노 등의 감정이 뒤섞여 증폭되고 있고, 여기에 자신들의 이해관계를 위해 세대갈등을 촉발시키고 심화시키려는 세대플레이어들이 가세하여 세대 간 적대의 골이 깊어지고 있다.

8. 무엇을 할 것인가?

8-1. 해석적 공감

상대에 대한 인정의 과정은 곧 투쟁의 역사였고, 이 대립갈등의 투쟁을 통해 역사는 발전해 왔다. 세대 간 갈등뿐 아니라 지역, 성, 집단, 계층 등 다양한 영역의 갈등은 산업화된 다원사회에서 필연적인 것이다. 문제는 갈등이 발생한다는 그 자체가 아니라 갈등을 어떻게 소화할 것인가, 즉 갈등 해결을 어떻게 제도적으로 풀어나가고, 이를 통해 사회발전의 에너지로 변환시키는가 하는 것이다. 이 과정을 인정 투쟁의 과정이라 부를 수 있을 것이다. 그러나 인정 투쟁의 주체들이 폐쇄적인 존재자의 모습으로 상대를 대하려 할 때, 즉 자신의 세계관, 자신의 이해관계를 절대적인 것으로 정립하려 할 때, 자신을 대자적으로 자리매김하지 못하고 즉자적 형태로 머물러 있으려 할 때, 타자와의 인정 투쟁의 길은 평행선을 달린다.

43 헤겔의 인정 투쟁 개념을 현대사회의 상황으로 끌어들인 호네트에 의하면 이 상호인정은 무시로부터 자아존중에 이른다(Honneth, 1995).

그리고 타자를 자신의 세계 속으로 포섭하여 위계화된 질서를 구축하려 할 때 이분화된 적대적 부딪힘과 폭력에 의한 전체주의가 등장한다.

역사는 하루아침에 만들어지지 않고, 나의 존재는 역사와 시대를 떠나 가능할 수 없다. 이것은 단순한 의지의 문제가 아니라 실존의 문제이다. 하이데거가 말한 대로 우리는 '세계 속'에 던져진 존재로서 그 세계란 우리의 조상과 나의 부모가 만든 세계이며 나의 자손이 만들 세계이기도 하다. 그 세계는 개인의 호오(好惡)를 떠나 관계 맺을 수밖에 없는 운명공동체이다. 인간은 그 세계를 이해하고 해석하면서 스스로의 다양한 유형의 실천을 통해 세계를 재생산하고 변형시킨다. 우리는 과거의 역사와 마주하면서 오늘의 존재를 성찰하고 미래를 내다본다. 내가 속한 오늘의 지평은 역사로부터 형성된 공동체 관계의 공간이다. 내 지평이 타자의 지평과 마주하는 것이 해석이고 이해의 과정이다(Gadamer, 2004). 이 해석적 과정은 곧 타자성찰의 과정으로서 해석적 훈련을 통해 당대의 존재자는 '지금 이전과 이후'를 내다보고 존재의 본질과 능동적인 삶의 기획의 역량을 확인해 볼 수 있다. 필자는 타자성찰의 해석적 역량을 '공감'의 능력으로 보고 그 공감을 토대로 하는 타자성찰의 감정을 '도덕 감정(moral emotion)'으로 지칭한 바 있다(김왕배, 2018). 공감 원리의 계보를 황태연은 논어에서 밝힌 '충서(忠恕)'의 개념으로 올라가 보고 있다. 그중에서도 그는 '일이관지(一以貫之)'하는 것으로서 '서(恕)'에 주목한다(황태연, 2014).[44] 공감은 두 개체를 동시적으로 공존하는 각각의 존재로 인정하되, 변증법적으로 상호교감하는 과정을 포함한다. 필자는 이 상호교감의 과정을 곧 긴장과 대립, 갈등을 수반하는 그러나 협의와 합의에 이르는 인정 투쟁의 본질이라고 본다.

44 서(恕)는 단순한 역지사지, 감정이입과 다르다. 즉, 서는 타자를 나의 일부로 정체화시키려는 것이나, 자신이 타자의 입장에서 감정을 느끼려는 감정이입과도 다르다는 것이다.

세대에 대한 상호인정은 역사와 나의 관계에 대한 성찰이라고 할 수 있고, 그 성찰능력이 곧 공감이다. 이 공감의 훈련을 어디서 받을 것인가? 나는 호네트의 논의를 따라 사회화의 과정이 발생하는 교육에 있다고 본다. 진부한 얘기지만 교육과 사회화를 통한 공감능력의 활성화가 필요하고, 이를 위해서는 정제된 언어가 필요하다. '틀딱, 노인충, 기생충, 철부지' 식의 비하나 조롱을 통한 언어의 교감은 인정의 부재를 불러일으키는 무시와 적대감을 불러일으킬 뿐이다. 감정 갈등의 사회는 타자를 악마화하고 비하하며 혐오하는 천박한 기표들이 교환되는 사회이다. 해학과 풍자의 언어와는 차원이 다르다.[45]

그러나 무시를 극복하는 인정은 단순히 주관적인 감정의 상태만으로 끝나는 것이 아니다. 인정의 과정은 자원분배의 정당성과 연관되어 있다. 실질적인 자원(참여, 권력, 명예, 부, 일자리, 삶의 기회, 교육 등)을 '정당'하게 배분하는 제도적 차원의 통로가 제공되고 신뢰와 연대가 가능할 때 인정의 진정한 결과가 산출된다. 고령화시대와 청년실업시대에 각 세대에게 적정한 삶의 기회와 물적인 자원이 제도적으로 배분되는 인정의 조건이 선행되어야 한다.

8-2. 세대 간 '접합공론장'과 소통

세대사회란 서로 다른 삶의 경험을 지닌 층들이 동시대 한 공간 속에 분절적으로 접합되어 있는 사회를 말한다. '접합사회'는 '단절사회'와 다르다. 접합은 서로 다른 영역들이 중매자를 통해 유연하게 소통하며 이어져 있는 상태를 말한다. 골절의 접합 지대에 연골이 필요하듯, 세대 간 접합

45 또한 비판의 뒤에는 책임이 따른다. 요나스(Jonas)가 말한 것처럼 부모는 아이의 탄생과 함께 성장에 대해 무한책임을 져야 하고, 시민에 대해서 국가는 안녕의 책임을 져야 한다(요나스, 1994). 책임을 지지 않으려는 무한 권리요구의 시대에는 욕망들이 서로 부딪히고 깨지는 즉자성과 즉물성만이 범람한다.

에는 다양한 이해관계가 표현되고 협의될 수 있는 공론의 장이 필요하다. 세대 공론장은 세대가 겪어온 삶의 경험과 지혜가 교환되는 접합의 장이다. 세대 속의 국가, 제도, 윤리, 사상, 직업 등의 삶은 모두가 당대의 계보를 가지고 있기 때문에, 자기들 세대의 기준으로 특정시대의 삶의 경험을 '함부로' 평가할 일은 아니다. 다만 우리는 역사를 통해 적어도 '우리가 가지 말아야 할 길' 혹은 '하지 말아야 할 행위', '당하지 말아야 할 사건'에 대해서는 분명히 공감하고 공유할 수 있다. 예컨대 학살, 고통, 억압, 전쟁, 고문, 빈곤 등의 사건이다. 이러한 사태의 경험 세대로부터 우리는 무엇을 배울 수 있을 것인가?[46]

세대접합의 연결고리에는 역사를 관통하는 '사상'이 흘러야 한다. 예컨대 미국의 경우 '건국의 아버지'들이 정립한 '자유'사상의 유산 (양심의 자유, 표현의 자유, 종교의 자유 등)을 후세들이 부단한 의미해석과 의미변화의 계승을 그들의 자유민주주의의 전통을 수립해 오고 있다. 자유와 민권사상은 세대를 이어 그 당시 건국의 아버지들이 배제했던 흑인, 여성들에게도 확장되었고, 분배정의를 논의한 존 롤스나 공동체 가치의 소멸을 아쉬워한 벨라 등 수 많은 인문사회과학자들의 푯대가 되어 오고 있다. 비록 이념과 현실과의 간극을 보이고 있긴 하지만 이 푯대는 인종차별, 극우주의자들의 반(反)이민 행태, 불평등에 대한 비판의 도구로 동원되고 있다. 사회민주주의의 공동체를 이어나가는 북구 유럽도 마찬가지이다. 시민, 자본가, 국가, 노동계급의 조합주의적 연대 속에서 공생 공존하는 제도와 사상이 대를 이어 내려오고 있다. 우리에게 무엇이 있는가? 예컨대, 모든 이들의 공동체적 삶의 이념이었던 '대동사회론', 혹은 만민의 복지를 위한

46 유성룡의 징비록(懲毖錄)을 예로 들어보자. 유성룡은 임진왜란에 대한 당대의 책임을 통감하며 후대에는 절대로 이 같은 비참한 전쟁이 일어나지 않기 위해 사건을 낱낱이 기록했다. 하지만 정작 조선인들은 그 책을 무시했고, 일본인들은 몇 차례에 걸쳐 징비록을 번역하고 탐독했다. 삼백년 후 조선은 일본의 식민지로 전락했다.

'홍익인간'의 사유 등이 이어져 오고 있는가?

세대접합의 공론장을 위해서는 무엇보다도 기성세대의 자기성찰이 필요하다. 변하는 것이 항상 옳은 것은 아니다. 그러나 변화의 흐름을 좀 더 적극적으로 인식하고 양보하는 자세를 보여야 한다. 특히 기성세대의 언론의 주필이나 대학의 노교수들, 원로정치인들, 종교인들, 교육의 수장들 이른바 지식인층은 만하임이 말한 대로 특정한 계급이익을 벗어나, 그리고 개인의 사적 공명심이나 이해관계를 벗어나 자유롭게 제3의 지대에 설 수 있어야 한다. 구세대의 엘리트주의에 빠져 젊은 세대에게 오로지 자신들의 세계관으로 '훈계'를 일삼는 행위나 자신들 삶의 프레임과 패러다임을 젊은이들에게 강요하지 말라는 것이다. 분단과 냉전 이후의 삭막한 반공주의 모델, 열정적이었지만 거칠고 황량한 생존형적 산업화의 모델을 강조하고, 1970년대의 향수에 빠져 오늘날의 세대를 힐난하며 심지어 그 당시의 패러다임을 미래사회의 진로에 적용하려는 시대착오적 발상을 벗어나야 한다. 세대접합의 공론장에 가장 큰 걸림돌은 '70년대의 향수'를 자극하고 이를 기반으로 자신들을 정치세력화하려는 일군의 오늘날 연대세력이다(언론, 정치집단, 종교, 지식인 등). 적대적 반공이념을 후대들이 반면교사로 삼도록 소개할 수는 있으나, 그것이 현대사회의 국시(國是)가 될 수는 없다. 마찬가지로 사회정의의 강박증에 걸려 있다 싶을 정도의 거칠고 삭막한 투쟁적 삶의 방식 역시 지양되어야 한다. 기성세대의 아날로그적 삶의 방식과 사유, 가부장주의적 삶의 경험, '효'와 '충'의 순종과 복종의 논리를 미래세대를 위한 역사의 유산으로 남길 것인가? 빈곤으로부터 벗어나기 위한 성장에 대한 신화에 묻혀 환경, 생태, 인권 등의 가치에 둔감한 사고방식을 후대에게 남겨줄 수는 없다. 과거의 고착된 것을 남길 것이 아니라 미래지향의 재해석된 삶의 경험과 전통을 유산으로 남길 수 있어야 하지 않겠는가?[47]

따라서 기성세대는 청년세대의 도전에 문을 열어놓아야 한다.[48] 최근 한국사회에 불고 있는 청년노조와 청년문화, 청년녹색당, 청년들의 공유지화운동 등에 대해 경청할 필요가 있다. 청년들이 세상에 대한 분노와 도전을 포기할 때 미래는 가망이 없다. 1960년대 서구유럽에 불던 청년문화에 대해 당시 기성세대는 많은 우려와 걱정을 표명했지만 곧 청년세대의 힘을 인정했다. 청년들이 중심이 된 신좌파와 녹색당의 사상들이 환경, 생태, 인권, 여성 등 새로운 운동을 이끌었고, 기존의 대중문화의 코드를 깨는 록음악과 히피, 누드 등의 새로운 퍼포먼스 운동을 통해 사회의 역량이 높아졌다. 당시의 기성세대는 청년문화를 억압하기보다 새로운 사회변화의 에너지로서 그들의 도전과 창의성을 높이 평가했다.[49]

마지막으로 필자는 온 세대가 함께 부를 수 있는 희망가요를 보급하여 제창할 것을 제안한다. 스포츠대회나 집회에서 세대를 아우르는 노래는 없을까?[50] 2002년 월드컵 축구대회 때 등장했던 '대-한-민-국'의 구호와 삼오(三五)박자는 한국인의 원형질을 드러낸 흥겨운 가락이었다. 세대 간 동질성을 확보할 수 있는 최소한의 공동체적인 음율, 춤, 슬로건 등이 공감과 소통의 매개가 될 수 있을 것이다.

요약컨대 세대접합의 공론장은 세대 간 공유할 수 있는 사상, 제도, 실천 등을 주고받는 곳이다. 세대 간 긴장과 갈등이 부딪히는 장으로서 인정투쟁이 발생하는 곳이기도 하며, 협의와 소통을 통해 미래지향의 합의를 도출해 내는 곳이기도 하다. 세대 간 접합공론장은 '세대' 간 인정이 발생

47 충과 효의 개념을 현대적인 가치로 재해석하여 개인과 공동체의 시민윤리로 확충할 필요가 있다.

48 그리고 유유상종(類類相從)의 대화를 벗어나야 한다. '끼리끼리'의 대화는 항상 폐쇄성을 낳고 극단주의자의 목소리가 지배하기 때문에 타자와의 대화를 더 어렵게 한다.

49 '찻잔 속의 폭풍'이라는 얕은 표현을 쓰기도 했지만 이들의 도전을 역사발전의 에너지로 간주했다(최정호, 1970).

50 예를 들어 영국의 각 도시에서 볼 수 있는 축구팬들의 노래, 함성, 구호, 세계 곳곳에서 발견되는 지역공동체의 춤 등과 같이 다양한 퍼포먼스를 개발하고 전승하는 것이다.

하는 곳이며, 신뢰와 연대의 보급처이기도 하다. 이를 위해서는 진부하지만 세대 간 소통의 출발을 이루는 공감의 능력을 배양해야 하고 교육을 통한 사회화가 필요하다. 또한 실질적으로 각 세대가 현실 사회의 정치, 경제, 문화 등의 물질적 기회에서 배제되지 않도록 분배적 정의가 실현되어야 한다. 고령화시대의 기성세대가 삶의 질을 누릴 수 있는 일자리의 참여기회와 커뮤니티 수준의 관계망을 넓히는 것이 필요하고, 청년들이 삶의 기회를 잡을 수 있는 일자리 확충과 공정한 보상이 주어지는 조건이 조성되어야 한다. 정제된 언어와 감정의 상호교류가 전제되어야 함은 두말할 나위 없다.

〈부표 1〉 세대 관련 기사 (동아일보 1950~1990)

시대	기사제목
1950년대	[1959.08.08.] 과도기的 혼란의 露現★20代의 愛情觀★ [1959.10.31.] 中學生의苦悶 어떻게理解하나 不良兒의 防止를 위하여
1960년대	[1960.03.10.] 父子간의 감정대립 [1966.05.02.] 自虐_對策上 _少年들의_線
1970년대	[1970.06.16.] 大學生60%가 노이로제 [1970.08.15.] 해방동이世代의價値觀 [1975.08.12.] 8·15…그후30年 8 社會風潮 [1976.07.12.] 막연하게 느껴지는「眞實의意味」젊은이의 視_ [1976.10.18.] 우리에게도試鍊과誘惑이 [1977.02.24.] 理想향해 묵직한姿勢로… 校門을나서는 젊은이에게 [1977.04.27.] 大學生의隱語와生活意識 [1977.05.02.] 그들의 國家意識 [1977.05.02.] 내가바라는「父母의像」 [1978.08.18.] 結婚풍속이 달라진다 ③새며느리像 [1978.09.07.] 여성 문화시대 ①딸들의 衝擊 [1978.09.28.] 脫 女性 문화 시대 ④새어머니像
1980년대	[1980.06.01.] 대학생보다 高校生이 保守的 [1983.07.15.] 少年들 가정에 불만 많다 [1984.10.11.] 퍼머 머리에 유니섹스 [1986.05.24.] 청소년「環境갈등」심각 [1986.11.26.] 기성세대의 책임 [1987.01.06.] 오늘의 父母자식 [1987.03.06.] 아버지와 아들 [1988.05.09.] 姑婦갈등 어떻게 풀어갈까 [1989.06.24.] 多_化社會 부모-자녀「갈등의 골」깊어간다 [1989.10.31.] 世代갈등 심각하다
1990년대	[1990.01.16.] 청소년犯罪 왜 늘고있나 [1990.05.10.] 가정이 흔들린다 갈곳없는 노인들 [1990.06.17.] 世代間대화 단절 심각…'무절제' '획일적'서로 불만(8면) [1990.06.17.] 世代間대화 단절 심각…'무절제' '획일적'서로 불만(9면) [1990.06.22.] 世代갈등 씻을 對話분위기 아쉽다 [1990.07.31.] 젊은층문화道德性지녀야 발전 [1991.06.03.] 사회불만 世代갈등이 가장 심각 韓完相교수 여론조사 分析 [1993.09.19.] 新世代(24)애정관 性과 사랑은 일종의「자기表現」 [1994.05.19.] '세대 갈등 풀자' 대화 한마당 [1995.03.24.] 부모와 자식 사이 [1997.01.03.] 웃으며 산다. 가족갈등 이렇게 풀자 (1)모자갈등 [1997.02.10.] 30代의 차례

부록 1. 세대 간 통일의식의 차이

공동체에 관한 인식의 차이는 새로운 세대와 기성세대 사이의 갈등을 들여다볼 수 있는 유용한 렌즈를 제공한다. 특히 "나" 중심의 개인주의와 "우리" 중심의 집단주의는 매우 거친 이분법임에도 불구하고 오늘날 세대갈등의 현주소를 명료하게 보여줄 수 있는 이정표가 된다. 민족 개념을 중심으로 공동체성을 반영하고 있는 통일 문제에 관한 인식을 살펴보자. 2014년 한국사회조사(KGSS)에는 남북통일의 필요성에 관한 문항이 삽입되어 있다. 조사를 통해 나타난 결과는 통일에 관한 인식이 세대별로 사뭇 다르다는 것이다. 전반적으로 2003년 이후 2014년 까지 통일이 '매우 필요하다'는 응답은 꾸준히 줄어들고 있고 반대로 전혀 필요하지 않다는 응답은 지속하여 늘어나고 있다. 이러한 차이는 세대별로 확인할 때 더 단적으로 드러난다. 통일이 매우 필요하다는 응답은 20대 이하에서는 15.8%, 30대에서는 23.9%로 나타난다. 반면 60대 이상에서는 절반에 육박하는 43%의 응답자가 통일을 매우 필요한 과업으로 꼽고 있다. 이는 통일이 전혀 필요 없다는 응답의 세대별 차이보다 훨씬 큰 차이이다. 이러한 결과는 통일이 불필요한 일이라는 인식보다, 통일이 반드시 이루어져야 하는 민족적 과업이라는 기존의 담론이 더 강하게 작동하고 있기 때문으로 보인다. 그러나 통일은 이루어지면 좋은 일이지만, 어떠한 희생과 노력으로라도 반드시 이루어야 한다는 담론은 이제 모든 세대 내에서 공유되지 않는다는 점을 유추할 수 있다. 특히 젊은 세대에게는 이러한 의식이 분명하게 드러난다.

남북단일팀 문제가 평창동계올림픽을 기점으로 제기된 쟁점이었고, 여기에서 공정성에 관한 논란이 촉발되었다면, 가상화폐 규제에 관한 문제는 공정성과 관련된 2030세대와 기성세대의 갈등이 본격적으로 첨예화된 쟁점이다. 가상화폐에 관한 논의는 처음부터 세대갈등이라는 범주를 포함한 담론으로 유형화하지는 않았다. 아래 가상화폐에 관한 단어 빈도나 토픽 모델에서 나타나듯 가상화폐에 관한 초기의 논의는 비트코인을 중심으로 새로운 유형의 투자, 시장, 기술, 4차 산업 혁명 등 기술 및 금융과 관련한 쟁점이 주를 이루고 있었다. 가장 큰 규모의 화폐가 발행되었고 성공적으로 시장에 안착한 것으로 평가받던 비트코인을 중심으로, 가상화폐는 마치 4차 산업혁명과 같은 다가올 새로운 시대의 투자 대상이자 암호화 기술의 혁명으로 소개되고 있었다. 이 과정에서 가상화폐에 관한 논의는 가상화폐의 핵심 기술인 블록체인과 암호화 기술 등 가상화폐의 기술을 어떻게 이해할 것인지에 쏠려 있었다. 동시에 가상화폐 투자를 통해서 엄청난 이익을 거두었다는 사람들의 후기와 새로운 가상화폐를 발행하는 ICO(Initial Coin Offering)가 새로운 벤처 창업 아이템으로 소개되는 등 미래의 새로운 투자 영역으로 소개되고 있었다.

하지만 정부는 가상화폐 투자 붐이 지하경제 규모를 늘리고 탈세의 수단으로 악용될 것을 우려해 통제받지 않은 시장의 과열과 거품 붕괴 등을 경고하면서 그 규제방안을 논의하기 시작한다. 때마침 이 시점은 평창 동계올림픽에서 정부주도의 남북단일팀 구성에 대한 비판이 제기되기 시작했던 시기와 맞물려 있었다. 남북단일팀 구성 문제에 관한 논쟁에서 불거진 2030세대의 공정성에 관한 우려는 가상화폐를 정부가 규제하려는 움직임이 가시화하는 과정에서 빠르게 확산한다. 2030세대의 가상화폐 규제에 관한 입장의 핵심은 정부의 개입이 없는 자유로운 시장, 공개된 시장은 '공정하다'는 것이다. 이들에게 기존의 부동산, 주식 및 채권 등 금융시장 그리고 노동시장은 기성세대가 만들어 놓은, 공정한 경쟁을 할 수 없는 시장이었다. 특히 2018년 4월, 국내 모 대기업 계열의 투자증권사에서 발생한 배당사고가 공매도로 인해 발생한 것으로 알려지자, 금융시장에 관한 불신이 퍼지며 가상화폐 규제의 공정성에 관한 논쟁도 한층 뜨거워지기 시작한다. 결국, 2030세대의 가상화폐 규제 비판과 공정성에 관한 요구의 이면에는 기존의 시장에 참가하여 투자소득, 근로소득 등 '정상적'인 방식으로는 자산을 증식할 수 없다는 체념, 비관이 내재하여 있다고 볼 수 있다.

부록 2_표 1. 가상화폐 논쟁 관련 게시글의 어휘 출현 빈도

Term	Frequency	Term	Frequency	Term	Frequency
투자	670	기성세대	213	부모	163
비트코인	617	생각	200	다음	157
시장	380	정보	195	비트	149
코인	343	경기	187	서울	146
암호	337	채굴	186	가능	145
정부	309	주식	185	가치	138
블록체인	304	김문수	178	미래	138
거래	260	지사	178	시대	135
기술	245	투기	178	청년	135
거래소	243	부동산	172	사회	126

이러한 맥락에서 가상화폐는 2030세대가 '정상적'이고 '공정한' 방식으

로 자산을 증식하는 방안으로 받아들여졌다. 위 표에서 볼 수 있는 것처럼 부동산, 투기, 기성세대, 부모, 미래 등의 단어가 상위빈도를 차지하고 있는 것으로 나타나 있는데 이는 기존의 부동산 시장에 자신들의 역량만으로는 참가할 수 없다는 현실과 부모세대보다 빈곤한 해방 이후 첫 번째 세대라는 자조적인 평가가 뒤섞인 2030세대의 현실을 보여주고 있다. 이러한 특징은 특정한 단어에 가중치를 주어 문서 내에 잠재된 단어를 추론할 수 있는 TF-IDF(Term Frequency-Inverse Document Frequecny)[51] 단어 목록과 단순 단어 빈도 목록을 비교할 때 명확해진다.

부록 2_표 2. 가상화폐 논쟁 관련 게시글의 어휘 TF-IDF

Term	TF-IDF	Term	TF-IDF	Term	TF-IDF
시장	351	기성세대	213	가격	169
암호	295	생각	200	서울	146
정부	284	채굴	186	가능	145
코인	281	정보	195	미래	138
블록체인	261	주식	185	시대	135
거래소	228	투기	178	비트코인	149
거래	222	한국	171	청년	135
사람	215	부모	163	인식	122
규제	213	다음	157	사회	126
기술	210	부동산	172	열풍	121

51 TF-IDF를 단순하게 설명하면, 적은 수의 문서에서 특정 단어가 다수 등장 할 때, 이 단어의 빈도가 전체 문서에 비해 적게 나타나더라도, 연구자에게 특정 단어가 중요한 단어일 수 있음을 보고하는 개념으로 설명할 수 있다. 예를 들어 "한국사회"에 관한 문서 1000개가 있을 때, 이 문서에서 "한국"과 "사회"는 매우 많이 등장할 것이다. 각 문서에서 최소한 한 번씩 등장해도 등장 빈도는 1000을 넘어선다. 하지만 1000개의 문서 중 10개의 문서에서 "세대", "갈등"이라는 단어가 각 10번씩 등장한다면, 전체 문서 대비 등장빈도는 100번뿐이지만, 우리는 이 10개의 문서가 "세대갈등"이라는 하나의 주제를 담은 문서들이라는 점을 추론할 수 있다. 전체적으로 보았을 때, 우리는 한국사회라는 단어보다 세대갈등이 좀 더 유의미한 주제라고 추측할 수 있을 것이다. TF-IDF는 이러한 추론을 통해, 단순히 빈도만이 아니라 문서 수에 따른 등장빈도까지 고려하여 단어의 중요도를 연구자가 판별할 수 있도록 도와주는 지표 중 하나이다.

TF-IDF 결과는 빈도분석 결과와 유사하지만, 일부 차이를 보인다. 특히 기성세대, 투기, 주식, 부모, 부동산, 세대, 청년 등의 단어가 빈도 분석에 비해 상위에 매겨져 있다. 이 단어들은 주로 가상화폐에 관한 2030세대의 인식을 보여주는 담론을 구성하는 단어들이다. 특히 이 단어들은 기성세대가 부를 축적하는 수단이 현재의 2030세대에게는 더 이상 부를 축적할 수 있는 계층이동의 사다리가 될 수 없음을 지적하는 맥락에서 쓰인다. 주식과 부동산 시장 모두 이미 시장에 진입해 기득권을 가지고 있는 기성세대와 '공정하게' 경쟁할 수 없는 시장이라는 것이 2030세대와 그 이후 세대의 갈등을 이해할 수 있는 2030세대의 현실 인식이다.

"가상화폐가 뭔지도 모르면서 투기한 2030도 많을 거라 감히 추측해봅니다(모두가 모르는데 투기했다는 말이 아니니 오해 없으시길 바랍니다). 그들이 왜 가상화폐에 투기를 했을까요?

'대한민국에서 내 집 하나 마련해 살기 위해선 일해서 버는 돈만으로는 안 되는데, 저축을 통해 은행이율을 바라는 것은 아무런 도움이 안 된다. 크게 돈을 벌기 위해선 투기를 해야 한다. 집을 사기 위해 투기를 하는데, 부동산 투기를 할 수는 없다. 주식 투기는 도대체가 시장이 너무 불공정하다.' 이런 생각에 빠져 있을 때 마침 나타난 것이 가상화폐입니다. 큰 돈을 벌어다줄 수 있고, 시장참여에 있어서 자격적 공정성에 전혀 문제가 없는 그런 투기수단이요" (청와대국민청원 게시판 게시글 일부).

위 인용문은 가상화폐 관련 논쟁이 진행 중이던 2월 1일자 청와대국민청원 게시판에 올라온 글 일부다. 이 글은 2030세대의 가상화폐 규제에 대한 비판이 왜 공정성이라는 코드와 연결되고 있는지 바로 보여주는 사례이다. 여기서 공정성은 기회구조의 제한이 없다는 의미로 사용되고 있다. 2030세대에게 공정성의 가치는 기존의 기성 가치가 형성한 기회구조를 불공정한 기회구조로 인식하는 데서 일정 부분 출발한다. 종래의 기회구조는 2030세대의 정치, 경제, 사회 참여를 가로막는 방식으로 구성되어 있고, 이는 결과적으로 혹은 의도적으로 기성세대의 기득권을 보호한다는 인식이 기저에 깔린 셈이다.

부록 2_그림 1. 가상화폐 관련 게시글의 토픽 모델 네트워크(k=4)

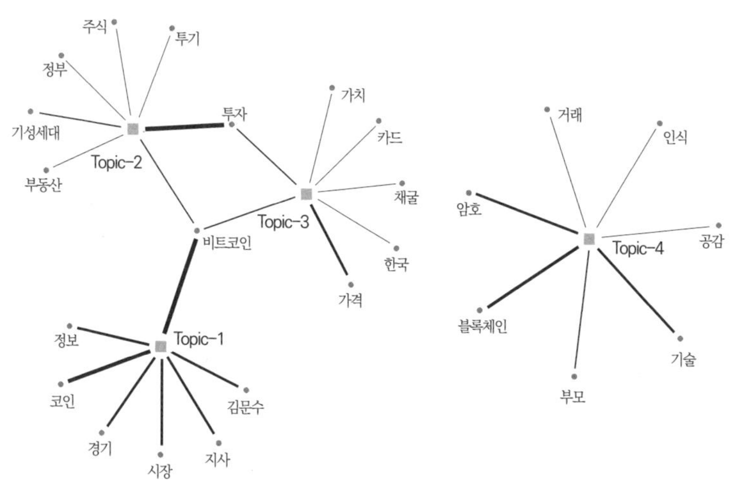

토픽 모델링 결과는 이러한 담론 구조를 경험적으로 보여준다. 여기에서는 네 가지 토픽으로 텍스트를 분류하였다. 먼저 다른 토픽과 연결되지 않은 토픽4를 살펴보자. 토픽4는 블록체인, 암호, 인식, 부모, 공감 등으로 이루어져 있다. 이 토픽은 블록체인 기술을 통해 구현한 가상화폐, 암호화 화폐에 관한 인식이 2030세대와 그 이후의 부모세대가 다르다는 논의를 중심으로 구성되어 있다. 부모세대의 화폐에 관한 개념과 다른 측면에서 가상화폐를 이해해야 하고, 결과적으로 가상화폐도 화폐의 한 유형으로 받아들여야 한다는 것이 대표적인 담론이다. 나머지 토픽1, 2, 3은 비트코인과 투자라는 키워드를 매개로 서로 연결되어 있다. 특히 토픽2는 기성세대, 부동산, 주식, 투자, 투기, 정부라는 키워드를 담고 있다. 이는 토픽2가 정부의 가상화폐 규제가 기성세대의 부동산, 주식 투자 등 기존의 투자를 통해 공정하게 이익을 얻을 수 없어 가상화폐에 투자한 2030세대를 겨냥했다는 담론에 해당한다. 이러한 담론의 기저에는 2030세대가 기성세대가 누릴 수 있었던 고도 성장기의 자산 증식 기회를 자신들은 누릴 수 없다는 박탈감과 피해의식이 내재되어 있다. 가상화폐에 관한 논쟁에서 등장한 2030세대의 '피해의식'은 최근 불거진 국민연금 고갈을 둘러싼 논쟁에서 다시 등장한다.

참고문헌

고재학, 2013. 『절벽사회』. 21세기북스.

국가인권위원회, 2018. "노인인권종합보고서."

김민하. 2016. 『냉소 사회: 냉소주의는 어떻게 우리 사회를 망가뜨렸나』. 현암사.

김왕배, 2012. "대박 열풍과 '카지노' 사회." 구난희 외. 『열풍의 한국사회』. 이학사.

____, 2015. "향수: 대중음악과 '칠공팔공(7080)' 세대의 그리움에 대하여" 『사회연구』 28: 9-44.

____, 2018. "도덕감정과 호혜경제" 『사회사상과 문화』 21(1): 45-79.

____, 2018. 『도시, 공간, 생활세계』. 한울아카데미.

김왕배·박형신 외, 2017. 『향수 속의 한국 사회』. 한울아카데미.

김태형, 2010. 『불안 증폭 사회』. 위즈덤하우스.

____, 2013. 『트라우마 한국사회』. 서해문집.

김홍중, 2015. "서바이벌, 생존주의, 그리고 청년세대" 『한국사회학』 49(1): 179-212.

김희삼, 2015. 『세대 간 갈등의 분석과 상생 방안의 모색』. 한국개발연구원

박경숙·서이종 외. 2013. 『세대 갈등의 소용돌이』. 다산출판사.

박길성·함인희·조대엽, 2005. 『현대 한국인의 세대경험과 문화』. 집문당.

방하남·신동균·이성균·한준·김지경·신인철, 2010. 『한국 베이비붐 세대의 근로생애(Work Life) 연구』. 한국노동연구원.

서용석·전상진, 2013. 『세대 간 갈등이 유발할 미래위험 관리』. 한국행정연구원.

송복, 1990. 『한국사회의 갈등구조』. 현대문학.

슬로터다이크, 패터(Sloterdijk, Peter). 2017. 『분노는 세상을 어떻게 지배했는가』 이덕임 역. 이야기가있는집.

에셀, 스테판(Hessel, Stéphane). 2011. 『분노하라』 임희근 역. 돌베개.

요나스, 한스(Jonas, Hans). 1994. 『책임의 원칙』. 이진우 역. 서광사.

이돈형, 2004. 『어떻게 지킨 조국인데』. 풀잎.

이호영·고흥석 외, 2013. 『디지털 세대와 베이비붐 세대 비교 연구』. 정보통신정책연구원.

전상진, 2018. 『세대 게임』. 문학과지성사.

최정호, 1970. 『젊은이 젊은 놈들』. 현대사상사.

최태섭, 2013. 『잉여사회』. 웅진지식하우스.

한국리서치, 2018. "평창올림픽 및 남북관계 관련 여론조사."

한병철, 2012. 『피로사회』. 문학과지성사.

함인희, 2002. “베이비붐 세대의 문화와 세대 경험.” 임희섭 외. 『한국의 문화변동과 가치관』. 나남.

황여정·변정현·전현정, 2016. 『청소년의 세대통합역량 증진을 위한 지원 방안 연구』. 한국청소년정책연구원.

황태연, 2014. 『감정과 공감의 해석학1 : 공자 윤리학과 정치철학의 심층 이해를 위한 학제적 기반이론』. 청계.

Baudrillard, Jean. 1998. *The Consumer Society: Myths and Structures*. London; Thousand Oaks, Calif.: Sage.

Bell, Daniel. 1973. *The Coming of Post-Industrial Society: A Venture in Social Forecasting*. New York: Basic Books.

Castells, Manuel. 1996. *The Rise of the Network Society*. Cambridge, MA: Blackwell Publishers.

Gadamer, Hans Georg. 2004. *Truth and method*. London; New York: Continuum.

Gorz, André. 1982. *Farewell to the Working Class*. London: Pluto Press.

Honneth, Axel. 1995. *The Struggle for Recognition*. Cambridge, Mass.: MIT Press.

Lash, Scott. and John Urry. 1987. *The End of Organized Capitalism*. Cambridge [Cambridgeshire]: Polity Press.

Touraine, Alain. 1974. *The Post-Industrial Society*. London: Wildwood House.

배은경 서울대학교 사회학과/여성학협동과정 교수

한국사회의 젠더와 젠더갈등 : 청년세대를 중심으로

1. 젠더갈등은 성대결이 아니다
2. 사회적 범주로서의 젠더
3. 삶의 재생산 체계와 젠더관계의 변화
4. 젠더 관점이 부재한 청년세대 담론의 문제
5. 한국 청년세대의 남성성
6. 디지털 네이티브 세대의 청년 여성
7. 미래를 향하여

한국사회의 젠더와 젠더갈등 : 청년세대를 중심으로

한국의 압축적 근대화 과정에서 가장 급격하게 변화한 것이 있다면 젠더관계일 것이다. 젠더관계에 대한 국민의 인식은 세대 차이가 매우 크며, 최근에는 2~30대 이하의 젊은 세대를 중심으로 남성과 여성의 성대결 양상이 벌어지고 있기도 하다. 급격한 젠더관계의 변화 속에서도 사생활 문제 혹은 '여성'만의 문제로 여겨져서 수면 아래에 잠복해 있던 젠더갈등은 2015년 이른바 〈강남역 살인사건〉 이후, 여성혐오에 항의하는 여성들의 목소리가 힘을 얻기 시작하면서 '사회문제'로 부상한 뒤, 2018년 초 〈미투 운동〉 국면을 전환점으로 점차 한국사회의 중심 갈등으로 부각되는 모습이다.

2019년 벽두에 한 일간지에 보도된 조사 결과에 따르면[1] 한국인들은 향후 더 심해질 것으로 보는 한국사회 갈등으로 젠더갈등(19.1%)을 계층갈등(32.2%)에 이어 2위로 꼽았다. 젠더갈등을 특히 심각하게 인식하는 집단은 젊은 세대로, 이념갈등(60대 이상 35%)이나 계층갈등(50대 42%, 40대 35.5%, 30대 29.5%)을 첫 번째로 꼽은 손위 세대들과 달리 20대는 50.5%라는 압도적인 비율로 젠더갈등을 선택했다. 그러나 본인이 실제로 '경험

1 "계층·젠더 갈등, 폭발력 더 커졌다", 『한국일보』 2019.1.2.일자. 2018년 연말 19세~70세 성인 남녀 1,005명을 대상으로 실시한 모바일 설문조사 결과를 보도한 기사이다.

한' 갈등에 대해서는 성별 차이가 있었는데, 20대의 경우 남녀를 모두 합쳐 보았을 때 28.4%의 응답자가 당사자로서 젠더갈등을 경험했다고 답했지만 20대 여성의 경우에는 이 비율이 38.3%로 올라가(30대 여성은 20%), 특히 젊은 여성들이 체감하는 젠더갈등의 심각성이 대단히 높다는 것을 알 수 있다. 특히 젠더갈등을 '물리적 충돌 및 범죄 노출'의 형태로 겪었다는 비율도 20대 여성의 27.7%에 달하여, 이것이 그들의 생활에 실질적인 위협이 되고 있음을 드러냈다. 젊은 남성의 경우에는 본인이 실제 겪은 갈등을 묻는 질문에 주로 세대갈등이라고 답하는 모습을 보여주었지만(20대 남성 26%, 30대 남성 22%), 앞으로 격화될 갈등에 대해서는 여성들과 마찬가지로 젠더갈등이라고 답했다.

이 글에서는 이런 현실을 반영하여, 한국사회의 젠더갈등 문제를 주로 청년세대를 중심으로 살펴보고자 한다. 오늘날의 2~30대 청년층은 대략 1990년대에 유년기와 소년기를 보낸 남녀로 구성되어 있는데, 이들이 태어나고 자라난 한국사회는 그 이전 세대가 경험한 고도성장과 압축적 근대화 시기와는 완전히 다른 구조적 변동을 겪고 있었다. 이는 이들이 경험한 젠더관계의 구조를 이전 세대와는 전혀 다른 것으로 만들었으며, 이것이 청년층의 악화된 노동시장 조건, 그리고 정보화사회에 태어난 '디지털 네이티브(digital natives)'라는 세대적 특징과 어우러져 젠더갈등의 다양한 양상을 구성하고 있다. 이 글은 이러한 사항들을 염두에 두고 최근 젠더갈등의 격화를 해석해 보고자 한다.

1. 젠더갈등은 성대결이 아니다

젠더갈등이라는 말에서 많은 사람들이 '남자'와 '여자'의 수평적 대립을 떠올린다. 부부싸움과 같은 개인적 장면이든, 남녀가 편을 갈라 맞서 대결하는 집단적 장면이든 마찬가지다. 젠더갈등을 단순한 성대결로 상상하는 것이다. 이는 젠더(gender)를 단순히 '생물학적 성(sex)과는 구분되는 사회적 성'이라고 정리한 뒤, '남성'이라는 젠더와 '여성'이라는 젠더가 따로 있는 것처럼 생물학적 성별과 등치시켜버리는 일상인의 잘못된 상식과 관련된다.

2015년 〈강남역 살인사건〉을 기점으로 '여성혐오'가 사회문제화되자 곧바로 언론에 의해 '남성혐오'나 '양성혐오' 같은 신조어가 유포될 수 있었던 것은, 한국사회의 젠더관계를 단순히 남성들과 여성들이 맞서 있는 거대한 성대결 양상으로 보는 이같은 잘못된 상상 때문이다. '여성혐오(misogyny)'란 원래 문학이나 페미니즘 이론에서 오랫동안 사용되어 온 학술용어였으나, 2010년대 초반, 그때까지 십여 년 이상 온라인에서 기승을 부려온 여성대상 공격과 증오·멸시의 표현들에 맞서기 시작한 한국여성들에 의해 대중적으로 재발견되었다. 2000년대 중반 부각된 된장녀, 김치녀 등 각종 "~녀" 시리즈로 대표되는 여성혐오적 표현들이 〈일베〉와 몇몇 남초 사이트들을 중심으로 급속도로 확대 재생산되면서 오프라인에서조차 일상화되어 여성들에 대한 직접적 위협으로 등장한 상황이었다. 일반인 여성들에 대한 불법촬영과 이른바 '신상털이' 등 사이버불링(cyber bullying)이 특히 젊은 여성들에게 보편적 공포를 불러일으키게까지 되면서, 이에 맞서고자 한 일군의 여성들이 '여성혐오' 문화라는 명명을 사용하기 시작한 것이다. 이 명명은 여성혐오라는 개념어의 학술적 용어법과 부합하는 것이었고, 효과적인 언어적 대응이 되어, 2010년대 중반 온라인을 중심으로 생성된 새로운 페미니즘적 움직임과 연결되었다(윤보라, 2013; 2014; 김수아, 2015; 엄진, 2016).

그런데 〈강남역 살인사건〉이 벌어지고 많은 시민들이 이 여성혐오 범죄[2]에 공분하며 포스트잇 붙이기를 통한 추모의 형식으로 여성대상 폭력(violences against women)에 반대하는 목소리를 내자, 오히려 이 시민들을 '남성혐오'를 표출하는 사람들로 몰며 비난하는 흐름이 나타났다. 여성혐오 범죄라는 명명 자체를 남성 일반에 대한 공격과 증오심을 담은 것으로 보는 백래쉬 논리가 〈일베〉와 남초 사이트들을 중심으로 퍼져 나가면서, 강남역 10번 출구를 비롯 전국 각지에 마련된 추모 공간에 군복 차림 혹은 '핑크 코끼리' 등 분장을 한 사람들이 나타나 추모하는 시민들을 대상으로 "남성을 가해자 취급하지 말라" 혹은 "남녀가 사이좋게 지내야지"라며 시비를 거는 일까지 벌어졌다. 일부 언론은 이를 두고 '여성혐오'와 '남성혐오'가 맞서는 현장이라고 보도하거나, 심지어 '양성혐오'라는 듣도보도 못한 용어까지 만들어내며 성대결 논리를 증폭시켰다.

강남역을 뒤덮었던 "살女주세요, 살아男았잖아", "미안합니다" 등 포스트잇 메시지는 남성 일반에 대한 비난 혹은 공격이라기보다는 여성들이 겪는 불안과 공포를 함께 나누고 공감함으로써 여성대상 폭력범죄를 함께 해결해 나가자는 시민적 제안에 가까웠으나, 몇몇 언론에 의해 이것을 〈메갈〉, 〈워마드〉 혹은 악마화된 '페미니즘'으로 보려는 시각이 퍼져나가면서 다양한 형태로 왜곡되었다. 여성 이슈의 쟁점화 자체를 성대결의 확산으로 보거나, 여성 이슈에 대해 여성들이 목소리를 내는 것 자체를 '남혐'으로 보는 시각이 득세해 버린 것이다.

그러나 여성들은, 그리고 여성들이 제기한 문제에 공감하는 남성 시민

2 이 사건은 사실 '여성혐오'라는 학술적 개념에 꼭 들어맞는 전형적인 여성혐오 범죄였다. 정신질환을 가진 한 남성이 본인의 증상 속에서 '여자'에 대한 피해망상적 증오를 구성하고, 아무나 여자가 들어오면 죽이겠다는 목적으로 공용화장실에 숨었다가, 들어온 남자 몇 명을 다 보내고 첫 번째로 들어온 여성을 단지 여자라는 이유로 살해한 사건이었기 때문이다. 범인이 정신질환을 갖고 있었다는 사실이 이 범죄를 여성혐오 범죄가 아닌 것으로 만들지는 않는다. 오히려 정신병적 증상으로서 범인의 망상 속에서 자신에게 가해한 사람이 '여자'로 구성되고, 어쨌든 '여자'를 죽여야겠다는 생각이 머리 속을 지배하게 되었다고 한다면, 그것이야말로 무의식으로서의 여성혐오(misogyny)의 존재와 작동을 실증하는 사례라고 할 수 있을 것이다. 그럼에도 불구하고, 당시 경찰은 범인이 조현병환자라는 이유로 여성혐오 범죄가 '아니라' 묻지마범죄라는 입장을 반복적으로 내어놓았다.

들은, 그동안 잠복해 있던 다양한 잇슈들을 발굴해 내면서 공론장과 국가를 향하여 변화를 촉구하는 것을 멈추지 않았다. 특히 젊은 여성들을 중심으로 스스로를 '페미니스트'로 정체화하는 사람들이 점점 더 늘어났고, 온라인에서의 활동을 넘어서 대규모 시위 등 집합행동의 양상으로 목소리를 내게 되었다. 2016년 겨울 촛불집회 광장 〈페미존〉에서 여성들이 외쳤던 "우리는 여기서 세상을 바꾼다"라는 구호는 정확히 이같은 흐름을 보여주는 것이었다. 비슷한 시기에 광화문에 등장한 "나의 자궁은 나의 것" 피켓은 현재까지 지속되는 낙태죄 폐지 운동으로 이어졌고, 2018년 초부터는 문화예술계·법조계·학교, 그리고 체육계에 이르기까지 만연한 성적 침해와 폭력을 폭로하는 "#Me Too, #With you" 운동이 이어졌다(김보명, 2018). 2018년 5월 19일부터 12월 22일까지 6차에 걸쳐 진행된 〈불법촬영 편파수사 규탄시위〉의 경우, 수만 명의 여성들이 운집하여 여성의제 단일시위로서 최대 규모를 기록하기도 했다.[3] 여성을 성적 대상화하고 분노표출의 표적으로 도구화하는 여성혐오 그 자체와, 이러한 행동을 기반으로 일어나는 다양한 형태의 여성대상 폭력범죄들에 대해 국가가 책임있게 대응하라는 목소리가 엄청난 규모로 가시화된 것이었다.

이렇게 평등과 안전을 향한 여성들의 목소리가 급격하게 커진 반면에, 실제 국가정책이나 제도상 변화가 크게 일어났다고 보기는 어렵다. 그럼에도 불구하고 2018년 연말 일부 언론은 대통령에 대한 20대 남성의 지

3 이른바 〈혜화역 시위〉로 불리웠던 이 시위는 1차 시위 참가자 1만 2000명으로 시작하여 광화문광장에서 열렸던 4차 시위에 6만명, 마지막 시위였던 6차 시위에는 11만명의 여성들이 모여 한 목소리를 내었다. 첫 계기는 이른바 '홍대 누드모델 몰카 사건'이었다. 수많은 여성들이 불법촬영을 당하고 사진이나 영상이 유포되어 '음란물'로 소비되면서 말로 다할 수 없는 고통을 당하는 동안 별다른 대처 없이 거의 방치하고 있던 국가 권력이, 똑같은 불법촬영이지만 여성이 가해자고 남성이 피해자인 사건이 터지자 대대적인 수사와 신속한 검거, 용의자의 포토라인 촬영 등 강경한 모습을 보인 것에 분노한 여성들이 집결하여 "남자만 국민이냐, 여자도 국민이다", "동일 범죄·동일 처벌" 등의 구호를 외쳤던 것이다. 4차 시위 때부터는 시위의 공식 명칭을 〈편파판결, 불법촬영 규탄 시위〉로 바꾸어, 경찰뿐 아니라 형사사법 절차 전체를 문제삼으면서 더욱 포괄적인 목소리를 담아냈다. 이 시위는 실제로 여성대상 불법촬영물을 '음란물'로서 유통하여 많은 이익을 얻어온 이른바 '웹하드 카르텔'에 대한 수사촉구와 사회적 인식 제고를 이뤄냈으며, 〈여성폭력방지법〉 등의 입법적 조치를 끌어낸 동력으로 작용한 것으로 평가된다.

지율이 20대 여성의 지지율보다 낮다는 것을 일제히 보도하면서, 정책기조가 친여성적이어서 역차별을 당하는 젊은 남성들이 이탈한 것이라는 해석을 내놓는 모습을 보였다. 언론이 남성과 여성을 1:1 대립관계로 전제하고, 국가가 여성 '편을 들기 때문에' 남성들이 억울해 한다는 성대결 논리를 다시 대대적으로 유포한 것이다. 그러나 젊은 세대의 남성들이 느끼는 박탈감과 분노는 한국사회의 역사적 구조적 변화 속에서 누적된 세대갈등과 젠더관계의 급격한 변화 속에서 유발된 것으로, 정밀한 해석이 필요한 사회문제다.

우리가 이해하고자 하는 젠더갈등이란, 사회를 살아가는 일상인의 삶을 구성하는 촘촘한 망 속에서 젠더(gender)라는 사회적 범주가 작동하여 일어나는 갈등을 말한다. 젠더로 인한 갈등 혹은 젠더를 매개로 한 사회 갈등이 곧 젠더갈등이며, 이는 다양한 장면, 다양한 사회관계 속에서 다층적인 방식으로 드러난다. 젠더갈등이 남성과 여성이 같은 선상에서 벌이는 제로섬 게임으로서의 맞대결 같은 것이 결코 아님을 다시 한 번 유념할 필요가 있다.

2. 사회적 범주로서의 젠더

동시대의 남성과 여성을 1:1로 대립하는 관계로 상상하는 것은, 남성은 남성들끼리 동질적이고 여성은 여성들끼리 동질적이며, 유의미한 차이는 오직 남성과 여성 사이에만 존재한다고 보는 가정에 기반한다. 하지만 이런 가정이 전제하는 절대적인 성차는 생물학적 성(sex), 즉 유성생식하는 포유동물로서의 인간 수컷과 인간 암컷 사이에만 존재하는 것이다. 젠더갈등을 이해하기 위해 우리가 다루어야 할 것은 생물학적 성별집단 문제가 아니라 사회적 범주로서의 '젠더(gender)'이다.

젠더를 생물학적 성별(sex)과 구분되는 '사회적 성'이라고 보면서도 여전히 생식적인 남녀의 구분과 동일시하는 현재의 통념은 사실 1970대 초반에 서구 사회에 등장했던 초창기 젠더 개념의 흔적이다. 당시 페미니스트들은 자연적인 성차를 이유로 사회적인 성차별과 여성억압을 정당화해 온 오랜 가부장적 논리를 깨기 위해 'gender'라는 영어 단어를 발굴하여 새로운 개념으로 재의미화했다. 생식과 관련한 남녀 신체의 차이는 생득적인 것이지만, 그 이외의 성적 특질들은 그 사회가 적합하고 정상적이라고 규정한 성역할을 획득해 나가는 사회화 과정을 거치면서 형성되는 것이기에 결코 자연적인 운명으로 여겨져서는 안 된다는 주장이었다.

이후 1980년대를 지나면서 젠더 개념은 많은 혁신을 거치게 되는데, 이를 통해 점차 남녀의 차이 그 자체가 아니라 이것을 빌미로 사회적 위계와 권력관계를 만들어내는 사회 조직 원리의 하나로 이해되게 되었다. 대표적으로 크리스틴 델피는 젠더란 '사회가 섹스를 구성하는 방식'이라고 주장하면서, 이 개념이 인류의 지식 장에 등장함으로써 가능하게 된 세 가지 이론적 진보를 지적했다. 젠더 개념은 남녀 양 성별 사이에 존재하는 모든 사회적·임의적 차이를 하나의 개념으로 모음으로써, 그러한 차이들을 통합적으로 사고할 수 있는 길을 열었고, 성별들(sexs)라는 복수형에서 젠더(gender)라는 단수형으로 용어가 바뀜으로써 남성과 여성이라는 두 개의 분리된 부분에서 분리의 원리 자체로 강조점을 옮길 수 있게 되었으며, 그러한 분리의 원리가 구성되고 강화되는 방식을 고찰함으로써 여성억압을 만들어내는 위계와 권력관계를 재고할 수 있도록 했다는 것이다(Delphy, 1996). 같은 맥락에서 역사학자인 조운 스콧 역시 젠더 정치에 대한 연구가 더 이상 "인간 수컷(male)과 인간 암컷(female)을 남성(men)과 여성(women)으로 정의내리고 조직화하는 역할의 제도화 및 주입을 추적하는"

것이어서는 안 된다고 단언하면서, 젠더를 "인종, 계급, 신분 등과 같이 사회관계를 조직화하는 방식의 하나이자 사회적 역사적 변화 및 다양성의 분석을 위한 범주"로 정의할 것을 제안했다(스콧, 1999[2001]).

젠더가 사회적 범주라는 말의 뜻은 인위적으로 만들어진 사회적 구성물이라는 것이 아니라, 생물학적 성차에 대한 관념과 지식을 매개로 사람을 '남성(men)'과 '여성(women)'으로 나누면서 특정한 방식의 사회질서를 구성하는 범주라는 의미다. 그런데 이러한 젠더는 사람들의 삶 속에서 결코 그것 하나만이 독자적으로 작동하지 않는다. 사람들은 젠더의 작동에 의해 규정된 남성 혹은 여성으로 살아가지만, 그와 동시에 계급·인종·국적·연령·지역·정치적 성향 등 다양한 사회적 범주에 의해 만들어진 분절선 속에서 집단화되고 자신의 정체성을 복합적으로 구성해 간다. 개별 남성 혹은 여성은 동시에 한국인이거나 젊은이거나 노인이거나, 불안정노동자나 부유층의 강남거주자로 세상을 살아간다. 젠더가 사람들을 남성과 여성 집단에 속하는 개인들로 나눈다 할지라도, 남성들 또는 여성들이 내적으로 동질적이고 상호 간에만 이질성이 존재하는 대립적인 집단이라고 볼 수는 없다. 정체성은 언제나 복합적이며, 젠더는 다른 범주들과의 엇물림 속에서 다양한 쟁점과 불평등, 갈등을 만들어낸다. 젠더갈등을 다양한 사회제도와 구조 속에서 젠더와 다른 사회적 범주들의 작동이 교차적으로 맞물려 발생하는 사회갈등으로 보아야 할 이유가 바로 여기에 있다.

3. 삶의 재생산 체계와 젠더관계의 변화

오늘날 젊은 세대를 중심으로 일어나는 젠더갈등의 기저에는, 적어도 1990년대 이후로 일어난 한국사회의 급격한 변화와 이로 인한 삶의 재생산 체계의 균열이 있다. 사람들의 일상생활이 지속될 수 있도록 떠받치는 중요한 제도적 축인 가족과 노동시장이 고도성장기 한국사회와는 전혀 다른 모습으로 재조직되고 있으며, 이는 젊은 세대가 경험한 젠더관계를 이전 세대가 당연시하는 것과는 완전히 다른 모습으로 만들었다.

과거 한국사회의 고도성장과 압축적 근대화를 가능하게 해왔던 삶의 재생산 체계는 독특한 (가부장적) 가족주의와 국가주도의 산업화로 특징지어진다. 1960~80년대 한국에서 가족은 복지제도의 부재 상황에서 개인이 기댈 수 있는 유일한 삶의 안전판이었다. 남편은 소득노동을 통해 가족을 부양하는 남성 1인 생계부양자가 되고, 아내는 가족 돌봄을 위한 부불노동(unpaid work)을 전담하는 전업주부가 되는 이른바 근대적 성별분업을 모델로 한 핵가족과, 그리고 이 가족끼리 부계혈통 중심적으로 구성한 친족 연결망이, 개인의 생애를 떠받치고 세대와 노동력과 문화가 재생산되는 기본틀이 되었다. 국가와 시장은 경제 규모를 키우며 개인들에게 일자리를 제공하는 역할로 상상되었고, 남성 가장의 가족 내 책임은 경제적 자원을 끌어오는 것으로 전적으로 정의되었다.

이 같은 고도성장기 사회체제는 한국식의 근대적 젠더관계와 궤를 같이 했다. 기업은 남성들에게 '평생 직장'을 제공하며 몰입과 장시간노동을 요구했고, 아이를 낳고 기르고 성인들이 휴식을 통해 노동력을 재생산할 수 있게 도우며 남성의 생애가 노동시장에서의 경력을 중심으로 이뤄진 반면에, 노인과 환자를 돌보는 일은 오롯이 여성의 가족 내 역할로 여겨졌다. 여성의 생애는 '시집을 가서', 남성의 아이를 낳고 길러 대를 이으며, 남성의 부모를 봉양하는 것으로 규정되었다. 이렇게 가족 내 여성이 사회복지의 모든 것에 해당하는 몫을 해주면서, 한국의 기업과 국가는 복지투자 없이 급속도의 성장을 이룰 수 있었다. 이 속에서 가족과 민족은 (부계)혈통적으로 구성되었고, 민족과 국가는 구분되지 않았다. 한국경제는, 혹은 한국사회는, 선진국을 따라잡기 위한 집합적 노력의 한 단위로 인식되었고, 이에 따라 발전주의, 국가주의, 순혈주의, 가족주의 등 다양한 부정적 이념들이 정치사회적 장 안에서 작동했다.

그러나 최근 20여 년 동안 이러한 체계는 여러 도전에 부딪혔다. 여기에는 대략 1990년대부터 일어난 소비사회로의 진입, 그리고 1997년 외환위기 이후의 시장 우위적 제도화 및 신자유주의적 양극화가 배경으로 작용했다. 청년 남녀, 특히 젊은 여성의 생애전망은 이 과정에서 극적으로 바뀌었다.

1987년 민주화 이후 임금상승과 뒤이은 3저 호황으로 전반적으로 구매력이 증대하면서, 소비와 문화적 향유를 통해 개인의 권리와 개성을 표현하는 것이 당연하다고 여기는 문화가 생겨났다. 이 속에서 새로운 소비주체로 주목받은 집단이 '청년'과 '여성'이었다. 당시 사용된 '신세대'[4], '오렌지족'[5], 'X세대' 등의 단어들은 1990년대 중후반기 소비사회로의 전환 속에서 청년층이 새로운 소비 주체로서 적극적으로 '세대'의 이름을 부여받았음을 보여준다. 1990년대의 광고들은 당시 신세대 여성들이 가졌던 주체적 삶에 대한 열망과 자기표현의 욕구를 상품 소비와 연결시키는 전형적인 전략을 취했다. 여성의 소비는 개성의 표출, 당당한 자기주장과 연결되기 시작했다. '신세대 여성', '신세대 주부', '미시족', '커리어우먼' 등의 용어가 새로운 여성 주체상으로 등장했으며, 고학력 여성들의 독립적인 경제활동과 소비는 자유와 자아실현의 영역으로 장려되었다(엄혜진, 2015: 65).

1997년 외환위기는 이러한 분위기에 찬물을 끼얹었다. 고용불안이 심화되었고 소득과 소비가 양극화되었으며, 중산층적 삶의 기반이 급속도

4 1970년대에 태어나 1980년대 중후반기의 경제적 풍요를 통해 소비문화와 대중문화를 적극적으로 향유할 수 있게 된 새로운 세대를 일컫는 1990년대 단어다(주은우, 2010).

5 유행을 선도하는 부유층 소비문화의 중심지로 떠오른 '압구정동'의 문화적 기표와 결합하여, 과시적인 과소비를 중심으로 신세대의 정체성을 드러내는 말이다. '세대'라는 용어를 사용하지는 않았지만, 당시 '오렌지족'은 '신세대'의 대표적인 특성을 보여주는 집단으로 여겨졌다.

로 무너졌다. 그러나 그럼에도 불구하고 이미 일상인의 삶의 양식으로 자리잡은 소비적 생활양식이 쉽사리 바뀌지는 않았다. 삶의 많은 부분이 지속적으로 시장화·상품화되는 가운데 불어닥친 세계화와 신자유주의 물결 속에서, 부유층과 중산층, 일반인의 소비 행태에서 간극이 뚜렷해지기 시작했고 이후 국내의 경기 회복은 주로 고소득층의 소비 증가를 중심으로 이루어졌다.

소비사회의 구조가 지속되는 한편으로 경제적 양극화가 심화되어버린 바로 이 현상이, 2000년대 중반 이후 청년층의 삶을 극도로 옥죄는 조건이 되었다. 1990년대에 소비와 문화 향유의 총아로 각광받았던 '신세대'가 막 '청년'의 범위에서 벗어나고 있던 시기에, 바로 그 다음 세대인 지금의 20~30대는 '88만원 세대'로 불리며 양극화된 구조의 가장 밑바닥에서 고통받는 집단으로 떠올랐다.

이 과정에서 고도성장기 삶의 재생산 체계에서 핵심적으로 작동했던 남성 1인 생계부양자 모델이 깨어졌다. 대졸 여성 증가, 성평등의식 확산, 여성운동 진전, 다양한 차별금지 법제 마련 등의 복합적 영향으로 1990년대 이후 점차 고학력 여성들에게 반듯한 일자리가 열리기 시작했으나 여전히 많은 사람들의 생활과 의식은 변하지 않고 있던 상황이었다. 여기에 1997년 이후 양극화와 노동시장 유연화가 급속도로 진행되면서, 남성 가장 한 사람의 소득에 의지해서 모든 가족이 생계를 유지한다는 것은 점점 더 무망한 일이 되어갔다. 그리하여 현재 한국의 40대 이하 여성들에게 '전업주부'란 생애의 짧은 기간(자녀양육기)에 지나가는 지위이거나, 혹은 중산층 이상만 누릴 수 있는 현저하게 계급적인 현상이 되고 있다.

적어도 2000년대 이후로 젊은 여성들에게 소득노동은 선택이 아니라 필수가 되었으며, 이는 여성들을 결혼과 무관하게 이어가야 할 경력개발의 주체로 만들면서 젊은 가족에서 '맞벌이'를 정상화시켰다. 문제는, 맞벌이의 정상화가 급속도로 진전된 반면, '맞돌봄'의 등장은 오랫동안 지체되었다는 사실이다. 국가는 여성이 대거 소득노동에 참여하게 되면서 발생한 돌봄의 공백을 다양한 사회복지 서비스의 제공을 통해 메꾸고자 하였으나, 이는 어디까지나 '여성의 일-가족 양립'을 위한 지원책으로 제시되었다. 이후 거의 20년이 지나도록 남성들에게 가족 안에서 돌봄노동을 평등하게 책임지라는 사회적 요구는 등장하지 않았다. 여성들은 시장화된 돌봄 서비스 이용을 통해 가사노동을 외주화 하거나 혹은 이른바 '친정엄마 찬스'라고 불리우는 조부모 육아 등에 기대는 방식으로 이에 적응해왔다. 가족 내 돌봄노동의 양과 질, 수행 방식은 오롯이 가족 내 개별 여성들의 협상력과 가족의 경제력에 맡겨졌다. 결혼과 출산 등을 통해 가족구성을 선택한 여성은 경력 추구와 가족 돌봄의 책임을 오고가는 고달픈 상황이 되거나, 혹은 경력단절을 감수하고 집중 돌봄기간을 가진 뒤 상대적으로 나쁜 일자리로 복귀해야 하는 현실에 맞닥뜨려야 했다.

이런 상황에서 여성들이 먼저 혼인 지연·출산 회피 등의 움직임을 나타냈다. 젊은 여성들은 남성들처럼 점점 더 노동시장 중심적인 생애전망을 갖게 되었다. '스펙'과 경력을 추구하는 젊은이들에게 가족구성은 또 하나의 부담이 될 뿐이었고, 이는 높은 주거비, 열악한 청년 노동시장의 상황 등으로 인해 남성들에게도 마찬가지였다. 젊은 남녀의 결혼은 점점 더 부모세대의 지원을 필수 조건으로 요구하는 것이 되고, 이는 새로 구성된 가족의 독립성을 침해하면서 새로운 세대갈등의 요인이 되었다. 부모의 지원을 기대하기 힘든 청년은 교육·취업·경력개발 등 노동시장 지위 확보를 위한 경쟁에서 어려운 처지에 놓일 뿐 아니라, 가족구성이라는 생애과제 역시도 난제로 받아들이게 될 수 밖에 없다. 그리하여 성인기에 들어서도 오랜 시간 동안 가족구성의 시기를 늦추거나 포기한 상태로 지내게 되며, 이것이 다양한 방식으로 사회문제를 일으키고 있다.

초혼연령

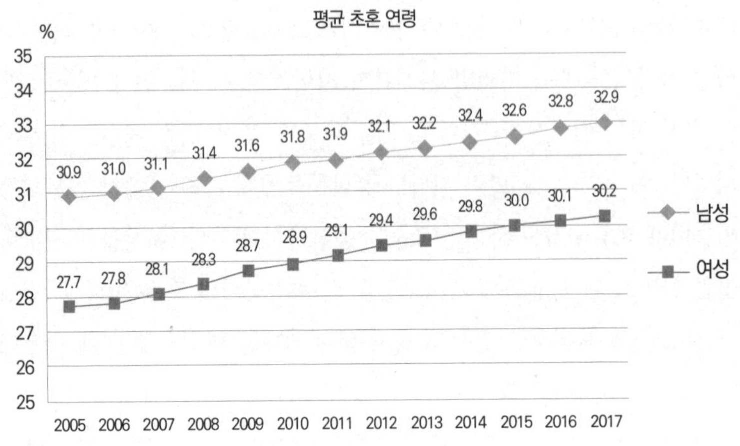

출처: 통계청, 인구동향조사

그림에서 나타나듯 2017년 한국사회의 평균 초혼연령은 남성이 거의 33세, 여성 역시 30세가 넘은 상태로, 현재의 한국인은 성인이 된 후 10년 이상을 대부분 비혼 상태로 보내고 있다고 볼 수 있다. 이 같은 만혼현상은 혼외 출생에 가혹한 한국사회의 조건과 맞물려 매우 낮은 출산율의 원인이 되고 있을 뿐 아니라, 가족과 친밀성·섹슈얼리티와 관련된 가치관을 급격하게 변화시키고 있다. 고도성장기 한국사회가 사랑-섹슈얼리티-결혼이 한 묶음으로 묶이는 근대적인 낭만적 결혼의 모델을 갖고 있었다면, 최근 청년층에서는 이 묶음에서 '결혼'이 따로 떼어져 나오는 경향이 발견되고 있으며, 사랑과 섹슈얼리티의 연결 역시 대단히 취약해지는 추세다. 이즈음 떠오른 '데이트 폭력', '안전이별' 등의 화두는 성적 친밀성이 사랑이나 지속적·안정적 관계맺음과 연결되기 보다는, (특히 여성들에게) 불안과 고립을 야기하는 두려운 과제가 되고 있다는 사실을 방증한다.

이 모든 것이 과거 강고해 보였던 한국 사회 재생산 체계를 흔들어놓고 있다. 혈연가족 안에서 태어나 가족으로부터 돌봄을 받고, 성인이 되면 결혼해서 가족을 구성하고 일을 해서 돈을 벌어 가족을 부양하며, 윗세대와 아래 세대의 혈연가족을 돌보는 개인의 생애과정이 당연시될 수 없는 상황이 된 것이다. 가족이 돌봄의 필요를 충족시켜주지 못하는 상황에서 돌봄의 공백, 돌봄의 위기는 사회문제가 되었고, 여성들에게 친밀성과 돌봄의 능력을 기대하며 의존하는 관계맺음의 모델은 붕괴하였다. 부계혈통적인 혈연가족을 기반으로 유지되었던 단일민족의 신화도 약화되었다.

출산율

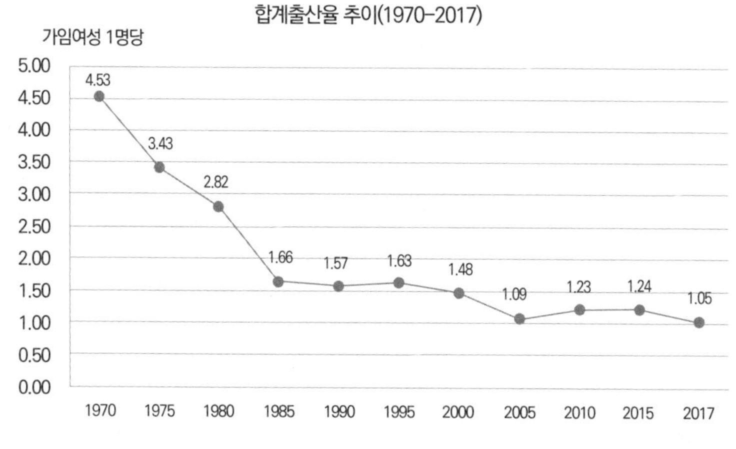

출처: 통계청, 인구동향조사

오늘날 상당수의 사람들이 초국적 이주자들과 가족이 되며, 함께 직장에서 일하기도 한다. 미혼모나 (해외)입양인과 같은, 그간 '정상가족'을 이데올로기적으로 정당화해 온 제도 때문에 발생한 다양한 소수자들의 목소리도 분출하고 있으며, 최근에는 난민 수용과 관련하여 일부에서 제노포비아적 반응이 출현하기도 했다. 개인이 국가와 민족의 발전을 위해 당연히 희생하고 동원되어야 한다고 보는 시각은 급격하게 약화되었다. 모든 이들의 일자리가 점점 더 불안정해지는 상황에서 일상이 경쟁이 되는 신자유주의적 상황이 변화하기란 기대하기 힘들며, 위험의 개인화가 진전되고 연대와 공동체적 삶의 가능성은 점점 더 낮아지고 있다. 이런 상황에서는 그 어떤 개인도 윗세대에게 익숙한 통념적인 "근대적 젠더관계"를 고수하기는 어려울 것이다. 그러기에 새로운 젠더관계와 남성성/여성성, 그리고 개인성의 다양한 모델이 등장하기 전까지, 한국사회의 여러 장면에서 파열음이 일어나는 것은 얼마간 당연한 일이다.

4. 젠더 관점이 부재한 청년세대 담론의 문제

오늘날 '청년세대'는 한국사회가 봉착한 불안과 전망 부재의 현실을 드러내는 기표가 되었다. 연애, 결혼, 출산을 포기한 세대라는 의미에서 '3포세대'라는 말이 유행하더니, 내 집 마련과 인간관계마저 포기했다는 '5포세대'라는 말이 나오고, 급기야는 이에 더해 꿈과 희망마저 포기했다는 '7포세대'라는 말까지 등장한 것이 이미 2015년의 일이다.[6]

문제는 이런 담론 속에서 '청년'이 언제나 남성으로 상상되었다는 것이다. 언론 기사에 등장한 바 수많은 포기의 목록들은 2000년대 이후 약화된, 혹은 불가능해져 버린 근대적 젠더관계에 기반한 '남성의' 생애 표준을 전제로 하고 있다.[7] 3포, 5포, 7포 세대 담론에서 청년들은 일자리가 절박하고, 취업을 위해 결혼과 출산, 주택 구입, 연애나 인간관계 등을 포

6 2015년 4월 30일 각 매체들은 취업포털사이트 〈잡코리아〉에서 2030세대 498명을 대상으로 실시한 설문조사 결과를 일제히 7포세대라는 단어를 붙여 보도했다(『중앙일보』, 2015.4.30, "2030세대 80% 5포가 아니라 7포세대예요"; 『조선비즈』, 2015.4.30, "3포세대? 이제는 7포세대, 결혼·출산·내집마련順 포기" 등).

7 김홍중은 경제적 위기와 사회변화로 "과거에는 당연시되던 〈취직—결혼—출산〉의 '정상적' 삶이 고도의 노력과 능력을 요하는 과업으로 변화"된 것을 청년층이 "장기적 관점에서 삶의 서사를 세우고 미래를 전망하는 것이 어려워진 상태가 일반화된" 것과 연계시키고 있다(김홍중, 2015: 190).

기하는 사람들로 재현된다. '학업을 마치면 취업을 하고, 안정된 뒤 결혼을 하고, 부모가 되고, 내 집 마련에 성공해서 행복하게 산다'라고 하는 전형적인 남성적 생애주기 모델을 정상적인 표준으로 삼고, 이 과정이 순조롭게 진행되지 못해 하나씩 포기해야 하는 상황을 청년세대가 경험하는 불안의 내용으로 제시하는 것이다.

이런 담론에서 여성의 일상적인 경험은 청년의 경험으로 통합되지 못한 채 비가시화되었다. 청년 여성들은 '청년'이 아니라 그저 '젊은 여자'로 파편화되어 인식되었고, 사회적 행위자라기보다는 그저 문젯거리거나 혐오의 대상 혹은 주체로 사유되었다.

이런 상황에서, 같은 시기 한국 디지털 공간에서 페미니즘의 새로운 쟁점화가 일어났다는 것은 대단히 흥미로운 일이다.

2015년 연초 부모를 속이고 터키로 가 IS에 합류한 '김군'이 "나는 페미니스트가 싫다"고 말했다는 것이 크게 보도된 것을 시작으로, TV 등에 자주 나오는 한 유명 영화평론가가 잡지에 〈IS보다 더 무서운 페미니즘〉 제하의 무지한 칼럼을 싣는 등 크고 작은 사건이 이어지면서 많은 여성들이 문제의식을 느끼기 시작했다. 페미니즘이라는 것이 어떤 악마적인 이념이 아니라 성차별과 다양한 여성억압 문제를 집합적 실천을 통해 해결하려는 시도 전체에 대한 총칭임을 알고 있던 젊은 여성들은, 이런 안티-페미니즘 흐름에 맞서 트위터 등 SNS 공간에서 "#나는 페미니스트다"라는 해쉬태그를 붙이면서 이른바 한국사회의 '페미니즘 리부트'에 불을 당겼다.

그러나 이렇게 여성들이 목소리를 내고 문제를 제기하는 상황이 되고서도 '청년세대'를 남성으로 보면서 여성을 배제하는 상상력은 바뀌지 않았다. 주류 담론은 젊은 여성들을 일방적으로 여성혐오의 피해자로 여기거나, 혹은 반대로 '남성혐오'를 내면화한 문제 집단으로 간주하였으며, 젊은 남성들과 마찬가지로 취업난과 경쟁에 시달리고 거기에 더해 주로 젊은 여성들을 향하는 성적 대상화와 각종 성차별을 이겨내며 매일의 삶을 꾸려가는 사람들로 여기지 않았다. 이런 담론 속에서 청년 여성들은 사회문제의 원인이거나, 혹은 문제 그 자체인 집단으로 여겨졌다. 사회문제를 체현하고 그로 인한 고통에 맞서면서 다양한 사회적·정치적 행위성을 발휘하는 주체로 여겨지지 않은 것이다.

김수아·이예슬의 논문(2017)은 2016년에 일어난 일련의 사건, 즉 〈강남역 살인사건〉, 게임 성우 계약해지 논란, 《시사인》 절독 운동, 탄핵요구 촛불시위의 맥락에서 시국비판곡이라며 대대적으로 선전된 DJ DOC의 노래 〈수취인분명〉 등의 사건들을 거치며 남초 사이트들에서 형성된 남성-약자 담론을 분석하여, 한국사회에서 청년 여성들이 어떻게 문제 집단으로 구성되고 그들의 현실이 왜곡되어버리는지를 잘 보여주었다. 온라인에서 주류를 이룬 남성-약자 담론은 '메갈'이라는 비정상적 여성집단을 대상으로 구성하고, 그 대척점에 〈일베〉가 아닌 '선량한 일반 남성'이라는 주체를 구성한 뒤, 젊은 여성들의 문제제기에 대해 "여성혐오나 성차별도 하지 않고 범죄도 저지르지 않는 평범한 일반 남성들에게 화풀이를 하는" 잘못된 분노로 치부하는 방식으로 구성된다.

이 남성-약자 담론 안에서 성차별이란 기성세대의 잘못이며, 실제 젊은 여성들이 당하는 여러 차별들의 가해자 역시 기득권자인 기성세대 남성들이지 청년세대 남성들이 아니다.[8] '헬조선'의 청년들은 너나 할 것 없이 '개돼지'로 고통받고 있으며, 남성은 남성이라서, 여성은 여성이라서 강요받고 있는 몫이 있으며, 그런 면에서 사회적으로 볼 때 젠더관계는 이미

8 김수아·이예슬(2017)은 《시사인》 절독사태 국면에서 나타난 다음 댓글을 대표적인 예로 제시하고 있다. "한국사회에서 남성중심에 대한 부분에서 황당한 건, 그건 엄연히 기성세대입니다. .... 한국사회가 그동안 여성에게 불리했고, 지금도 그런 면이 있지만, 그걸 유지하게 하는 것은 기득권 남성이지, 인터넷을 자주 하는 젊은 세대가 아니라는 점이고", "솔직히 반70 평생 살아오면서 남자이기 때문에 이득을 봤던 적이 거의 없네요. 우리 또래 남성들이 일부 극우 성향있는 꼴통들 빼고는 여성들을 비하하는 문화도 거의 못봤고요. 우리보다 윗세대가 저질러놓은 똥 때문에 우리가 함께 여혐종자가 되어 버린다면 좀 억울하죠"(pp.88~89)

공평하다는 것이 남성-약자 담론을 지배하는 주장이다. 이런 전제 하에서, 젊은 여성들이 페미니스트를 자처하면서 성차별을 지적하는 것은 마치 여성만 힘들고 남성은 힘들지 않은 것처럼 현실을 왜곡하는 것이며, 평등을 요구하는 것이 아니라 오히려 여자임을 내세워 특권을 요구하는 것에 불과하다는 논리가 정당화된다. 스스로를 기성세대 남성들에 비해 약자로 보는 청년 남성들의 담론은 이런 방식으로 같은 세대의 여성들이 겪는 젠더 억압과 성차별을 비가시화하며, 이에 대해 문제제기를 하는 여성들을 그저 '문제 집단'으로 치부한다.

청년 남성들에게 물었을 때, 한국사회에서 가장 편하게 사는 집단이 '20대 여성'이고 다음이 '50대 남성'이라고 답했다는 2015년 〈한국여성정책연구원〉의 설문조사 결과는 이 같은 의미 구성이 젊은 남성들 사이에 상당히 일반화되어 있었음을 보여준다(안상수 외, 2015). 한국의 20대 남성들이 앞으로 가장 격화될 사회갈등으로 젠더갈등을 꼽으면서도 현재 자신이 겪는 가장 큰 갈등으로는 세대갈등을 꼽았다는 2018년 말 《한국일보》의 조사결과도 같은 사고방식을 드러낸다. 자신들을 억압하는 주된 세력으로 손위 세대 남성을 꼽으면서도 자신들과 같은 세대 여성들은 그 억압으로부터 제외되어 있거나 오히려 자신들보다 편하게 살고 있다고 보는 것이다.

여성혐오 현상이 청년세대를 중심으로, 특히 디지털 세계에서 활동하는 젊은 남성들을 중심으로 강화되고 있는 것에는 분명 신자유주의 시대의 위기와, 다양한 계급적 불공정에 대한 감각이 작동한다. 1997년 위기 이후 한국사회의 재편은 구조조정, 민영화, 성과급제, 노동유연화로 많은 이들을 해고하였고 저임금의 나쁜 일자리만 증가시켰다. 사회 양극화는 급속히 진전되었고, 실적 위주의 인사평가와 경쟁의 일상화는 부당한 일도 참고 넘겨야 하는 과도한 서비스적 마인드를 강요하였다. 공동체적 책임은 해체되었고 위험은 개인화되었다. 손희정(2015)은 바로 이러한 상황이 한국사회에 혐오라는 정동을 퍼뜨리고 있다고 주장했다. 불안정한 정체성, 그리고 기대할 수 있는 공고한 공동체적 감각의 상실 속에서 사람들은 과거 아름다웠던 시절에 대한 향수 또는 '나도 사회적 약자가 될수 있다'는 불안감 속에서 사회적 주류, 기득권 세력에 적극적으로 동일시하며 "상상적인 기득권 남성 주체 외부에 존재하는 이들", 즉 "여성, 성소수자, 종북, 외국인 노동자, 장애인, 호남 등 사회적 소수자"를 혐오의 대상으로 삼는다는 것이다.

그러나 단순히 신자유주의화 만으로 심화된 여성혐오를 설명하기는 어렵다. 앞서 언급했듯 노동시장의 악화가 남성 1인 생계부양자 가족 모델을 붕괴시킴으로써 기존의 근대적 젠더관계를 와해시키고, 여성들의 경제적 의존성이 이데올로기적으로도 현실적으로도 유지되기 어려운 상황이 도래함으로써, 청년세대의 남성과 여성들이 새로운 방식의 남성성과 여성성을 협상해내야 하는 과제를 갖게 되었다는 점이 중요할 것이다. 실제로 1990년대 이후 한국 여성들이 지속적으로 노동과 경력, 그리고 자아상면에서 다양한 방식으로 새로운 삶을 협상해 가는 동안, 젊은 남성들은 사회 변화 속에서 일어난 젠더관계의 변화를 인지하고 새롭게 자아를 재구성할 기회를 발견하지 못했다. 이런 상황에서 성평등 제도화와 자기계발논리, 교육 분야에서의 여성의 높은 진출이 고용수준, 일자리의 질, 임금 등 거시지표상의 성별 격차를 가려 버림으로써 더 이상 여성이 약자가 아니라는 인식이 강화되었고(정인경, 2016: 201-205), 신자유주의가 가속화된 민주정부 통치 기간 중에 여성정책이나 여러 성평등 제도가 마련되었다는 역사적 우연은 신자유주의에 대한 분노를 여성계에 대한 혐오로 연결짓게 만들었다(류진희, 2015: 42). 이런 식으로 젊은 남성들은 자신들의 불안과 남성성 위기를 여성에 대한 분노와 상실감으로 바꾸어 경험하였다. 구조화된 젠더 현실을 직시하기를 거부하고 모든 것을 개인의 문제로 환원하면서 "개념없는" 〈워마드〉나 '페미니스트'에 대한 여성혐오적 공격으로 방향 잃은 분노를 토해내는, 인터넷 남초 사이트 표면을 흐르는 대중 정서의 뿌리는 여기에 있다.

5. 한국 청년세대의 남성성[9]

젠더관계의 재구성 과정에서 일어나는 다양한 파열음이 현재 청년세대 내부의 남녀대립 구도를 더욱 악화시키고 있다. 가령 2000년대 초반 큰 논란과 함께 제기된 '군가산점 문제'가 지금도 여전히 여성을 공격하는 담론에 동원되는 이유는, 남성만 의무복무하는 현행 징병제의 조건이 기존 근대적 젠더관계의 모델에 기초한 것이기 때문이다. 남성일방 징병제의 제도적 전제는 모든 여성이 모든 남성보다 육체적·정신적으로 허약하고 남성의 보호를 받아야 하는 실질적 약자이며, 또한 그렇기 때문에 여성들은 기꺼이 2등 시민으로 머무를 것이라는 가정이다. 이러한 가정이 현실에 맞지 않음에도 불구하고, 지구상 최후의 냉전국가로서 분단체제가 지속된 역사적 배경과 정치적 요인들이 얽혀 여성을 징병의 대상에서 원천적으로 제외한 병역제도에 대한 근본적인 문제제기는 아직 이루어지지 않고 있다. 그러나 남성만을 대상으로 하는 징병이 유지되는 한 군대와 남성성의 결합은 해체되기 어려울 것이며, 국가와 민족에 대한 자신들의 봉사가 합당하게 보상되지 않고 있다는 '성난 젊은 예비역'(박권일, 2014: 31~35)의 분노는 해결되기 어려울 것이다.

문제는 이러한 분노가 같은 세대의 여성들과 소수자들에게 쏟아진다는

9 5절의 내용은 배은경(2015)의 일부를 수정·보완한 것이다.

것이다. 가령 대표적으로 이른바 '홍·보·빨'[10]에 대한 노골적인 혐오와 비하, 공격으로 유명했던 〈일베〉와 같은 싸이트가 있다. 실제로 일베를 이용한 사람의 성별, 연령별 구성이 어떠한가는 알 수 없음에도, 일베 이용자는 대개 남성인 것으로 추정된다.[11] "일베는 어디에도 있고, 어디에도 없다"라는 말이 있듯이, 일베가 일베 안에만 있는 것도 아니다. 일베에서 나타나는 행위양식은 정도가 좀 약할 뿐 다양한 남초 사이트들을 중심으로 광범하게 발견할 수 있으며, 그것을 묶어주는 대표적인 정동은 여성혐오이다. 여성혐오와 여성의 성적 대상화를 통한 비하는 그것을 통해 은밀히 충족되는 남성동성사회적 욕망(homosocial desire)[12]을 드러낸다. 박권일이 〈일베〉 연구에서 지적한 이른바 '주목의 경제'는 결국 누가 우리들 모두의 적을 제대로 저격하는가를 통해 우리들 안에서의 인정 경쟁을 벌이고, 이러한 인정 경쟁을 통해 '우리'끼리의 유대를 형성하는 과정을 가리킨다(박권일, 2014: 50~53). 이러한 과정은 경쟁적인 여성비하나 여성능욕, 혹은 정반대로 가치 있는 여성을 차지하기 위한 경쟁의 과정에서 남성들끼리의 위계적 지위가 생산되고 유대가 강화되는 남성동성사회성의 특징을 전형적으로 보여준다.

이와 관련하여, 2006년 등장한 '된장녀' 담론이 '개똥녀', '루저녀', '김치녀' 등으로 변주되면서 지속적으로 여성혐오를 증폭시키고 있는 현상 역시 비슷한 맥락에서 해석할 수 있다. 과시적 소비의 상징인 샤넬 백을 갈망하고 허영심의 상징인 스타벅스 커피를 소비하는 젊은 여성들을 비난하는 단어로 시작된 "…녀" 시리즈는, 근대적 젠더관계의 기본인 남성 1인 생계부양자 모델이 실질적으로 붕괴하고 있음에도 불구하고 여전히 힘

10 각각 홍어, 보지, 빨갱이의 머릿글자로 전라도, 여성, 좌파를 일컫는다.

11 김학준(2014)은 자신의 논문의 한계로 〈일베〉사용자인 여성의 문제를 다루지 못하고 있음을 지적했다.

12 이 개념은 Eve Sedgwick(1985)으로부터 차용한 것으로, 그녀는 근대 영국문학에 자주 나오는 '한 여자를 사이에 둔 두 남자의 관계'가 여성을 욕망하는 두 남자의 경쟁구도로만 해석될 수 없으며, 오히려 여성의 거래를 통해 두 남성의 유대를 돈독히 하는 동성사회적 욕망을 읽어낼 수 있다고 제안하였다.

을 발휘하고 있는 남성 가장(家長)의 신화를 깔고 있다. '알파걸', '골드미스'라는 단어가 미디어를 휩쓸고 있을 때조차, 돈이 드는 취향을 가졌거나 자기가 좋아하는 남성의 기준을 공공연하게 말하는 여자는 비난을 받았다. 자기가 노력해서 벌지 않은 돈을 펑펑 쓰면서 감히 남자를 평가하고 공적 질서를 무시하는 싸가지 없는 여자로 치부되었기 때문이다. 그러나 현실을 보면 오늘날 젊은 여성들은 대부분 스스로 돈을 벌고 싶어 하고, 실제로 많이 버는 여성도 있다. 또한 돈을 많이 벌지 못하는 사람이라 하더라도 어쩌다 자기에게 주는 상으로 명품 구매나 공연 관람, 맛집 투어를 할 권리는 당연히 있다. 그럼에도 불구하고 여성들의 (자기를 위한) 소비는 파렴치한 무임승차의 증거로 해석되어 버리는 것이다.

안상욱은 〈디씨인사이드〉 등에서 나타난 이른바 '병맛 경쟁', '잉여력 경쟁' 등을 2000년대 젊은 남성들 사이에 유행한 루저 문화로 읽어냈다(안상욱, 2011). 1970년대 중반 이후 안정화된 한국사회의 근대적 젠더관계 속에서 남성성은 가족의 생계를 부양하는 소득자이자, 가족 내에서 아버지로서의 권위를 갖고 아내로부터 존경과 수발을 받는 '가부장'의 위치에서 구성되었다. 산업화 시기의 장시간 노동과 퇴근 후 회식, 접대문화 등은 아버지/남성의 가족 내 역할을 생계부양자와 수발받는 자에 한정했으며, 그런 의미에서 당시의 헤게모니적 남성성에는 아내/여성이나 아이들을 돌보거나 감정적 유대를 쌓는 과제는 포함되지 않았다. 그러나 2000년대 이후 사람들이 점점 더 탈락에 대한 공포와 생존 경쟁으로 몰리게 되면서 가장으로서의 남성의 위치는 심각한 타격을 받았다(엄기호, 2014). 이제 젊은 남성들은 생계부양자로서의 위치를 안정적으로 차지할 것이라는 보장이 없는 채로 성인기의 초입에 들어선다. '아버지처럼' 살기 어려울 것이라는 점을 받아들여야 하는 상황인 것이다.

스펙 쌓기와 무한경쟁을 주어진 조건으로 받아들이며 매 순간 삶을 연명해야 하는 젊은이들에게, 또래들은 남성이든 여성이든 기본적으로 취업과 안정적 지위를 두고 싸우는 경쟁자이다. 그런 한편 젊은 남성들에게 같은 세대 여성은 연애와 같은 친밀성의 세계와 일상적 삶의 맥락에서 성적 대상이자 사랑의 대상이기도 하다. 이 상황에서 청년 남성들은 취업을 위해 친밀성을 포기 혹은 유예하거나, 혹은 자신이 신자유주의적 경쟁 체계 속에서 높이 평가될 수 있는 특정한 자산을 갖고 있음을 끊임없이 드러내기를 요구받는 가운데 사적 친밀성을 만들어가는 상황에 놓여 있다. (아버지로부터 상속될) 가족의 자산, 큰 키, 높은 스펙, 유머감각, 감정적 수용성 등, 여성에게서 애정을 얻기 위해 갖추어야 할 항목 목록은 길고 또 길다. 그 목록을 다 채웠다고 해서 여성으로부터 애정이 그냥 주어지는 것도 아니다. 취업 경쟁에 못지않은 구애 경쟁이 필요한 상황이 된 것이다. 게다가 〈슈퍼맨이 돌아왔다〉와 같은 TV 프로그램들은 경제적 부양자의 역할에 더하여 자녀 양육에도 적극적으로 참여하는 다정다감한 남편을 이상적 배우자감으로 표상한다. 노동시장의 영역에서 자신의 '아버지처럼' 살지 못하는 청년 남성들이(생계부양 능력의 불안정화), 친밀성의 영역에서는 자신의 '아버지처럼' 살아서는 안 된다는 요구에 직면하는 것이다(돌봄과 관계의 영역에 적극적으로 참여하라는).

이런 상황에서 젊은 남성들이(자기와 친밀한 관계가 아닌) 또래 여성들을 자신의 생존을 두고 경쟁해야 할 라이벌이자, 성적 유혹이라는 무기를 이용하여 자신의 생명력을 갉아먹는 존재로 인식하게 되는 것은 거의 당연해 보인다. 새로운 젠더관계에 대한 상상력과 남성성의 모델이 부재한 채 생존 투쟁을 하는 남성들의 눈에는 젊은 여성들이 노력이 아닌 타고난 성적 능력으로 남성을 꾀어 자기의 권리만 찾는 존재로 보인다. 이것이 2000년대 이후 디지털 공간에서 기승을 부린 여성혐오의 심리·사회적 기반이다(윤보라, 2013). 젊은 남성들 사이에서 1인 생계부양자 모델 안에서의 '가

(부)장'이 헤게모니적 남성성의 지위를 잃어가고 있는 이즈음, 우리 사회에는 얼마나 다양한 대안적 남성성의 모델이 등장하고 있는가. 질문해야 할 것은 이것이다.

6. 디지털 네이티브 세대의 청년 여성

현재의 청년세대는 '디지털 네이티브 세대'라는 점에서도 손윗 세대와 다르다. 기성세대가 오프라인 생활세계 속에 태어나 생애의 어느 시점에 등장한 디지털 환경의 발전에 '적응'하고 학습함으로써 온라인 세계와 사이버 공간에 진입한 '디지털 이민자(digital immigrants)'라면, 현재의 청년세대는 태어날 때부터 온-오프라인 세계가 상호참조하면서 구성된 생활세계 속에서 살아온 말 그대로 '디지털 네이티브 (digital natives)'들이다.

디지털 네이티브 세대는 여러모로 이전 세대와 다르다(Marc Prensky, 2001). 디지털 이민자들이 책읽기를 통해 문자성(literary)을 익힌 후 디지털 세계로 들어왔다면, 디지털 네이티브는 태어날 때부터 컴퓨터 게임, 이메일, 인터넷, 텍스팅, 스마트 폰 등을 통해 언어와 소통을 경험하고 배운 사람들이다. 즉, 이전 세대에게는 새로운 언어(new language)인 디지털이 이들에게 있어서는 모국어(native language)와 같으며, 이는 이들의 사유의 패턴에 있어서 이전 세대와는 다른 특징을 나타내게 한다. 디지털 네이티브들은 순차적이고 선형적인 사유방식보다는 병렬적이고, 다발적이고, 빠르고, 분산적이며, 무작위적인 듯한 사유방식을 선호한다. 글자보다는 그림을 보고 싶어하며, 즉각적인 보상을 원하며, 진지한 것보다는 게임을 선호하며, 네트워크 되어 있을 때 가장 효율적이다.

그러므로 이들에게 디지털 공간은 더 이상 현실세계가 단순히 반영되었거나 혹은 현실세계와 엄격히 구별된 비물질적 세계로 이해될 수 없다. 현재의 20~30대들에게는 디지털 공간과 삶의 세계 사이를 가로지르고 혼종하는 경험이 일상적이고 자연스럽다. 이들에게 디지털 공간은 더 이상 현실세계에 '이미' 완성된 주체가 접속하고 활동하는 현실 '바깥'이 아니다. 인터넷이 일반화되고 각종 SNS를 비롯한 1인 미디어가 일상화된 세계의 원주민들에게 디지털성은 그 자체로 자아 구성의 내재적이고 필수적인 부분이다.

인터넷 커뮤니티나 SNS에서 나타나는 여성혐오가 청년 여성들에게 그야말로 '견디기 어려운 현실'이 되는 이유가 여기에 있다. 이들은 그것들을 '모니터 뒤의 찌질이들'이 배설하는 왜곡된 감정이나 무차별적 공격성이라고 치부하고 오프라인에서의 삶과 그것을 분리해서 살아가는 것이 이미 불가능한 세대인 것이다. 2000년대 중반에 시작되어 이제는 '김치녀', '맘충'과 같이 여성이거나 어머니라면 어떻게 해도 피할 수 없는 공격과 혐오의 덫이 촘촘하게 깔려 있는 디지털 세계에서, 디지털 네이티브 세대의 여성들은 스스로를 방어할 길을 찾기 어려워하고 있다. 2015년 이후 일련의 페미니즘 실천들이 청년 여성들에 의해 주도된 것은 이러한 상황에서 디지털 네이티브 여성들이 자신의 존재와 삶을 지켜내기 위해 스스로 주체화될 수 밖에 없었던 것으로 해석할 수 있다. 비록 개별 여성들의 견해나 행동이 일탈적인 경우도 있고 마냥 정당화되기 어려운 전투적 문제제기 방식이 돌출되는 사례도 다양하나,[13] 2016년 촛불시위부터 등장한

13 가령 〈메갈리아〉가 처음 등장했을 때 사용한 이른바 '미러링' 전략을 전략이 아닌 일상적 의사표현 방식으로 사용하는 〈워마드〉의 경우, 젠더와 여성 이슈를 제외한 여타의 사회문제에 대해 과거 〈일베〉와 비슷한 노선을 드러내기도 하고, 대단히 폭력적인 조롱과 공격을 담은 문제적 게시물이 올라오기도 한다. 이는 본인들이 〈일베〉로부터 방식 그대로 되갚아준다는 '미러링'을 효과적으로 행할 수 있었던 주체들이 이미 〈일베〉의 문화를 일종의 놀이문화로서 익숙하게 받아들인 과거의 〈일베〉 혹은 유사 사이트 유저들이었을 가능성이 높기 때문이다. 사실 1990년대에 인터넷이 보급되기 시작했을 때부터 여성 사용자들에게 집중적인 공격이 쏟아지는 양태가 지속적으로 나타났다. 여성들은 이후 '여성들만의' 커뮤니티를 만들어 그곳에서만 활동하거나 혹은 자신의 성별을 철저히 숨긴 채 〈디시인사이드〉 등 이른바 남초 사이트를 이용하는 방식으로 적응하였다.

"우리는 서로의 용기다"라는 구호에서 나타나듯 여성들이 사회적 고립으로부터 벗어나 연대와 집합적 실천의 가능성을 믿게된 것은 큰 진전이다.

그러나 다른 한편, 2018년의 이른바 '혜화역 시위'가 생물학적 성별(sex)에 기반한 조직행태로 인해 초기에 여러 불협화음이 불거졌듯이, 2010년대 중반 이후 '페미니즘'이라는 이름 아래 일어난 여성들의 주체화가 시민적 연대와 포용으로 이어지지 못하고 여성들 내부의 차이와 갈등으로 이어질 여지도 많다. 페미니즘을 외치면서도 여성혐오적인 발상에서 임신·출산하는 여성이나 결혼한 여성을 비난하는 개별 여성의 목소리도 돌출하는 상황이다. 이른바 '총공'의 형식으로 이뤄지는 디지털 네이티브 페미니즘 운동의 장단점 역시 따져볼 때가 되었다.

최근 몇 년간, 이른바 〈페미니즘 리부트〉 열풍과 그 이전부터 곪아터진 여성혐오 현상은 모두 젊은 세대, 디지털 공간에서의 활동을 기반으로 나타났다는 공통점이 있다. 이 세대의 남녀는 원하든 원하지 않든, 성인기 이후 10여 년 이상을 결혼이나 부모되기를 하지 않은 채 살아나가야 한다. 손윗 세대가 당연시하던 젠더 역할이나 결혼의 의미 등은, 이들에게 이미 현실이 아니다. 남녀 모두 개인으로서 이 사회 속에서 자신의 자리를 찾기 위해 분투노력하는 가운데, 동반자적 결혼이나 낭만적 파트너십을 꿈꾸거나 혹은 친밀성과 돌봄을 결여한 고립된 개인으로서 어떤 방식으로든 삶을 꾸리고자 한다. 이런 상황에서 특히 젊은 여성들이 성적 대상화로 인해 겪는 고통은, 같은 세대뿐 아니라 손윗 세대의 남성들로부터도 가해지며, 그런 의미에서 젊은 여성들의 주체화와 집합적 목소리는 손윗 세대의 남성들에게도 '젠더갈등'을 일으키는 건방진 도전으로 여겨지기도 한다. 그러나 특히 섹슈얼리티와 관련해서 젊은 여성들에게 가해지는 잘못된 관행들(misconducts)은 분명히 바로잡혀야 할 부정의이다. 2018년을 뒤흔든 "#Me too"운동은 젠더갈등을 '페미니즘'이나 여성들의 도전 때문에 일어난 부정적인 것으로 보는 시각을 탈피하고, 그동안 수면 아래 잠복해 있던 다양한 잘못들을 바로잡고 평등한 세상으로 나아갈 희망을 여는 한 계기로 보게 만들었다.

7. 미래를 향하여

2018년 7월에 전국 20대 남녀 1000명을 대상으로 실시한 〈한국여성정책연구원〉의 조사에 따르면(한국여성정책연구원, 2018), 현재 20대 여성 2명 중 1명은 자신을 페미니스트라고 생각한다(49%). '페미니스트'라는 이름이 일종의 비칭으로 사용되고 페미니스트를 자처하는 것만으로도 신상이 털리고 공격당하는 또래 디지털 문화 속에서, 스스로 페미니스트로 정체화한 여성이 절반에 가깝다는 것은 놀라운 비율이다. 또한 20대 여성(81.5%)과 남성(71.3%) 모두가 높은 비율로 자신이 성차별 문제에 관심이 있다고 응답했으며, 여성에 대한 성차별이 심각하다고 인식한 남성 응답자 역시 42.6%에 달했다. 14.6%의 20대 남성은 스스로를 페미니스트라고 생각했으며, 미투운동에 대해서는 20대 여성의 88.8%, 20대 남성의 56.5%가 지지했다. 그동안 20대는 젠더갈등과 여성혐오가 가장 심각한 집단으로 여겨졌지만, 몇몇 계기적 사건들과 그간 페미니즘의 분출, 그리고 민주화된 한국사회의 담론장 속에서 이 문제에 대한 좀더 성숙한 움직임이 이 집단에서 나오고 있음을 감지하게 되는 대목이다.

고정관념화되어 있는 젠더관계의 모델, 그리고 한국사회의 다양한 제도와 장면들 속에 여전히 녹아 있는 성차별적 관행들을 탈피하고 좀더 유연한 젠더의 모델을 상상하게 함으로써, 현재의 젠더갈등은 우리 사회의 발전을 위한 디딤돌이 될 수 있을 것이다. 이를 위해서 우선 '페미니즘' 혹은

'페미니스트들' 그 자체를 악마화하는 것을 멈추고, 국가와 사회를 향해 집합적인 목소리를 내는 여성들이 '여성'이라는 다른 존재가 아니라 대한민국 사회의 평등한 구성원이자 주권자로서 시민적 주체임을 인정하는 것이 필요하다. 주류 언론이 먼저 나서서 성대결을 부추기는 모습을 탈피하고, 디지털 시대의 명암과 디지털 세계의 문법을 충분히 고려한 보도태도가 필요하다. 휘발성이 높은 주제, 잘못된 정보에 기반한 분노와 조롱 등을 심층분석 없이 그대로 기사화하는 것은 지양해야 할 것이다.

전체적으로 일상생활과 노동시장에서 엄연히 존재하는 성차별과 젠더 격차에 대한 인식이 더욱 높아질 필요가 있으며, '평등'한 '관계맺음'에 대한 근본적인 고민이 요구된다. 가부장적 가족주의를 모델로 한 권위주의적 사회관계가 일상인의 생활에서 여전히 힘을 발휘하는 가운데, 시장과 국가정책 차원에서는 무한경쟁과 각자도생의 신자유주의 문화가 지배적 원리가 되고 말았다는 것이 현재 젠더갈등의 가장 큰 원인이기 때문이다. 청년들은 불평등과 위계관계에 문제를 제기하지만, 윗세대에게 그 목소리는 대개 '버릇없음'이나 관계맺음의 거부로 해석되기 십상이다. 여성들이 제기하는 평등 요구는 같은 세대 남성들에게서조차 그런 취급을 받는다. 남성 청년들은 가부장적 가족주의의 위계질서를 거부하지만, 새로운 형태의 남성성을 개발하지 못하고 있다. 여성 청년들은 집단적으로 '여성들의' 목소리를 냄으로써 불평등한 현실을 타개할 수 있기를 바라면서 급격하게 정치화·조직화되고 있지만, 젠더와 다른 사회적 범주들이 얽히면서 발생한 수많은 차이들과 문제들을 넘어서기 어려워하고 있다.

문제는 권위적 관계맺음을 거부하고 상호존중을 요구하는 목소리가, 관계맺음 그 자체에 대한 거부나 외면으로 이어지는 듯한 모습이다. 돌봄과 관계맺음의 실천을 가족 내 여성들이 떠맡았던 것이 고도성장기 한국이었다면, 개인의 발전과 경쟁력 향상에 방해가 되는 일로 여겨져서 아무도 이 일을 하고 싶어하지 않는 것이 이즈음의 한국사회이기 때문이다. 남녀 모두에게 노동시장 참여가 요구되는 사회에서, 돌봄의 재조직화는 필수적이다. 최근 20여 년 동안 어린이나 노인을 돌보기 위한 유급노동 일자리가 많이 늘어났고, 관련 복지재정지출도 급증했지만, 실제 돌봄을 제공하는 사람들은 여전히 대부분 여성들이고 저임금노동자인 실정이다. 현재의 한국사회에서도 여성은 (가족 내에서) 공짜로 혹은 (유급노동으로) 값싸게 타인에게 돌봄을 제공하는 사람으로 여겨지며, 그렇게 하지 않을 때 온갖 사회적 비난을 받게 된다. 반면 남성은 돌봄 제공으로부터 '사회적으로' 면제된다. 개별 남성이 돌봄노동을 요구받는 것은 그와 특별한 관계에 있는 개별 여성의 협상력을 매개로 해서만 일어나는 일이다. 이런 상황에서 돌봄과 관계맺음의 사회적 가치 인정은 요원해 보인다.

돌봄 없이 살 수 있는 사람은 없다. 어린이, 노인, 환자, 장애인뿐 아니라 건강한 성인 남녀들도, 매일매일의 삶 속에서 내가, 그리고 다른 누군가가 나를 돌보는 노동에 의지해서 살아간다. 개인들 사이에 돌봄과 관계맺음, 그리고 친밀성이 원활하게 추구되고 이뤄지는 것은 젠더갈등뿐 아니라 모든 갈등을 해결하는 열쇠가 된다. 돌봄을 마치 "가족"이라는 틀 속에서 자연스럽게 분비되는 그 어떤 것인 양 생각하고, 여성들에게만 그 실천을 요구하며, 실제 돌봄노동을 하는 사람들에 대한 존중이 없는 상태가 지속되는 한, 갈등은 피할 수 없다. 우리가 상상해야 할 것은 모든 이들을 평등한 개인으로 존중하는 가운데 모든 사람이 서로 돕는 새로운 형태의 관계, 새로운 형태의 사회 질서이다.

참고문헌

김보명(2018), "전지구적 시각에서 보는 Me Too 운동", 『황해문화』 2018 여름호, 198-209쪽.

김수아(2015), "온라인상의 여성혐오 표현", 『페미니즘연구』 15권 2호, 279-317쪽.

김수아·이예슬(2017), "온라인 커뮤니티와 남성-약자 서사 구축: '여성혐오' 및 성차별 사건 관련 게시판 토론의 담론분석을 중심으로", 『한국여성학』, 제33권 3호, .67-108쪽.

김학준(2014), "인터넷 커뮤니티 '일베저장소'에서 나타나는 혐오와 열광의 감정동학", 서울대학교 대학원 사회학과 석사학위 논문.

김홍중(2015), "서바이벌, 생존주의, 그리고 청년세대: 마음의 사회학의 관점에서", 『한국사회학』 제49권 1호, 179-212쪽.

김혜경·이순미(2012), "'개인화'와 '위험': 경제위기 이후 청년층 '성인기 이행'의 불확실성과 여성내부의 계층화", 『페미니즘연구』, 제12권 1호, 35-72쪽.

류진희(2015), "'무기없는 민족'의 여성이라는 거울: 해방 직후 탈/식민 남성성과 여성혐오를 단서로하여", 『문화과학』 83호, 48-61쪽.

박권일(2014), "공백을 들여다보는 어떤 방식: 넷우익이라는 '보편 증상'", 『지금, 여기의 극우주의』, 박권일·김민하·김진호 외 지음, 서울: 자음과 모음, 15-62쪽.

배은경(2009), "'경제 위기'와 한국 여성", 『페미니즘연구』, 제9권 2호, 39-82쪽.

손희정(2015), "혐오의 시대- 2015년, 혐오는 어떻게 문제적 정동이 되었는가", 『여/성이론』, 32호, 12-42쪽.

안상욱(2011), "한국사회에서 '루저문화'의 등장과 남성성의 재구성" 서울대학교 대학원 여성학협동과정 석사학위 논문.

안상수·김인순·이정현·윤보라(2015), 『남성의 삶에 관한 기초연구(II): 청년층 남성의 성평등 가치 갈등 요인을 중심으로』, 한국여성정책연구원.

엄기호(2014), "남성성의 위기와 한국의 남성문화", 『젠더와 사회』, (사)한국여성연구소 엮음, 파주: 동녘, 363-390쪽.

엄진(2016), "전략적 여성혐오와 그 모순: 인터넷 커뮤니티 '일간베스트저장소'의 게시물 분석을 중심으로", 『미디어, 젠더 & 문화』 31권 2호, 193-236 쪽.

엄혜진(2015), "신자유주의 시대 한국의 자기계발 담론에 나타난 여성 주체성과 젠더 관계: 1990년대 이후 베스트셀러 여성 자기계발서 분석을 중심으로", 서울대학교 대학원 여성학협동과정 박사학위 논문.

우석훈·박권일(2007), 『88만원 세대』, 서울: 레디앙미디어.

정인경(2016), "포스트페미니즘시대 인터넷 여성혐오", 『페니니즘연구』 16권 1호 185-219쪽.

윤보라(2013), "일베와 여성혐오: 일베는 어디에나 있고 어디에도 없다", 『진보평론』, 제57호,

33-56쪽.

윤보라(2014), "온라인 페미니즘", 『여/성이론』, 제30호, 166-180쪽.

한국여성정책연구원(2018), 『KWDI Brief』 제 49호.

Delphy, C.(1996), "Rethinking Sex and Gender", D. Leonard and L. Adkins eds., *Sex in Question: French Materialisy Feminiem?*, London: Taylor & Francis.

Scott, J. W.(1999), 배은경 역(2001), "젠더와 정치에 대한 몇 가지 성찰", 한국여성연구소 간, 『여성과 사회』 제 13호, 창작과 비평사.

"계층·젠더 갈등, 폭발력 더 커졌다", 『한국일보』 2019.1.2.일자. http://www.hankookilbo.com/News/Read/201812270601327645?fbclid=IwAR0qR3n6nPFXsI9w1NgfZV1EVNnfBknGIEOSMNJ6LpTtmPRHKFgdxVwR_lE(접속일: 2019.1.12.)

강원택 서울대학교 정치외교학부 교수

더 나은 한국사회를 위한 분절 문제와 해소 방안: 이념갈등

1. 서론
2. 이념갈등은 언제, 왜 시작되었나
3. 이념갈등은 얼마나 심각하고 왜 심각한가
4. 어떻게 해소할 것인가
5. 결론

더 나은 한국사회를 위한 분절 문제와 해소 방안: 이념갈등

1. 서론

민주주의 사회에 있어 갈등은 자연스러운 현상이다. 민주주의는 다원성(pluralism)을 전제로 하기 때문이다. 서로 다른 생각, 서로 다른 가치의 공존이 민주주의의 중요한 가치이다. 하지만 이는 동시에 상이한 생각, 서로 다른 가치 간의 갈등도 불가피하다는 것을 의미한다. 원론적으로 볼 때 대의민주주의 체제에서 그러한 갈등은 정당을 통해 표출되고 의회 정치에 의해 조정, 완화되고 궁극적으로는 합의에 도달해야 한다.

그러나 한국사회는 다양한 사회적 갈등을 겪고 있으며 갈등이 정치제도를 통해 제대로 완화되지 못하고 있다. 이 때문에 갈등이 일상화되고 있으며 이로 인한 피로감도 크다. 특히 최근 들어 이념적 차이로 인한 사회적 대립과 갈등이 고조되고 있으며, 이는 사회적으로 정치적 양극화의 경향까지 낳고 있다. 일반적으로 서구에서 나타나는 이념갈등이 경제적 가치의 배분 등 경제 정책과 관련된 특성을 갖는다면, 우리나라에서 나타나는 이념갈등은 경제적 측면뿐만 아니라 특히 남북관계와 관련된 특성을 갖는다는 점에서 더욱 심각성을 갖는다. 남북관계를 바라보는 시각은 단지 사회적 삶에 대한 정책적 방향의 문제라기보다, 정체(政體)와 민족의 문제, 전쟁과 과거사의 기억, 권위주의 체제에 대한 평가, 수십 년 간의 적대적 대립과 공포 등이 혼재된 가치와 신념의 문제라고 할 수 있다. 그만큼 이념 차이로 인한 사회적 갈등과 대립은 격렬할 수밖에 없고, 그 갈등을 완화하거나 조정해 내기도 쉽지 않다.

그런데 우리 사회에서의 이념갈등은 최근 들어 상이한 두 가지 특성과 서로 결합되는 양상을 보이고 있다. 첫째는 세대 간 시각의 차이이다. 과거 이념갈등의 핵심적 사안이었던 남북관계, 북한, 통일을 바라보는 시각이 젊은 세대와 노령 세대 간에 뚜렷한 차이를 보이고 있다. 이는 세월의 흐름과 그에 따른 시대적 변화로 인한 자연스러운 시각의 차이라고 할 수 있지만, 이념갈등이 세대갈등과 접목되는 결과를 낳고 있다. 두 번째는 이념갈등과 관련된 새로운 영역의 출현이다. 그동안 남북관계, 반공 이데올로기를 중심으로 이념갈등이 전개되어 왔다면 최근에는 경제적 영역에서의 관점 차이가 크게 부각되고 있다.

여기서는 이념갈등과 관련된 우리 사회의 내재적 특성과 최근의 변화를 고려하여, 이념갈등을 완화시키고 주요 정책 사안에 대한 사회적 합의를 도출해 내기 위한 방안에 대해 논의하기로 한다. 이 글에서는 우선 우리 사회에서 이념갈등의 출현에 대한 논의로부터 시작하여, 이념이 왜 심각한 갈등을 초래하게 되었는지 그 원인을 진단하고, 그로부터 이러한 문제를 해소하기 위한 정치, 사회적 방안을 제시할 것이다.

2. 이념갈등은 언제, 왜 시작되었나

사실 우리 사회에서 이념갈등은 비교적 최근의 현상이다. 해방 이후 좌우익 간에 격렬한 이념적 대립이 있었지만, 남북이 분단되고 또 6.25 전쟁을 겪고 난 이후 남한 정치는 우파의 독점적 체제가 확립되었다. 그나마 잔존해 있는 좌파 혹은 혁신 세력은, 1958년 진보당의 강제 해산, 1959년 조봉암의 사형과 같이 권위주의 체제 하에서 제거되거나 억압되었다. 이로 인해 1960년 4.19 혁명 이후의 다소 개방적인 분위기 속에서 치러진 총선에서도 '혁신계'는 미미한 성과를 거둘 수밖에 없었다. 1961년 5.16 군사 쿠데타로 집권한 박정희는 이른바 '혁명공약'에서 '반공을 국시의 제일'로 내세웠다. 쿠데타를 정당화하는 명분으로 반공을 강조하면서, 그에 대한 정치적 반대는 반공이라는 명분으로 억압했다. 이는 1인 종신 집권을 위한 유신체제에서 더욱 강화되었다. 박정희 사후 권력을 장악한 전두환 역시 유신체제를 사실상 이어 받았고, 반공은 군인들의 지배를 정당화하는 명분으로 활용되었다. 따라서 권위주의 시대의 정치적 갈등은 이념에 기초한 것이 아니라, '민주화 대 권위주의' 혹은 공정한 선거 경쟁과 같은 절차적 민주주의를 둘러싼 것이었다. 권위주의 체제를 뒷받침한 집권당은 말할 것도 없고, 야당 역시 이념적으로 보수적이었다. 이 시기에 정당 경쟁은 보수 양당 간의 경쟁으로 이뤄졌다.

민주화 이후에도 이러한 상황은 변화하지 않았다. 민주화는 권위주의 체제와 민주화 운동 세력 간의 '타협'에 의해 이뤄졌다. 민주화 이후의 정국은 구 권위주의 체제 세력과 김영삼, 김대중으로 대표되는 보수 야당 출신의 정치 지도자들에 의해 주도되었다. 더욱이 민주화 운동 이후의 정치적 경쟁은 지역주의에 의해 크게 영향을 받게 되었다. 1987년 대통령 선거와 1988년 국회의원 선거에서 노태우, 김영삼, 김대중, 김종필은 각각 대구/경북, 부산/경남, 전라, 충남에서 지역 유권자의 압도적인 지지를 받으면서, 지역주의는 이전의 '민주화 대 권위주의'라는 구도를 대신하는 정치적 대립의 중심축이 되었다. '1노 3김'이 모두 보수 정치인들이고 또 지역주의라는 것이 본질적으로 정책의 방향이나 이념을 담을 수 있는 것이 아니라는 점에서, 민주화 이후에도 한동안 한국 정치는 보수 일색으로 유지되었다. 즉 지역적 기반만 상이할 뿐 정당들의 이념적 정향은 한결 같이 보수적이었다(최장집 2010: 134).

이념갈등이 우리 사회에서 본격적으로 등장한 것은 2002년 대통령 선거 때부터라고 할 수 있다(강원택 2018; 윤성이 2006: 163). 2002년 대통령 선거는 시기적으로 김영삼, 김대중, 김종필 등 이른바 '3김'이 주도해 온 정치에서 벗어난다는 의미를 갖고 있었다. 이는 또다시 이들로 대표되는 지역주의 정치로부터의 탈피를 의미하는 것이기도 했다. 이처럼 2002년 대통령 선거는 3김 시대와 지역주의 정치를 넘어서는 새로운 정치 질서에 대한 기대감이 높았다. 이런 상황에서 정치적으로 비주류였고 지역주의 정치에 도전해 온 노무현이 집권당인 새천년민주당의 대통령 후보로 선출되면서 정치적 경쟁 구도는 이전과 차별화되기 시작했다. 새천년민주당은 2002년 대통령 선거를 앞두고 국민참여경선이라고 하는 자발적인 정치 참여 방식을 통해 후보를 선출했다. 이 과정에서 노무현은 '노무현을 사랑하는 사람들의 모임'(이하 노사모)이라고 하는 인터넷에 기반한 자발적 지지자들의 큰 도움을 받았는데, 그 구성원들은 대체로 '진보적인 성향의' 20~30대의 젊은 유권자들이었다. 한편, 한나라당에서는 강한 보수 성향의 이회창이 대통령 후보로 선출되었다. 대통령 선거 운동이 본격화되면서 예전과는 상이한 형태의 정치적 경쟁 구도가 형성되었다.

그런데 노무현은 한국 정치 맥락에서 다소 독특한 특성을 지니고 있었다. 우선 후보자가 스스로를 진보적이라고 규정했고 대북정책이나 대미 관계에서도 과거와는 상이한 접근을 공약했다. 북한 핵 개발 문제로 김대중 정부의 유화적 대북정책이 논란이 되고 있는 상황에서도 김대중 정부의 대북정책 기조를 계승할 것을 천명했고, 국가보안법 개정, SOFA 개정 등 미국과의 관계 변화도 시사했다. 이처럼 노무현은 미국과의 굳건한 안보 협력, 북한과의 대결체제의 유지라고 하는 반공이데올로기에 대해 도전할 의사를 선거 운동 기간 중 공개적으로 표명했다(강원택 2003: 326~327). 그동안 정치적으로 금기시 되었던 사안에 대해 노무현 후보가 노골적으로 문제제기를 하면서 이념이 선거에서 중요한 요인으로 떠올랐다.

새천년민주당 경선 과정에서부터 노무현 후보를 향한 이념적 문제 제기가 시작되었다. 2002년 4월 6일 인천 경선 유세에서 경쟁자였던 이인제 후보는 "대통령에게 가장 영향력 있는 영부인이 남로당 선전부장으로 7명의 우익 인사를 살해하는 현장을 지켜보고도 전향하지 않고 교도소에서 사망한 사람의 딸이라면 국군의 사기에 영향을 끼치지 않겠느냐"며 노무현 후보의 장인의 좌익 활동 경력을 거론했다. 이에 대해 노무현은 "장인은 해방되던 해에 실명한 분인데 무슨 일을 얼마나 할 수 있었는지 모르겠다"며 "나는(처가의 좌익 경력을) 알고 결혼했으며, 그렇다고 아내를 버려야 하느냐"고 반박했다(강준만 2011: 43). 한나라당 역시 노무현에 대해 이념적 의혹을 제기했다. "노무현은 공산주의자"라는 주장도 나왔고 "노무현은 과격한 좌파 혹은 과격한 진보파다. 신문사 국유화, 주한미군 철수, 국가보안법 폐지를 주장하는 사람이다"라고 비판했다(강준만 2011: 54~55). 하지만 2002년 9월 11일 영남대 강연에서 노무현은 "미국에 안 갔다고 반미주의자냐, 또 반미주의면 어떠냐"고 발언했다.(강준만 2011: 157). 이 발언 후 곧 반미주의자라는 말은 거둬들였지만, 이러한 표현이 언론에 대대적으로 보도되면서 노무현 후보를 둘러싼 이념적 논란은 더욱 확산되었다.

그런데 지역주의에 맞서는 정치인이라는 이미지를 갖고 있던 노무현으로서는 사실 지역주의 정치를 지지 동원을 위해 노골적으로 활용하기 어려운 입장이었다. 그런 상황에서 이러한 이념 요인의 부상은 노무현이 기존의 지역주의 균열 대신 이념 균열을 선거에 동원할 수 있게 만들었다. 정치적 경쟁에서는 여러 가지 잠재적 갈등 가운데 어떤 갈등이 지배적 위치를 차지하게 만드는가 하는 것이 중요하다면(Schattschneider 2008: 115), 노무현은 이념 균열을 지배적 위치에 놓이도록 만듦으로써 그 이전 선거 때와는 다른 경쟁의 양상을 만들어 내는 '갈등의 치환(displacement of conflicts)' (Schattschneider 2008: 127)을 이끌어 낸 것이다.

이러한 이념적 요인은 20대, 30대 젊은 유권자를 정치적으로 동원하는 데 효과적이었다. 특히 대학 시절 진보 이념으로 무장하여 전두환 정권에 대한 반체제 운동에 나섰던 당시 30대 유권자, 이른바 '386 세대'가 노무현 후보에게 호응하도록 했다. '386 세대'는 대학 시절 전두환 정권에 저항하며 민주화 운동에 적극 참여했고, 특히 1980년대는 마르크시즘을 비롯하여 진보적 사상과 철학에 대한 논의가 가장 활발했던 시기였기 때문에 이들은 진보적 이념에 대한 거부감이 상대적으로 적었다(강원택 2003: 295).

이에 더해 2002년 당시 한국-일본 월드컵에서 한국의 4강 진출과 길거리 응원, 그리고 미군 장갑차에 의한 여중생 사망 사건과 뒤이은 촛불 집회는 젊은 유권자들의 정치적 관심과 참여를 높이는 데 영향을 미쳤다. 2002년 6월 훈련 중 미군 장갑차에 의해 여중생 두 명이 사망하는 사건이 발생했다. 그리고 그 해 11월 이 사고에 대해 미군 부대 내에서 행해진 군사재판에서 과실사고로 인한 무죄 평결이 내려졌다. 그러나 그 재판 결과를 두고 한국 내에서 발생한 미군 관련 사건에 대해 한국 정부가 아무런 영향력을 행사할 수 없었던 한미주둔군지위협정의 불공정에 대한 분노가 표출한 것이다. 과거 권위주의 시대에 '반미는 곧 친북'으로 간주되었던 상황을 고려하면, 이와 같은 미국을 대상으로 한 대규모의 시위는 매우 예외적이라고 할 만한 일이었다.

따라서 2002년을 기점으로 한국 정치에서 이념갈등이 등장하게 된 것은 지역주의 대립의 상징이었던 '3김'의 정치적 퇴장으로 인한 새로운 정치에 대한 기대, 그런 상황에서 노무현이라는 진보 성향 후보의 출현과 그로 인한 선거에서 이념적 요인의 부상, 월드컵 4강 진출과 거리응원의 경험, 그리고 여중생 사망사건으로 인한 대규모 반미 촛불집회 등과 같은 우연적인 요소까지 함께 영향을 미쳤다. 이로 인해 2002년 대통령 선거에서는 유권자들의 이념 성향, 그리고 세대별로 후보자에 대한 지지가 명확하게 갈리는 현상이 나타났다.

〈표 1〉 세대별 이념 성향(2002년 대선 후 조사)

연령	이념 성향	분산분석
20대	2.62	F=24.8 p〈0.01
30대	2.55	
40대	2.93	
50대	3.09	
60대 이상	3.17	
전체 평균	2.82	

자료: 강원택(2003: 294), 표 10-5. 1-매우 진보, 3-중도, 5-매우 보수.

〈표 2〉 2002년 대선 세대별 투표 현황(방송사 출구조사)

	노무현		이회창	
	MBC	KBS	MBC	MBS
20대	59.0	62	34.9	31
30대	59.3	59	34.2	34
40대	48.1	47	47.9	49
50대	40.1	40 40	57.9	58
60대 이상	34.9		63.5	

자료: 강원택(2003: 290) 표 10-2.

〈표 1〉과 〈표 2〉에서 알 수 있듯이, 2002년 대통령 선거에서 이념적 논란의 부상은 투표 결정에 이념 요인뿐만 아니라 세대 요인의 영향을 증대시켰다. 〈표 1〉은 세대별로 이념 성향이 뚜렷이 구분되었다는 사실을 확인할 수 있다. 30대가 가장 진보적이며 그 다음이 20대로 나타났고, 60대 이상이 가장 보수적, 그 다음이 50대로 나타났다. 그리고 〈표 2〉에서는 젊은 세대의 경우 노무현 지지, 나이 든 세대의 경우 이회창 지지라는 패턴을 매우 분명하게 확인할 수 있다. 이러한 투표 패턴은 그 이전 지역주의가 압도적 영향을 미쳤던 선거 때와는 크게 달라진 것이다. 노무현 후보의 등장과 반공이데올로기를 둘러싼 이념적 갈등이 세대 간 갈등으로 전화, 중첩된 데에는 소위 386 세대의 '세대 효과'가 중요한 연결고리로 작용했다(강원택 2003: 332).

그런데 사실 2002년 대통령 선거에서 진보 이념의 부상은 예외적인 현상이 될 수도 있었다. 아무리 노무현이 진보적이라고 해도 단임 대통령제에서 그 대통령의 임기 이후에는 다시 예전과 같은 보수 정치인들 간의 경쟁으로 돌아갈 수 있기 때문이다. 한국 정치에서 이념이 자리 잡게 된 것은 '정치 세력'으로서의 진보적 정치인들이 의회 정치에 대거 참여하게 되었기 때문이다. 다시 말해, 이념을 중심으로 한 갈등이 그 이후 우리 정치에 지속적으로 영향을 미치게 된 것은 2004년 총선에서 열린우리당의 승리와 관련이 있다(이하 강원택 2018: 21-24). 노무현 대통령은 새천년민주당 소속으로 대통령에 당선되었지만, '동교동계'가 주축인 새천년민주당의 '적통'이 아니었고 본질적으로 보수 성향인 당 소속 대다수 중견 의원들과 이념적 성향에서도 차이가 있었다. 이 때문에 대통령 선거 과정에서도 '후보단일화협의회(후단협)'과 같은 비토 세력이 새천년민주당 내에 존재했고, 이들과의 갈등은 대통령 선거 승리 이후에도 지속되었다. 이 때문에 노무현이 대통령으로 당선된 이후 개혁 성향의 의원들은 열린우리당이라고 하는 새로운 정당을 창당했다. 열린우리당은 2003년 11월 11일 창당했는데 새천년민주당의 탈당파 40명, 한나라당 출신의 5명, 그리고 개혁신당 2명 등 47명의 의원으로 출발했다. 열린우리당에 참여한 이들은 개혁 성향이 강했고, 노무현 대통령의 진보적 성향에 공감하는 이들이었다. 하지만 열린우리당은 '집권당'이었지만 당시 국회 의석 299석 가운데 47석에 불과한 소수당이었다. 2004년 3월 한나라당, 새천년민주당, 자유민주연합 등 야 3당이 노무현 대통령에 대한 국회 탄핵 소추를 가결시켰다. 거대의석을 차지한 야당들이 힘으로 탄핵을 몰아붙인 것이었다. 당시 20%대 초반에 그쳤던 노무현 대통령의 낮은 인기도 탄핵을 추진하는데 한몫을 했다. 그러나 석연치 않은 사안을 빌미로 몰아붙인 야권의 탄핵 소추는 강한 역풍을 불러 왔다. 탄핵 직후의 한 여론조사에서는 탄핵이 잘못된 일이라는 응답이 75%에 달했다(동아일보 2004.3.21.). 이와 같은 탄핵 역풍 속에서 4월 실시된 17대 국회의원 선거에서 열린우리당은 152석의 과반을 차지하면 제1당으로 부상했다.

그런데 주목해야 할 점은 이전 국회의 구성원들과 정치적, 이념적 배경이 다른 의원들이 다수 당선되었다는 사실이다. 탄핵 정국 이전까지 노무현 대통령의 지지율은 매우 낮은 상태였기 때문에, '기존 정치'에 익숙했던 상당수의 후보들은 열린우리당을 외면했다. 더욱이 열린우리당에 참여한 현역 의원도 많지 않았다. 이로 인해 열린우리당은 새로운 후보자들로 빈자리를 채워야 했다. 이들 가운데는 진보적 이념에 기초하여 권위주의 투쟁을 벌인 이른바 '386' 출신이나 시민운동가 출신이 적지 않았다. 실제로 열린우리당 당선자 152명 가운데 학생운동, 사회운동 출신자는 모두 50~60명에 이르며, 1980년대 학생운동의 지도부를 형성했던 전국대학생대표자협의회(전대협) 간부 출신 당선자도 12명이나 되었다. 이들은 2002년 대통령 선거에서 노무현 후보가 개혁과 진보의 깃발을 들고 나선 이후 노무현의 열렬한 지지 세력이 되었고, 노 정부 출범 이후에는 국회의원 선거에도 대비하고 있었다.[1] 이와 같은 초선 의원의 대거 진출, 특히 이념적으로나, 출신에서나, 세대적으로 상이한 배경을 가진 진보 성향 의원의 대거 진출로 열린우리당은 이전의 '주류 정당들'과 상당한 다른 이념적 배경을 갖게 되었다. 또한 2004년 국회의원 선거에서는 민주노동당이 10석을 얻으며 민주화 이후 계급정당, 노동자정당이 최초로 의회에 진입했다.

〈표 3〉 16대, 17대 국회 주요 양당 의원들의 이슈별 이념 평균

국회	16대		17대	
정당	한나라당	새천년민주	한나라당	열린우리당
외교/안보	5.82	3.28	5.04	3.05
경제	4.93	4.22	5.66	4.17
사회	4.95	3.44	4.40	2.26
탈물질	3.92	3.74	4.52	4.08

자료: 강원택(2012: 14).(0-가장 진보, 5-중도, 10-가장 보수)

그렇다면 열린우리당의 '이념적 진보 성향'은 어떤 특성을 갖고 있을까? 〈표 3〉에는 외교/안보, 경제, 사회, 탈물질 이슈와 관련된 16대 국회와 17대 국회의 주요 양당 의원들의 이념 성향의 평균값이 정리되어 있다. 16대 국회의 새천년민주당에 비해서 17대 국회의 열린우리당은 특히 외교/안보 이슈와 사회 이슈와 관련하여 진보 성향이 강화되었다는 사실을 알 수 있다. 외교/안보 이슈는 대북 관계, 대미 관계, 국가보안법 등 반공이데올로기와 관련된 것이고, 사회 이슈는 사형제와 같이 질서, 권위를

1 "'구국의 금배지 대오' 전대협?" 한겨레21(2004. 4. 21) http://h21.hani.co.kr/arti/politics/politics_general/10838.html(검색일 2018. 10. 2.)

강조하는 입장과 자유, 인권을 강조하는 입장 간의 차별성과 관련된 것이다. 전반적으로 볼 때, 열린우리당은 반공이데올로기, 자유, 인권의 문제와 같은 과거 권위주의 시대의 유산과 관련하여 한나라당과 큰 시각 차이를 보이는 것으로 나타났다. 이에 비해서 '국가 개입 대 시장 자율' 간의 입장을 물은 경제 이슈에 대해서는 새천년민주당과 열린우리당 간에 큰 차이가 없는 것으로 나타났다.

여기서 2002년 이후 부상한 이념갈등의 특성을 확인할 수 있다. 2002년 대선, 2004년 국회의원 선거를 거치면서 우리 사회에서 이념갈등이 확산되었는데, 이념적 갈등의 속성은 서구에서 나타나는 것과 같은 성장 대 형평, 시장 대 국가, 자본 대 노동 등의 경제적 요인에 기반하기보다 과거 권위주의 시대의 유산, 특히 반공이데올로기를 둘러싼 갈등이었다. 손호철(2011: 772~774)은 노무현 정부와 열린우리당을 자유주의적 보수 정파로 규정했으며, 한나라당, 자민련 등은 냉전적 보수로 지칭했다. 그리고 민주노동당을 진보 정파로 구분했다. 손호철의 지적대로, 2002년을 기점으로 터져 나온 우리 사회의 이념 균열을 경제적이고 계급적 기반을 둔 좌파 이념의 부상이라고 보기는 어렵다. 노무현 대통령이나 열린우리당이 대표한 이념은 자유주의적 개혁 성향, 그리고 반공주의에 맞선다는 의미에서의 '진보' 이념 성향으로 평가할 수 있다.

노무현의 대통령 당선과 열린우리당의 총선 승리는 1958년 이후 지속되어 온 보수 양당 체제로부터의 변화를 의미하는 것이었다. 한국의 정치적 맥락에서의 '진보 정치'의 부상과 함께 그 이후 이념갈등은 점차로 격화되어 갔다. 실제로 노무현 정부 출범 후 추진된 국가보안법 폐지, 과거사 진상 규명법, 사립학교법, 언론관계법 등 4대 개혁입법, 이라크 파병, 한미 FTA 등으로 인해 한국 사회는 격렬한 이념적 대립을 경험했다.

3. 이념갈등은 얼마나 심각하고 왜 심각한가

(1) 이념갈등의 정도

앞서 살펴본 대로, 우리나라의 이념갈등은 대북정책, 대미관계를 포함한 외교와 안보 이슈에 집중되어 있다. 이에 비해 경제적 요인의 영향은 그다지 크지 않은 것으로 나타났다. 즉, 한국사회의 이념적 균열은 외교/안보 이슈를 중심으로 한 일부 이슈에서만 진보와 보수 간의 갈등이 존재한다는 것이다(김무경, 이갑윤 2005). 윤성이(2006) 역시 안보 영역에서의 국가보안법을 제외하면 경제, 사회가치의 영역에서는 보수-진보 간 인식의 차이가 심각하지 않음을 밝히면서, 한국사회의 이념갈등이 실체적 내용에 비해 과장되고 부풀려져 있다고 주장했다. 이처럼 실제 한국사회의 이념갈등은 매우 제한된 영역에 머물러 있지만, 문제는 시간이 갈수록 경험적으로 느껴지는 이념갈등의 '정도'는 더욱 심각해져 왔다는 것이다.

〈표 4〉는 일반 국민이 평가한 각 정당의 이념적 위치의 변화 추이를 측정한 것이다. 2000년 조사에서는 주요 두 정당인 한나라당과 새천년민주당 간의 이념 차이가 0.22에 불과했다. 즉, 두 정당 간 이념적 차이는 거의 없다고 할 수 있다. 그러나 2002년 대통령 선거를 겪고 난 2004년 조사에서는 한나라당과 열린우리당 간의 이념 차이는 3.61로 크게 벌어졌다. 2008년 조사에 두 주요 정당 간 이념의 차이는 4.06으로 더욱 확대되었다. 2012년 새누리당과 통합민주당 간의 이념 차이는 3.98로 2008년보다는 다소 줄어들었지만 여전히 크다는 것을 알 수 있다. 즉, 〈표 4〉는 2002년 이후 국민이 바라볼 때 한국 주요 정당 간 이념의 차이가 크게 확대되었으며, 그러한 차이는 시간이 갈수록 커지고 있음을 보여주고 있다.

〈표 4〉 주요 정당의 이념 성향의 변화

	한나라당/새누리당	새천년민주/열린우리/민주/통합민주당	주요 두 정당 간 차이
2000	5.66	5.44	0.22
2004	7.33	3.72	3.61
2008	7.59	3.53	4.06
2012	7.29	3.31	3.98

여기서 사용된 데이터는 CSES(Comparative Study of Electoral System) Cross-National Survey 자료. 1- 가장 진보, 10-가장 보수. 자료: 이내영(2015) 〈표 1〉에 의거 재구성.

정당 간 이념 격차의 확대뿐만 아니라 정당 지지자들 사이에서도 2002년 이후 이념의 차이가 확대되었다. 〈표 5〉에서 알 수 있듯이, 2000년 조사에서 주요 두 정당 지지자들 간의 이념 차이는 0.41에 불과했다. 그러나 2004년 조사에서는 그 격차가 2.47로 확대되었고, 2008년 조사에서 2.07로 그 차이가 다소 줄어들었지만 2012년 조사에서는 2.82로 다시 확대되었다. 2002년 이후 정당 간 이념의 차이가 확대되었을 뿐만 아니라 일반 유권자들 사이에서도 지지하는 정당에 따라 이념적 차이가 커졌다는 것을 알 수 있다.

〈표 5〉 정당 지지자들의 이념 성향의 변화

	한나라당/새누리당	새천년민주/열린우리/민주/통합민주당	주요 두 정당 간 차이
2000	5.21	4.80	0.41
2004	6.29	3.82	2.47
2008	6.63	4.56	2.07
2012	6.99	4.17	2.82

자료: 이내영(2015) 〈표 2〉에 의거 재구성. 기타는 〈표 4〉와 동일함.

그렇다면 여기서 생각해 볼 수 있는 점은 왜 이렇게 정파 간 이념적 거리가 증대되었을까 하는 것이다. 두 가지 측면에서 그 원인을 생각해 볼 수 있다. 첫째는 일반 국민 사이에서 이념 거리가 커졌고 그로 인해 이념갈등이 격화되었다고 생각해 볼 수 있다. 즉 유권자 수준에서 이념적 양극화가 발생했다는 것이다. 이런 경우 정당 간 이념갈등의 격화는 유권자 수준에서 발생한 이념적 갈등을 정치권이 반영한 것이 된다. 두 번째는 정치 엘리트, 즉 정당이나 국회의원들 간 이념갈등이 격화되었고, 그로 인해 유권자들 역시 영향을 받아 이념갈등이 극화되었다는 것이다. 이런 경우 이념 양극화의 일차적 책임은 정치 엘리트에게 놓이게 된다.

〈표 6〉 대북정책 관련 보수-진보의 태도 차이

		보수	진보	차이
북한 지원	2002	2.00	2.38	0.38
	2004	1.75	2.37	0.62
	2006	1.74	2.31	0.57
국가보안법	2002	2.22	2.71	0.49
	2004	2.46	3.11	0.65
	2006	2.14	3.09	0.95
통일 방식	2002	1.76	1.97	0.21
	2004	2.39	2.75	0.36
	2006	2.10	2.56	0.46

자료: 윤성이(2006: 172)에 의거 재구성. (1- 보수, 3- 중도, 5- 진보)

〈표 6〉은 이념갈등이 본격화된 2002년 이후 2006년까지 4년간 대북정책 등 반공이데올로기와 관련된 사안에 대한 일반 국민의 태도의 변화를 보수와 진보 이념 집단으로 구분하여 정리한 것이다. 2002년과 비교할 때 대북 정책과 관련된 세 가지 이슈에서 모두 보수 집단과 진보 집단

간 이념의 차이가 커졌다는 것을 알 수 있다. 북한 지원에 대해서는 2002년 0.38이었지만 그 이후 0.62, 0.57로 그 격차가 커졌다. 국가보안법에 대해서도 2002년 0.49였지만 2004년 0.65, 그리고 2006년에는 0.95로 그 차이가 커졌다. 통일 방식에 대해서도 2002년 0.21에서 2004년 0.36, 그리고 2006년에는 0.46으로 이념적 시각의 차이가 커졌다. 2002년 이념 갈등이 부상한 이후 일반 국민 사이에서도 특히 반공 이데올로기, 대북 정책과 관련하여 보수 집단과 진보 집단 사이에 이념적 태도의 차이가 커졌다는 사실을 〈표 6〉은 잘 보여주고 있다.

그러나 이러한 시각의 차이는 과도하게 해석되어서는 안 된다. 〈표 6〉에서 주목해야 할 또 한 가지 사실이 있다(윤성이 2006: 173). 북한 지원의 경우, 보수 집단뿐만 아니라 진보 집단에서도 그 평균값이 중도 값인 3을 넘지 않고 있다는 점이다. 보수이든 진보이든 북한의 기본적 태도의 변화가 없다면 무조건적인 지원은 곤란하다는 보수적이거나 조심스러운 태도가 양 집단 모두에서 확인되었다. 보수 집단이 시간이 갈수록 보수적 태도가 강화되는 모습을 보였지만, 진보 집단에서도 그러한 패턴은 유사하게 나타났다. 통일 방식에 대한 평균값 역시 보수, 진보 집단에서 모두 3 미만의 값이 나타났다. 다시 말해 자유시장 경제체제 방식으로 통일이 이뤄져야 한다는 데 대해 보수, 진보의 이념적 차이와 무관하게 큰 틀에서 합의가 존재했던 것이다. 보수와 진보 집단 간 뚜렷한 시각의 차이가 확인된 것은 국가보안법에 대한 것이었다. 국가보안법에 대한 보수와 진보 집단 간의 시각은 시간이 갈수록 크게 확대되었을 뿐만 아니라, 진보 집단의 경우 2004년 이후에는 중도 값인 3을 넘는 분명한 진보적 태도를 보였다. 더욱이 국가보안법의 경우에는 보수는 더욱 보수적으로, 진보은 더욱 진보적으로 입장이 강화되는 특성을 보였다.

이상에서 살펴본 대로, 일반 국민의 경우 2002년을 기점으로 보수 집단과 진보 집단 간 이념적 차이는 확대되었다. 그러나 그러한 태도의 격차가 모든 반공이데올로기 관련 이슈에 대해 일관적이고 분명한 패턴으로 이뤄진 것은 아니었다. 더욱이 북한 지원과 통일 방식의 경우에서 보듯이, 보수와 진보 집단의 태도는 근본적으로는 커다란 차이를 갖는 것이 아니었다. 이런 점에서 볼 때, 이념적 갈등이 부상한 2002년과 그 직후의 시기를 두고 볼 때, 일반 국민 사이에서 이념적 갈등 점차 강화되어 간 것은 분명하지만, 그것이 두 이념 집단 간 격렬한 대립으로 이어질 만큼 극복하기 어려운 커다란 차이라고 보기는 어렵다는 사실을 알 수 있다. 앞에서 제시한 이념갈등 원인의 두 가지 가운데, 일반 국민 사이에서 격렬한 이념 대립이 발생했고 그것을 정치권이 대표하게 되었다는 가설은 실제와는 다르다고 할 수 있다.

〈표 7〉 16, 17, 18대 국회에서 주요 양당 의원들의 사안별 이념 성향

	국회	새천년민주/열린우리/통합민주당	한나라당	차이(절대값)
대미관계	16대(2000-2004)	4.70	5.81	1.11
	17대(2004-2008)	4.19	6.15	1.96
	18대(2008-2012)	4.09	6.14	2.05
국가보안법	16대(2000-2004)	3.28	5.45	2.17
	17대(2004-2008)	1.99	4.28	2.29
	18대(2008-2012)	2.51	5.12	2.61
대북지원	16대(2000-2004)	1.86	6.20	4.34
	17대(2004-2008)	2.97	4.70	1.73
	18대(2008-2012)	3.05	6.15	3.10

강원택(2010: 181) 0-가장 진보적, 5- 중도, 10- 가장 보수적.

그렇다면 이번에는 정치 엘리트 수준에서의 이념 태도의 차이에 대해 살펴보기로 한다. 〈표 7〉은 이념갈등이 부상하게 된 2002년을 전후해서 활동한 16대 국회부터, 2004년 총선을 통해 구성된 17대 국회, 그리고 그 이후 열린우리당이 사라지고 다시 통합민주당으로 재결합한 뒤 선거를 치른 18대 국회까지 세 차례 국회에서의 주요 두 정당 간 이념의 차이를 정리한 것이다. 여기에서는 대미관계, 국가보안법, 대북지원 등 반공 이데올로기와 관련된 세 개의 이슈에 대한 양당 의원들의 이념 성향의 평균값과 그 차이의 추이를 확인할 수 있다. 대미관계, 국가보안법, 대북 지원 모두 시간이 흐를수록 두 정당 소속 의원들의 이념 성향의 차이가 확대된다는 것을 알 수 있다. 대미관계의 경우 16대 국회 때는 그 차이가 1.11에 불과했지만, 17대 국회에서 그 차이는 1.96으로 크게 확대되었고, 18대 국회에서는 다시 2.05로 더 커졌다. 국가보안법에 대해서도 마찬가지의 패턴이 확인되었는데, 16대 국회 때 그 차이가 2.17이었던 것에 비해, 17대에서는 2.29로, 그리고 18대 국회에서는 2.61로 그 차이가 점차 확대되었다. 대북 지원은 16대 국회에서 4.34로 가장 큰 차이를 보였다가, 17대 국회에서 1.73으로 줄어들었지만, 18대 국회에 와서는 다시 3.10으로 이념 태도의 차이가 확대되었다. 대북 지원에 대해 16대 국회에서 양당 간 입장의 차이가 컸던 것은 그것이 김대중 정부의 대표적 정책이었던 '햇볕정책'과 관련된 것이었기 때문이다. 새천년민주당 의원들은 이 정책에 대해 '절대적' 지지를 표해야 했던 반면, 한나라당 의원들은 그 정책이 핵심적 정치 쟁점이었던 만큼 매우 강한 반대를 표시해야 했기 때문이다. 17대 국회에서 국가보안법과 대북지원에 대한 한나라당 의원들의 입장이 다소 진보적인 입장을 취하기는 했지만, 전반적으로 볼 때 민주당 계열의 강한 진보성과 한나라당의 보수성이 서로 대립하는 패턴이 확인되었다. 반공 이데올로기와 관련된 이 세 가지 사안에 대해 민주당계 의원들과 한

나라당 소속 의원들 간 이념의 차이는 시간이 흐르면서 더욱 확대되는 모습을 보이고 있다. 반공이데올로기 문제는 이념적 갈등의 핵심으로 작용했다(강원택 2010: 181~182).

〈표 6〉과 〈표 7〉을 비교해 볼 때, 일반 국민에 비해 정치 엘리트 수준에서 이념적 차이가 시간이 흐를수록 확대되고 있고, 반공이데올로기와 관련된 여러 사안에서 일관된 패턴으로 작용하고 있음을 알 수 있다. 즉 이념갈등이 격화되어 온 것은 일반 국민 사이에서 이념갈등이 커졌기 때문이 아니라, 정치 엘리트 수준에서 이념적 대립이 커졌기 때문이라는 사실을 확인할 수 있다.

이내영(2011) 역시 일반 국민과 16대, 17대, 18대 국회의원들의 이념 성향의 변화를 비교하면서, 앞에서의 논의와 유사한 결론에 도달했다. 이 연구에서는 일반 국민의 이념 대립은 한미관계, 대북정책에서는 뚜렷하게 나타났고, 집회, 시위의 자유, 사형제도 등 인권, 자유와 관련된 사회적 이슈에서도 비교적 분명한 차이가 나타나는 반면, 한미 FTA, 세금 증대, 부동산정책 등 경제적 이슈에서는 차이가 분명하지 않거나 적게 나타났다. 그러나 이에 비해 국회의원들 간에는 대북지원, 한미관계, 세금확대, 종합부동산세, 고교평준화, 사형제도 등 모든 정책 현안에 대해 주요 정당들의 태도가 예외 없이 큰 차이를 보이는 것으로 나타났다. 또한 일반 국민 중 보수-진보 집단 간 이념 거리는 보수-진보 정당 의원들보다 적은 것으로 나타났다. 이런 점에서 볼 때, 한국사회에서 나타나는 진보- 보수 집단 간 이념대립과 갈등은 일반 국민들에서보다 정당 소속 국회의원들 사이에서 뚜렷하게 나타나며, 그것은 정당이 이념갈등을 완화하고 조정하려고 하기보다 갈등을 증폭시키는 역할을 하고 있다고 이 연구는 결론 짓고 있다.

이념갈등의 확산에서 정치 엘리트의 역할은 실제로 중요하다. 일반적으로 선거에서 개별 유권자는 자신의 정치적 선호에 따라 후보자나 정당을 선택한다고 생각한다. 내가 보수 성향이면 보수 후보나 정당을, 내가 진보 성향이면 진보 후보자나 정당에게 투표한다는 것이다. 이런 관점에서 보면 유권자와 후보자 간의 이념 거리의 가까움이 투표 결정에 중요할 수도 있고(Downs 1957), 혹은 이념의 방향성이 투표 선택에 영향을 미칠 수도 있다(Rabinowitz and Macdonald 1989). 하지만 적지 않은 유권자들은 자신의 선호대로 정치적 선택을 하기보다 자신이 지지하는 정당이나 정치 엘리트에 의해 영향을 받을 수 있다. 브로디와 페이지(Brody and Page 1972)는 유권자가 자신의 실제 정치적 선호와 무관하게 자신이 좋아하는 정당의 입장에 자신을 동조화하고 그것을 합리화하려는 경향이 있다고 주장했다. 다시 말해, 유권자는 자기가 지지하는 정당의 입장을 잘 모르는 경우에도 그 정당이 자신의 입장을 반영하고 있다고 생각하거나, 혹은 자신이 지지한 정당의 입장에 맞춰 자신의 생각과 태도를 바꿀 수 있다. 브로디와 페이지는 전자의 경우를 '투사(projection)'에 의한 합리화, 후자를 '설득(persuasion)'에 의한 합리화라고 보았다. 예컨대 어떤 유권자가 한나라당을 지지했는데, 그렇기 때문에 한나라당의 입장이 자신의 입장에 가장 맞다고 생각하는 것이 '투사'의 효과이고, 한나라당을 지지했기 때문에 한나라당의 입장에 자신의 입장을 맞추려고 하는 태도는 '설득'의 효과이다. 이처럼 정치 엘리트나 정당의 태도는 지지자들에게 영향을 미칠 수 있다. 코너버와 펠드만(Conover and Feldman 1989)도 정당의 태도가 일종의 정파적 판단의 단서(parisan cue)를 제공하기 때문에 어떤 쟁점에 대한 후보자 간 입장의 차이가 크지 않은 경우에 자신이 지지하는 정당의 입장을 따르고 그 정당을 선택하게 하는 데 투사나 설득이 영향을 끼친다고 주장했다. 레이먼과 카아시(Layman and Carsey 2002)는 최근 미국에서 나타나는 이념적 양극화에 대해 분석하면서 그에 대한 정치 엘리트의 영향에 주목했다. 각 정당에 정당일체감을 갖는 유권자들이 정치 엘리트의 이념적으로 강화된 입장을 반영하여 극화된 태도를 갖게 되었다는 것이다. 발다사리와 젤먼(Baldassarri and Gelman 2007) 역시 미국 유권자의 이념 성향이 극화되었다기보다는 쟁점 이슈에 대한 공화당과 민주당의 입장이 양극화되었고, 지지자들이 이러한 강경해진 정당의 입장에 자신의 태도를 동조하기 때문이라고 보았다.

이러한 현상은 우리 사회의 양극화를 설명하는 데도 매우 유용하다. 앞에서 살펴본 대로, 우리 사회에서 일반 국민의 태도는 쟁점 이슈에 대해 보수와 진보적 입장으로 극화된 형태가 아니라는 사실을 확인했다. 이에 비해 정치 엘리트의 경우에는 2002년 이후 주요 쟁점에 대한 이념적 양극화가 매우 현저하게 나타났다. 윤성이(2006: 178)는 샤츠슈나이더(Schattshneider 2008: 77)의 '편향성의 동원'(mobilization of bias)이라는 개념을 통해 이러한 특성을 설명했다. 편향성의 동원이란 사회의 중심 갈등을 억압 또는 대체하기 위해 특정 갈등을 부각하고 그에 따라 정치참여와 지지를 동원하는 것을 말한다. 이러한 편향성의 동원을 통해 정치 엘리트는 '갈등을 사유화'함으로써 정치 권력을 유지하려고 한다는 것이다. 윤성이는 한국사회의 이념갈등이 실제 내용에 비해 과장되어 있는데, 이렇게 된 원인은 현재 진행되는 이념갈등이 한국사회 내의 본질적 갈등이라기보다는 정치 엘리트 집단이 정권을 획득하기 위한 수단으로 갈등을 사유화하고 증폭시킨 측면이 크다는 것이다. 이런 점에서 볼 때, 우리 사회에서의 이념적 갈등이 고조되어 온 것은 일반 국민의 생각이 이념 집단에 따라 크게 달라져 왔기 때문이 아니라, 정치권의 이념적 극화 현상이 일반 국민에게 영향을 미쳤기 때문이라는 사실을 알 수 있다[2].

2 이내영과 허석재(2010)는 2007년 대통령 선거를 분석하면서 주요 후보자의 선택에 '투사'효과가 영향을 미쳤다고 주장했다.

(2) 이념적 양극화의 원인

이처럼 최근 한국사회에서 나타난 이념갈등에는 정치권의 이념적 분극화가 큰 영향을 미쳤다. 그런데 우리나라에서 이처럼 정치권의 이념적 극화가 일반 국민에게 큰 영향을 미칠 수 있는 데에는 우리 정치의 구조적 특성과도 관련이 있다. 특히 우리 정당 정치의 특성과 관련이 있다. 1990년 3당 합당 이후 우리나라의 정당 정치는 대체로 양당제적인 형태로 이어져 왔다. 선거 때마다 주목할 만한 제3당이 출현하기도 했지만, 1990년 이후 정당체계는 영남과 호남이라는 지역주의에 기초한 한나라당 계와 민주당 계 정당이 주도하는 양당적 경쟁의 형태로 이뤄져 왔다. 그런데 우리 사회의 정치적 갈등은 다양화되었지만 그러한 갈등이 다양한 정당들로 구성된 다원적 정당 경쟁에 의해 분산되는 것이 아니라, 두 개의 주요 정당에 의해 오히려 집중되는 경향을 보여 왔다. 이 때문에 이념갈등을 포함한 사회적 갈등이 양당의 정파적 경쟁에 의해 증폭되고 양극화되는 결과를 초래했다. 오늘날 우리 사회의 이념적 갈등이 격화된 이유 역시 기존의 지역주의 갈등에 기초한 정당 경쟁에 이념 갈등이 추가되었기 때문이다.

트루먼(Truman 1958: 508~511)의 고전적 다원주의 이론에 의하면, 미국 사회가 균형 있는 대의제 민주주의를 유지할 수 있는 이유는 여러 집단에 '복수의 혹은 중복된 소속감(multiple or overlapping membership)'을 갖고 있기 때문이라고 보았다. 즉 상이한 여러 집단에 동시에 집단 소속감(group affiliation)이나 충성심(loyalty)을 갖고 있기 때문에, 어느 한 쪽으로 편향되거나 극화된 태도를 갖기보다는 타협하고 상대방의 입장을 고려하게 된다는 것이다. 지역, 계층, 종교, 이념을 예로 들어보자. 북부 지방에 사는 사람들은 모두 프로테스탄트이고, 부자이고 보수적이며, 남부 지방에 사는 사람들은 모두 가톨릭이고 가난하고 진보적이라고 한다면, 지역갈등이 생겨났다면 이는 곧 계층 간 갈등, 종교 간 갈등, 이념적 갈등으로 확산될 것이다. 종교갈등, 계층갈등, 이념갈등의 경우도 마찬가지다. 이렇게 집단 소속감이 두 개로 나눠져 있다면, 어느 하나의 갈등은 또 다른 갈등으로 비화될 것이고 그 사회는 격렬한 대립과 갈등에 시달리게 될 것이다. 그러나 북부 지방에 사는 사람들 중에도 가난한 사람이 있고, 가톨릭도 있고, 진보적인 사람도 있다면, 지역갈등이 다른 갈등으로 쉽게 비화되지는 않을 것이다. 이처럼 '중복된 소속감'을 갖는다는 것은 정치적 대립을 완화하고 타협과 상호 이해를 높이는 데 도움을 줄 수 있다.

그러나 우리나라에서는 그동안 이와 달리 두 개의 주요 정당을 중심으로 다양한 사회적 갈등이 오히려 축적되어 오는 모습을 보였다. 다시 말해, 우리의 경우에는 균열이 서로 겹치면서 상쇄되거나 완화되는 것이 아니라 오히려 두 개의 정파를 중심으로 갈등이 집중되고 강화되어 왔다. 민주화 직후 정당 정치가 지역주의에 기반하여 재편되었고 이는 3당 합당과 함께 영남 대 호남 구도로 양분되었고 그 이후 큰 변화 없이 유지되어 왔다. 그러나 앞서 논의한 대로, 2002년을 기점으로 이념갈등이 강하게 부상했다. 그 이후 이념갈등은 우리 사회의 주요한 정치적 갈등의 요인이 되었다.

하지만 그것은 이념갈등이 지역갈등을 '대체'하는 형태는 아니었다. 모든 사회 현상이 그렇듯이, 새로운 갈등이 등장한다고 해서 기존의 갈등이 하루아침에 사라지는 것은 아니다. 이념갈등이 아무리 '폭발적으로' 등장했다고 해서 지역주의를 완전히 대체할 수 있는 것은 아니다. 기존 갈등과 새로운 갈등은 일정 기간 공존하면서 상호 연계된 모습을 보이는 것이 일반적이다. 실제로 선거에서는 지역주의와 이념이 결합하는 경향도 나타났다. 즉 호남이라는 지역과 진보라는 이념 성향이, 그리고 영남이라는 지역과 보수라는 이념 성향이 서로 결합되는 특성도 나타났다(백준기, 조정관, 조성대 2003; Moon 2005). 즉, 원래 지역주의 갈등에 기반해 있던 주요 두 정당 간 대립은 이념, 세대 간 갈등까지 포함하게 되었고 그로 인해 정치적 쟁점이 생겨날 때마다 사회가 분열되고 이념 집단 간 갈등이 고조되는 상황이 초래된 것이다.

그런데 사실 현실 정치적으로 본다면 지역주의와 이념갈등의 결합에는 열린우리당의 실패와도 관련이 있다. 앞서 논의한 대로 2002년 대통령 선거에서 노무현은 이념갈등을 불러오면서 '갈등의 대체' 전략을 펼쳤다. 탈지역주의를 외쳤던 노무현으로서는 지역주의에 의존할 수 없었다. 열린우리당의 창당 역시 탈지역주의가 중요한 명분이었다. 그러나 열린우리당은 결국 실패했다. 탈지역주의와 정치개혁을 강령으로 내걸고 새로운 정당 구도를 형성해 가고자 했지만, 열린우리당은 '노무현의 정당'의 이미지가 강했고 노무현 대통령의 지지도 하락과 함께 정치적으로 몰락했다. 열린우리당의 실험이 실패로 돌아가면서 소속 정치인들은 다시 호남을 기반으로 한 새천년민주당 계와 통합하여 통합민주당을 결성했다. 그러나 통합민주당은 그 이전의 새천년민주당으로 되돌아갈 수는 없었다. 앞서 논의한 대로, 2004년 국회의원 선거를 통해 기존 정치인들과는 다른 배경을 가진 일군의 정치인들이 등장했기 때문이다. 이들이 통합민주당으로 재결합하면서 이념갈등은 다시 지역주의 갈등과 재결합하게 되었다. 더욱이 경쟁 정당인 한나라당은 영남 지역주의와 보수 정치 이념을 모두 그대로 유지하고 있었다.

영남 대 호남으로 양분되었던 정당 정치는 이제 그 위에 보수와 진보의 이념을 더하게 되었다. 2002년과 2004년 두 차례 선거를 통해 확인되었듯이, 보수와 진보의 이념은 젊은 세대와 나이 든 세대 간의 세대갈등을 수반하고 있었다. 이로 인해 한나라당계와 민주당계의 양대 정당은 기존의 지역주의에, 이념갈등과 세대갈등을 모두 대표하게 되었다. 영남과 보수, 노령층 유권자가 한 쪽으로, 호남과 진보, 젊은층 유권자가 또 다른 쪽으로 나뉘게 된 것이다. 두 정당에 의해 둘로 나눠진 지형 속에서 어느 한 쪽을 선택하도록 강요받게 되었다. 트루먼이 말한 '중복된 소속감'이 아니라 세 가지 균열이 모두 양쪽으로 나뉜 '단절된 소속감', 어느 한 편에 대한 강한 소속감과 충성심을 가져야 하는 구조가 된 것이다. 그런 만큼 타협이나 협상, 상대방에 대한 이해, 공감은 취약해질 수밖에 없는 상황을 맞이하게 되었다. 이 때문에 이념갈등은 곧 세대갈등으로 비화되고, 지역갈등, 정파 간 대립으로 확산될 수 있게 되었다. 또한 역으로 어떤 사건이라도 그것이 정파적 의미를 갖게 되면 그것은 또다시 이념적 갈등을 불러올 수 있게 되었다.

대표적인 사례가 '세월호 사건'을 둘러싼 우리 사회의 갈등이다. 세월호 사건의 본질은 대형 해상 재난 사고였다. 이 사건이 특히 논란이 된 것은 여객선이 침몰해 가는 데 조난된 승객을 제때에 제대로 구조해 내지 못한 정부의 무기력과 늑장대응에 대해 국민의 불만이 컸기 때문이다. 즉, 세월호 사건은 본질적으로 보수와 진보, 혹은 좌와 우의 대립과 같은 이념적 갈등과는 전혀 무관한 사건이다. 그러나 세월호 사건을 두고 여야 정치인들만이 대립한 것이 아니라, 시민사회도 분열하여 보수 단체는 세월호 사건 진상조사나 유족들의 요구에 대해 매우 적대적인 태도를 보였으며 진보 단체들은 이들과 매우 상반된 입장을 취했다. 세월호 사건의 여파가 어이없게도 보수 대 진보 간의 이념적 대결로 이어지게 되었다(강원택 2017a: 151). 비단 세월호 사건뿐만 아니라 정파적으로 대립하는 주요한 쟁점이 생겨날 때마다 거의 예외 없이 이념적 갈등으로 비화되었고 세월호 사건처럼 각 이념 진영의 집단들 간의 갈등이 격화되었다. 제주 해군 기지 건설을 둘러싼 논란 역시 처음에는 강정마을 주민들이 삶의 터전 및 환경 파괴 등을 이유로 건설을 반대하는 데서 시작되었지만, 그 뒤 주민소환이라는 정치적 대립의 과정을 거치면서 점차 이념적으로 양극화되어, 보수에서는 안보를 위한 기지 건설, 진보에서는 평화를 위협하는 건설이라는 이념적 대립이 점차 핵심적 대립 구도로 형성되어 갔다(김강민 2018: 29~34). 이처럼 우리 사회에서 발생하는 갈등은 그 속성이 비정치적, 비이념적인 것이라도 정파적 개입을 통해 이념적인 양극화로 이어져 왔다.

레이먼과 카아시(Layman and Carsey 2002)는 미국 정치의 양극화 경향에 주목하면서 이러한 문제를 '갈등의 확산(conflict extension)' 때문이라고 보았다. 과거에는 정당이나 정치인들이 유권자의 지지를 동원하는 데 보다 효과적인 이슈나 쟁점을 찾게 되면, 기존의 주요 쟁점에서 새로운 쟁점으로 옮겨간다고 하는 '갈등의 대체' 현상이 일어났지만, 오늘날에는 그렇지 않다는 것이다. 이들은 최근의 미국 정치의 이념적 양극화가 새로운 쟁점이 기존의 주요 쟁점을 대체했거나 혹은 새로운 이슈를 둘러싼 이념적 재편(ideological realignment)이 일어났기 때문이 아니라고 주장했다. 이들은 낙태나 동성애 등 문화 이슈, 그리고 여기에 사회 복지, 인종적 이슈 등 새로운 어젠더의 부상으로 인한 이념적 양극화는 기존 갈등이 온존하는 상태에서 제한된 다수의 유권자들에게 이러한 갈등의 영향이 추가적으로 더해지는 '갈등의 확산' 때문이라는 것이다. 이들의 주장에 따르면, 우리 사회의 갈등이 최근 들어 격화된 것은 바로 '갈등의 확산'이 일어났기 때문이다. 이념갈등, 그리고 세대갈등이 기존의 지역주의 갈등을 대체한 것이 아니라, 기존의 지역주의에 이념대립, 그리고 이념대립에 함께 수반했던 세대균열이 두 개의 주요 정당을 통해 결합되는 결과를 낳게 된 것이다. 즉 '갈등의 확산'이 발생하게 된 것이다.

우리 사회의 이러한 '갈등의 확산'의 경향이 더욱 우려스러운 것은 최근 들어서는 이러한 갈등이 다른 영역으로 확산되는 추세를 보이고 있기 때문이다. 앞에서도 지적한 대로, 그동안 우리 사회의 이념갈등은 대체로 권위주의 체제의 유산과 관련된 이슈에 집중되어 있었다. 대표적으로 대북정책, 대미관계, 국가보안법 등 반공이데올로기와 관련된 것을 예로 들 수 있다. 이에 비해 경제 분야에서는 이념 집단별로 뚜렷한 차이가 나타나지 않았다. 우리 사회에서는 소득이 낮고 가난한 계층에서 오히려 이념적으로 보수 성향이 강하게 나타났고 보수 정당이나 후보에 대한 지지도 높게 나타나는 이른바 '계급 배반 투표'의 현상이 나타났다(강원택 2013). 그러나 최근 들어서는 계층에 따른 이념 성향의 차이, 지지하는 정파의 차이가 나타나기 시작했다. 2017년 대통령 선거에서의 투표 분석을 통해 강원택(2017b)은 후보 선택에 경제적 요인이 영향을 미치고 있다고 주장했다. 즉, 재산의 많고 적음에 따라 지지하는 후보가 달라졌다는 것이다. 강원택의 분석에서는 자산의 정도와 주택 소유 여부에 따라 대통령 선거에서 후보 지지의 패턴이 다르게 나타났는데, 재산이 많을수록 보수 성향 후보에, 재산이 적을수록 진보 성향 후보에 대한 지지가 높아졌다. 이처럼 이제 한국 사회에서는 경제적 조건을 반영하는 계층 요인에 따라 계층 집단별로 정치적 지지가 다르게 되었다는 것이다. 계층 요인은 월 소득보다는 자산이나 주택과 같은 집안의 재산 정도가 보다 중요하게 나타났다. 이러한 분석에 따르면, 이제 한국사회에서는 기존의 지역주의, 이념과 세대에 더해 이제는 계층 간 갈등까지 정파적 대립에 더해지게 된 것이다. 그런 만큼 우리 사회의 갈등과 분열은 더욱 심각해질 수밖에 없다.

그렇다면 왜 각종 갈등이 생겨날 때마다 이와 같이 양극적 구조를 더욱 심각한 상태로 만들어가는 걸까? 거기에는 다양한 요인이 존재할 수 있겠지만, 크게 세 가지 원인을 생각해 볼 수 있다. 첫째는 정당정치의 문제이다. 이념적 양극화가 만들어지고 더욱이 격화되어 온 첫 번째 원인은 정당체계가 양당적 구조로 장기간 유지해 왔기 때문이다. 앞서 언급한 대로, 1990년 3당 합당 이래 우리 정당체계는 한나라당계와 민주당계 정당으로 양분되어 왔고, 선거 때마다 새로운 제3당의 도전을 받으면서도 그 지배적 지위에는 변화가 없었다. 경제성장, 민주화, 세계화, 정보화라는 사회적 변화는 우리 사회의 이해관계나 관심사를 다양하게 변모시켰지만, 그러한 사회적 관심사를 정치제도에 반영하고 대표해야 할 정당체계는 양당적 형태가 계속해서 온존되었던 것이다. 우리 사회에서 나타나는 이념 갈등이 심각하게 느껴지는 까닭도 그것이 주요 두 정파의 입장에 따라 사회를 양분하기 때문이다. 더욱이 이러한 정파적 양극 대립 속에서 대립과 갈등을 중재하고 완화시킬 중재자를 찾기가 쉽지 않다. 앞서 본 트루먼의 주장대로, 이념갈등을 포함한 다양한 사회적 갈등이 존재하더라도 그것을 두 정파가 사실상 중첩적으로 독점하고 있는 형태가 아니라, 두 극단 사이에 보다 온건하고 타협적인 또 다른 정치적 대표 기구가 존재하는 형태라고 한다면 갈등이 반드시 양극화된 형태로 사회를 양분하지는 않을 것이다.

사실 두 거대 정당은 끊임없이 새로운 갈등을 부추기고 그것을 통해 자신들의 정치적 지배권을 계속해서 유지하고 싶어 한다고 할 수 있다. 지역주의 균열이 약화되면 이념 균열을 부르고 세대적 갈등을 부추기고 이제는 점차 계층갈등까지 동원하려고 한다. 앞에서 살펴본 대로, 정당 정치가 사회적 갈등을 해소하기보다는 오히려 정략적 목적에 의해 이념갈등을 부추기고 있는 것도 바로 이런 이유 때문이다. 그런 점에서 두 거대 정당은 적대적 관계로 보이지만 사실 정치적 이해관계를 공유하는 동반관계이기도 하다. 양당제적 구조 하에서는 유권자의 정치적인 선택지가 둘 중 하나로 제약을 받을 수밖에 없는 구조이기 때문에, 두 거대 정당은 정치적으로 대립되는 쟁점을 끊임없이 만들어 냄으로써 어느 한 쪽으로 편들지 않으면 안 되는 상황으로 몰고 가는 것이다. 따라서 이런 상황에서는 양당 모두 쟁점에 대한 타협이나 양보보다는 이분법적 흑백논리, 선악의 논리를 강조하게 되고, 이러한 정치 엘리트가 의도적으로 조장한 갈등은 앞서 살펴본 '투사'와 '설득'의 논리에 의해 일반 사회로까지 확대되게 되는 것이다. 이념적 대립이 발생할 때마다 그것이 시민단체 간의 대립과 충돌, 나아가 언론까지 두 진영 중 어느 한 쪽의 입장을 지지해야 하는 상황으로까지 전개되는 것은 바로 이러한 양당제적 구조 때문이라고 할 수 있다. 이는 다른 표현으로 하자면, 결국 우리 사회의 이념적 양극화는 두 가지 대립되는 관점 간 차이를 좁히고 공통점을 찾아내서 양측을 매개해 줄 정치적 중간 세력이 부재하다는 사실과 관련이 있다.

두 번째 요인은 정치체제의 문제와 관련이 있다. 우리 정치체제는 권력이 중앙정치에 집중되어 있고 승자에게 독점되는 구조를 가지고 있다. 따라서 권력이 분산되거나 혹은 상이한 정파 간 권력을 공유하기 쉽지 않다. 한국의 권력구조는 승자가 모든 권력을 독점하고 패자는 아무런 역할을 할 수 없는 승자독식의 대통령제이다. 한 표라도 더 얻은 후보자는 100%의 권력을 장악하고, 패배한 후보자는 아무런 권한도 갖지 못한다. 대통령제에서는 대통령에게 유일하게 권한의 위임이 이뤄져 있기 때문에, 상이한 복수의 정당들 간 권력을 공유하는 연립정부를 구성하기도 쉽지 않다. 또한 중앙-지방의 관계도 단방제(unitary system)이며 중앙정부의 권한이 지방정부의 권한을 압도한다. 즉 중앙정부의 권력을 장악하면 지방까지 영향을 미칠 수 있는 모든 권한을 다 갖게 되는 것이다. 이는 연방정부와 주 정부가 각각 상이한 관할 영역에서 행사할 수 있는 권한이 분리된 연방제(federal system)와는 다른 상황이다. 미국은 대통령제이지만 연방정부에 부여된 권한에 대해서만 영향력을 행사할 수 있으며, 일반 주민의 실생활과 관련된 대부분의 사안은 주 정부에 부여되어 있기 때문에 대통령이 그런 사안들에까지 권력을 행사할 수 없다.

이러한 승자독식의 체제는 국회의원 선거제도에서도 마찬가지로 나타난다. 국회의원 선거 역시 한 명을 선출하는 단순다수제 방식이 사용되고 있다. 단 한 표라도 더 얻은 후보가 그 지역구 대표성을 100% 다 가져가게 된다. 한 표 차이로 패배하더라도 2등은 의미가 없다. 즉, 지역구 선거 역시 승자독식의 구조이다. 비례대표 방식으로 선출한다면, 각 정당은 득표만큼 의석을 차지한다. 51%를 득표했다면 그만큼의 의석을 차지하는 것이고, 49%를 득표했다면 49% 정도의 의석을 차지하는 것이다. 그러나 다수제에서는 승자만이 정치적으로 대표된다. 더욱이 국회의원 300명 중 지역구 의원의 수는 253석, 즉 83%를 차지하고 있다. 국회의원의 선출은 사실상 승자독식의 시스템으로 이뤄지는 것이다. 이러한 승자독식의 구조에서는 승리를 위해 정당이나 후보자는 수단과 방법을 가리지 않게 된다.(윤성이 2015: 48). 그만큼 정파적 경쟁은 치열해지는 것이다.

이와 함께 현행 선거제도가 미치는 또 다른 중요한 영향은 양당적 경쟁을 부추긴다는 것이다. 뒤베르제(Duverger 1954)는 단순다수제 선거제도는 정당체계를 양당제로 이끄는 경향이 있다고 했다. 실제로 국회의원 선거 때 어느 지역구에 유력 후보가 셋이라는 것은 이념적으로 양립되어 있는 상황이라면, 보수, 진보 진영 중 한 쪽의 분열을 의미하는 것이다. 어느 한 쪽의 분열이라는 것은 그 정파로서는 그만큼 승리의 가능성이 낮아지는 것을 의미한다. 이는 대통령 선거에서도 마찬가지이다. 그동안 선거 직전 후보 단일화의 시도가 계속되었던 것을 바로 이 때문이다. 주요한 두 후보 간의 경쟁으로 선거가 이어진다는 것은 정치적 경쟁이 양극적이 된다는 것을 의미한다. 따라서 정당들은 유권자들을 정치적으로 동원해 내기 위해 이들을 지지자와 반대자로 구분하기 위한 갈등, 균열을 부추기려는 시도를 행하게 된다. 특히 지지자와 반대자를 명확하게 나눌 수 있는 정서적이고 감정적인 이슈를 통한 갈등을 부추기고자 한다. 예컨대, 대북

정책은 이슈의 속성이 민족 문제이면서도 동시에 과거 전쟁의 피해나 공포의 기억을 갖는 정서적 문제이면서 체제 경쟁, 냉전의 경험으로 선악으로 구별해내기 쉬운 이슈이기도 하다. 대북 정책을 둘러싼 갈등이 역사적, 구조적 요인을 갖고 있지만 동시에 정파적 이해관계를 위해 의도적으로 부추겨지기도 한 것이다.

이념적 갈등이 고조된 세 번째 이유는 시민사회에서 찾을 수 있다. 편향되고 극단적인 생각을 공유하는 집단들에 의해 이념적 양극화가 더욱 심각해지는 것이다. 선스타인(Sunstein 2009)은 유사한 견해를 갖는 사람들(like-minded people)이 집단에서의 상호작용을 통해 이념적으로 극단화되어 가는 과정에 주목했다. 극단화는 유사한 생각을 하는 집단이 특정 방향으로 편향된 의견이나 지식을 서로 주고받으면서 생겨난다는 것이다. 즉 편향되었지만 비슷한 생각이나 의견을 갖는 이들은 자기들과 다른 대안적 관점에는 거의 노출되지 않은 채 그들 간 매우 제한된 이들과 편향된 생각을 공유한다는 것이다. 이에 따라 그들은 스스로의 의견이나 생각에 확신을 갖게 된다. 울분이나 분노를 갖는 경우도 있지만, 그렇지 않은 경우라고 해도 누군가에 의해 반발과 저항이 격화되기 시작하면 집단 내 상호 작용을 통해 어떤 견해는 극단적인 방향으로 나아가게 된다는 것이다(Sunstein 2009: 31~32). 따라서 유사한 생각을 갖는 이들의 집단은 적대감을 갖는 대상에 대한 음모적 믿음과 울분을 상승시키는 '상호 작용을 하는 반향실(an interactive 'echo chamber')'과 같이 작동한다는 것이다(Sunstein 2009: 119). 즉 혼자라면 그렇게까지 되지 않겠지만 비슷한 사고를 하는 사람들끼리 집단을 이뤄 배타적으로 토의하고 정보를 주고받으면서 극단화되어 간다는 것이다.

이러한 문제는 인터넷을 통한 정보 획득과 논의가 활성화되면서 더욱 심각해지고 있다. 인터넷을 통해 '세상의 모든 정보'를 다 접할 수 있을 것

같지만, 사실 그 많은 정보가 다 필요하거나 유용한 것은 아니다(이하 강원택 2007: 53~57). 인터넷을 사용하는 사람의 입장에서 볼 때 매우 세분화되고 제한된 정보에 관심을 갖게 되고, 실제로 접하게 되는 정보 역시 매우 선별적이다. 따라서 인터넷에서의 관심사는 매우 파편화되어 있어서 많은 사람들이 공유하는 공동의 관심사를 찾기가 쉽지 않다. 인터넷에서의 논의가 이뤄지는 공간은 합리성, 이성, 상호존중, 경청, 타협의 태도가 전제되는 개방적인 공간이기보다, 생각이 비슷한 사람들끼리 모이는 배타적이고 제한적인 공간의 특성이 강하다. 더욱이 인터넷에서의 논의는 어떤 사안에 대해 다양한 대안을 두고 개방적인 태도로 이뤄지는 것이 아니라, 처음부터 유사한 의견을 가진 사람들끼리 모여 견해를 주고받게 된다. 그로 인해 자신이 가진 생각을 '강화(reinforcement)'시키는 결과를 낳게 된다. 선스타인(Sunstein 2009: 81) 역시 이런 문제점을 지적했다. 많은 인터넷 토론방은 공유된 정체성에 의해 결집되어 있으며 사람들은 인터넷을 통해 대부분 유사한 성향의 다른 사람들과의 논의를 통해, 그것이 아무리 편향되었거나 혹은 대다수 사람들의 생각과 다르더라도, 자신들의 생각을 강화시킨다는 것이다. 더욱이 인터넷 상에서 주목을 받는 이슈는 감성을 자극하는 이슈인 경우가 많다. 감성적 이슈는 이성적이고 합리적인 토론보다 '공동의 적'을 향한 격한 감정이나 분노의 표출의 형태로 논의가 진행되기 쉽다. 또한 '적과 아군'을 나누거나 더 나아가 '선과 악'이라는 이분법적 대립으로 논의가 이뤄는 것이다(강원택 2007: 60). 또한 이런 상황에서는 객관적 사실여부와 무관하게 극단적 주장이 오히려 주목을 받고 논의를 이끌어 가게 되며, 이는 또 다시 양극적 분열을 더욱 격화시키는 악순환을 초래하게 된다.

4. 어떻게 해소할 것인가

앞 절에서 논의한 대로, 우리 사회의 이념적 양극화는 정당 정치, 정치체제, 시민사회라는 세 수준에서 모두 그 원인을 찾을 수 있다. 그런 점에서 손쉬운 해결책은 찾기 쉽지 않다. 크게 두 가지 측면에서 문제 해결을 고려해 볼 수 있다.

첫째는 정치체제, 정당 정치와 관련된 제도 개혁이다. 이념적 갈등이 악화되는 것을 막기 위해서는 그러한 갈등이 양극적 대립으로 이어지지 않도록 하는 것이 필요하다. 앞에서 논의한 대로, 특히 정치권에서의 양극적 갈등을 피할 수 있도록 하는 것이 중요하다. 갈등이 고조되는 것은 두 개의 정파로 사회가 갈려 상호 교류나 대화 없이 각 집단 내에서 자신들의 정체성을 배타적으로 강화시켜 왔기 때문이다. 즉, 우리 사회 이념갈등의 문제는 보수와 진보 사이에 합의의 통로가 마련되어 있지 않다는 데 있다.(윤성이 2006: 164). 따라서 이러한 문제를 해결하기 위해서는 갈등을 둘러싼 사회적 논의의 구조가 양극적이 아니라 다극적인 형태가 되어야 하며, 양극단의 주장이나 그것을 대표하는 정파가 아니라 중간의 온건한 입장이 이러한 논의를 이끌고 나갈 수 있어야 한다.

이를 위해서는 두 개의 거대 정당이 지배하는 양당적 구조가 해체되어야 한다. 두 정당이 정파적 이해관계를 위해 사회적 쟁점을 양극적 대립으로 끌고 나가지 못하도록, 중간에서 상이한 두 입장을 조정해 주는 정치적 영향력을 갖는 제3의 정치 세력이 출현할 수 있어야 한다. 보다 근본적으로는 갈등의 양 극단을 대표하는 정치 세력이 아니라, 온건한 입장을 취하는 정치 세력이 정치를 주도해 갈 수 있는 정치적 재편이 필요하다. 또한 이념적 양극화를 피하기 위한 정치개혁은 정치적 경쟁이 승자독식의 형태가 아니라, 권력을 공유하거나 '협치'가 가능한 방식이 되도록 해야 한다.

이런 점에서 우선 생각해 볼 수 있는 정치제도의 개혁은 선거제도를 보다 비례성이 높은 형태로 바꾸는 것이다. 뒤베르제(Duverger 1954)의 주장대로, 현재와 같은 소선거구 단순다수제 방식은 두 개의 거대 정당에 유리한 방식이다. 소수당이나 신생 정당은 이러한 선거제도 하에서는 대표자를 배출하기 어렵다. 예컨대 어떤 선거구에 출마한 소수 정당의 후보자들이 모든 선거구에서 20%를 득표했다면, 현실적으로 모든 후보자가 다 낙선될 가능성이 크다. 이 때문에 유권자들은 소수 정당 후보자가 좋다고 해도 당선 가능성이 낮기 때문에 주요 정당 후보 중에 한 사람에게 투표를 하게 된다. 그만큼 소수 정당이 정치적으로 대표될 가능성은 낮아지는 것이다. 하지만 정당이 얻은 만큼 의석을 배분하게 된다면 그 소수 정당은 300석을 기준으로 하면 20%인 60석을 얻게 된다. 즉 비례대표제로 선거제도를 개정한다면 각 정당은 얻은 득표만큼 의석을 차지할 수 있어서, 거대 양당이 주도하는 정당체계에서 벗어날 수 있다.

또한 지역주의로 인한 정치적 대표성의 독점도 해소할 수 있다. 현재 소선거구 단순다수제 선거제도 하에서는 어떤 정당이 특정 지역의 의석을 모두 차지했다고 해도 그것은 그 정당이 그 지역 유권자로부터 100%의 지지를 받았기 때문은 아니다. 60%를 득표해도 100%의 의석을 차지하는 것이고 심지어 50% 미만의 지지로도 지역 의석 100%를 모두 차지할 수 있다. 하지만 비례대표제가 된다면 호남 지방에서도 한나라당계 정당이 득표만큼의 의석을 차지할 수 있고, 영남에서도 민주당계 정당이 지지를 받은 만큼 의석을 갖게 된다. 지역 의석을 한 정당이 독점해 온 이전과 달리 지역 내에서 다당 경쟁이 실질적으로 이뤄지게 되는 만큼 지역주의 균열을 약화될 것이고, 지역 균열에 이념, 세대 균열을 중첩적으로 두 정파가 독점하면서 사회적 갈등을 고조시켜 온 정치적 대립 체제로부터도 벗어날 수 있다.

그런 점에서 연동형 비례대표제의 도입을 적극적으로 검토할 필요가 있다. 연동형 비례대표제는 혼합형 선거제도(mixed electoral system)의 일종인데 비례성이 높으면서도 현재의 선거제도와 외형상 유사하다. 혼합형 선거제도는 유권자들이 지역구에서 의원을 직접 선출하는 동시에 정당 투표를 통해 비례대표를 선출하는 방식이다. 현재 우리나라에서 사용하는 선거제도가 일종의 혼합형 선거제도이다. 그런데 혼합형 선거제도(mixed electoral system)는 두 가지로 분류된다. 하나는 다수제형 혼합선거제도이다(Mixed Member Majoritarian: MMM). 이 제도는 현재 우리나라에서 사용되는 방식으로, 지역구와 정당명부에 의한 비례대표 의원을 별도로 선출하고 각각의 선거 결과를 단순히 합산하는 방식이다. 병립형 혼합선거제도라고 부르기도 한다. 우리나라 20대 국회에서는 지역구 253석, 정당명부 비례의석이 47석으로, 비례의석의 비율은 15.7%에 불과해서 단순다수제 방식으로 뽑는 지역구 선출의 영향이 매우 크다. 일본과 대만에서도 이러한 선거제도를 사용하는 데 일본은 중의원 480명 중 300명은 지역구에서, 180인은 비례대표로 선출하고 있다. 일본에서 비례대표 비율은 37.5%이다. 대만은 총 113개 의석 가운데 지역구에서 73석을 선출하고 정당투표로 34석을 선출한다. 이외에도 대만 원주민을 위한 특별 의석 6석을 두고 있다. 정당투표에 의한 의석 비율은 30.1%이다. 현 방식으로도 우리나라의 비례의석의 비율이 매우 낮다는 것을 알 수 있다.

또 다른 하나는 비례대표형 혼합선거제도이다(Mixed Member Proportional: MMP)이다. 연동형 비례대표제하고도 부른다. 이 제도는 지역구 투표와 정당투표를 한다는 점에서 외형상으로는 MMM 방식과 유사하지만 의석 배분의 방식에서 큰 차이가 있다. 연동형 비례대표제에서 정당의 의석 배분의 기준은 정당투표이다. 전체 의석 가운데 어떤 정당이 얻은 정당투표의 비율대로 의석이 결정되고, 그 정당이 지역구에서 얻은 의석을 제외한 수만큼 정당명부에 기재된 순서대로 의석이 배분된다. 예를 들면, 500석이 의회 정원이라고 하면, 정당 A가 선거에서 정당투표로 20%를 득표했다고 가정하자. 이 경우 정당 A가 얻은 의석은 500석 x 20% 인 100석으로 결정된다. 그런데 정당 A가 지역구에서 40석을 얻었다면, 그 나머지 60석은 정당A의 정당명부에 기재된 순서대로 의석이 배분되는 것이다. 이처럼 연동형 비례대표제는 지역구 선출 방식을 그대로 두면서도 정당이 얻는 득표율과 의석율을 합치시키는 비례대표 방식이다. 2차 세계대전 이후 독일에서 사용되고 있고, 뉴질랜드는 1994년 연동형 비례대표제로 선거제도를 개정하여 사용하고 있다. 영국의 일부 지방선거에서도 이 제도를 사용하고 있다. 정당투표에 의해 의석수가 결정되기 때문에 비례대표제의 특성을 갖지만, 정당투표에 의해 모든 의석을 결정하는 정당명부식 비례대표제(party-list proportional representation)와는 달리 지역구 선거에서 후보자의 개인적 요소도 선거에 영향을 미치고 있기 때문에, 독일에서는 이 선거제도를 '인물화된 비례대표제'(personalized proportional representation)라고도 부른다.

우리 정당 정치의 문제점인 정치적 대표성의 독점을 막기 위해서는 결국 비례성이 높은 선거제도의 도입이 필요하다. 그렇지만 그동안 우리가 실시해 온 선거제도와 너무 다른 제도를 갑자기 도입하는 것도 바람직하지 않다. 그런 점에서 볼 때 지역구와 정당명부식 비례대표제라는 1인 2표제를 고수하면서도 비례성을 높일 수 있는 선거제도는 연동형 비례대표제가 된다. 연동형 비례대표제가 적용이 된다면 특정 지역에서 어떤 정당이 상대적으로 조금 높은 득표율로 지역의 전 의석을 차지하는 현상은 피할 수 있다. 정당이 득표한 만큼 의석을 가져가게 되므로 상대적으로 낮은 득표를 한 정당에게도 일정한 의석이 주어지게 된다. 이처럼 연동형 비례대표제는 지배적 양당의 의석 독점과 그로 인한 양극적 대립을 피하게 하는 다당적 구도를 만들어 낼 수 있다. 물론 비례대표제 하에서 지나친 정당의 난립을 피하기 위한 일정한 비율의 진입장벽(electoral threshold)의 마련은 필요할 것이다. 독일의 경우 정당투표 5%, 지역구 3석을 그 기준으로 삼고 있다. 현 국회의원 정수 300인 중 비례대표 의석이 47석밖에 되지 않기 때문에 비례대표 의석의 비율을 높이기 위한 의석의 조정이 필요하다. 300석 가운데 지역구를 200석, 정당명부 비례대표를 100석으로 하는 방안도 생각해 볼 수 있지만, 전체 의석수를 늘림으로써 비례대표 의석을 증원하는 것이 보다 현실적이고 바람직하다. 그 이유는 국회에서 지역구 의석을 53석이나 줄이는 것이 가능해 보이지 않으며, 또한 국회의원 1인이 대표하는 국민의 수는 적을수록 바람직하기 때문이다. 현재 우리나라 국회의원의 수는 다른 민주주의 국가들과 비교할 때 적은 편이며, 국회의원 1인이 대표하는 인구수도 과거 국회에 비해서 무척 많은 편이다.

연동형 비례대표제의 도입으로 다당제가 확립된다면 두 개의 거대 정당이 자신들에게 유리한 갈등을 정치적으로 부각시키면서 지지를 동원해 내는 '편향성의 동원'은 쉽게 이뤄지기 어렵다. 다원적인 대표성의 구조가 확립된다는 것은 다양한 사회적 관심사와 갈등이 복수의 정치세력에 의해 대표될 수 있다는 것을 의미한다. 지역, 이념과 같은 특정한 갈등을 중심으로 정치적 지지를 동원하는 편향성에서 벗어나 환경, 청년, 주거, 노동, 여성 등 여러 가지 중요한 사회적 사안들이 정치적으로 대표되고 논의될 수 있는 구조가 된다. 이렇게 된다면 하나의 정치적 쟁점을 두고 정파적으로나 이념적으로 사회가 둘로 갈리는 양극적 대립은 피할 수 있게 된다. 동시에 대북문제에는 보수적이라도, 환경문제에는 진보적, 여성문제에는 중도적 태도를 취하는 등 각 사안에 따라 서로 다른 입장을 취하게 되는 것도 가능해진다. 즉 두 개의 경쟁적인 정파가 모든 사회적 사안을 독점적으로 대표함으로써 양극적 대립을 초래하게 하는 구조에서 벗어날 수 있는 것이다.

정치제도와 관련된 또 다른 개선책은 분권화이다. 중앙정부에 커다란 권한과 자원이 집중되어 있는 중앙집중적 구조에서 벗어나 지방정부가 행정적으로나 재정적으로 실질적 권한을 행사할 수 있는 분권화를 확립하는 것이 필요하다. 이 분권화에는 지방정치의 자율성 확대도 포함된다. 지역에서 발생한 갈등이 지역 내부의 정치적 조정과 타협을 통해 해소될 필요가 있다는 것이다. 현재는 지방에서 발생한 일이라도 중앙정치의 개입을 통해 전국적인 이슈가 되고 그 이슈는 다시 정파적 갈등으로 연결되어 이념적 대립으로 확산되는 경우가 많았다. 예컨대, 제주 강정 마을의 해군기지 건설 사건이나 밀양의 송전탑 건설을 둘러싼 논란이 그것이다. 만약 지방분권이 제대로 확립되어 있고, 지방정치가 다원적 경쟁과 주민 참여의 구조에 기반한 자율성을 갖추고 있었다면, 이러한 사안들은 그 지역 내에서 해소될 수 있었을 것이다. 그러나 우리의 지방의 정치는 중앙정치에 사실상 예속되어 있어서 지역에서 발생한 갈등을 지역 수준에서 해소하기 어렵다. 더욱이 여러 지역에서 지역주의로 인해 그 지역의 정치적 대표성은 특정 정당이 독점적으로 대표하고 있기 때문에 다원적 의견의 수용이나 논의가 이뤄지기 어렵다.

한편, 장기적으로는 승자가 모든 권력을 독점하는 대통령제에서 벗어나 권력의 공유나 협치가 가능하도록 의회를 중심으로 권력이 만들어지는 보다 분권적인 형태의 권력구조로의 개헌도 필요해 보인다.

두 번째 해결책은 시민사회의 몫이다. 민주화 이후 한국 시민사회는 매우 역동적이 되었고 자율성도 커졌다. 일반 시민들은 자신의 권리에 대한 요구도 강해졌다. 그러나 책임과 기여, 봉사, 협력 등 시민적 책임감의 강조나 '더불어 사는 삶'에 대한 인식은 그다지 강화되어 왔다고 보기 어렵다. 또한 민주주의의 매우 중요한 전제가 되는 다원주의에 대한 인식도 여전히 미흡하다. 민주주의가 서로 다름을 인정하는 것, 즉 "agree to disagree"가 전제되어야 하지만 우리 사회에서는 자신의 주장과 생각을 일방적으로 강조하거나 주입하려고 하는 모습을 자주 접할 수 있다. 그러나 민주주의는 각각의 부분(part)이 모여 전체(whole)를 구성하는 것, 다시 말해 각각의 부분이 갖는 중요성과 정당성이 존재한다는 다원주의적 사고를 하지 않으면 유지되기 어렵다. 앞서 논의한 대로, 최근 인터넷이나 소셜 네트워크(SNS)를 통한 사회적 논의가 활성화되면서 '끼리끼리'의 논의 구조는 더욱 심각해져 가고 있다. 이런 상황에서 서로 다른 견해와 관점을 인정하고 존중하는 태도를 기대하기는 어렵다. 이러한 문제를 단번에 해결할 수 있는 방안은 존재하지 않는다. 어릴 적부터 시민교육, 정치교육을 통해 다원주의적 태도, 남에 대한 존중, 더불어 사는 삶의 중요성 등에 대해 가르칠 필요가 있다. 사회적으로도 시민적 논의가 가능한 쟁점 사안에 대해 '공론 조사'와 같은 방안을 도입하여 차이를 강조하는 것이 아니라 사회적 합의나 타협이 가능한 영역을 찾아나가려는 노력도 필요하다.

그리고 사회적 갈등이 생겨날 때마다 지역의 문제를 과도하게 국가나 정치를 통해 해결하려는 자세도 바뀔 필요가 있다. 지역에서 발생한 사안은 이해당사자인 주민들이 스스로 문제를 해결해 내려는 자세가 필요하며, 이러한 갈등을 초반부터 중재하고 타협을 도출해 내려는 지방정부의 노력이 필요하다. 불필요한 사안에까지 이념갈등이 확산되는 것을 막기 위해서는 갈등이 발생한 현장에서부터 갈등을 해소해 내려는 노력이 필요하다는 것이다.

5. 결론

이념갈등은 그동안 우리 사회를 양극화시켰고, 두 이념 진영 간 심각한 적대적 대립과 충돌을 야기해 왔다. 그러나 앞서 살펴본 대로, 사실 이념갈등의 문제는 실제 상황보다 과장되었거나 불필요하게 확산되었다. 그렇게 된 가장 중요한 요인은 결국 정치의 문제 때문이었다. 즉, 과도한 이념갈등은 정치권이 갈등을 정치적으로 이용하기 위해 부추기면서 악화되어 온 것이다. 이처럼 정치권에서 이념갈등이라는 '편향성의 동원'을 행할 수 있었던 것은 무엇보다 정치적 대표성의 협애함이 문제였다. 지역주의와 소선거구 단순다수제 선거제도가 두 거대 정당에게 제도적 유리함으로 주고 있고 이로 인해 양당의 패권적 지위가 유지되어 오면서, 아무리 사소한 사안이라도 갈등이 생겨나면 그것은 고 양극적 대립으로 전환되곤 했다. 이런 구조 속에서 우리 사회는 영남 대 호남이라는 이분법적 대립에서, 보수와 진보라는 이념의 양극화, 20~30대와 노령층 유권자라는 세대 간 거리감, 그리고 최근 들어서는 부자와 가난한 자라고 하는 계층적 양극화까지 모든 갈등이 두 개의 정파에 의해 중첩적으로 대표되었다. 이러한 두 정파를 중심으로 한 양극적 '갈등의 확산'은 우리 사회를 더욱 깊게 분열시켰다.

따라서 이념 균열로 인한 양극화, 정파적 대립을 완화시키기 위해서는 무엇보다 정치의 양극화를 피하게 하는 정치개혁이 필요하다. 정치적 관점과 견해가 다양하게 표출될 수 있어야 하고, 극단적 주장이 아니라 온건하고 합리적인 의견이 정치적 논의를 이끌어 나갈 수 있도록 해야 한다. 이를 위해서는 정당체계를 다당제로 이끌어야 하고, 그것을 가능하게 할 비례성이 높은 선거제도로의 정치개혁이 무엇보다 절실하게 요구된다.

이와 함께 시민사회에서도 다원성을 존중하는 정치문화를 형성해 나가야 한다. 민주화 이후 자신의 권리를 주장하는 데는 익숙해졌지만, 자기와 다른 의견을 경청하고 다양한 견해의 존재를 받아들이는 다원주의적 정치문화는 그다지 진전이 없었다. 오히려 인터넷을 통한 사회적 안건에 대한 논의가 활발해지면서 이념적 양극화는 더욱 악화되었다. 어렸을 때부터 다원주의에 대한 시민교육, 토론 교육이 중요하며, 사회적 쟁점에 대해서 공론조사와 같이 심의와 토론을 통해 쟁점을 해소해 가는 문제해결도 사안의 성역에 따라 적용해 볼 필요가 있다.

이념갈등은 사실 어느 나라, 어느 시대에나 존재하는 것이다. 이념갈등은 사회가 나아가야 할 방향과 변화의 속도와 폭에 대한 상이한 대안을 제시해 줄 수 있고, 미래의 모습에 대한 건강한 토론을 이끌어 낼 수 있다. 이념적 차이가 분열과 대립으로 이어지지 않고 건강하고 긍정적인 역할을 할 수 있도록 하기 위한 정치제도의 개혁과 정치문화의 개선을 위한 우리 사회 전체의 노력이 중요하다.

참고문헌

강원택. 2018. “한국 정당정치 70년: 한국 민주주의 발전과 정당 정치의 전개.” 『한국정당학회보』, 17: 2, 5-32.

강원택. 2017a. “사회적 이슈와 정치 갈등: 세월호 사건을 중심으로.” 이재열 외. 『세월호가 묻고 사회과학이 답하다』. 오름, 147-177.

강원택. 2017b. “2017년 대통령 선거에서의 보수 정치.” 한국정당학회보 16: 2, 5-32.

강원택. 2013. "한국 선거에서의 '계급 배반 투표'와 사회계층." 한국정당학회보 12:3, 5-28.

강원택. 2012. “제19대 국회의원의 이념 성향과 정책 태도.” 『의정연구』 36, 5-38.

강원택. 2010. 『한국 선거정치의 변화와 지속: 이념, 이슈, 캠페인과 투표 참여』. 나남.

강원택. 2007. 『인터넷과 한국 정치: 정당 정치에 대한 도전과 변화』. 집문당.

강원택. 2005. “한국의 이념 갈등과 진보-보수의 경계.” 『한국정당학회보』 4:2, 193-217.

강원택. 2003. 『한국의 선거 정치: 이념, 지역, 세대와 미디어』. 푸른길.

강준만. 2011. 『한국 현대사 산책: 2000년대 편 2: 노무현 시대의 명암』. 인물과 사상사.

김강민. 2018. “공공갈등의 정치이념화 전환에 따른 변곡점과 영향요인.” 민주주의학술연구원. 제 5차 민주주의워크샵. 「한국의 민주주의 무엇이 문제인가: 공공 갈등」. 25-47.

김무경, 이갑윤 2005. “한국인의 이념정향과 갈등.” 『사회과학연구』 13: 2, 6-32.

백준기·조정관, 조성대. 2003. “이데올로기와 지역주의, 그리고 2002년 대통령선거.” 『국가 전략』 9: 4, 139-168

손호철. 2011. 『현대 한국정치 — 이론, 역사, 현실, 1945~2011』. 이매진.

송호근. 2005. 『한국 무슨 일이 일어나고 있나: 세대, 그 갈등과 조화의 미학』. 삼성경제 연구소.

윤성이. 2006. “한국사회 이념갈등의 실체와 변화.” 『국가전략』 12:4, 163-182.

이내영. 2015. “정당 양극화를 넘어 공존의 정치를 실현하기 위한 제언.” 사회과학원 포럼. http://www.iss88.kr/niabbs4/bbs.php?bbstable=forum&call=read&page=3&no=24

이내영. 2011. “한국사회 이념갈등의 원인.” 『한국정당학회보』, 10: 2, 251-287.

이내영, 허석재. 2010. “합리적인 유권자인가, 합리화하는 유권자인가?” 『한국정치학회보』, 44: 2, 45-67.

최장집 2010. 『민주화 이후의 민주주의: 한국 민주주의의 보수적 기원과 위기』. 개정2판, 후마니타스.

Balddasarri, Delia and Andrew Gelman. 2008. “Partisans without constraint: Political Polarization and trends in American Public opinion.” *American Journal of Sociology* 114: 2, 408-446.

Brody, Richard and Benjamin Page. 1972. "The Assessment of Policy Voting." *American Political Science Review* 66: 2, 450-458.

Conover, Pamela J. and Stanley Feldman. 1989."Candidate Perception in and Ambiguous World: Campaigns, Cues and Inference Processes." American Journal of Political Science 33(4), 919-940.

Downs, Anthony. 1957. *An Economic Theory of Democracy*. New York: Harper Collins.

Duverger, Maurice. 1954. *Political Parties*. London: Lowe & Brydone

Layman, Geoffrey and Thomas M. Carsey. 2002. "Party Polarization and "Conflict Extension" in the American Electorate." American Journal of Political Science, 46: 4, 786-802.

Moon, Woojin. 2005. "Decomposition of Regional Voting in South Korea: Ideological Conflicts and Regional Benefits." *Party Politics* 11: 5, 579-599.

Rabinowitz, R. and S. Macdonald. 1989. "A Directional Theory of Issue Voting."

American Political Science Review 83:1, 93-121.

Schattschneider, E. E. 1977. T*he Semisovereign People: A Realist View of Democracy in America*. International Thomson Publishing. 2008. 현재호, 박수형 옮김. 『절반의 인민 주권』. 후마니타스.

Sunstein, Cass. 2009. *Going to Extremes: How Like Minds Unite and Divide*. New York: Oxford University Press.

Truman, David. 1951. *The Governmental Process: Political Interests and Public Opinion*. New York: Alfred A. Knopf.

박태준미래전략연구총서 11
막힌 사회와 그 비상구들 ©이대환·방민호·한 준·김원섭·김왕배·배은경·강원택

발행일 2019년 2월 11일 초판 1쇄 발행
펴낸이 김재범
펴낸곳 (주)아시아
지은이 이대환, 방민호, 한 준, 김원섭, 김왕배, 배은경, 강원택
편집 김형욱, 강민영
관리 강초민, 홍희표
출판등록 2006년 1월 27일 제406-2006-000004호
인쇄·제본 굿에그커뮤니케이션
종이 한솔 PNS
디자인 나루기획

전화 02-821-5055
팩스 02-821-5057
주소 경기도 파주시 회동길 445(서울 사무소: 서울시 동작구 서달로 161-1 3층)
이메일 bookasia@hanmail.net
홈페이지 www.bookasia.org
페이스북 www.facebook.com/asiapublishers

ISBN 979-11-5662-402-8 (94080)
979-11-5662-119-5(set)

* 값은 뒤표지에 있습니다.